W0467682

Winfried Ulrich

Wörter, Wörter, Wörter

Wortschatzarbeit im muttersprachlichen Deutschunterricht

Anleitung und praktische Übungen
mit 204 Arbeitsblättern
in Form von Kopiervorlagen

Schneider Verlag Hohengehren GmbH

Gedruckt auf umweltfreundlichem Papier (chlor- und säurefrei hergestellt).

Bibliografische Information der Deutschen Nationalbibliothek

Die Deutsche Nationalbibliothek verzeichnet diese Publikation in der Deutschen Nationalbibliografie; detaillierte bibliografische Daten sind im Internet über ›http://dnb.d-nb.de‹ abrufbar.

ISBN-13: 978-3-8340-1205-0 – **3. erweiterte Auflage**
Schneider Verlag Hohengehren, Wilhelmstr. 13, D-73666 Baltmannsweiler
Homepage: www.paedagogik.de

Inhaltsverzeichnis

Am Anfang war das Wort. (Evangelium des Johannes 1,1)

Es gibt eine starke Korrelation
zwischen Wortschatz und Lesefähigkeit:
Wer mehr Wörter kennt, versteht Texte besser.

Programmatisches Vorwort

Internationale Vergleichsstudien (wie PISA) bescheinigen deutschen Schülern und Schülerinnen eine geringe Lesekompetenz und bestätigen damit, was Lehrer und Lehrerinnen im muttersprachlichen Deutschunterricht täglich feststellen können: Sowohl im Gespräch wie beim Lesen und Schreiben von Texten haben die Lernenden oft Schwierigkeiten, andere genau zu verstehen, noch größere Schwierigkeiten aber, sich anderen klar und eindeutig verständlich zu machen.

Eine wichtige Ursache für diese Verständigungsprobleme besteht darin, dass der von den Schülern beherrschte Wortschatz nicht umfangreich und ausdifferenziert genug ist. Aufgabe der Schule ist es, diesen Zustand zu ändern, soweit das mit Unterrichtsmaßnahmen möglich ist. Die lange Zeit sträflich vernachlässigte Wortschatzarbeit muss wiederentdeckt und hinsichtlich der Ziele und Methoden neu begründet werden.

Dies ist auch deshalb dringend erforderlich, weil ein ausreichender Wortschatz nicht nur für die zwischenmenschliche Verständigung unentbehrlich ist, sondern auch die Begriffe bereitstellt, die uns erst das Denken ermöglichen.

Früher als Sprachlehrer an den allgemeinbildenden Schulen und Sprachdidaktiker an den Universitäten und Pädagogischen Hochschulen haben Sprachwissenschaftler die herausragende Bedeutung des Wortschatzes für alles sprachliche Handeln erkannt. Zu verdanken ist das dem Einfluss der Kognitionswissenschaften, besonders der kognitiven Psychologie. Sie erforscht die komplexen geistigen (mentalen) menschlichen Fähigkeiten von der Sinneswahrnehmung über die geistige Verarbeitung von Informationen, ihre Speicherung im Gedächtnis bis zu ihrem Wiederabruf aus dem Gedächtnis bei Bedarf. Dabei spielt das im Gedächtnis gespeicherte sprachliche Wissen eine entscheidende Rolle. Wörter fungieren als Zeichen, mit denen man auf Erscheinungen der Erfahrenswelt gedanklich zurückgreifen, auf diese hinweisen und mit deren Hilfe man sich über diese verständigen kann.

In der älteren und der neueren Sprachwissenschaft, der Linguistik, ist man viele Jahre davon ausgegangen, dass der Satz die zentrale und wichtigste Erscheinung der Sprache ist. So bildet die Syntax als Theorie der Satzbildung in fast allen Modellen den Kern der Sprachanalyse und Sprachbeschreibung. Das gilt nicht nur für die traditionelle lateinische Schulgrammatik, sondern auch für die Generative Transformationsgrammatik sowie für die Dependenz- oder Valenzgrammatik. Seit einigen Jahren aber kehren sich die Verhältnisse um: Immer mehr setzt sich die Erkenntnis durch, dass ein großer Teil davon, was bei der Satzbildung erfolgt, von der Wahl der beteiligten Wörter abhängt. Sie stehen am Anfang und nicht am Ende eines Satzbildungsprozesses. Nicht die Syntax, sondern der Wortschatz, Lexikon genannt, steht im Zentrum sprachlichen Handelns und der Sprachbeschreibung. „Language consists of grammaticalised lexis, not lexicalised grammar.“ (Lewis M., 1993, 89)

Dieser Wandel in der Sprachwissenschaft muss in Zukunft auch in der fachdidaktischen Forschung und Lehre an den Universitäten, in der Lehrerbildung in den Studienseminaren und vor allem in der Unterrichtspraxis an den Schulen Konsequenzen haben. Und solche Konsequenzen führen zwangsläufig zu einer einzigen programmatischen Forderung:

Fort von einem satz- und syntaxzentrierten Grammatikunterricht hin zu einer wortschatzorientierten Sprachreflexion im Unterricht!

Wenn diese Forderung erfüllt werden soll, setzt das freilich eine radikale Umbesinnung bei den Beteiligten voraus, besonders bei den Lehrkräften, die gegenwärtig und in Zukunft Deutschunterricht erteilen. Große Veränderungen sind dann ebenfalls notwendig im Blick auf eine Neuformulierung der Lernziele im Lernbereich „Reflexion über Sprache“, auf die gewählten Unterrichtsmethoden und die einzusetzenden Arbeits- wie Übungsmaterialien.

Die vorliegende Handreichung soll bei dieser Umstellung helfen. Möge sie in diesem Sinne innovativ und anregend sein!

Für die Mitarbeit an den Arbeitsblättern danke ich Laura Ballin, Maike Eggers und Judith Rapp und für die Anlage eines druckfertigen Manuskripts Ulrike Zander-Röpstorff.

Kiel, im Sommer 2006

I. Was ist ein Wort?

Wörter sind unser Tor zur Welt, Wörter sind unser Weg zu den Menschen: Sie ermöglichen uns das Denken, sie sind die Grundlage unserer Verständigung miteinander.

Wörter bilden die Grundlage der Sprache. Für die meisten Menschen sind die Wörter schlicht die Sprache. Ohne Grammatik und ihre Regeln kann man nur schlecht kommunizieren – man denke etwa an das „gebrochene Deutsch" von Touristen oder Gastarbeitern – ohne Wörter aber überhaupt nicht. Ohne Wörter ist man sprachlos, kann keinen einzigen Satz bilden, ja nicht einmal die für eine Sprache typischen Lautverbindungen und Klangmuster produzieren. Vor allem aber: Man kann ohne Wörter keine Bedeutungen vermitteln, keine Erkenntnisse, Vorstellungen, Gefühle an andere weitergeben.

Jedermann weiß, was ein Wort ist, oder glaubt zumindest, es zu wissen. Sobald es aber um eine genaue, gar eine wissenschaftliche Abgrenzung und Unterscheidung von wortähnlichen Gebilden geht, erweist sich das „Wort" als eine der umstrittensten und am schwersten zu fassenden Kategorien der Sprachwissenschaft. Bereits der allgemeine Sprachgebrauch deutet auf Unterschiede bei der Verwendung der Bezeichnung hin:

- *Ich suche ein Wort mit fünf Buchstaben.*
- *Formuliere einen Satz mit sechs Wörtern.*
- *Du kannst mir doch nicht das Wort abschneiden!*
- *Genug der Worte, jetzt folgen Taten!*

Die Pluralform Wörter zielt auf „Vokabeln" der gesprochenen oder geschriebenen Sprache, auf einzelne Elemente des Wortschatzes eines Individuums oder einer Sprachgemeinschaft, die aus gesprochenen Lauten bzw. geschriebenen/gedruckten Buchstaben bestehen und etwas bedeuten (*Tisch, lesen, groß, Fußball, täglich, hier, er, weil*).

Die Pluralform *Worte* zielt dagegen auf die Verwendung des Ausdrucks *Wort* für eine ganze sprachliche Äußerung, die in der Regel aus mehreren Einzelwörtern besteht, ja auf die Rede einer Person insgesamt. Vgl. auch: *Das Wort zum Sonntag. – Er macht schöne Worte.* Dieser Sprachgebrauch unterstreicht die Tatsache, dass für den Nichtfachmann Wörter und Sprache identisch sind.

Solche *Worte* können umfassende sprachliche Handlungen repräsentieren und insofern als „nur sprachliche" einen Gegensatz zum tatkräftigen außersprachlichen Handeln bilden.

Am einfachsten scheint eine (ortho-)graphische Definition zu sein, nach der das Wort eine Buchstabenfolge ist, die auf beiden Seiten durch Leerstellen/Abstände oder ein Satzzeichen vom Kontext abgegrenzt ist. Nach dieser praktischen Festlegung werden etwa die Wörter in einem Telegramm oder in einem Schulaufsatz gezählt. Eine solche intuitive Definition birgt aber Probleme. Nicht nur ist die Schrift gegenüber der gesprochenen Sprache das sekundäre Zeichensystem, und den Abständen zwischen Wörtern entspricht keineswegs immer eine Sprechpause. Auch geschriebene Sprache enthält theoretische und praktische Schwierigkeiten der Wortabgrenzung.

Ist es wirklich sinnvoll, *anrufen* als ein Wort und *ruft an* als zwei Wörter zu zählen? Wie steht es mit *Auto fahren* und *radfahren*, mit *zufällig* und *durch Zufall*, mit *unvorsichtigerweise* und *ohne vorsichtig zu sein*, mit dem älteren Ausdruck *des tages licht* gegenüber dem neueren *das Tageslicht,* mit dem mhd. *edel âr* gegenüber dem im Nhd. „verschmolzenen" *Adler*?

Außerdem: Sollen verschiedene Flexionsformen eines(?) Wortes als mehrere Wörter(?) gelten, also z. B. *fragen, fragst, fragte, gefragt* oder etwa *bin, sind, waren, gewesen* und *gut, besser*? Da nur die grammatische Form sich ändert, nicht aber die Wortbedeutung, wohl nicht. Es sind nur verschiedene Wortformen eines einzigen Wortes, das in Wörterbüchern unter seiner Nennform oder Zitierform nachzuschlagen ist (bei Verben ist das der Infinitiv, bei Substantiven der Nominativ im Singular).

Und wie steht es mit Wörtern(?) gleicher Form, aber verschiedener Bedeutung, den sogenannten „Homonymen", wie *Bauer* im Sinne von ‹Landwirt› und *Bauer* im Sinne von ‹Vogelkäfig›? Sind das Adjektiv *hoch* und das Substantiv *das Hoch* dasselbe Wort oder zwei Wörter? Oder soll gar jedes Auftreten des gleichen Wortes im Satz oder Text als eigenes Wort gezählt werden? Dann enthielte der Satz *Trink, trink, Brüderlein, trink*! nicht zwei, sondern vier Wörter!?

Eine graphische Definition ist offensichtlich zu formal und zu sehr an die schriftliche Erscheinungsform von Sprache gebunden. Sie vernachlässigt zu sehr die Bedeutung und die grammatische Funktion der Wörter. Es liegt deshalb nahe, das Wort als die kleinste selbstständig Bedeutung tragende Einheit der Sprache anzusehen. So verbindet jeder, der die deutsche Sprache erlernt hat, mit *Tasse* die Vorstellung von einem konkreten Gegenstand mit bestimmten Merkmalen, mit *Neid* die Vorstellung von einem Gefühl, mit *lachen* die von einer Tätigkeit, mit *klug* die von einer menschlichen Eigenschaft.

Doch auch diese semantische Definition bereitet Probleme. Sind zusammengesetzte Wörter wie *Haustür, weiterfahren, hellrot* und abgeleitete Wörter wie *häuslich, Fahrt, Unmensch* keine Wörter, weil man sie in kleinere Bedeutungsträger, nämlich in einfache Wörter (*Haus* und *Tür*) und in nachgestellte Wortbausteine, Suffixe (*-lich, -t*) bzw. vorangestellte Wortbausteine, Präfixe (*un-*) zerlegen kann? Als „kleinste Bedeutung tragende Einheit" definiert man in der Linguistik nicht das Wort, sondern den Wortbaustein, das Morphem. Es kann als freies Morphem ein selbstständiges Wort sein; als gebundenes Morphem bildet es zusammen mit einem freien Morphem (voran- oder nachgestellt) ein komplexes Wort:

	+ freies Morphem	→	*<u>Natur</u>-mensch*
Mensch	+ nachgestelltes Morphem/Suffix	→	*mensch-<u>lich</u>*
	+ vorangestelltes Morphem/Präfix	→	*<u>Un</u>-mensch*

Mit Flexionsendungen dagegen, den grammatischen Morphemen, bildet man kein neues Wort, sondern verändert nur die Form eines Wortes, wobei seine Bedeutung sich nicht verändert: *Mensch – Mensch-en, fahr-e – fahr-en, klein – klein-er.*

Wie aber lässt sich die Bedeutung von Wörtern wie Artikeln (*der, die*), Konjunktionen (*falls, und*) Präpositionen (*in, bei*) und Pronomen (*er, ihnen*) erfassen? Sie bestimmen nur die grammatisch-logischen Beziehungen der Wörter und Wortgruppen im Satz zueinander. Deshalb trennt man die Angehörigen dieser Wortarten als Funktions- oder „Formwörter" von den eigentlichen „Inhaltswörtern“, nämlich den Substantiven, Verben, Adjektiven, Adverbien.

Sollte man das Wort deshalb lieber syntaktisch als „kleinere freie Form“ der Sprache innerhalb und außerhalb von Sätzen definieren? Gemeint wäre damit, dass dem Wort eine gewisse Unabhängigkeit zukommt, etwa in einer Reporteräußerung wie *Flanke! Schuss! Tor! Ja! Tor!* oder in Einwortäußerungen wie *Hilfe! Los!* und *Feuer!* Einen solchen Unabhängigkeitstest bestehen Wörter wie *weil* oder *ein* aber auch nicht. Es ist schwer vorstellbar, dass sie ohne Begleitung durch andere Wörter verwendet werden.

Als Ergebnis der bisherigen Überlegungen lässt sich festhalten:

(1) Intuitive Wortdefinitionen machen durchaus Sinn, führen aber genauso wenig zu einem zufriedenstellenden Ergebnis wie rein (ortho-)graphische oder syntaktische. Denn es gibt viele Wörter, die diesen Definitionen nicht entsprechen.

(2) Einfache semantische Wortdefinitionen führen zu Abgrenzungsschwierigkeiten gegenüber dem Morphem. Dabei sind ein einfaches Wort (das aus einem einzigen Morphem besteht) und ein komplexes Wort (Wortbildung aus mehreren Morphemen) zu unterscheiden.

(3) Das Wort darf nicht mit der Wortform (Flexionsform) gleichgesetzt und verwechselt werden, die Wortbildung nicht mit der Wortformbildung (Deklination, Konjugation, Steigerung). Verschiedene Wortformen, erst recht Wiederholungen der gleichen Wortform, zählen nicht als verschiedene Wörter.

(4) Wörter können die gleiche Gestalt aufweisen und doch verschiedene Wörter mit verschiedenen nicht zusammenhängenden Bedeutungen sein (Homonyme wie: *der Bauer – das Bauer, der Tau – das Tau*). Andererseits kann ein einziges Wort mehrere verschiedene Bedeutungen/Lesarten haben, die untereinander inhaltliche Beziehungen aufweisen (Polysemie wie bei *Gang*: ‹Art zu gehen›, ‹Straße›, ‹Motorbewegung›, ‹Teil eines Menüs›).

(5) Offenbar weisen Wörter verschiedene Merkmale auf, die aber nicht in jedem Fall alle vorhanden sein müssen. Es gibt mehr oder weniger „typische“ Wörter. Allein der „Prototyp“ eines Wortes hat in jeder Hinsicht Wortcharakter:

   - Er ist in mündlicher Rede wie in der Schrift isolierbar.
   - Er ist selbstständiger Bedeutungsträger.
   - Er besteht aus einem einzigen (freien) Baustein/Morphem und gilt dann als einfaches Wort, oder er besteht aus mehreren Bausteinen/Morphemen und gilt dann als komplexes Wort.

Bei all den erwähnten Schwierigkeiten einer Begriffsabgrenzung erscheint es ratsam, einen anderen eindeutigen Terminus einzuführen und zu gebrauchen, ohne freilich auf den Ausdruck „Wort“ ganz zu verzichten. Der z. T. konkurrierende Terminus ist: das „Lexem“.

II. Was ist ein Lexem?

Der in unserer Standardsprache nicht vorkommende Begriff lässt sich in der linguistischen Fachsprache eindeutig definieren: Das „Lexem“ ist die Grundeinheit des „Lexikons“, des Wortschatzes einer Sprache. Dieser besteht aus vielen Einzel-Lexemen, den im Gedächtnis gespeicherten Sprachzeichen. Wer den Wortschatz untersucht und beschreibt, tut deshalb gut daran, sich dieses Terminus zu bedienen. Er ist eine abstrakte Größe, die auf mehrere der vorher angeführten „Wörter“ zu beziehen ist und diese zusammenfasst: Das Lexem *anruf* (in einem Wörterbuch als Stichwort mit der Infinitivendung der Verben aufgeführt: *anrufen*) vereinigt in sich die Wortformen *anrufen, angerufen, rufen an, riefst an, ruf an, rief an* … Das Lexem *Haus* (ins Wörterbuch in der Form des Nominativs Singular aufgenommen) vereinigt in sich die Wortformen *Hauses, Häuser* … und das Lexem *gut* auch die Wortformen *gute, besser, best(er)* … Selbstständige verwandte Lexeme mit dann selbstverständlich auch eigenen Bedeutungen sind dagegen komplexe Wörter wie *Telefonanruf, Anrufung, Hausfrau, hausen, Behausung, gütlich, Verbesserung* …

Auch homonyme Lexeme sind immer verschiedene Wörter mit verschiedenen Bedeutungen, nur eben gleich lautende Wörter wie *Lerche – Lärche* (= Homophone), eventuell auch gleich geschriebene wie *Tau – Tau*, manchmal nur gleich geschrieben, aber verschieden gesprochen wie *Montage – Montage* (= Homographe). Sie werden selbst im Wörterbuch als zwei verschiedene Stichwörter geführt. Homonymie zweier Lexeme ist aber nicht zu verwechseln mit der Mehrdeutigkeit/Polysemie eines einzigen Lexems. Die meisten, wenn nicht sogar alle Lexeme haben mehrere potentielle Bedeutungen. Sie werden im Wörterbuch unter einem einzigen Stichwort geführt (*Gang*). Beim Gebrauch des Lexems im Satz/Text sorgt der Zusammenhang, der Kontext meist dafür, dass nur eine der Bedeutungen aktualisiert wird: *Er bemühte sich um einen aufrechten Gang.*

Als Einheiten des Lexikons bilden die Lexeme das Inventar an sprachlichen Zeichen, die bei der Bildung von Äußerungen verwendet, mit Hilfe grammatischer Regeln zu Sätzen in Texten verknüpft werden.

Lexeme können dreierlei Gestalt aufweisen. Sie sind:

a) einfache Wörter (*Haus, wohnen, hoch*),
b) komplexe Wörter (*hausen, Bewohner, haushoch*),
c) feste Wortgruppen, Redewendungen (*sich etwas hinter die Ohren schreiben* für ‹sich etwas gut merken›).

Lexeme sind nicht selbst Sätze, sondern eine bestimmte Bedeutung tragende Bestandteile von Sätzen, gleichsam Fertigelemente, die nach syntaktischen Regeln miteinander verbunden werden.

Lexeme muss man als „Vokabeln“ einer Sprache mit ihren konventionell festgelegten Bedeutungen erlernen, d. h. im Langzeitgedächtnis speichern. Man muss sich nicht nur einprägen, welche gedankliche Vorstellung mit der Lautgestalt [haus] bzw. mit dem Schriftbild ›Haus‹ im Deutschen verbunden wird, wenn man andere Menschen verstehen und sich ihnen verständlich machen will. Man muss sich auch merken, dass *hausen* nicht ‹ein Haus bauen› oder ‹ein Haus beziehen› oder ‹Häuser verwalten› bedeutet, sondern ‹in einem

Haus wohnen›. Die konventionelle Bedeutung von *hausen* wird im Gedächtnis zwar durch die Bedeutungen der Morpheme /haus/ und /en/ gestützt, ist aber nicht direkt aus ihnen ableitbar.

Die anderen Bedeutungen (wie auch noch weitere) wären durchaus möglich, sind aber nicht üblich, nicht in das überindividuelle Lexikon der deutschen Sprache aufgenommen worden. Trotzdem wäre eine nicht lexikalisierte Augenblicksbildung eines genervten Häuslebauers wie die folgende in einschlägigem Zusammenhang nicht unverständlich: *Langsam habe ich die Nase voll. Ich *hause jetzt schon seit eineinhalb Jahren!*

Solche Augenblicksbildungen sind verständlich, weil ihre Bauweise durchsichtig (motiviert) ist. Trotzdem bleiben sie meist Gelegenheitsbildungen, die schnell wieder verschwinden (*Der Zug schneckt durch die Landschaft.* DIE ZEIT vom 26.01.1966, S. 15). Nur wenn sie von anderen Menschen aufgenommen und verbreitet werden, können sie sich durchsetzen und in das allgemeine Lexikon aufgenommen werden (vgl. *simsen* für SMS nutzen, also ‹Kurztexte mit dem Mobiltelefon verschicken und empfangen› oder *wuppen* für ‹mit einem Ruck hochheben, mit Kraftanstrengung bewältigen›).

Auch feste, formelhaft verwendete Redewendungen (Phraseologismen oder kürzer: Phraseme) sind Lexeme, weil ihre Bedeutungen nur teilweise durchsichtig sind und deshalb gelernt werden müssen (vgl. englische Idioms!). Ein solches Lexem weist allerdings die Besonderheit auf, dass es aus mehreren selbstständigen, nur syntaktisch verknüpften Wörtern besteht; es wird deshalb „Wortgruppenlexem" genannt. Man kann die Bedeutung eines solchen Lexems nicht ohne weiteres aus den Bedeutungen der Einzelwörter und ihrer grammatischen Verbindung ablesen, z. B.: *bei jemandem einen Stein im Brett haben* für ‹das Wohlwollen einer Person genießen›. Die Formelhaftigkeit eines solchen Lexems lässt sich auch daran erkennen, das nur sehr bedingt Bestandteile ausgetauscht, hinzugefügt oder weggelassen werden dürfen: **einen Fels im Brett haben, *einen Edelstein im Brett haben, *einen harten Stein im Brett haben, *einen Stein auf dem Brett haben, *einen Stein im Brett besitzen.* Bei der Redewendung *sich etwas hinter die Ohren schreiben* steht die Bedeutung ‹sich etwas gut merken› zwar in einer gewissen inhaltlichen Beziehung zu *Ohr* (mit dem man hört, was man sich merken soll), das als teilmotivierende „Schlüsselkomponente" fungiert, ist aber ebenfalls nicht vollständig aus den Bestandteilen der Redewendung ableitbar.

Ganz anders verhält es sich mit „freien" syntaktisch gefügten Wortgruppen (z. B. *eine Tasse Kaffee trinken, eine Tasse Tee trinken, eine Tasse Kaffee leeren* …) und mit ganzen Sätzen. Sie stellen keine sprachlichen Einheiten dar, deren Gesamtbedeutung man sich merken muss. Es genügt, die Bedeutungen der beteiligten Wörter/Lexeme zu kennen und dazu die syntaktische Konstruktion, d. h. das grammatische Satzbaumuster. Mit diesen Hilfen kann man auch ganz ungewöhnliche und einmalige Ausdrücke bilden und verstehen: *Die rote Raupe Rosalin fliegt heute noch nach Warschau hin!* Freie Wortgruppen/Syntagmen und Sätze sind deshalb keine Einheiten des Lexikons, keine Lexeme.

III. Was sind Bedeutungen?

Lexeme sind sprachliche Zeichen, die es den Menschen erlauben, Vorstellungen zu entwickeln, Gefühle auszudrücken und Gedanken auszutauschen. Ohne dieses Medium, also auf direktem Wege, ist das nur sehr eingeschränkt möglich. Sprachzeichen bestehen aus einem mit Ohr bzw. Auge wahrnehmbaren materiellen Teil, dem Lautkörper bzw. Schriftbild, sowie einem nicht mit den Sinnen wahrnehmbaren immateriellen Teil, der Bedeutung. Beide Teile gehören nicht von Natur aus zusammen, sondern sind von der jeweiligen Sprachgemeinschaft durch Vereinbarung/Konvention fest miteinander verbunden und werden so von Generation zu Generation weitergegeben.

Lautkörper [bal] + Bedeutung

Zeichen =

Schriftbild ›Ball‹ + Bedeutung

Die Bedeutung eines Sprachzeichens ist an eine Vorstellung im menschlichen Bewusstsein gebunden. Sie darf nicht mit dem vom Sprecher oder Schreiber gemeinten Gegenstand, Vorgang oder Sachverhalt in der außersprachlichen Welt gleichgesetzt werden, auf die man mit Hilfe des Zeichens verweist, auf die man Bezug nimmt (referiert). Dieses Gemeinte (das Referenzobjekt oder Denotat) liegt außerhalb des Sprachzeichens.

Zeichen → Referent/Denotat

Wie man gestisch mit dem Finger auf einen gemeinten Gegenstand zeigt, so kann man auch mit Hilfe eines Sprachzeichens auf ihn hinweisen. Lexeme als Zeichen können also als „gefrorene Zeigegesten“ eines Menschen verstanden werden:

→ Lexem → Referent/Denotat

Die Bedeutung des Sprachzeichens/Lexems ist seine inhaltliche Seite, die beim Zeichenbenutzer, dem Sprecher/Schreiber, wie auch dem Hörer/Leser einen im Gedächtnis gespeicherten Bewusstseinsinhalt aktiviert. Dieser Bewusstseinsinhalt ist ein Teil des gesamten Wissens der Person, seiner Welterfahrung, die von seinen Sinneswahrnehmungen und deren geistiger Ordnung und Speicherung geprägt ist. Man bezeichnet diesen Bewusstseinsinhalt, besonders in der Kognitionspsychologie, als „Konzept“. Konzepte sind gleichsam Interpretationen der wahrgenommenen und vorgestellten Welt, sind Vorstellungen von Denotaten. Sie stehen dem sehr nahe, was man in Philosophie und Logik als „Begriff“ bezeichnet.

Nicht für jedes Konzept steht auch ein Sprachzeichen zur Verfügung. Konzeptionell haben wir z. B. ziemlich deutliche Vorstellungen von den menschlichen Handlungen der Aufnahme fester und flüssiger Nahrung sowie von den Zuständen des Menschen davor und danach. Den Handlungskonzepten entsprechen die sprachlichen Bezeichnungen *essen* und *trinken*, den Zustandskonzepten davor *hungrig* und *durstig*. Für das Zustandskonzept nach gestilltem Hunger existiert das Sprachzeichen *satt*; es gibt aber keine Entsprechung für das Zustandskonzept bei gestilltem Durst.

Für sehr viele Konzepte gibt es allerdings Sprachzeichen. Dies eben sind die Lexeme.

[allgemeines Weltwissen über die Klasse der Gegenstände, die wir BALL nennen]

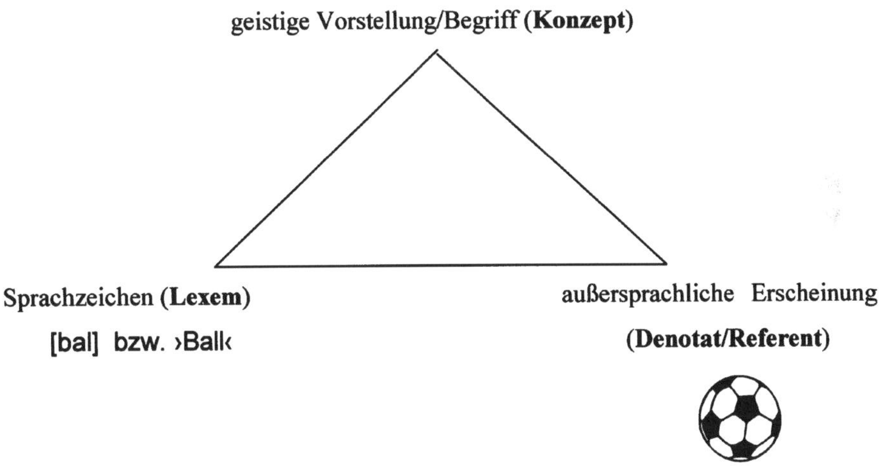

Im Bewusstsein der Menschen entstehen grundlegende Konzepte wie z. B. die Vorstellung des „Raumes“, in dem sich Objekte befinden, eine bestimmte Position einnehmen und verändern können, sehr früh beim Spielen des Kleinkindes, das stundenlang Bauklötze aufeinander legt und als Turm umstürzen lässt oder das Gegenstände immer wieder in ein Gefäß füllt und dieses leert. Es entwickeln sich anfangs noch recht vage Vorstellungen von Raumrelationen, die später mit den Wörtern *auf, unter, neben, in* … mitteilbar gemacht werden können. Solche Basiskonzepte sind z. T. wahrscheinlich universell, d. h. nur von den angeborenen Wahrnehmungs- und Verarbeitungsfähigkeiten des Menschen abhängig, nicht von einzelnen Kulturen und Einzelsprachen.

Wenn das Kind die ersten Wörter einer Sprache erlernt (etwa gegen Ende des ersten Lebensjahres), erfasst es nur in einem längeren Lernprozess die damit verbundenen Konzepte. Am Anfang stehen ganzheitliche, erlebnisgespeiste Vorstellungsbilder: *Hund* oder *Wauwau* stehen in einem vagen Zusammenhang mit einem herumspringenden und kläffenden vierbeinigen Wesen, das sich haarig anfühlt, eine feuchte Schnauze und glänzende Augen hat. Das Wort steht also für Erfahrungen mit dem Familiendackel Waldi, weist bald aber auch auf Hunde in der Nachbarschaft hin, die anders aussehen als Waldi, ja sogar auf ein bestimmtes Stofftier oder die Abbildung eines Hundes, nicht aber (wie zurückgewiesene Bezeichnungsversuche des Kindes zeigen) auf die Katze der Familie, nicht auf die Kuh auf der Wiese, auch nicht auf den Pelzmantel der Mutter oder den springenden Ball. Das Denotat und damit der Bedeutungsumfang des Wortes gleichen zuerst nicht denen in der Erwachsenensprache, sie entwickeln sich und nähern sich ihnen allmählich an.

Dieser Bedeutungserwerb ist ein komplizierter Lernprozess, der von zwei Faktoren gesteuert wird: einerseits von der Wahrnehmung des Kindes und deren kognitiver Verarbeitung (es entdeckt unterschiedliche Ähnlichkeiten zwischen mehreren wahrgenommenen Situationen/Phänomenen), andererseits vom Sprachgebrauch der Bezugspersonen (es wird durch die gleiche Bezeichnung der Erwachsenen für verschiedene Phänomene auf Ähnlichkeiten zwischen diesen aufmerksam gemacht). Verschiedene Ereignisse, bei denen bestimmte Objekt-Wahrnehmungen und Erlebnisse des Kindes mit der akustischen Wahrnehmung des Ausdrucks *Hund* zusammentreffen, leiten dazu an, nach wiederkehrenden Elementen, nach Gemeinsamkeiten der Hund-Erlebnisse zu suchen. Das können z.B. sein: Bellen, Laufen, Springen, Gestalt: Kopf + Rumpf + Schwanz + vier Beine, haariges Fell, glänzende Augen, feuchte Schnauze ... Es können auch sein: Nachziehen einer Pfote, Schlappohr, Farbe des Fells ... Erst allmählich und mit Hilfe der Bezugspersonen lernt das Kind, welche Merkmale der wahrgenommenen Erscheinungen als wesentlich (essentiell) und welche als unwesentlich (akzidentiell) anzusehen sind, welche Merkmale *Hund* von *Katze* oder *Fell* unterscheiden. Die Begriffsbildung ist also ein permanenter Prozess der Entwicklung, Überprüfung und Veränderung von Konzepten. Mit der Zeit passt das Kind sein Konzept immer mehr dem Konzept der Bezugspersonen, d. h. auch den Lexemen der Allgemeinsprache an. So erlernt es die konventionelle Bedeutung eines Sprachzeichens, grenzt es von den Bedeutungen anderer Sprachzeichen ab und vergrößert seinen Wortschatz: *Hund, Katze, Kuh, Ball, Mantel ...*

Für die Beschreibung der Entwicklung vom ganzheitlichen Vorstellungsbild zum Be-griff/ Konzept mit einzelnen Begriffsmerkmalen hat sich die Unterscheidung zwischen extensionaler Bedeutung und intensionaler Bedeutung als nützlich erwiesen. Extension stellt das Wissen dar, das jemand über die Klasse der Erscheinungen (Referenz-Objekte = Referenten/Denotate) hat, die mit einem Lexem bezeichnet werden. So kann man bei Angabe der Extension von BAUM schlicht aufzählen: Buche, Kastanie, Birke, Tanne, Fichte, Eiche, Erle ... Intension dagegen bezieht sich auf die definierenden Eigenschaften der Wortbedeutung. Bei BAUM sind das in der Vorstellung und nach dem Weltwissen eines 5- bis 6-jährigen Kindes (nach Szagun, 1983) die Merkmale ‹groß, mit Stamm, Krone, Ästen und Blättern ausgestattet, Weihnachtsbäume und Tannen mit Nadeln, zum Klettern geeignet, wachsend, mit sich verfärbenden und abfallenden Blättern, Früchte tragend ...›. Bei einem älteren Schulkind kommen dann Merkmale hinzu: ‹Lebewesen, Pflanzen, Laubbäume und Nadelbäume mit verschiedenen Baumarten, blühen, liefern Holz und Obst, sorgen für gute Luft, sind schön ...›. Wer die Bedeutung eines Lexems/Wortes untersucht, darf sich nicht auf einen der beiden Aspekte allein beziehen, er muss Extension und Intension berücksichtigen.

Lexembedeutungen sind (und bleiben auch in späteren Lebensjahren) bei aller Konventionalität, ohne die wir uns nicht verständigen könnten, in erheblichem Maße vage, subjektiv und veränderlich. Die Bedeutung eines Lexems ist nicht bei allen Mitgliedern einer Sprachgemeinschaft völlig gleich. Die individuell verschiedenen Lebenserfahrungen, das unterschiedliche Weltwissen und die darin enthaltenen Konzepte können mehr oder minder stark von einander abweichen. So sind sich nicht alle kompetenten Sprecher des Deutschen darin einig, ob z. B. das mit *Sessel* bezeichnete Objekt immer gepolstert sein muss oder in jedem Fall Armlehnen haben muss. Was genau unterscheidet die Konzepte der Sitzgelegenheiten, die Bedeutungen der Lexeme *Sessel* und *Stuhl*? Uneinig können sich verschiedene Sprecher auch darin sein, ob ein bestimmtes Trinkgefäß als *Tasse* oder als *Becher* zu bezeichnen ist. Und ab wann geht eine *Tasse* in eine *Schale* über?

Die Unterschiede individueller Konzepte sind freilich im Allgemeinen nicht so groß, dass dadurch die sprachliche Verständigung stark behindert oder gar verhindert wird. Immerhin sorgen sie für eine gewisse Unschärfe der überindividuellen vereinbarten Bedeutungen der Lexeme. Lässt sich über die denotativ-begriffliche Bedeutung (sie gibt also an, auf welche „Objekte" sich das Lexem beziehen kann: Funktion der Benennung und Identifikation) noch weitgehend Übereinstimmung feststellen – diese Bedeutung wird dann auch in den Wörterbüchern beschrieben –, so wird der äußere Randbereich einer Bedeutung (konnotative Bedeutung) mit seinen assoziativen Zusatzinformationen zunehmend vage. Zu den Begleitvorstellungen des Randbereichs zählen z. B. positive und negative Bewertungen (*Dame, Frau, Weib*), emotionale Färbungen (*Streit, Freiheitskämpfer*), stilistische Nuancen nach Stilschichten (von poetisch-gehoben bis vulgär: *Seele aushauchen, Arsch zukneifen*) und Stilfärbungen (scherzhaft *bessere Hälfte*, übertreibend *Donnerwetter*, verhüllend *stilles Örtchen*), regionale Verwendungsweisen (*Schrippe, Rundstück*) und die Eigenschaft, veraltet zu sein (*Muhme, Base, Minne*).

Bedeutung {
denotative (Kern-)Bedeutung
+
konnotative Bedeutung

Die Analyse der Bedeutung einzelner Lexeme wird dadurch erschwert, dass diese in der Regel nicht nur jeweils eine Bedeutung aufweisen, sondern mehrdeutig sind. Die Mehrdeutigkeit (Polysemie) ist manchmal sehr auffällig (s. *Gang*), oft aber auch eher unauffällig:

a) Die Tomaten waren auf dem Markt billig.
b) Das Kleid sieht billig aus.
c) Er ist noch einmal billig davongekommen.
d) Das ist eine billige Ausrede.
e) Seine Forderung ist nicht mehr als recht und billig.

Die am häufigsten vertretene, „bevorzugte" Bedeutung eines Lexems, die Grund- und Leitvariante unter seinen verschiedenen Lesarten, nennt man seine Kernbedeutung. Die Kernbedeutung des Lexems *billig* ist zweifellos ‹preisgünstig›. So muss man in dem ersten Beispielsatz für die Tomaten verhältnismäßig wenig Geld bezahlen. Beim *billigen Kleid* ist diese Bedeutung zwar auch noch zu erkennen, aber sie tritt etwas in den Hintergrund und wird von einer abschätzigen Wertung überdeckt. Das Kleid macht den Eindruck, als sei es auch ‹nicht viel wert, minderwertig›. Zwischen ‹preisgünstig› und ‹minderwertig› besteht aber ein klarer Bedeutungsunterschied, wenngleich man noch gut nachvollziehen kann, welche Überlegungen von der ersten zur zweiten Lesart des Lexems geführt haben. Es ist bei Eintritt des Lexems in den neuen Zusammenhang, in den neuen Kontext, zu einer „Konzeptverschiebung“ gekommen.

Der dritte Beispielsatz zeigt eine andere semantische Verschiebung: Auch hier muss jemand wenig „bezahlen“, aber nicht bei einem Kauf und nicht unbedingt mit Geld, sondern er hat für etwas nur eine geringe Gegenleistung erbracht oder sich ‹mit geringerem Einsatz› aus einer unangenehmen Situation befreien können, in der eigentlich mehr von ihm zu erwarten gewesen wäre. Der Einsatz von Geld wird also überdeckt von einem Einsatz an Kraft, Anstrengung. Wird eine solche Übertragung vom Materiellen in den Bereich geistiger Anstrengung als allzu gering beurteilt, ergibt sich (wie schon beim *billigen Kleid*) eine negative Wertung. Die *billige Ausrede* ist zu einfach, ist ‹primitiv›. Ohne negative Wertung erscheint die *billige Forderung* weder zu niedrig, noch zu hoch, sondern gerade ‹angemessen, berechtigt›.

Die verschiedenen Bedeutungen des Lexems bilden zusammen dessen Bedeutungspotential, das im Lexikon gespeichert ist. Sie sind durch gemeinsame Merkmale miteinander verwandt und lassen sich als „Lesartenfamilie“ oder „Konzeptfamilie“ zusammenfassen. Bei der konkreten Verwendung des Lexems im Satz sorgt dann in den meisten Fällen der Kontext dafür, dass nur eine der Bedeutungen aktualisiert wird. Der Kontext trägt also zur aktuellen Bedeutung bei; er macht das an sich mehrdeutige Wort eindeutig (= aktuelle Monosemierung des an sich polysemen Lexems im Satz).

IV. Wie lassen sich Bedeutungen beschreiben?

Was ist eine *WENDELTREPPE*?

Wenn eine solche Frage nach der Bedeutung des genannten Lexems gestellt wird, ist die einfachste und intuitiv nächst liegende Antwort eine Beschreibung mit Hilfe anderer Wörter (Paraphrasierung), bei diesem Lexem zumeist unterstützt durch Gestik, die bildlich-motorisch auf das gemeinte Referenzobjekt hinweist (eine kreisende, sich emporschraubende Bewegung mit der Hand). Die Paraphrase könnte in diesem Fall etwa so lauten: ‹eine Treppe, deren Stufen nicht in gerader Linie, sondern in Form einer Spirale nach oben führen›. Mit ähnlichen Umschreibungen arbeiten bis heute die meisten einsprachigen Wörterbucher, wenn sie Bedeutungsangaben enthalten.

Anspruchvoller als das Paraphrasieren ist der Versuch einer klassischen Definition. Dabei wird der Oberbegriff (das Genus proximum) gesucht, hier also *Treppe*, und die Unterschiede zu andern Treppen, die besonderen Merkmale (die Differentia specifica) dieser Erscheinung werden herausgestellt. Die Definition ist zwar stärker formalisiert, kommt aber zumeist nicht zu viel anderen Ergebnissen als die Umschreibung mit anderen Wörtern.

Auch die linguistische Disziplin, die sich mit Bedeutungen beschäftigt, die Semantik, ist als strukturalistische Semantik methodisch zunächst so vorgegangen, dass sie die Bedeutungen der Lexeme in einzelne semantische Merkmale (auch Seme genannt) zerlegt hat. Und zur Bezeichnung dieser Merkmale griff man auf sprachliche Ausdrücke zurück:

MANN	FRAU	JUNGE
+ belebt	+ belebt	+ belebt
+ menschlich	+ menschlich	+ menschlich
+ männlich	– männlich	+ männlich
+ erwachsen	+ erwachsen	– erwachsen

KIND
+ belebt
+ menschlich
± männlich (geschlechtlich unmarkiert)
– erwachsen

Ein solches Vorgehen beschreibt die Bedeutung eines Lexems im Vergleich mit anderen Lexemen, unterscheidet zwischen gemeinsamen Merkmalen und solchen, die nur dem einen Lexem zukommen, seine Besonderheit ausmachen:

GREIS

+ belebt
+ menschlich
+ männlich
+ erwachsen
+ sehr alt

Auf Grund gemeinsamer Merkmale der Lexeme ist es möglich, ganze Wortfelder zu untersuchen, Gruppen bedeutungsverwandter Wörter wie etwa die Personenbezeichnungen im Bereich der Verwandtschaftsbeziehungen (*Mutter, Onkel, Base, Vetter, Großvater, Schwester, Sohn, Enkel, Oheim …), die Gewässerbezeichnungen (Fluss, See, Bach, Rinnsal, Pfütze, Meer, Kanal, Teich …*) oder die Verben des Sagens (*sprechen, schreien, flüstern, stottern …*) oder die der Fortbewegung (*laufen, springen, hinken, steigen, rennen …*).

Binnengewässer

Seme / Lexeme	fließend	stehend	natürlich	künstlich	sehr groß	groß	klein	sehr klein	linear	flächig
Strom	+	−	+	−	+	−	−	−	+	−
Fluß	+	−	+	−	−	+	−	−	+	−
Bach	+	−	+	−	−	−	+	−	+	−
Rinnsal	+	−	+	−	−	−	+	+	+	−
Kanal	−	+	−	+	−	−	−	−	+	−
Graben	−	+	−	+	−	−	+	−	+	−
Meer	−	+	+	−	−	+	−	−	−	+
See m.	−	+	+	−	−	+	−	−	−	+
Tümpel	−	+	+	−	−	−	+	−	−	+
Pfütze	−	+	+	−	−	−	+	+	−	+
Teich	−	+	+	−	−	−	−	−	−	+
Becken	−	+	−	+	−	−	−	+	−	+

Aus: G. H. Blanke, Einführung in die semantische Analyse. München, Hueber 1973. S. 70.

Statt Lexembedeutungen in Merkmalbündel zu zerlegen oder Lexeme und Merkmale in einer Matrix einander zuzuordnen hat man auch versucht, die semantischen Beziehungen zwischen bedeutungsähnlichen Lexemen durch graphische Darstellungen und auch durch Stammbaumskizzen zu verdeutlichen:

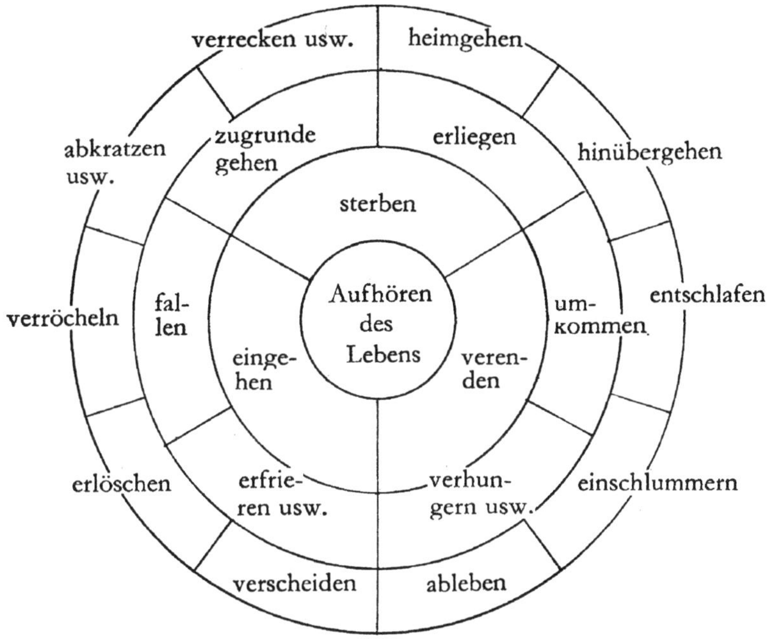

Aufhören des Lebens

Aus: Leo Weisgerber, Grundzüge der inhaltsbezogenen Grammatik. Düsseldorf, Schwann [3]1962. S. 184.

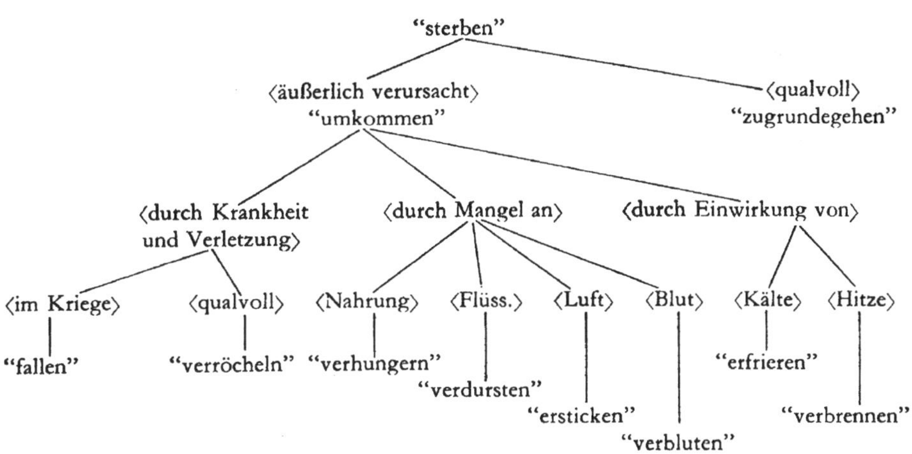

Aus: Klaus Baumgärtner, Die Struktur des Bedeutungsfeldes. In: Satz und Wort im heutigen Deutsch. Düsseldorf, Schwann 1967. S. 191.

Die Ergebnisse einer solchen Merkmal-Semantik sind beachtlich. In der in Deutschland entwickelten inhaltbezogenen Sprachwissenschaft hat man die Arbeit mit Wortfeldern intensiv betrieben und auch für die Wortschatzarbeit im Sprachunterricht empfohlen. In der strukturalistischen Linguistik hat man die semantischen Beziehungen zwischen den Lexemen genau untersucht und die Erscheinungen der Synonymie, der Antonymie, der Hyponymie, der Partonymie beschrieben. Darauf wird im nächsten Abschnitt näher einzugehen sein.

Die Merkmal-Semantik hat aber auch ihre Schwachstellen. Sind die semantischen Merkmale gleich gewichtig, oder gibt es eine Hierarchie unter ihnen? Lässt sich bei einem Merkmal immer nur zwischen + und − und ± (= „unmarkiert“) unterscheiden, oder gibt es auch mittlere Werte, gar eine Skala von Werten (z. B. bei Temperaturangaben nicht nur ‹± hoch› wie in *heiß* und *kalt*, sondern auch etwas dazwischen wie bei *warm* und *lau*)? Wie verfährt man mit mehrdeutigen Lexemen (wie z. B. *Untiefe* mit den Bedeutungen ‹gefährlich flache Stelle im Wasser› und ‹unergründlich tiefes Gewässer›)? Darf man bei der semantischen Analyse die Abhängigkeit der Bedeutung vom jeweiligen Kontext einfach außer Acht lassen?

Der gewichtigste Einwand richtet sich gegen das sogenannte „Container-Modell“, auf dem die Merkmal-Semantik basiert: Die Lexem-Bedeutung wird als „Behälter“ für eine Anzahl von Merkmalen verstanden, die als notwendig, aber auch als hinreichend angesehen werden. Diese geben klare Auskunft über Zugehörigkeit oder Nichtzugehörigkeit einer Erscheinung zu einer Kategorie oder Klassenbezeichnung. Alle Lebewesen mit den Merkmalen ‹+ menschlich, + erwachsen, + männlich, + sehr alt› sind danach *Greise*, alle anderen, denen auch nur eins dieser Merkmale fehlt, sind es nicht.

Bezeichnen wir aber wirklich jeden sehr alten Mann als *Greis*, auch wenn er noch sehr vital ist? Muss er in dem Fall nicht schon recht gebrechlich wirken? Ist es nicht bis zu einem gewissen Grade Ermessenssache und von der Einschätzung und der Mitteilungsabsicht des Sprechers abhängig, ob er jemanden als *Greis* bezeichnet? Vielleicht gehören für ihn Merkmale wie ‹weißes Haar› oder ‹Ehrwürdigkeit› zu den Faktoren, welche die Wortwahl steuern.

Solche Kritik wird vor allem von der kognitiven Semantik vorgebracht. Sie geht einen anderen Weg. Enzyklopädisches Weltwissen und Sprachwissen sind für sie untrennbar miteinander verbunden. Lexeme und ihre Bedeutungen folgen der „Konzeptualisierung“ im Rahmen der Wirklichkeitswahrnehmung und Erfahrungsspeicherung (Zusammenfassung einer Klasse von Erscheinungen unter einem ihnen gemeinsamen Merkmal führt zur Bildung von Konzepten/Begriffen) und sind deshalb sehr flexibel. Die Kernbedeutung eines Lexems verweist auf ein prototypisches Referenzobjekt, das Lexem ist darüber hinaus aber auch Bezeichnung für weitere Objekte, die nicht alle Merkmale des Prototyps aufweisen müssen.

Prototypischer *VOGEL* ist in unserem Kulturkreis etwa das *Rotkehlchen*, wohl auch die *Meise* und der *Sperling*. Jedenfalls handelt es sich um ein relativ kleines Tier, das fliegen kann, ein Nest baut und Eier legt. Vielleicht gehört zu den gespeicherten Erfahrungen auch, dass es Flügel, Federn und einen Schnabel besitzt. Dieser prototypischen Vorstellung entspricht als „bestes Exemplar“ der Kategorie dann etwa das Rotkehlchen. Bei Kindern löst oft schon die Mitteilung Erstaunen aus, dass auch Hühner Vögel seien, obwohl sie doch gar nicht richtig fliegen. Noch weit „schlechtere Exemplare“ der Kategorie VOGEL sind aber der *Strauß* und der *Pinguin*. Sie unterscheiden sich nach Größe, Gestalt und Verhalten erheblich vom Prototyp.

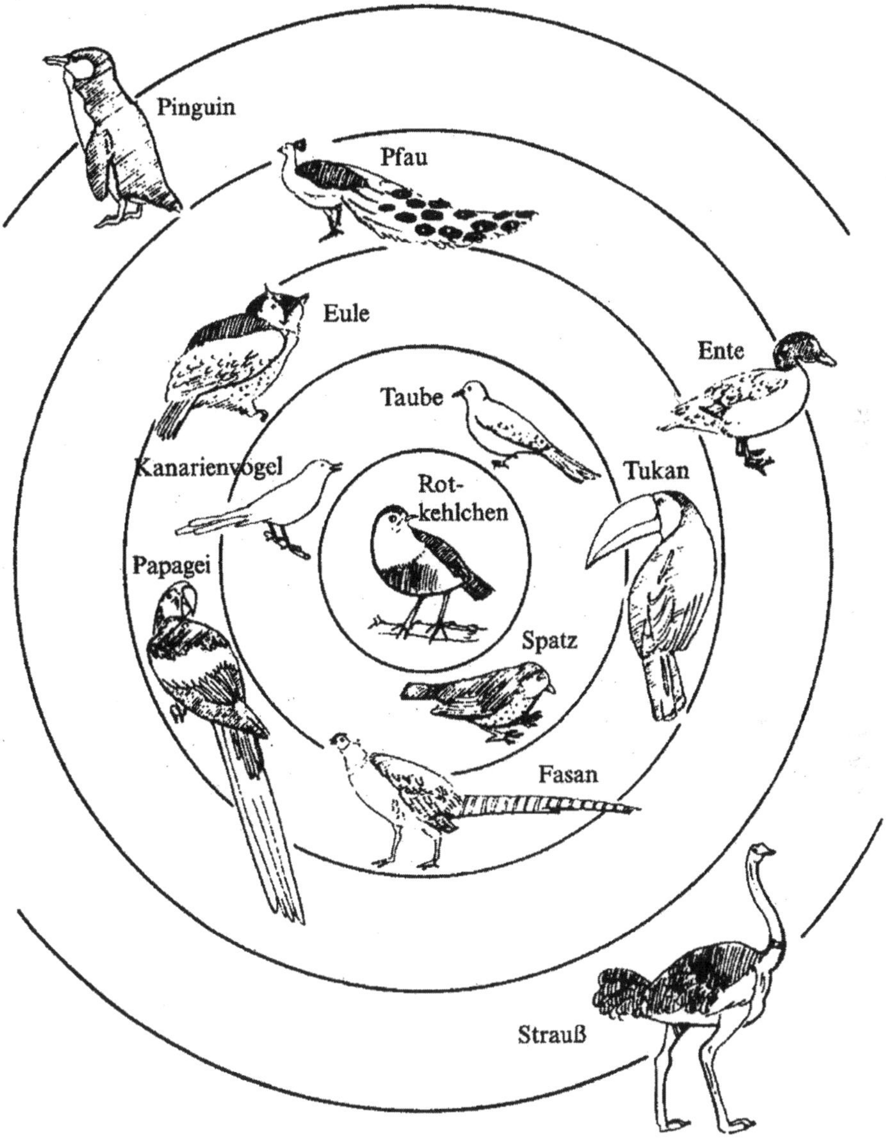

Aus: Jean Aitchison, Wörter im Kopf. Eine Einführung in das mentale Lexikon. Tübingen: Niemeyer 1997. S. 54.

Der Prototyp der *TASSE* ist für die meisten Deutschen ein Gefäß zum Trinken von Kaffee oder Tee, das einen Henkel aufweist, 5 bis 10 cm hoch ist und nach oben breiter wird, hergestellt aus Porzellan oder Steingut.

Muss aber jedes Gefäß, das wir als *Tasse* bezeichnen (und nicht als *Vase, Schale, Becher, Glas, Kelch*), alle diese Merkmale besitzen? Ist die *TASSE*, wenn sie keinen Henkel hat, immer noch eine *Tasse*? Und wenn sie sich nicht nach oben verbreitert oder geschwungene Seiten aufweist? Wenn man Wasser daraus trinkt? Wenn sie aus Glas ist oder aus Kunststoff?

Auch hier gibt es bessere Exemplare der Kategorie, die dem Prototyp nahe stehen, und schlechtere Vertreter, die weiter von ihm entfernt sind. Und doch gibt es nicht immer eine klare Entscheidung über Zugehörigkeit oder Nichtzugehörigkeit. Die *TASSE* muss nicht immer alle prototypischen Merkmale aufweisen, es genügen oft einige, die für Ähnlichkeit der Exemplare untereinander und damit für ihre Zusammenfassung unter einem Konzept, unter einem Begriff sorgen.

Die Prototypensemantik hat man auch als „Semantik des Mehr oder Weniger" (im Gegensatz zu einer „Semantik des Entweder-oder") bezeichnet. Bei FAHRZEUG denken wir eher an ein Auto als an einen Roller, bei VERBRECHEN eher an Mord als an Ladendiebstahl. Und wenn die Zuordnung zu einer Kategorie uns bei schlechten Exemplaren schwer fällt, so greifen wir gern zu Formulierungen wie „Das ist eigentlich ein Vogel, eine Tasse, ein Fahrzeug ..." oder „Das ist so eine Art Vogel ...." Mit solchen alltagssprachlichen abschwächenden, relativierenden Äußerungen deuten wir eine gewisse Zurückhaltung gegenüber einer eindeutigen Kategorisierung an.

Als prototypisch können nicht nur Exemplare einer Kategorie angesehen werden, sondern auch die Kernbedeutungen von mehrdeutigen Lexemen. Diese müssen nicht unbedingt Gegenstände oder Lebewesen als Referenzobjekt haben, sie können auch Handlungen oder Beziehungen bezeichnen. So kann z. B. die Kernbedeutung des Verbs *GEHEN* etwa mit ‹Fortbewegung auf Beinen auf ein Ziel zu› umschrieben werden. Mit dieser Bedeutung wird das Lexem etwa in dem Satz *Das Kind lernt gerade gehen* gebraucht. Es gibt aber auch andere Verwendungsweisen dieses ausgesprochen vieldeutigen deutschen Verbs:

a) *Meiers gehen etwas früher.*
b) *Sie geht schon zur Schule.*
c) *Geh nicht an den Kuchen!*
d) *Es geht auf den Winter zu.*
e) *Wie geht es Ihnen?*

Grundsätzlich interpretieren und „konstruieren" Menschen eine gegebene Situation subjektiv in individueller Weise. So sagt der eine: *Das Glas ist halb voll*, der andere: *Das Glas ist halb leer.* Entsprechend kann man die Kernbedeutung eines Lexems bei seiner Verwendung in ungewöhnlichen Zusammenhängen modulieren und profilieren, indem man bei den ihm zugeordneten kognitiven Konzepten bestimmte Merkmale in den Hintergrund treten lässt und zum Verblassen bringt, andere Merkmale dagegen in den Vordergrund rückt (konzeptuelle Verschiebung von Kernbedeutungen):

So enthält das Konzept von *GEHEN* im Satz (a) immer noch die Fortbewegung auf Beinen, an die Stelle des Merkmals ‹auf ein Ziel zu› tritt aber jetzt das Merkmal ‹von einem Ausgangspunkt fort›. Im Satz (b) verblasst die prototypische Vorstellung von der Fortbewegung auf Beinen, und hervortritt der Gesichtpunkt, dass man sich regelmäßig zu einer Institution hinbewegt. Ob das ‹auf Beinen›, also zu Fuß geschieht oder mit einem Fahrzeug, ist unwichtig. Im Satz (c) verblasst die Vorstellung der Fortbewegung hinter der Vorstellung, dass man am Ziel etwas Bestimmtes tut (Kuchen essen). Im Satz (d) verlässt man die Vorstellung von der Fortbewegung im Raum und akzentuiert dagegen die Vorstellung von einer Fortbewegung in der Zeit (Wechsel des Wahrnehmungsbereichs, der Wissensdomäne). Und in Satz (e) wird diese Fortbewegung in der Zeit genutzt, um die Metapher vom Leben als Reise zu verwenden: Man wandelt auf dem Lebensweg, mal besser, mal schlechter.

Die kognitive Verarbeitung von Wirklichkeitserfahrungen lässt Ähnlichkeiten, Vergleichbarkeiten aufscheinen (Konzeptverwandtschaft) – Ähnlichkeit zwischen zwei Erscheinungen gehört zu den Grundprinzipien menschlicher Wahrnehmung! –, die bei der Versprachlichung der Konzepte neben die Kernbedeutung eines Lexems immer neue Nebenbedeutungen treten lassen. Sie bilden ein Netzwerk von Lesarten um die Kernbedeutung herum, die durch Ähnlichkeiten (durch gemeinsame Merkmale) miteinander verwandt sind („Familienähnlichkeit") und eine „Lesartenfamilie" bilden. Manche von ihnen weisen wie „schlechte Exemplare" einer Kategorie nur noch wenige, bisweilen sogar gar keine gemeinsamen Merkmale mit der Kernbedeutung mehr auf: *Es geht um alles oder nichts.* Sie sind aber untereinander durch gemeinsame Merkmale verbunden wie einander ähnelnde Kinder, die gar nicht wie ihre Eltern aussehen.

In der kognitiven Semantik geht man zur Veranschaulichung der Polysemie der Lexeme von einem „radial" strukturierten Beziehungsgeflecht aus: Von der Kernbedeutung, dem Mittelpunkt aus führen strahlenförmig viele miteinander vernetzte Lesarten in alle möglichen Richtungen.

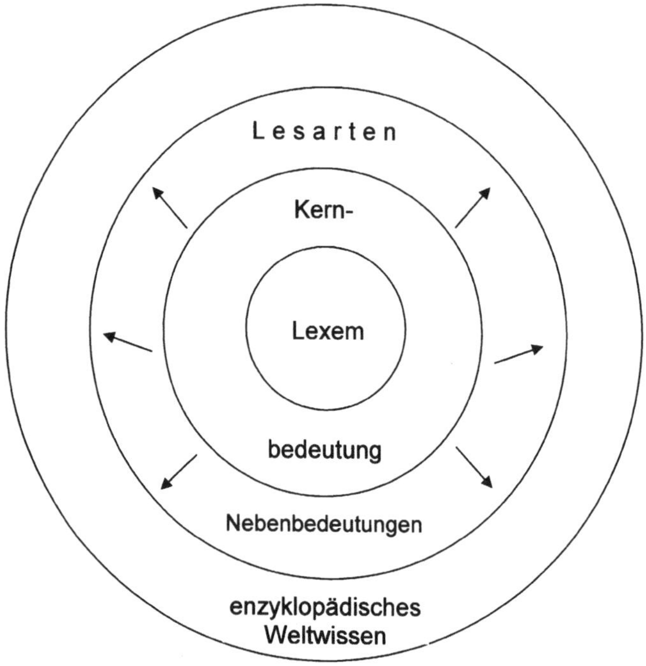

Eine solche Betrachtungsweise wirft auch ein neues Licht auf die Metaphern als sprachliche „Bilder“. Sie werden nicht länger als eine Besonderheit gehobener, literarischer Sprache angesehen, sondern gelten als ganz normale, sehr gebräuchliche Form der Konzeptualisierung des Weltwissens in der Alltagssprache. Wir reden oft über abstrakte Vorstellungen, indem wir Ausdrücke eines konkreten, anschaulichen Vorstellungsbereichs verwenden. So werden etwa Gefühle mit Ausdrücken aus dem Bereich der Temperaturen beschrieben: *Ich kann mit ihm nicht warm werden. – Er entbrannte in heißer Liebe. – Er wurde kühl empfangen. – Ihn überkam kaltes Grausen.* Oder die oben bereits erwähnte Metapher vom Leben als Reise führt zu Wendungen wie: *noch einen langen Weg vor sich haben – vor einem Abgrund stehen – vom rechten Wege abkommen – gut vorankommen – einen anderen Weg einschlagen.* Auch der Wechsel von einer Konzeptualisierungsdomäne (z. B. Raum) in eine andere (z. B. Zeit) kann schon als Metaphernbildung verstanden werden: *Der Augenblick der Entscheidung ist nun herbeigekommen.* Metaphorische Verwendung eines Lexems ist also die Profilierung seiner Bedeutung mit Hilfe einer weiteren Lesart. Oder allgemein gesagt: Eine Metapher ist die Konzeptualisierung von Erfahrungen einer Domäne (Zielkonzept als Bildempfänger) mit Hilfe von Ausdrücken einer anderen Domäne (Ausgangskonzept als Bildspender). Konzeptuelle Metaphern lassen sich deshalb in das Radialmodell der Lexembedeutungen integrieren.

Die ältere Merkmalsemantik und die jüngere Prototypensemantik schließen sich als Beschreibungsmodelle für Lexembedeutungen gegenseitig nicht aus, sondern ergänzen sich. Mit semantischen Merkmalen arbeiten beide Richtungen, mit dem Unterschied, dass es bei der Prototypensemantik nicht ausschließlich notwendige und hinreichende Merkmale einer Bedeutung gibt, sondern auch solche, die zwar nicht notwendig, aber doch „typisch“ sind (z. B. das Merkmal ‹kann fliegen› bei VOGEL).

Außer der Prototypensemantik hat die Kognitive Linguistik noch ein weiteres semantisches Beschreibungsmodell entwickelt, das von der Speicherung stereotyper Vorstellungen im Gedächtnis ausgeht. Als Stereotyp gelten dabei (ähnlich wie beim Vorurteil) starre kollektive Ansichten und Urteile über Gegenstände, Personen, Sachverhalte, an Lexembedeutungen gebundene Standardannahmen über Außersprachliches, die sich keineswegs nur auf notwendige, manchmal sogar auf unzutreffende Bedeutungsmerkmale stützen (ein *Walfisch* ist eben kein FISCH).

Bei Aufgabe der Unterscheidung von allgemeinem Weltwissen und Sprachwissen spielen Wissensrepräsentationen in der Kognitiven Semantik überhaupt eine zentrale Rolle. Unter den Termini Rahmen (Frame) oder Schema fasst man unser gebündeltes Erfahrungswissen als Tatsachenwissen („was es gibt“), unter Skript („Drehbuch“) als Prozeduralwissen („wie etwas geschieht“) zusammen; beide Wissenformen steuern unsere Normalitätserwartungen und dann auch unsere (sprachlichen wie nichtsprachlichen) Handlungen. So lässt sich bei der Analyse eines Objekt-Frames z. B. untersuchen, welche Konzepte zu ZIMMER gehören (besteht aus Wänden, Fußboden, Decke, wird von Menschen bewohnt/genutzt, ist Teil eines Gebäudes, ist durch Türen zugänglich, weist Fenster auf ...). Ein Skript wie z. B. der RESTAURANTBESUCH besteht aus einer festen, modellhaften Folge komplexer Ereignisse und Handlungen (Restaurant betreten, an einem Tisch Platz nehmen, auf Bedienung warten, aus Speisekarte auswählen, Gericht/Getränk bestellen, speisen/trinken, Rechnung verlangen, zahlen, Restaurant verlassen), bei deren Ausführung auch eine Reihe von Frames wichtig werden: OBER, SPEISEKARTE, RECHNUNG usw. Erfahrungswissen wird so mit Hilfe standardisierter Konzepte und sprachlicher Bezeichnungen für sie gespeichert und abgerufen, um häufig vorkommende Alltagssituationen schnell und reibungslos zu bewältigen.

Im Unterschied sowohl zur Merkmalsemantik wie zur Prototypensemantik ist das entscheidende Strukturierungsprinzip bei der Frame/Skript-Theorie nicht die Ähnlichkeit von Konzepten bzw. von Lexembedeutungen, sondern das gemeinsame Vorkommen und Aufeinanderbezogensein verschiedener Konzepte eines Frames bzw. die häufige unmittelbare Abfolge verschiedener Konzepte eines Skripts. Was in Standardsituationen des täglichen Lebens gemeinsam wahrgenommen wird, wird auch so im Gedächtnis gespeichert und von dort wieder abgerufen. Die Kenntnis von Lexembedeutungen allein ermöglicht zwar eine korrekte Bezugnahme auf Denotate/Referenzobjekte unserer Welt (wir wissen schon vor dem Betreten eines Zimmers, was ein *Zimmer* ist und können es als solches sprachlich bezeichnen; wir wissen, dass ein *Restaurant* eine Einrichtung ist, in der man gegen Bezahlung etwas zu essen bekommt), aber erst bei Aktivierung unseres Wissens aus Frame und Skript wissen wir, wie wir uns in dieser Welt verhalten sollen (wir wissen, dass man vor dem Eintreten an die Zimmertür klopft, nach dem Eintreten die Tür hinter sich schließt usw.; wir wissen, wie man es anstellt, im Restaurant etwas zu essen zu bekommen).

So unterstreicht dieses Semantik-Modell die eigentlich nicht neue Erkenntnis, dass die konkrete Bedeutung eines Lexems kontextabhängig ist, dass man also nur dann weiß, was ein Lexem bedeutet, wenn man seine sprachliche Umgebung, aber eben auch seine Einbettung in eine Gebrauchssituation (situativer Kontext) berücksichtigt.

V. Wie speichern wir unseren Wortschatz im Gedächtnis?

Der Wortschatz, über den ein Mensch verfügt, wird als sein inneres „mentales Lexikon" bezeichnet. Es handelt sich dabei um den Teil des Langzeitgedächtnisses, in dem die Lexeme einer Sprache mental repräsentiert sind. Dabei sind jedem Lexem komplexe Informationen zugeordnet: phonologische Informationen (Wie klingt das gesprochene Wort?), syntaktische (Mit welchen anderen Wörtern lässt es sich zu Wortgruppen und Sätzen verknüpfen?), morphologische (Aus welchen Bedeutung tragenden Elementen besteht das Wort? Wie wird es flektiert?) und semantische (Was bedeutet das Wort?).

Der Zugang zum mentalen Lexikon erfolgt in zweierlei Weise: Einmal geht es um die Worterkennung/Lexemerkennung durch den Hörer oder Leser, der einer wahrgenommenen Folge von Lauten oder Buchstaben die konventionelle Bedeutung zuordnen muss, um zu verstehen, was gemeint ist (word recognition). Zum anderen geht es um den Zugang durch den Sprecher oder Schreiber, der nach dem Lexem sucht, das einem bestimmten, ihm vorschwebenden Konzept angemessen ist (word retrieval).

Nicht alle gespeicherten Lexeme stehen für beide Zugriffe zur Verfügung. Man muss zwischen den Lexemen, auf die man beim Hören und Lesen zurückgreift, und denjenigen unterscheiden, mit deren Hilfe man sich äußert. Die erste Gruppe bildet zusammen den Verstehenswortschatz oder auch „rezeptiven" Wortschatz (der Terminus „passiver" Wortschatz ist unglücklich und sollte vermieden werden, weil er fälschlich suggeriert, dass das Verstehen keine komplizierte Tätigkeit, sondern ein bloßes Hinnehmen sei). Die zweite, deutlich kleinere Teilmenge bilden die Lexeme, die nicht nur verstanden werden, sondern auch beim Sprechen und Schreiben zum Ausdruck eigener Gedanken verwendet werden: der Mitteilungswortschatz oder auch „produktive" Wortschatz (besser als „aktiver" Wortschatz).

Das innere Lexikon darf nicht als eine unstrukturierte Ansammlung einzelner Sprachzeichen verstanden werden. Seine Elemente bilden vielmehr ein wohl geordnetes Ganzes, gut gegliedert und mit vielfältigen Beziehungen untereinander. Die Bedeutung eines Lexems kann grundsätzlich als Ergebnis seiner Platzierung im lexikalischen System angesehen werden. Was ein Lexem bedeutet, ist einerseits davon abhängig, welche semantischen Merkmale es aufweist, andererseits von seinen Beziehungen zu anderen Lexemen.

Wenn wir das oben beschriebene Feld der Lesarten um die Kernbedeutung eines einzelnen Lexems herum als semantische Mikrostruktur des Lexikons bezeichnen, so bildet das Beziehungsgeflecht der Lexeme untereinander seine semantische Makrostruktur.

Sowohl bei der Rezeption wie bei der Produktion von Sprache greifen wir auf Lexeme unseres mentalen Lexikons zurück. Dabei folgen wir natürlich der Ordnung dieses Lexikons und spüren (nicht immer erfolgreich, wenn ein Wort uns gleichsam „auf der Zunge liegt", aber doch nicht einfällt) die gesuchten Lexeme auf. Beim Aufschlagen eines Wörterbuchs sind wir gewohnt, uns nach der Reihenfolge des Alphabets zu richten. Beim „Nachschlagen" im mentalen Lexikon folgen wir anderen Ordnungsprinzipien.

Experimente haben ergeben, dass sogleich nach Identifizierung eines Wortes beim Hören oder Lesen (beim Lesen innerhalb von 200 Millisekunden) automatisch und ohne Kontrolle durch das Bewusstsein verschiedene Bedeutungen (und sogar Bedeutungen anderer

Wortfamilie „fahren“

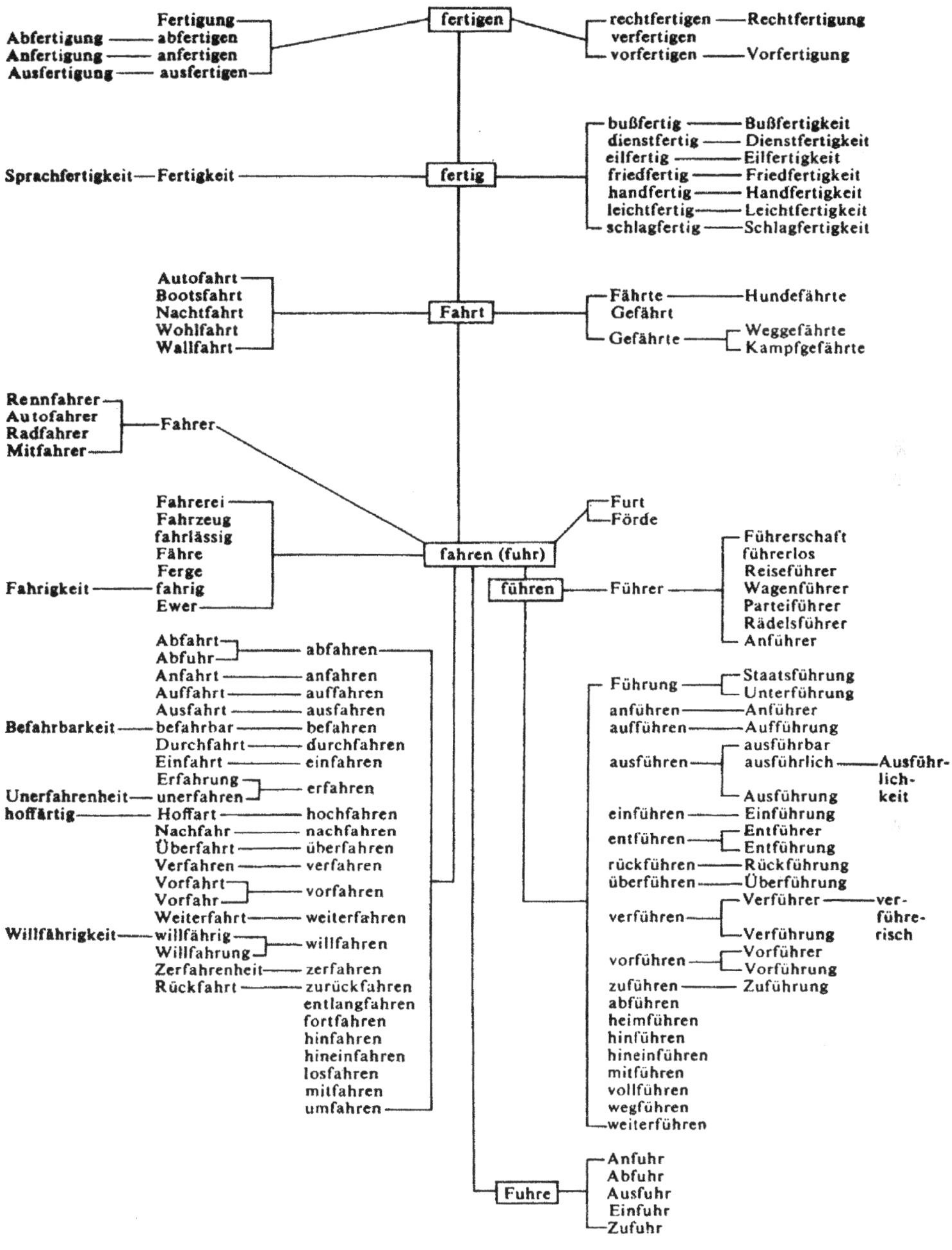

Aus: Kleine Enzyklopädie. Die deutsche Sprache. Hrsg. v. E. Agricola, W. Fleischer, H. Protze. Leipzig: Bibliographisches Institut, 1969. Bd. 1, S. 539.

im Wortspeicher benachbarter Wörter) aktiviert werden (bei *Doktor* z. B.: *krank, Medizin, Krankenhaus, Schwester* ...) und dass sogleich danach (nach etwa 250 Millisekunden, also einer Viertelsekunde) unter wachsender Beteiligung des Bewusstseins der Kontext „unpassende" Bedeutungen ausschließt und endlich die kontextangemessene Lesart übrig lässt (Disambiguierung oder Monosemierung durch den Kontext).

Spontane Wortassoziationen (Welches Wort fällt einem zusammen mit einem anderen sofort ein?) und gezielte Assoziationstests (Reizwort – Reaktionswörter) geben Hinweise auf die Beziehung der Lexeme untereinander, auf die Strukturen des Lexikons. Wenig verwunderlich ist, dass klangähnliche Lexeme miteinander assoziiert werden (z. B. *Sonne – Wonne*) und deshalb vermutlich im Lexikon nahe beieinander gespeichert werden. Das gilt auch, wenn zu der Klangähnlichkeit (phonologische Assoziation) eine ähnliche Wortbildung mit gleichen Wortbausteinen hinzukommt (morphologische Assoziation) wie bei *fahren – Fahrer* oder *Schreibschrift – Druckschrift* oder *unbeschreiblich – unbegreiflich*. Diese Wortpaare gelten als morphologisch „verwandte" Wörter, die nicht nur klanglich, sondern auch inhaltlich eine Beziehung untereinander aufweisen. Schon vor langer Zeit hat man deshalb in Sprachwissenschaft und Sprachdidaktik das Augenmerk auf ganze „Wortfamilien" gerichtet, hat möglichst viele Wörter mit dem gleichen Stammmorphem zusammengestellt (z. B. /fahr/ in *Fahrt, überfahren, Fahrzeug, Fähre, Fuhrmann, führen, Furt, fertig* ...) und deren Bedeutungen untersucht. Dabei hat man auch Formveränderungen des Stammmorphems berücksichtigt, die Varianten des Stammmorphems, auch Allomorphe genannt (z. B.: /fahr/ – /fähr/ – /fuhr/ – /führ/ – /fur/ – /fer/).

Neben den morphologisch-semantischen Beziehungen spielen aber vor allem rein semantische Relationen eine große Rolle bei der Gliederung und Speicherung unseres Wortschatzes. Lexeme mit gleicher oder ähnlicher Bedeutung (Synonyme) werden häufig assoziiert (*Samstag – Sonnabend, Orange – Apfelsine, Tür – Tor, See – Teich, bekommen – erhalten, dumm – töricht*) und dürften im Lexikon eng miteinander verbunden sein. Das gilt auch für Lexeme mit „gegensätzlicher" Bedeutung (Antonyme) unterschiedlicher Art (*arm – reich, kommen – gehen, tot – lebendig*), hierarchisch angeordnete Ober- und Unterbegriffe (Hyperonyme und Hyponyme) mit Nebenbegriffen (Kohyponyme):

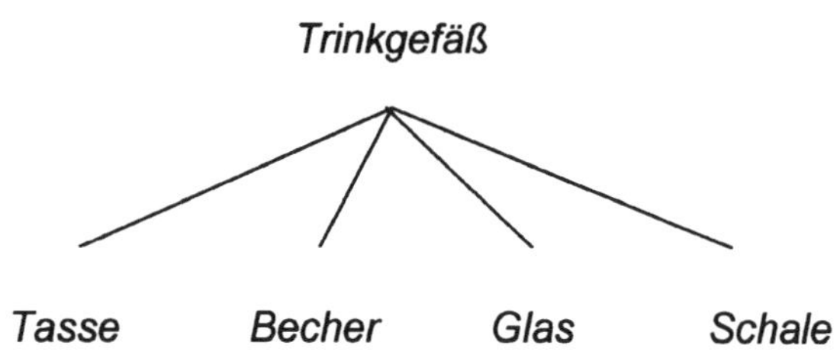

Das gilt aber auch für die Teil-Ganzes-Beziehung (Partonymie) mancher Lexeme (*Finger – Hand, Ast – Baum, Dach – Haus*), die ebenfalls in hierarchischer Beziehung zueinander stehen:

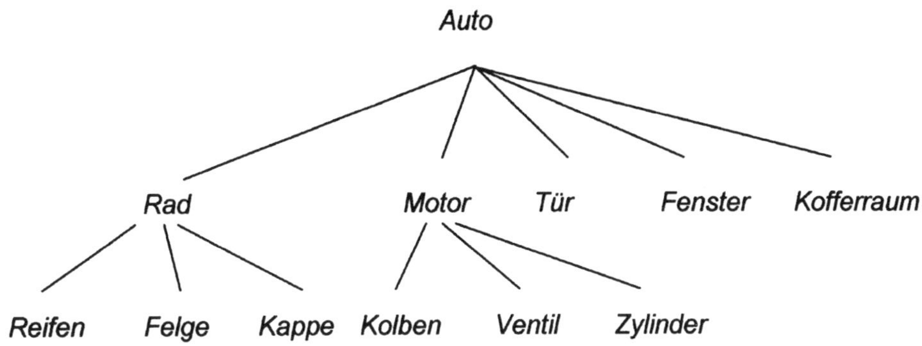

Zu den semantischen Relationen rechnet man auch die Beziehung zwischen Lexemen, die einerseits ein Einzelexemplar, andererseits eine Gruppe solcher Exemplare bezeichnen (*Schiff – Flotte, Baum – Wald, Schaf – Herde, Wolf – Rudel, Fisch – Schwarm*), und zwischen solchen, die einerseits eine bestimmte Menge, andererseits die zugehörige „Masse" bezeichnen (*Tropfen – Wasser, Blatt – Papier, Prise – Salz, Scheibe – Brot*).

All diese Beziehungen (von der Synonymie bis zur Menge-Masse-Relation) bestehen zwischen Lexemen, die derselben Wortart angehören. Sie sind im Satz syntaktisch gegeneinander austauschbar:

Ich besuche dich am Samstag/Sonnabend.
Er hat einen Bruder/eine Schwester.
Reich mir bitte eine Tasse/einen Becher.
Alle Blätter waren vom Baum/Ast gefallen.
Das Schiff/die Flotte wurde versenkt.
Er aß das Brot/die Scheibe mit Appetit.

Man kann als Sprecher oder Schreiber bei der Satzbildung zwischen solchen Lexemen wählen, kann den einen <u>oder</u> den anderen Ausdruck benutzen. Die Ausdrücke bilden zusammen ein Paradigma. Die Beziehungen zwischen solchen Wörtern nennt man deshalb „paradigmatische Beziehungen":

Er trank den Tee
die Milch
den Kaffee
den Saft
den Hustensaft
den Wein nur zögernd.

Im mentalen Lexikon stehen diese Lexeme als alternatives Angebot bereit, wenn man etwas formulieren will. Das begründet die eng benachbarte Speicherung.

Ganz anders verhält es sich mit den semantischen Beziehungen zwischen Lexemen, die sehr häufig miteinander und nebeneinander im Satz vorkommen. Das Lexem *bellen* „ruft" fast nach der Ergänzung durch *Hund, blond* kommt außer mit *Haar* nur mit wenigen Wörtern zusammen vor, entsprechend *eingefleischt* fast nur mit *Junggeselle*. Die semantischen Beziehungen zwischen solchen nebeneinander im Satz vorkommenden und meist verschiedenen Wortarten angehörigen Lexemen nennt man „syntagmatische Beziehungen“.

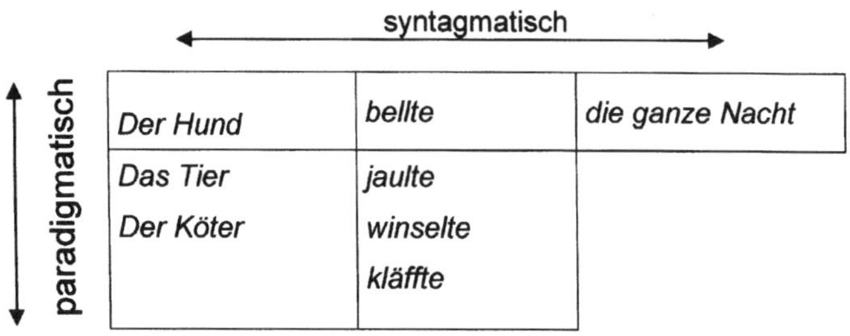

Manchmal ist die Zugehörigkeit zu den beiden Relationstypen nicht ganz klar. *Messer* und *Gabel* z. B. erscheinen als Ausdrucksalternativen (*Brauchst du zum Essen ein Messer/ eine Gabel?*), kommen aber durchaus auch nebeneinander vor (*Du sollst mit Messer und Gabel essen!*). Entsprechendes gilt für Ausdrücke wie *wenige Tropfen Wasser, nur eine Prise Salz* oder *ein ganzes Rudel Wölfe*.

Trotzdem ist es sinnvoll, zwischen paradigmatisch und syntagmatisch zu unterscheiden, weil die Verwendung sprachlicher Ausdrücke „nebeneinander“ oder „alternativ“ für zwei grundverschiedene sprachliche Rezeptions- und Produktionsweisen steht. Begegnen einem Hörer oder Leser bestimmte Lexeme sehr oft „im Verbund“, so merkt man sie sich als gut verknüpfbar, und sie bieten sich beim Sprechen und Schreiben als mehrteiliges Bauelement gemeinsam an. Die Speicherung von Alternativen und ihr Wiederabrufen aus dem Gedächtnis ist da schon komplizierter; das Verhältnis der Lexeme ist abstrakter. Die paradigmatischen Wortreihen werden wichtig, wenn man über unterschiedliche Ausdrucksweisen reflektiert und die geeignetste Formulierung auswählen will.

Eine solche Beurteilung wird durch das gestützt, was man bei Assoziationstests mit Kindern und Erwachsenen festgestellt hat: Kinder assoziieren vorwiegend noch syntagmatisch, Erwachsene überwiegend paradigmatisch. Man erlernt offensichtlich ein Miteinander-Vorkommen schneller als das Entweder-Oder. Andererseits ist das persönliche Ausdruckspotential, die Ausdruckfähigkeit von Schülern besonders dadurch zu fördern, dass man sie nicht nur oft Gehörtes und Gelesenes reproduzieren lässt, sondern sie zur bewussten Auswahl anleitet.

Die allmählich wachsende Fähigkeit zur semantischen Abstraktion zeigt sich beim Spracherwerb auch darin, dass Kinder zuerst die Bezeichnungen konkreter Erscheinungen auf „mittlerer Ebene“ erlernen und erst danach Unterbegriffe und Oberbegriffe. Z. B. erfassen sie zuerst, was mit *BAUM* und *BLUME* gemeint ist, erst danach dass *Birke* und *Tanne* *BÄUME* und *Tulpe* und *Rose* *BLUMEN* sind, schließlich auch, dass *Bäume* und *Blumen* *PFLANZEN* sind, und erst viel später, dass *PFLANZEN* wie *Tiere* und *Menschen* *LEBEWESEN* sind.

Die Gliederung des Wortschatzes hat man sich früher in einem Modell „feldmäßig" vorgestellt. Die Angehörigen eines Wortfeldes sollten demnach einen bestimmten Sinnbereich lückenlos abdecken und sich dabei gegenseitig begrenzen. Das galt vor allem für Wörter mit gemeinsamen semantischen Merkmalen, also besonders Synonyme (z. B. Verben des Sagens), aber auch Antonyme, die genau genommen eine Sonderform von Synonymen sind (die meisten Merkmale haben sie gemeinsam), und Hyponyme mit ihren ausgeprägten hierarchischen Beziehungen.

Bei den Versuchen einer graphischen Darstellung von Wortfeldern erwies sich die zweidimensionale Flächenhaftigkeit des Feldbegriffes rasch als Beschränkung. Die semantischen Beziehungen der Lexeme sind vielfältiger und komplexer, als es in einer flächenhaften Darstellung wiedergegeben werden kann. Deshalb hat man den Feldbegriff als Veranschaulichungsmodell heute vielfach aufgegeben und spricht mehr von lexikalischen Netzwerken, und zwar von multidimensionalen Netzwerken. Die Elemente des Lexikons sind alle miteinander „vernetzt", durch Maschen miteinander in verschiedenen Richtungen verknüpft, nahe beieinander oder auch weit voneinander entfernt.

Lexeme existieren in einer Art „räumlicher Position". Ein Lexem zu „kennen" schließt das Wissen ein, welchen Raum es einnimmt und welchen nicht, welche unmittelbaren und welche mittelbaren Nachbarn es hat, sowohl in syntagmatischer wie auch in paradigmatischer Beziehung. Mit dem lexikalischen Sprachwissen verhält es sich wie mit dem Weltwissen überhaupt: Das Wissen, wo etwas „hingehört", ist ein notwendiger Bestandteil seines Verständnisses. Und die Aufnahme neuer Lexeme erfolgt stets auf dem Hintergrund des schon vorhandenen Wissens und als Einordnung in das bereits geknüpfte Netzwerk.

Als „Knoten" im Netz sind die Lexeme freilich selbst keine klar umrissenen, scharf abgegrenzten Einheiten. Von der Vagheit der Lexembedeutungen, von der Unterscheidung zwischen denotativer Kernbedeutung und konnotativen Nebenbedeutungen war oben schon die Rede. Erwähnt wurde auch bereits, dass Lexeme in der Regel nicht eindeutig, sondern mehrdeutig sind und dass erst der Kontext das Lexem „disambiguiert", also eine der möglichen „Lesarten" aktualisiert.

Die kognitive Semantik geht einen Schritt weiter und entwickelt das Modell einer Kernbedeutung (oft auch als „prototypische" Bedeutung bezeichnet, vgl. S. 18 ff.), um die herum sich strahlenförmig („radial") viele zusätzliche Lesarten ausbreiten. Diese hängen inhaltlich (wie die guten und schlechten Exemplare gegenüber einem Prototyp) zusammen und sind von der Konzeptbildung der Sprachbenutzer abhängig. Sie können sich auch laufend verändern und vermehren. Es wechseln bei der Interpretation der außersprachlichen Wirklichkeit die herausragenden Merkmale einer Erscheinung. Und das wiederum hat Einfluss auf die Wortwahl zur Bezeichnung der Erscheinung. Es werden Ähnlichkeiten zwischen Erscheinungen wahrgenommen. Und das führt zu Übertragungen der Wortbedeutung von einer Wissensdomäne in eine andere (metaphorische Verwendung).

Z. B. zielt die Kernbedeutung des Verbs *KOMMEN* auf die ‹Fortbewegung einer Person zum Sprecher hin› im Gegensatz zu *GEHEN* ‹Fortbewegung von der Position des Sprechers weg›: *Er kommt zu mir – Ich gehe zu ihm*. Man kann aber bei der Versprachlichung derselben Vorgänge den Standpunkt, die Blickrichtung ändern und formulieren: *Ich komme morgen zu dir*. Dabei übernimmt der Sprecher die Perspektive des Angesprochenen, aus dessen Sicht er ja in der Tat „kommt". Eine solche Konzeptualisierung des Vorgangs hat eine Verschiebung der semantischen Merkmale des Lexems *kommen* zur Folge: Neben die Kernbedeutung tritt eine Lesart, in der die Komponente ‹zum Sprecher hin› in den Hintergrund gerückt wird, allmählich verblasst und die Komponente ‹zum Angesprochenen hin› sich entwickelt.

Die Kernbedeutung von *KRIECHEN* ist ‹sich ohne Beine auf einem Untergrund fortbewegen›, sodass Schnecken, Schlangen kriechen. Beim Menschen führt der Verzicht auf die Beine zur ‹Fortbewegung auf dem Bauch›:

– *Kriech unter das Bett!*

Die Fortbewegung ist vergleichsweise mühsam und viel langsamer als mit Hilfe der Beine. Dieser Aspekt rückt in den Vordergrund, wenn jemand sagt:

– *Das Auto kriecht einen Berg hinauf.*

Dabei sind räumliche Fortbewegung und zeitliche Dauer noch miteinander verbunden. Die Domäne Zeit drängt die des Raumes ganz beiseite, wenn man sagt:

– *Die Stunden kriechen dahin.*

Die räumliche Profilierung der Lexembedeutung kann von der Fortbewegung zwischen zwei Punkten weg hin zur ‹flachen Fortbewegung› führen, wenn es heißt:

– *Der Efeu kriecht über die Mauer.*

Verzichtet ein Mensch auf den aufrechten Gang, so wird dies moralisch bewertet:

– *Er kriecht vor seinem Vorgesetzten.*

Die Beispiele demonstrieren, wie Ähnlichkeiten zwischen wahrgenommenen Erscheinungen und von Menschen angestellte Vergleiche zur „Ausstrahlung" einer Lexembedeutung in alle möglichen Richtungen führen können. Semantische Merkmale rücken dabei in den Vordergrund oder in den Hintergrund, verschwinden eventuell ganz. Die Bedeutung eines Lexems ist also nicht nur polysem, sondern auch flexibel und dynamisch. Die Sprache spiegelt so die Wahrnehmung und Interpretation der außersprachlichen Welt wider. Zwischen Weltwissen und Sprachwissen gibt es kaum einen Unterschied.

Bei einem solchen „Radial-Modell" verknüpft das Netzwerk des mentalen Lexikons genau genommen nicht einzelne Lexeme (und ihre Kernbedeutungen) miteinander, sondern die Bedeutungsvarianten, die von den Kernbedeutungen ausstrahlen.

VI. Wie erweitern und vertiefen wir unseren Wortschatz?

Der Wortschatzerwerb ist ein komplizierter lebenslanger Lernprozess.

Es ist sehr schwer festzustellen, wann ein Kind damit beginnt, den Zeichencharakter von Sprache zu erfassen und erste Wörter zu „verstehen". Jedenfalls reagiert es bereits auf Wörter wie *WAUWAU, TICKTACK, BALL, MAMA*, in dem es den Blick auf das gemeinte Referenzobjekt richtet, bevor es gegen Ende des ersten oder zu Beginn des zweiten Lebensjahres das erste wiedererkennbare Wort (re-)produziert. Im Alter von eineinhalb Jahren sind es 10–20 Wörter, mit zwei Jahren 50 oder mehr, wenige Jahre später bereits Hunderte. Mit der Einschulung (nach Schätzungen sind es bei Sechsjährigen 5000–6000 Wörter, die verwendet werden, und bereits bis zu 14000, die verstanden werden; vgl. Kauschke 2000, S. 1) und mit dem Schriftspracherwerb erfolgt ein weiterer starker Wachstumsschub, der **die ganze Schulzeit über** anhält (nach Eve V. Clark, 1995 **mindestens 3000 neue verstandene Wörter pro Jahr**), sich danach abschwächt. Der Erwachsene verwendet mehrere tausend Lexeme (der Durchschnittssprecher nach vorsichtigen Schätzungen 6.000–10.000, nach Paul Nation, 2001 sogar 15000–20000 Wortstämme, nicht mitgerechnet die vom gleichen Stamm abgeleiteten Wortformen und Wörter, z.B. *Rad, Räder, radeln*), versteht noch weit mehr (zwischen 50000 und 100000, nach manchen Schätzungen gar bis 250000) und hört nicht auf, ständig neue hinzuzulernen. So lassen Wörter in Nachrichtensendungen oder in Zeitungsartikeln wie *keulen, Traufe, Zeugenberg, Kollateralschaden, Warft* viele von uns zum Wörterbuch greifen. Der Gesamtumfang des Wortschatzes der deutschen Sprache lässt sich ebenfalls nur schätzen. In der Fachliteratur schwanken die Angaben zwischen 300000 und 500000 Lexemen der deutschen Standardsprache, bei Einbeziehung der Fachsprachen geht es um 5 bis 10 Millionen!

Enzyklopädisches Weltwissen und Sprachwissen bedingen sich gegenseitig (wenn man die Trennung nicht überhaupt aufgibt): Wer viel weiß, kennt viele Wörter; und wer einen großen Wortschatz besitzt, verfügt auch über ein umfangreiches Wissen. So nehmen wir z. B. jedes Mal, wenn wir uns einen neuen Wissensbereich erschließen (etwa die neuen Kommunikationsmedien, ein neues Hobby, eine Krankheit, über die wir mehr erfahren wollen), eine größere Zahl vorher unbekannter Bezeichnungen in unseren Wortschatz auf. Dabei hängen die Bedeutungen der Wörter (z.B. Fachwörter) davon ab, wie sie mit anderen (schon bekannten oder ebenfalls neu zu lernenden) „zusammenarbeiten" und arbeitsteilig den Erfahrungsbereich abdecken. Wer z.B. damit beginnt, Volleyball zu spielen, lernt sehr schnell das *Pritschen, Baggern, Schmettern* und *Blocken, Aufschlagen* als Formen des Ballkontaktes zu unterscheiden.

Manche Wissenschaftler schließen vom Wortschatz einer Person sogar auf dessen intellektuelle Fähigkeiten und stellen fest: Der Wortschatz ist der beste Einzelindikator für den Intelligenzgrad einer Person (Robert J. Sternberg, 1987).

Der Wortschatzerwerb ist aber nicht nur durch quantitatives Wachstum gekennzeichnet. Neben dem Umfang verändert sich auch die „Reichweite", der Gebrauchswert des mentalen Lexikons bzw. der Lexeme. Das Kleinkind kennt zunächst so wenige Wörter, dass es deren Reichweite überdehnt (Übergeneralisierung) und auch die Katze, die Kuh, ja alle vierbeinigen Tiere *WAUWAU* nennt. Erst allmählich erweitert es seinen Wortschatz durch *MIAU* und *MUHKUH* und präzisiert die Bedeutung von *WAUWAU*.

Entsprechendes gilt für ältere Kinder, Jugendliche und Erwachsene: Mit der wachsenden Zahl der ins mentale Lexikon aufgenommenen Wörter ergibt sich die Chance für deren immer detailliertere semantische Profilierung. Das häufige Wiederauftauchen schon bekannter Lexeme in immer neueren Zusammenhängen und Kontexten (besonders nach dem Lesenlernen) sensibilisiert für Nebenbedeutungen und Konnotationen. So wächst das Verständnis für die vielfältigen Verwendungsweisen eines Lexems, für seine Polysemie. Im mentalen Lexikon entfaltet sich die „radiale" Lesarten-Struktur um die zumeist zuerst erlernte Kernbedeutung herum. Diese Veränderung des Wortschatzes lässt sich in Abgrenzung von der Erweiterung des Wortschatzes als seine „Vertiefung" bezeichnen.

Im Laufe des Lebens verschiebt sich die **Entwicklung des Wortschatzes** immer mehr **von der Erweiterung zur Vertiefung** hin. Damit einher gehen eine zunehmend feinfühlige und nuancierte Textrezeption und Textproduktion. Auch stilistische Ausdruckswerte werden entdeckt und berücksichtigt.

Genaugenommen ist die in der Schule übliche Unterscheidung zwischen „bekannten" und „unbekannten" Wörtern viel zu unpräzise. Die meisten, wenn nicht alle erlernten Lexeme sind den Lernenden, auch den Erwachsenen, nur „teilweise bekannt": Man ist beim Hören und Lesen schon mal der einen oder anderen Lesart eines Lexems begegnet und hat deren aktuelle Bedeutung partiell erfasst, aber anfangs eben nur partiell und oberflächlich („fast mapping" als eine zunächst noch recht grobe Hypothesenbildung über die Wortbedeutung). Die Speicherung des neuen Eintrags ins Lexikon ist zu dem Zeitpunkt noch blass und brüchig, kann wieder ganz verschwinden, wenn es keine Wiederbegegnungen mit dem Wort gibt. Erst nach einer ganzen Reihe von weiteren Präsentationen festigt und vervollständigt sich der Bedeutungseintrag, und weitere konventionelle Verwendungsweisen werden verinnerlicht. Der Bedeutungseintrag wird angereichert. Man erlernt also zwar schnell und vor allem die Lexeme, mit denen man häufig in Berührung kommt (word frequency effect). Jedoch ist die sogenannte Verarbeitungstiefe (depth of processing) beim Wortschatzerwerb dafür verantwortlich, wie gut oder schlecht ein Wort behalten wird. Sie aber hängt in hohem Maße davon ab, wie aufmerksam und engagiert man den Lexemen und ihren unterschiedlichen Lesarten begegnet.

So werden die Maschen des lexikalischen Netzwerks immer enger geknüpft. Von der Intensität dieses Vorgangs hängt der Lernerfolg ab. Dabei lassen sich semantische Merkmale eines Lexems im eigentlichen Sinne (die denotative Bedeutung) gar nicht genau von den syntaktischen Informationen trennen (*lachen* kann z. B. nur in einem Satz auftreten, in dem das in Subjektposition auftretende Lexem das Merkmal ‹+ menschlich› aufweist) und auch nicht von den pragmatischen Informationen (was z. B. *Vorsicht!* bedeutet, ist entscheidend von der Kommunikationssituation abhängig; der Ausdruck kann auf eine Gefahr hinweisen, aber auch zur Behutsamkeit auffordern, kann im Blick auf den Adressaten eine Warnung, aber auch ein Ratschlag sein). Die traditionelle Einteilung in Semantik, Syntax und Pragmatik wird beim Lexikonerwerb und Lexikonausbau wenigstens teilweise aufgehoben.

Das gilt auch für die alte Unterscheidung von Semantik (früher sagte man „Semasiologie“) und Onomasiologie. Danach geht man in der „Bezeichnungslehre“ von den Erscheinungen der wahrgenommenen Welt aus (z. B. eines weit verbreiteten Kinderspiels mit Kugeln) und untersucht, wie dieses Spiel in verschiedenen Regionen genannt wird (*Murmeln, Marmeln, Klickern, Schnellern, Ditschern, Schussern* ...). Umgekehrt geht man in der klassischen „Bedeutungslehre“ von der Sprache aus und untersucht, welche Bedeutungen vorhandene Wörter aufweisen und auf welche Referenzobjekte sie hinweisen.

Die kognitive Linguistik hebt mit der strikten Trennung von Weltwissen und Sprachwissen zugleich die Unterscheidung von Bezeichnungslehre und Bedeutungslehre auf. **Wortschatzerwerb ist von Kindheit an ein Prozess zunehmend differenzierender Konzeptualisierung von Welterfahrung.** Der Wortgebrauch steht für eine geistige Ordnung, für eine Interpretation der außersprachlichen Welt, fordert Lernende zu deren (unbewusstem oder bewusstem) Nachvollzug auf, erlaubt aber auch kreative Erweiterungen und Veränderungen.

Wer Äußerungen anderer hört oder liest, ruft aus seinem Lexikon die verwendeten Lexeme ab und konstruiert mit Hilfe der gespeicherten Lesarten und seines Weltwissens den Sinn der Äußerungen und die dahinter stehende Absicht des Sprechers oder Schreibers. Tauchen dabei unbekannte, noch nicht gespeicherte Lexeme auf, so wird ihre Bedeutung aus dem Kontext erschlossen (bei der ersten Begegnung nur sehr ungenau, bei weiteren Begegnungen immer präziser), und sie werden in den rezeptiven Wortschatz übernommen.

Wer eine Beobachtung, einen Einfall, eine Meinung, eine Aufforderung „mitteilen“ möchte, versprachlicht reale oder nur vorgestellte Wirklichkeit, indem er in seinem Lexikon gespeicherte Lexeme abruft und ihren Gebrauchsregeln folgt. Werden dabei Ähnlichkeiten, Analogien zwischen Erscheinungen entdeckt, so regt dies sehr oft die kreativen Kräfte an und es kommt zu „Übertragungen“ – für die Mitmenschen mehr oder weniger plausibel –, die als Neubildungen (Neologismen) oder als Bedeutungserweiterungen registriert werden können: *Die Hündin hat gewelpt. – Sein Rufen verblasste immer mehr.* Solche Augenblicksbildungen können schnell wieder verschwinden; sie können aber auch langfristig lexikalisiert werden.

Die Lexeme werden aus dem sehr viel umfangreicheren und „tiefer“ strukturierten rezeptiven Wortschatz in den produktiven Wortschatz überführt. Das gilt nicht unbedingt für sämtliche dort gespeicherten Lesarten. Ein Lexem wird vielleicht zuerst nur mit seiner Kernbedeutung, vielleicht auch mit einer Nebenbedeutung in einer Äußerung verwendet, später eventuell mit anderen Lesarten. Der Übergang vom rezeptiven zum produktiven Wortschatz ist also quantitativ und qualitativ ein gleitender Prozess, von dem sehr viele Lexeme gar nicht oder nur teilweise erfasst werden.

Der Großteil des Wortschatz wird wohl erworben, ohne dass dies bewusst registriert und kontrolliert wird. Man unterscheidet zwischen solchem impliziten Lernen und einem expliziten, das durch Fremdeinwirkung gelenkt wird (Korrektur und Anregung durch Eltern, Lernanstöße durch Lehrer ...), aber auch bei Selbstbeobachtung (Nachschlagen eines unbekannten Wortes im Wörterbuch) und Selbststeuerung (gezieltes Lernen von fachsprachlichem Vokabular im Beruf) zustande kommt.

Da Lernen ein aktiver Prozess der Informationsverarbeitung ist, kann man davon ausgehen, dass eine ganze Reihe verschiedener Strategien Anwendung findet, um die Bedeutungen von Lexemen aus ihrem Kontext zu erschließen, sie sich zu merken und sie bei Bedarf zu aktivieren. Je vielfältiger diese Strategien (durch Beteiligung verschiedener Sinnesorgane, mit Hilfe von Ersatzproben durch Synonyme, durch Suche nach verwandten Wörtern und deren Bedeutungen ...), desto intensiver die „Erarbeitung“ eines Lexems und desto besser wird es „behalten“. Das sollte auch für die Kombination von implizitem und explizitem Lernen gelten.

VII. Wie fördern wir die Wortschatzerweiterung und die Wortschatzvertiefung im Unterricht?

Der persönliche Wortschatz ist von zentraler Bedeutung für die Sprachbeherrschung eines Menschen und für die von ihr abhängige kognitive wie kommunikative Kompetenz. Die Förderung des Wortschatzerwerbs ist deshalb eine zentrale Aufgabe des Sprachunterrichts in den Schulen.

„Although a considerable amount of vocabulary learning is associated with primary language learning in the early years, the acquisition of most of the vocabulary characteristic of an educated adult occurs during the years of schooling, and in fact **one of the primary tasks of the school**, as far as language learning is concerned, **is to teach vocabulary**."

(John B. Carroll, 1971)

Tatsächlich ist die Wortschatzarbeit aber ein im muttersprachlichen Deutschunterricht seit vielen Jahren vernachlässigter Lernbereich. Sprachbetrachtung, Reflexion über Sprache bezog sich bisher im Wesentlichen auf Fragen der Grammatik und der Rechtschreibung. Dort konnte man „Regeln" bewusst machen und mit Hilfe von Übungen zu ihrer Anwendung anleiten (z. B. Konjunktiv bei indirekter Rede, Großschreibung bei Substantivierungen).

Der Wortschatz der Schüler scheint dagegen „von allein" zu wachsen, unsystematisch bis zufällig zwar, aber doch bei jeder Begegnung mit neuen Wörtern im Unterrichtsgespräch und besonders beim Lesen von Texten. Neuere Forschung, vor allem im angelsächsischen Raum, bestätigt denn auch: „Incidental learning via guessing from context is the most important of all sources of vocabulary learning." (Nation 2001, 232)

„Wörter zu lehren" gilt oft als unnötig. Wozu gar planvoll und systematisch den deutschen Wortschatz untersuchen und in seinen Strukturen ins Bewusstsein heben, noch dazu, da dies wegen der großen Zahl der Lexeme ohnehin immer nur exemplarisch möglich ist? Und an welche sprachwissenschaftlichen Erkenntnisse soll man anknüpfen, da doch die Linguistik sich bis vor kurzem auch fast nur um Syntax, Morphologie und Phonologie gekümmert hat, um Semantik dagegen einen großen Bogen machte?

Die Hauptargumente gegen systematische muttersprachliche Wortschatzarbeit sind:

1. Es handelt sich (im Unterschied zum Vokabellernen im Fremdsprachunterricht) um viel zu viele Lexeme (zehntausende), die man behandeln müsste.
2. Die Bedeutung eines einzelnen Lexems mit seinen vielen Nebenbedeutungen und Verwendungsweisen ist viel zu komplex, als dass man sie fassen könnte.
3. Man braucht viel zu viel Zeit (nach McKeown 1985 sogar wenigstens 15 Minuten für ein Lexem!), wenn die Wortschatzarbeit wirklich Folgen für den Sprachgebrauch der Schüler haben soll.
4. Andere Formen der Wortschatzerweiterung benötigen weniger Lehranstrengungen und Unterrichtszeit als explizite und reflexive Wortschatzuntersuchung: nämlich die beiläufige Aufnahme von Lexemen beim Hören und Lesen mit anschließender Verwendung beim Sprechen und Schreiben („beiläufig", weil die Hauptaufmerksamkeit dann auf das Verstehen der Texte gerichtet ist).

So überzeugend diese Argumente auch klingen, bei genauer Prüfung rechtfertigen sie keineswegs die unter Lehrern verbreitete Zurückhaltung gegenüber der Wortschatzarbeit.

Zwar ist es zutreffend, dass in der Muttersprache die meisten Wörter bei der Textrezeption, beim Lesen erlernt werden, ohne dass dabei ein bewusster Aneignungsprozess stattfindet (inzidentelles Lernen). Doch das geschieht in jeweils sehr vorläufiger und unvollständiger Weise (als „fast mapping"). Die Anreicherung und Erweiterung des impliziten Bedeutungswissens erfolgt nicht allein durch Folgebegegnungen mit einem neuen Lexem in anderen Kontexten und Verwendungssituationen, sondern eben auch durch Untersuchung der semantisch-lexikalischen Vernetzung, also durch den Erwerb expliziten Bedeutungswissens.

Dabei wird die Aufmerksamkeit der Lernenden auf den Wortschatz gerichtet. Solche Sprachreflexion verbessert unmittelbar die Fähigkeit, Kontextinformationen beim Lesen aufzunehmen und auszuwerten, sie zum „Erraten" der Wortbedeutungen und Lesarten zu nutzen. Wortschatzerweiterung und noch mehr Wortschatzvertiefung sind lang andauernde kumulative Lernprozesse, bei denen das Modellieren von Bedeutungsstrukturen und Netzwerkbereichen des mentalen Lexikons die Qualität der Wortverarbeitung wesentlich heben kann. Besonders erfolgreich ist demnach eine Verbindung von bewusstem und unbewusstem Lernen.

Den oben angeführten quantitativen Einwänden (zu viel, zu komplex, zu lange) kann und muss durch den Hinweis auf die Bedeutung exemplarischen Lernens begegnet werden. Die detaillierte Untersuchung einzelner Lexeme mit ihren verschiedenen Lesarten (und den Gemeinsamkeiten, die sie als „Familienähnlichkeiten" miteinander verbinden), die Analyse lexikalischer Netzwerkregionen, lenkt nicht nur Aufmerksamkeit auf Funktion und Wirkung von Sprache, sondern schärft die Sinne für die grundlegende Leistung der Lexeme bei jeder sprachlichen Kommunikation. Solche Aha-Erlebnisse vergisst man nicht, auch wenn es gar nicht so sehr viele gewesen sind. Sie führen zu einem neuen Sprachbewusstsein und zu einem anderen Umgang mit Sprache.

Die „kognitive Wende" in Psychologie und Linguistik hat Bewegung in die lexikalische Semantik gebracht und ist dabei, auch den Sprachunterricht zu verändern. Die herausragende Bedeutung der Wortschatzarbeit für den Sprachunterricht wird (wieder) entdeckt! Es erscheint eben doch sinnvoll, den Wortschatzerwerb der Schüler durch direkte Wortschatzübungen zu unterstützen.

Dabei sind die Untersuchung von Lexembedeutungen und die Bewusstmachung von semantischen Beziehungen im Lexikon kein Selbstzweck, keine bloße Vermittlung deklarativen sprachlichen Wissens. Beides fördert das sprachliche Können. Die Bewusstmachung durch Sprachreflexion erfolgt als „Nachzeichnen" verbundener lexikalischer Strukturen. Dadurch ergibt sich erstens eine beachtliche Sensibilisierung für feinere Bedeutungsunterschiede (was sich auf Rezeption und Produktion von Texten auswirkt), zweitens eine zielgenauere Speicherung neu erworbener Lexeme und Lexem-Lesarten sowie ein leichterer und schnellerer Abruf dieser Lexeme bei Ausdrucksbedarf.

Man hat bisweilen drei Phasen beim Erlernen von Wörtern unterschieden (Aitchison 1997): (1) Herausfinden, auf welche Referenzobjekte in unserer Erfahrungswelt die Wörter verweisen (labelling), (2) den begrifflichen Inhalt erfassen (packaging), (3) die Vernetzung des Wortes im mentalen Lexikon bewerkstelligen (network building). So führt der

Erwerb lexikalischer Einträge zu einer Strukturierung und Vernetzung des Lexikons, und umgekehrt hat die Struktur des Lexikons Einfluss auf die Speicherung neuer Lexeme. Lexikalisches Lernen ist als interaktiver Prozess zu verstehen, der erstens durch sprachliche Impulse von außen, zweitens durch die vorhandenen allgemein-kognitiven Fähigkeiten des Lernenden und drittens durch erworbene lexikalische Erwerbsstrategien gesteuert wird. „Je differenzierter die Struktur des Lexikons dabei wird, umso mehr legt die Struktur fest, wie neue Einträge ins Lexikon aufgenommen und integriert werden." (Meibauer/Rothweiler 1999, S. 22)

Eine nicht zu unterschätzende Bedeutung kann dabei dem Sprachbewusstsein (language awareness) zugesprochen werden: Man darf von der Annahme ausgehen, dass ein im Unterricht bewusst gemachtes, erhelltes und durchschautes semantisches Netzwerk besser verfügbar ist als ein undurchschautes. Da alles Lernen ein vom vorhandenen Wissen ausgehendes konstruktives Handeln ist, kann man ebenfalls davon ausgehen, dass Erweiterung wie Vertiefung des mentalen Lexikons von der Bewusstmachung seiner Strukturen profitieren. Vermittelte „Einsichten" in die Ordnung des Lexikons verbessern dessen Gebrauch und erleichtern seinen Ausbau, sei es dass die Vermittlung von Lehrenden initiiert, sei es dass der Erwerbsprozess von den Lernenden selbst gesteuert wird. In beiden Fällen gilt: Je mehr man von einem Lexem (semantische Merkmale, Lesarten, Wortbildungselemente), von den lexikalischen Strukturen (bedeutungsähnliche und bedeutungsgegensätzliche Lexeme, etymologisch verwandte Wörter, häufige Wortverbindungen/Kollokationen und Unverträglichkeiten) und vom Prozess des Wortschatzerwerbs weiß, desto mehr können Lehrer und Lerner Nutzen daraus ziehen, desto geringer ist auch der notwendige Lernaufwand.

Eine starke Stütze für diese Annahme bieten die Ergebnisse psycholinguistischer Experimente der „freien Wiedergabe". Danach steigt die Fähigkeit erheblich, visuell oder akustisch präsentierte Wortlisten von etwa 50 Wörtern wiederzugeben, falls die Wortlisten eine erkennbare begriffliche Ordnung aufweisen: Die Wahrscheinlichkeit der Erinnerung an ein Wort nimmt zu, je näher es inhaltlich anderen Wörtern der Liste steht, je besser es kategorial verankert ist. Von den Versuchspersonen nicht entdeckte Beziehungen können eine solche Wirkung freilich nicht erzielen. Etwas „Nachhilfe" durch mehrmalige Wiederholung der Präsentation verbessert die Ergebnisse. Es wäre interessant, die Ergebnisse mit Versuchen zu vergleichen, bei denen die Versuchspersonen auf die vorhandene Ordnung hingewiesen werden, entweder durch deutlich voneinander abgesetzte Präsentation der Wortgruppen oder durch verbale Information über die Gruppen bildenden Kategorien.

Zusammenfassend lässt sich feststellen:

Ziele einer Wortschatzarbeit im Sprachunterricht sind:

1. Beherrschung eines möglichst umfangreichen rezeptiven Wortschatzes,
2. Verfügen über einen möglichst umfangreichen produktiven Wortschatz,
3. möglichst detaillierte Kenntnis der Bedeutungsprofile der Lexeme,
4. möglichst umfassende analytische und konstruktive Wortbildungskompetenz,
5. Einsicht in die Prozesse der Bedeutungserweiterung und der Metaphernbildung,
6. Sensibilität für Gemeinsamkeiten und Unterschiede zwischen mehreren Lexemen und ihren Lesarten,

7. Bereitschaft und Fähigkeit zur Beseitigung semantischer Unklarheiten in Lexikon, Text und Sprachhandlung (Beherrschung von Nachschlagetechniken ...).

Die Reihenfolge der angeführten Ziele entspricht dabei keiner Gewichtung. Anders als beim Vokabellernen im Fremdsprachenunterricht geht es bei der Primärsprache in der Schule gar nicht in erster Linie um noch unbekannte Wörter. Die Lernenden verfügen bereits über einen erstaunlichen Wortschatz und erweitern ihn täglich auch ohne direkten Einfluss der Lehrenden. Sie sind insofern eher den „advanced learners" einer Fremdsprache zu vergleichen. Bei beiden Lerngruppen geht es zwar auch um Erweiterung, aber vor allem um Vertiefung des schon erworbenen Wortschatzes und um Überführung von Lexemen, die nur im rezeptiven Speicher vorhanden sind, in möglichst großer Zahl auch in den produktiven Speicher. Je älter und fortgeschrittener im Wortschatzerwerb die Schüler sind, desto mehr geht es um das Nachzeichnen semantischer Profile und lexikalischer Beziehungen sowie um Anregungen zum lesartenreichen geschmeidigen Ausdruck.

Jegliche Wortschatzarbeit beginnt mit Sensibilisierungsübungen, mit Aufgaben zum genauen, Bedeutungsnuancen wahrnehmenden Hinhören und Lesen. So wird die grundlegende Fähigkeit gefördert, bei der semantischen Bestimmung eines Lexems den Kontext zu befragen. Diese Fähigkeit ist für die Fortsetzung des „natürlichen" kindlichen Wortschatzerwerbs in der Schule, für das implizite Lernen im Gespräch und beim Lesen erforderlich. Man kann durch die Auswahl bestimmter Sprachbeispiele dazu beitragen, die den Blick auf semantische Differenzierungen lenken. Zugespitzt erscheint so etwas gelegentlich in Pointen:

a) *Ein Bayer ist ein Bierfass, wenn er morgens aufsteht, ein Fass Bier, wenn er sich abends niederlegt.*

b) *Der Arzt wird dringend zu einem Hausbesuch gerufen. An der Tür empfängt ihn schluchzend eine Frau: „Sie sind umsonst gekommen, Herr Doktor!" – „Nicht umsonst – nur vergebens."*

Über die Sensibilisierung hinaus können solche Kurztexte aber auch schon Anstoß zur expliziten Beschreibung von Lexembedeutungen und Lesarten geben. Mit Hilfe von Paraphrasierungen, aber auch semantischen Merkmalanalysen lassen sich Polysemie („umsonst") und partielle Synonymie erarbeiten wie auch der Bedeutungsunterschied zwischen einem Kompositum (*Bierfass* als Behälter, der leer sein kann) und einer syntaktischen Verknüpfung (*Fass Bier* als Maßeinheit, also voller Behälter).

Sogar zur Einsicht in die Beweglichkeit von Lexembedeutungen, zur Herausbildung und Entwicklung von Lesarten können solche Beispiele führen:

c) *Vater und Sohn machen einen Waldspaziergang. „Was ist das?" fragt der Junge und deutet auf den Boden. „Das sind Blaubeeren." Ungläubig erwidert das Kind: „Das sollen Blaubeeren sein? Die sehen doch rot aus." – „Das liegt nur daran, dass sie noch grün sind."*

Schnell kann eine Zusammenstellung geläufiger Wortverbindungen (Kollokationen) wie *grünes Gras, grüne Bohnen, grüner Junge, grüner Hering, grüne Hochzeit, grüne Seife ...* über die Feststellung der Polysemie von *grün* hinaus zur Einsicht führen, dass die Farbbezeichnung nur als prototypische Kernbedeutung am Anfang einer Bedeutungsentfaltung steht. Von der im Frühling erwachenden, wieder ergrünenden Natur ausgehend hat sich der Gesichtpunkt ‹am Anfang eines Prozesses stehend› in den Vordergrund gedrängt, sodass *grün* auch die Lesarten ‹unreif›, ‹erste(r)›, ‹unfertig› und ‹roh, weder gesalzen, noch geräuchert, gekocht, gebraten, eingelegt› angenommen hat. Dabei können ursprünglich begleitende Merkmale dominant werden, z. B. bei der Seifenherstellung das Merkmal ‹flüssig›.

So können ausgewählte Texte nicht nur den Anstoß zur genauen Kontextanalyse und zur kontextangemessenen Wortwahl geben; sie können darüber hinaus die Selbstbefragung der Schüler einleiten, die Untersuchung des eigenen inneren Lexikons. Die Zusammenstellung von Lexemen und Lexemgruppen aus dem Gedächtnis und die Überprüfung und Beschreibung der Beziehungen zwischen den Lexemen bilden den ersten großen Komplex der Wortschatzarbeit. Dabei werden Wortlisten und Wortverzeichnisse aufgestellt und graphische Darstellungen angefertigt. Kennzeichnend ist die Arbeit mit lexikalischen Einheiten, die aus ihren Verwendungszusammenhängen herausgelöst sind und ein breites Bedeutungspotential aufweisen, keine aktualisierte Bedeutung.

Der zweite große Komplex der Wortschatzarbeit ist dagegen textorientiert. Die zu untersuchenden Lexeme erscheinen zumindest im Satz, auch in ganzen Texten. Sie haben jedenfalls Kontext, erscheinen in aktueller Verwendung, sind auf eine bestimmte Bedeutung/Lesart festgelegt. Kontext-Übungen wie z. B. Lückentexte oder Textüberarbeitungen sind Textbildungsübungen, dienen weniger der Erhellung der lexikalischen Strukturen, führen statt dessen näher an die Förderung des produktiven Wortschatzes heran und damit an eine Verbesserung der sprachlichen Ausdrucksfähigkeit.

Bei der Überarbeitung „defekter" Texte überschneiden sich bisweilen Wortschatzarbeit und „produktionsorientiertes Schreiben". Erworbenes semantisches Wissen bleibt kein „totes" Wissen, sondern wird in sprachliches Können umgesetzt.

a) Ein Mann ein Wort, eine __________ *ein Wörterbuch!*

b) Ein Mann ein __________ *, eine Frau ein Wörterbuch!*

c) Ein Mann ein Wort, eine Frau ein __________ *!*

Die drei Lückensätze mit je einer „Unbekannten" setzen beim Weltwissen die Klischeevorstellung von der schwatzhaften Frau voraus, zusätzlich in a) eine gespeicherte komplementär-antonyme Relation zwischen den Lexemen *Mann* und *Frau*, in b) Kenntnis der festen Formel *EIN MANN EIN WORT* und in c) Einsicht in den morphologisch-semantischen Zusammenhang zwischen dem einfachen Wort *Wort* und der Zusammensetzung *Wörterbuch*. Zumindest helfen solche Kenntnisse bei der Lösung der Aufgaben erheblich.

An welches linguistische Semantik-Modell soll sich der Didaktiker mit seinen Übungen anlehnen, an die Merkmal-Semantik oder die Prototypen-Semantik? Die Antwort kann nur sein: an beide!

Zwar ist Wortschatzbeherrschung mehr als die Kenntnis der semantischen Merkmale von Wörtern, mehr als die Fähigkeit, die Position von Wörtern im Netzwerk des Lexikons zu bestimmen, mehr als die Kompetenz, Wörter auf Grund ihrer Kollokationen und Gebrauchsbeschränkungen in Sätze einzugliedern, mehr auch als die Fähigkeit, gute und schlechte Exemplare einer Kategorie von ihrem Prototyp zu unterscheiden, und schließlich mehr als das Vermögen, die Beziehungen zwischen verschiedenen Lesarten eines Lexems zu durchschauen.

Und doch gehört das alles in der Wortschatzarbeit zusammen, schließt einander nicht aus, sondern stützt und verstärkt sich gegenseitig. So können mit Hilfe der Merkmalanalyse lexikalische Strukturen wie Synonymie, Antonymie, Hyponymie, Partonymie auf angemessene Weise durchleuchtet werden. Das gilt nicht nur für die paradigmatischen Beziehungen. Auch Kollokationen, Verträglichkeiten und Unverträglichkeiten von Lexemen bei Satz- und Textbildung (**Der Tisch stirbt*) lassen sich erfassen (*Tisch* ‹-belebt› gegenüber *sterben* mit der Gebrauchsbeschränkung: Nomen in Subjektposition ‹+belebt›).

Andererseits lassen sich viele sprachliche Erscheinungen besser verstehen, wenn man sich Erkenntnisse der kognitiven Semantik zunutze macht: Begriffsbildung und deren sprachliche Fassung, die Polysemie und Vagheit der Lexeme, die nur eingeschränkte Übereinstimmung der mentalen Lexika verschiedener Personen und schließlich Metapher (Übertragung in einen anderen Sinnbereich, Domänenwechsel: *Kopf der Bande*) und Metonymie (Ersatz eines Ausdrucks durch einen anderen bei sachlicher Beziehung zwischen ihnen: *ein Glas trinken*). Selbst die Erscheinung des historischen „Bedeutungswandels" wird mit Hilfe der Radial-Semantik und der Einsicht in den Wandel von Wirklichkeitswahrnehmungen verständlicher. Wenn das Verb *varn/far(e)n* sich im Mittelhochdeutschen noch auf Fortbewegung zu Lande, auf dem Wasser und in der Luft bezog, zu Fuß oder mit einem Fahrzeug, dann hat *fahren* im Neuhochdeutschen im Zusammenhang mit der Technisierung unseres Lebens Einschränkungen in der Verwendungsweise erlitten: Man *fährt* nicht mehr zu Fuß (Wanderlieder sind noch Zeugen für diesen veralteten Gebrauch: *Wir wollen zu Land ausfahren ...*), sondern mit einem *Fahrzeug*, d. h. einem Transportmittel, das prototypisch Räder aufweist und sich über Land bewegt, das aber auch auf dem Wasser schwimmen kann (*mit dem Schiff fahren*), nicht jedoch in der Luft fliegen (**mit dem Flugzeug fahren*). Schlechtere Exemplare des Fahrzeugs weisen keine Räder auf (*mit dem Schlitten fahren*), können sich sogar vertikal fortbewegen (*mit dem Aufzug fahren*). Bei besonders schlechten Exemplaren zeigt sich eine Unsicherheit des Sprachgebrauchs (*Ski fahren – Ski laufen*), möglicherweise mit einem Splitting, je nachdem ob bei der Konzeptualisierung des Vorgangs (wie beim Schlitten) die Gleitbewegung im Vordergrund steht (*Abfahrtstrecke*) oder eine Schrittbewegung (*Langlauf*). Von der älteren Konzeptualisierung jeglicher Fortbewegung haben wir heute noch weitere erhaltene Relikte in komplexen Wortbildungen (*Himmelfahrt, fahrender Sänger*) und Redewendungen (*zur Hölle fahren, in die Kleider fahren, durch den Kopf fahren*).

Einige der genannten Beispiele deuten bereits an, wie wichtig es ist, bei der Wortschatzarbeit zwischen einfachen Wörtern (*fahren*), komplexen Wörtern (*Abfahrt*) und Wortgruppenlexemen (*zur Hölle fahren*) zu unterscheiden und sie auch unterschiedlich zu behandeln.

Lernpsychologisch spielt beim Wortschatzerwerb und bei der Wortschatzentwicklung die Eigenschaft der Durchsichtigkeit von Lexemen (morphologische und semantische Motiviertheit) eine entscheidende Rolle. Dabei gibt es nicht nur den Gegensatz „durchsichtig – undurchsichtig", sondern unterschiedliche Grade der Motiviertheit.

1. Lexeme, die aus einem einzigen Morphem bestehen (*Hut, sitzen, klein*). Sie sind grundsätzlich arbiträr, beliebig, nur von Konventionen abhängig, durch nichts begründet (von der Ausnahme der wenigen phonologisch motivierten, lautmalerischen Wörtern wie *Kuckuck* abgesehen). Sie müssen ohne Merkhilfe schlicht ins Gedächtnis eingeprägt werden.

2. Lexeme, die nach Regeln der Wortbildung aus mehreren Morphemen aufgebaut sind (*Hutrand, besitzen, kleinlich, BMW*): Sie sind zum Zeitpunkt ihrer Bildung und ihrer erstmaligen Verwendung morphologisch durchsichtig (aus welchen Morphemen bestehen sie?) und semantisch durchsichtig (wie stützt sich ihre Bedeutung auf die Bedeutungen ihrer Bauelemente?). Sie können ihre Durchsichtigkeit ganz oder größtenteils bewahren, sie können sie im Laufe der Zeit auch teilweise oder ganz einbüßen. Eine vorhandene Motivation ist eine sich anbietende Lernhilfe. Eine nur noch in Resten oder gar nicht mehr vorhandene Motivation lässt sich bisweilen im Unterricht rekonstruieren und dient dann ebenfalls als Lernhilfe, verstärkt zugleich die Vernetzung des Lexems im Beziehungsgeflecht der beteiligten Bestandteile (*Adler* → *edler Ar*). Eine Sonderrolle nehmen die besonders schlecht motivierten Kürzel ein, da man die „Vollmorpheme", auf die sich die Bedeutung stützt, oft gar nicht mehr kennt oder aktualisiert (*BMW* = *Bayrische Motoren Werke*).

   Wortschatzarbeit muss auf die semantische Struktur komplexer Wörter eingehen und eine ausreichende analytische und konstruktive Wortbildungskompetenz fördern. Das beginnt mit der Vermittlung der Einsicht, dass die Gesamtbedeutung eines komplexen Wortes nicht einfach gleich der Summe der Bedeutungen seiner Bauteile ist. Sie setzt sich vielmehr aus Komponenten dieser Bedeutungen und zusätzlichen „Verknüpfungsmerkmalen" zusammen (*Handschuh* ist kein *Schuh*; die *Putzfrau* ist nicht jede *putzende Frau*, sondern nur eine, die das beruflich tut).

   Die Förderung der Wortbildungskompetenz besteht dann weiter aus der Untersuchung wichtiger Wortbildungstypen wie Zusammensetzung/Komposition, Ableitung/Derivation, Konversion in eine andere Wortart ... und der Wiedererhellung historisch verdunkelter Beispiele. Die Verinnerlichung heute noch produktiver Wortbildungsmuster leitet dann zu selbstständiger Erweiterung unseres Wortschatzes durch Neologismen an (*Friedwald* nach *Friedhof*).

3. Lexeme, die aus verknüpften Wortgruppen bestehen (Phraseologismen wie *mit Mann und Maus; sich etwas hinter die Ohren schreiben*):

Sie stützen sich großenteils ebenfalls auf die Bedeutungen der Einzelwörter, sind aber doch nur teilmotiviert, auch weil sie sehr oft aus Metaphern bestehen. Wenn ein Schiff mit Mann und Maus untergeht, ist nachvollziehbar dass *Mann* und *Maus* in der Zwillingsformel stellvertretend und zusammenfassend für alle Lebewesen an Bord stehen. Die bildhafte Redewendung mit der Bedeutung ‹sich etwas gut merken› verweist immerhin noch durch *schreiben* (man macht sich Notizen, wenn man sich etwas merken will) und durch *Ohren* (man hört mit ihnen, was man sich merken soll; außerdem sind sie Teil des Kopfes, der als Sitz des Gedächtnisses gilt) auf die konzeptionelle Grundlage der idiomatischen Wendung. Anders als im Fremdsprachenunterricht, wo „Idioms" wie Vokabeln gelernt werden müssen, sind sie dem Muttersprachler zum größten Teil schon bekannt. Es geht also bei der Wortschatzarbeit nicht so sehr um das Kennenlernen „neuer" Redewendungen, sondern um die Vermittlung von Einsichten in ihr Zustandekommen, ihre Bauweisen und ihre Funktionen. Zu erwarten ist danach ein bewussterer, kontrollierterer und damit auch souveränerer Umgang mit diesen Elementen des Lexikons.

Natürlich kann im Unterricht immer nur eine ganz kleine Auswahl von Lexemen und lexikalischen Strukturen untersucht werden. Vollständigkeit (etwa im Sinne eines Fremdsprach-Grundwortschatzes „Basic German" von 1000 bis 4000 systematisch zu erlernenden Wörtern) kann bei der gewaltigen Zahl von Lexemen auf keinen Fall angestrebt werden. Muttersprachliche Wortschatzarbeit ist immer extrem exemplarisch. Man darf aber die Hoffnung haben, dass die an Beispielen vermittelten Einsichten und Fähigkeiten zu weiteren analogen Beobachtungen anleiten.

Insofern dient explizite, systematische Wortschatzanalyse vor allem der Förderung der Fähigkeit, selbstständig, wenn auch implizit und unsystematisch, über Kontextinformationen beim Hören und Lesen neue Bedeutungen und Lesarten aufzunehmen. Diese Fähigkeit, d. h. die Art und Weise, wie man beim Hören und Lesen verstehend aufnimmt, verändert sich nämlich. Am effektivsten ist ein Unterricht, der explizite semantische Instruktionen mit anregenden, im Blick auf die Wortwahl anspruchsvollen mündlichen und schriftlichen Texten verbindet.

Wer auf diese Weise lexikalische Strukturen durchschauen lernt, lernt auch, sein inneres Lexikon so zu organisieren, dass er andere gut versteht und sich anderen gut verständlich machen kann. Diese Organisation, genauer die permanente Reorganisation der lexikalischen Strukturen, wird immer wichtiger, wichtiger als die Integration des einen oder anderen „neuen" Wortes.

Ich komme damit zu meiner Eingangsbemerkung im Vorwort zurück: Gestalten wir den Lernbereich „Reflexion über Sprache" um! Rücken wir die Wortschatzarbeit in das Zentrum, und lassen wir den syntaxorientierten Grammatikunterricht demgegenüber etwas in den Hintergrund treten! Das könnte nicht nur für eine bessere Anwendbarkeit vermittelten Sprachwissens sorgen, sondern nebenher auch den weithin recht unbeliebten Lernbereich interessanter machen.

Wenn es gelingt, Schüler und Schülerinnen auf die Bedeutungen der ständig von ihnen verwendeten Wörter aufmerksam zu machen und sie zu einem kontrollierten Wortgebrauch anzuregen, ist viel erreicht. Denn damit ist der Grundstein gelegt für ein verändertes, kritisches Sprachbewusstsein.

Literatur

Aitchison, J. ([2]1994): Words in the Mind. An Introduction to the Mental Lexicon. Oxford: Blackwell. – Deutsche Übersetzung (1997): Wörter im Kopf. Eine Einführung in das mentale Lexikon. Tübingen: Niemeyer.

Becker, Susanne (2005): In eigener Sprache. In: Deutsch 4/2005 Wortschätze erweitern, differenzieren, anwenden. S. 4–5.

Blank, Andreas (2001): Einführung in die lexikalische Semantik für Romanisten. Tübingen: Niemeyer.

Clark, Eve V. (1993): The Lexicon in Acquisition. Cambridge: C.U.P.

Clark, Eve V. (1995): Later Lexical Development and Word Formation. In: Fletcher and MacWhinney. 393–412.

Eisenberg, Peter und Linke, Angelika (1996): Wörter. In: Praxis Deutsch 139. S. 20–30.

Gipper, H. (1985): Kinder unterwegs zur Sprache. Düsseldorf: Schwann.

Harras, Gisela (Hrsg.) (1995): Die Ordnung der Wörter. Kognitive und lexikalische Strukturen. Berlin: de Gruyter.

Hass, Ulrike (2006): Wortschatz und Wortschatzforschung. In: Der Deutschunterricht 1/2006. S. 2–8.

Hatch, Evelyn and Brown, Cheryl (1995): Vocabulary, Semantics and Language Education. Cambridge: C.U.P.

Kauschke, Christina (2000): Der Erwerb des frühkindlichen Lexikons: eine empirische Studie zur Entwicklung des Wortschatzes im Deutschen. Tübingen: Gunter Narr.

Kleiber, Georges (1993): Prototypensemantik. Eine Einführung. Tübingen: Gunter Narr.

Kühn, Ingrid (1994): Lexikologie. Eine Einführung. Tübingen: Niemeyer.

Kühn, Peter (Hrsg.) (2000): Wortschatzarbeit in der Diskussion. Hildesheim: Olms.

Löbner, Sebastian (2003): Semantik. Eine Einführung. Berlin: de Gruyter.

Murphy, M. Lynne (2003): Semantic Relations and the Lexicon. Antonymy, Synonymy, and Other Paradigms. Cambridge: Cambridge University Press.

Neveling, Christiane (2004): Wörterlernen mit Wörternetzen. Tübingen: Gunter Narr.

Römer, Christine und Matzke, Brigitte (2003): Lexikologie des Deutschen. Eine Einführung. Tübingen: Gunter Narr.

Rothweiler, Monika und Meibauer, Jörg (1999): Das Lexikon im Spracherwerb. Ein Überblick. Tübingen: Francke.

Saeed, John I. (1997): Semantics. Oxford: Blackwell.

Schwarz, Monika und Chur, Jeannette (1993): Semantik. Ein Arbeitsbuch. Tübingen: Gunter Narr.

Seidel, Brigitte (1989): Wörter im Sprachbewußtsein: Sprachkunde in der Sekundarstufe I. Hannover: Schoedel.

Szagun, Gisela (1983): Bedeutungsentwicklung beim Kind. Wie Kinder Wörter entdecken. München: Urban & Schwarzenberg.

Szagun, Gisela ([6]1996): Sprachentwicklung beim Kind. Eine Einführung. München: Beltz.

Tracy, R. (1991): Sprachliche Strukturentwicklung. Linguistische und kognitionspsychologische Aspekte einer Theorie des Erstspracherwerbs. Tübingen: Niemeyer.

Ulrich, Winfried (1999): Erweiterung des rezeptiven und des produktiven Wortschatzes im muttersprachlichen Unterricht. In: Vocabulary learning in a foreign language – Apprendre les mots en languague étrangere – Wörter lernen in der Fremdsprache. (= Triangle 16). British Council, Goethe-Institut, ENS, Paris 1999. S. 73–89.

Ulrich, Winfried (2000): Wortschatzerweiterung und Wortbildungskompetenz. In: Wortschatz und Wortschatzvermittlung. Hrsg. v. Klaus Detering. Lang, Frankfurt a.M.. (= Folia Didactica 5). S. 9–27.

Ulrich, Winfried (2001): Wortschatzarbeit. In: Didaktik der deutschen Sprache: Ein Arbeits- und Studienbuch in drei Bänden. Texte, Materialien, Reflexionen. 3 Bde. Hrsg. v. Winfried Ulrich. Klett, Stuttgart 2001. S. 101–191.

Ulrich, Winfried (2004): CD-ROM, DVD, SMS: Vernetzung von Entlehnungen im mentalen Lexikon. Überlegungen zur „Fremdwort“-Didaktik, verdeutlicht am Beispiel der Kurzwörter und Initialwörter. In: Deutschunterricht 57, S. 34–39.

Ulrich, Winfried (2005): Lexikologie und Sprachdidaktik. In: Lexikologie. Lexicology. Hrsg. v. D. Alan Cruse, Franz Hundsnurscher, Michael Job und Peter Rolf Lutzeier. 2. Halbband. S. 1875–1879. (Handbücher zur Sprach- und Kommunikationswissenschaft 21.2). Berlin, New York: de Gruyter.

Ulrich, Winfried (2005): „Wie geht's?“ – Polysemie und Radial-Semantik. In: Jubiläumsheft des Germanistischen Instituts der Universität Szczecin. Colloqia Germanica Stetinensia 14. Uniwersytet Szczecinski, Szczecin. S. 15–30.

Ulrich, Winfried (2005): Mentales Lexikon und Sprachkompetenz. Zur Erweiterung und Vertiefung des Wortschatzes durch Sprachreflexion. In: Kompetenzen im Deutschunterricht. Beiträge zur Literatur-, Sprach- und Mediendidaktik. Hrsg. v. Heidi Rösch. Frankfurt: Lang.

Wagner, K. (Hg.) (1985): Wortschatz-Erwerb. Frankfurt: Lang.

Wörterbücher des deutschen Wortschatzes

DUDEN. Deutsches Universalwörterbuch (^{4}2001). Hrsg. v. der Dudenredaktion. Dudenverlag: Mannheim.

Hermann Paul. Deutsches Wörterbuch (^{10}2002). Hrsg. v. Henne, Kämper,. Objartel. Niemeyer: Tübingen.

Deutsches Wörterbuch (photomechanischer Nachdruck 1984ff.). Hrsg. v. Jacob Grimm. München: Dt. Taschenbuchverlag.

Deutsches Wörterbuch (1972). Hrsg. v. Gerhard Wahrig. Gütersloh: Bertelsmann.

Wörterbuch der deutschen Gegenwartssprache (6 Bde ^{10}1978–1980). Hrsg. v. Ruth Klappenbach und Wolfgang Steinitz. Berlin: Akademie Verlag.

Der deutsche Wortschatz nach Sachgruppen (^{8}2004). Hrsg. v. Franz Dornseiff. Berlin: de Gruyter.

VIII. Exemplarische Übungen und Arbeitsblätter für die Wortschatzarbeit in den Klassenstufen 5–13

Vorbemerkungen

Die in diesem Buch enthaltenen Arbeitsblätter wenden sich an Schüler und Schülerinnen der Sekundarstufen I und II, unterteilt in vier Altersgruppen: Sie sind entweder für die 5. und 6. Jahrgangsstufe (Block A), für die 7. und 8. (Block B), die 9. und 10. (Block C) oder die 11. bis 13. Jahrgangsstufe (Block D) gedacht. Dies ist jeweils gleich hinter der Überschrift eines Arbeitsblattes vermerkt. Und nach diesem Ordnungsprinzip werden die Arbeitsblätter auch in vier Gruppen nacheinander präsentiert. Unabhängig von der Zugehörigkeit zu einer der vier Gruppen werden sämtliche Arbeitsblätter durchnummeriert: also beginnend mit 1 und endend mit 204.

Inhaltlich beginnt jeder Block mit Untersuchungen und Übungen zu dem im Unterricht bereits bewährten Bereich Wortfelder/Synonymie/Sinnbezirke. Es folgen dann nacheinander teils auch die Formseite sprachlicher Ausdrücke betreffende, vor allem aber ihre Bedeutungsseite erhellende Übungen zu den Bereichen Kollokationen, Antonymie, Hyponymie und Partonymie, Wortfamilien, zusammengesetzte Wörter, abgeleitete Wörter, Redewendungen/Phraseologismen, Mehrdeutigkeit/Polysemie, Metapher und Metonymie, Bedeutungssterne, Prototypen, Drehbücher/Skripts und Frames, Standardsprache und Varietäten/Entlehnungen sowie zum Schluss Übungen zum Wortgebrauch bei besonderer Textbildung. Die Berücksichtigung dieser Bereiche erfolgt altersspezifisch, also in den vier Blöcken nicht gleichmäßig. Andererseits erscheinen gelegentlich Arbeitsblätter mit identischen Aufgabenstellungen (und teilweise identischem Wortmaterial), aber unterschiedlichem Anspruchsniveau und Schwierigkeitsgrad in zwei oder mehr Blöcken.

Alle Blätter sind so angelegt, dass sie wahlweise entweder **in selbstständiger Einzelarbeit** ohne fremde Hilfe (also auch zu Hause) genutzt **oder aber im Unterricht eingesetzt** werden können. Den Arbeitsblättern ist deswegen ein Lösungsteil zur Selbstkontrolle angehängt worden. Das sollte aber Lehrkräfte nicht davon abhalten, im Unterricht sehr viel flexibler mit dem Übungsmaterial umzugehen, neben der Still- und Einzelarbeit (etwa als Hausaufgabe) auch Partner- und Gruppenarbeit anzuregen, über die Aufgaben und ihre Lösungen zu sprechen, Hilfen (etwa die Verwendung von Wörterbüchern und Lexika) anzubieten. Auch die Variation von Aufgaben und Übungen ist im Blick auf bestimmte Lernziele durchaus möglich. Und schließlich sollen die Arbeitsblätter Vorlagen abgeben, nach deren Muster Lehrkräfte entsprechende oder ähnliche Blätter selbst entwickeln können. Dabei muss man sich über die Vorteile (selbstständiges Lernen mit selbstbestimmtem Tempo und unmittelbarer Erfolgskontrolle) und Nachteile (Festlegung auf standardisierte Lernziele und Lernschritte, kaum Fehleranalyse) des Einsatzes von Arbeitsblättern stets im Klaren sein.

Von einigen Ausnahmen abgesehen begnügen sich alle Arbeitsblätter mit einer Seite. Das hat den Vorteil, dass sie ohne Probleme auch im Klassensatz kopiert und verteilt werden können. Sie sind durchnummeriert. Das ermöglicht nicht nur eine eindeutige Identifikation, sondern begünstigt auch eine geordnete Sammlung und Abheftung der bearbeiteten Einzelblätter durch die Schüler. Darauf sollte man großen Wert legen, damit eine ungeordnete Flut von Arbeitsblättern und damit die Verfestigung einer chaotischen Arbeitshaltung vermieden werden.

Das methodische Vorgehen auf den Arbeitsblättern ist induktiv: Ausgangspunkt und erster Impuls für die Schülerarbeit ist neben der Überschrift zumeist interessant erscheinendes Sprachmaterial. Durch dessen Bereitstellung und eventuelle (spielerische) Verfremdung soll zunächst die Neugier der Schüler geweckt und auf sprachliche Ausdrücke gelenkt werden, die sie täglich ganz selbstverständlich verwenden, ohne darüber nachzudenken, die nun aber in einem neuen Licht erscheinen. Man entdeckt Zug um Zug neue Zusammenhänge zwischen den Bedeutungen von Wörtern/Lexemen; der innere Systemcharakter des Wortschatzes, sein Netzwerk, kommt zum Vorschein. Solches „entdeckende Lernen" macht Freude und sensibilisiert für lexikalisch-semantische Phänomene.

Eine durchgehende Orientierung aller Übungen an einer einzigen Semantik-Theorie wird zugunsten eines „pragmatischen" Vorgehens vermieden: Die Bedeutungsanalysen und Bedeutungsdarstellungen halten nicht stur an bestimmten Schemata fest, sondern passen sich flexibel dem jeweiligen Sprachmaterial und den Verwendungssituationen an (Methodenpluralismus). So reichen die Untersuchungs- und Darstellungsformen wie auch die Bedeutungsangaben der Lernenden

- von der schlichten Umschreibung von Bedeutungen mithilfe anderer Wörter (Paraphrasierung: *Wendeltreppe* – da geht man immer so im Kreis hoch)
- über die Wort-Bild-Zuordnung (*Mutter* ),
- über die Benennung von Beispielen (*Gemüse* – so etwas wie Bohnen und Erbsen, Möhren, Rotkohl ...),
- über Erklärungen der Funktion (*Smoking* – zieht man an),
- über grammatikalische Erklärung (*Atlanten* – Mehrzahl von Atlas),
- über Erklärung durch Assoziation (*Chaos* – alles geht drunter und drüber),
- über Klassifikation (*Drohne* – gehört zu den Bienen),
- über die Einbettung von Ausdrücken in passende Kontexte (Satzbildung, Lückentexte, Ersatzproben),
- über die kontextuelle Verträglichkeits- und Unverträglichkeitsprüfung (Kollokationen: *eingefleischt* – man sagt: eingefleischter Junggeselle),

- über die Erarbeitung semantischer Merkmale und Merkmalbündel (*Kuder* – ‹Katze› ‹wild lebend› ‹männlich›),

- über die Zusammenstellung von Lexemen nach ihren semantischen Beziehungen (Bedeutungsgleichheit: *Samstag* ist dasselbe wie Sonnabend; Bedeutungsähnlichkeit: *deftig* bedeutet kräftig; Bedeutungsgegensatz: *mild* bedeutet nicht streng; Über- und Unterordnung: *rot* ist eine Farbe; Teil-Ganzes-Beziehung: *Ferse* ist ein Teil des Fußes),

- über die klassische Definition von Begriffen (Genus proximum und Differentia specifica: *Quadrat* ist ein Viereck mit Winkeln von 90 Grad und gleich langen Seiten),

- über morphologisch-etymologische Erklärungen (*Furt* – kommt von fahren, wo man Flüsse durchfährt, überquert)

- bis hin zu dem Vergleich von guten und schlechten Exemplaren einer Kategorie, von Kern- und Nebenbedeutungen eines Lexems (Prototyp: *Cello* – keine Geige, aber so etwas Ähnliches; prototypische Lesart: Wenn der Hefeteig *geht*, bewegt er sich.)

- sowie schließlich zu der Beschreibung fester Handlungsmuster und des dabei verwendeten Sprachmaterials (Skript: Restaurantbesuch; Frame: Wohnung).

Wortlistentraining mit kontextlosen Lexemen und textorientierte Übungen ergänzen sich gegenseitig. Wortschatzarbeit dient zwar immer der Förderung der Fähigkeit, Texte zu verstehen und zu verfassen. Es wäre m. E. allerdings falsch, aus dieser Tatsache zu folgern, dass nur Textübungen solche Fähigkeiten verbessern könnten. Die Untersuchung und Beschreibung der Bedeutungen isolierter Einzellexeme und zu Gruppen zusammengefasster kontextloser Lexeme ist gar nicht anders möglich, als dass die Schüler die Lexeme „innerlich" kontextualisieren, d. h. die im mentalen Lexikon gespeicherten potenziellen Verwendungszusammenhänge abrufen und überprüfen: Wenn ich mich frage, was z. B. *umsonst* (im Unterschied zu *vergeblich*) bedeutet, so probiere ich im Stillen aus, welche Syntagmen und Sätze damit üblich sind (*etwas umsonst bekommen, Das hast du nicht umsonst getan!*), was diese bedeuten und welchen Anteil das betreffende Wort daran hat. Deshalb sind Übungen und Aufgaben durchaus zulässig und auch erfolgversprechend, in denen die Kontexte nicht mitgeliefert werden.

Die gegenseitige Ergänzung beider Übungstypen ergibt sich oft aus einem zeitlichen Nacheinander: Zuerst werden beispielsweise Synonyme als Einzellexeme gesammelt und verglichen (*Fehler, Versehen, Verstoß, Schnitzer, Irrtum, Lapsus*), danach dann in Lückentexte eingesetzt (*Muss ich alle ...... korrigieren?*) und/oder zur Bildung von Sätzen und Texten genutzt (zur Vermeidung störender Wiederholungen oder auch mit steigernder Ausdrucksfunktion: ... *Tut mir sehr Leid. Was ich getan habe, war tatsächlich ein Versehen, ein Schnitzer, ein Fehler!*).

Großer Wert wird nicht nur auf motivierenden Methodenwechsel gelegt, sondern auch auf Anschaulichkeit: Wo immer es geht und der Platz es erlaubt, werden Abbildungen, graphische Skizzen, Tabellen in die Aufgabenstellungen integriert. Die Aufgaben selbst sind entweder Denkanstöße (für sie gibt es keine Lösungshinweise im Anhang) oder Schreibaufgaben (für sie werden zumeist Leerfelder oder Leerzeilen vorgegeben). Auf Aufgaben, die zu Gespräch und Diskussion (im Klassenverband) auffordern, zur Partner- oder Gruppenarbeit, zum Schreiben im Arbeitsheft, wird (von Ausnahmen abgesehen) bewusst verzichtet. Solche Aufgaben würden die Verwendung der Arbeitsblätter in Einzel- und Stillarbeit zu Hause stören. Natürlich ist es aber beim Einsatz der Arbeitsblätter im Unterricht und gemeinsamer Auswertung der Lösungen im Unterrichtsgespräch möglich, dass die Lehrkraft die Aufgabenstellungen in diesem Sinne umformuliert oder ergänzt.

1 **Wortfeld *gehen*** A

1. Suche Verben für verschiedene Arten zu *gehen*. Manchmal gibt es mehrere Wörter.

2. Welche Wörter kannst du hier nicht einordnen?

....

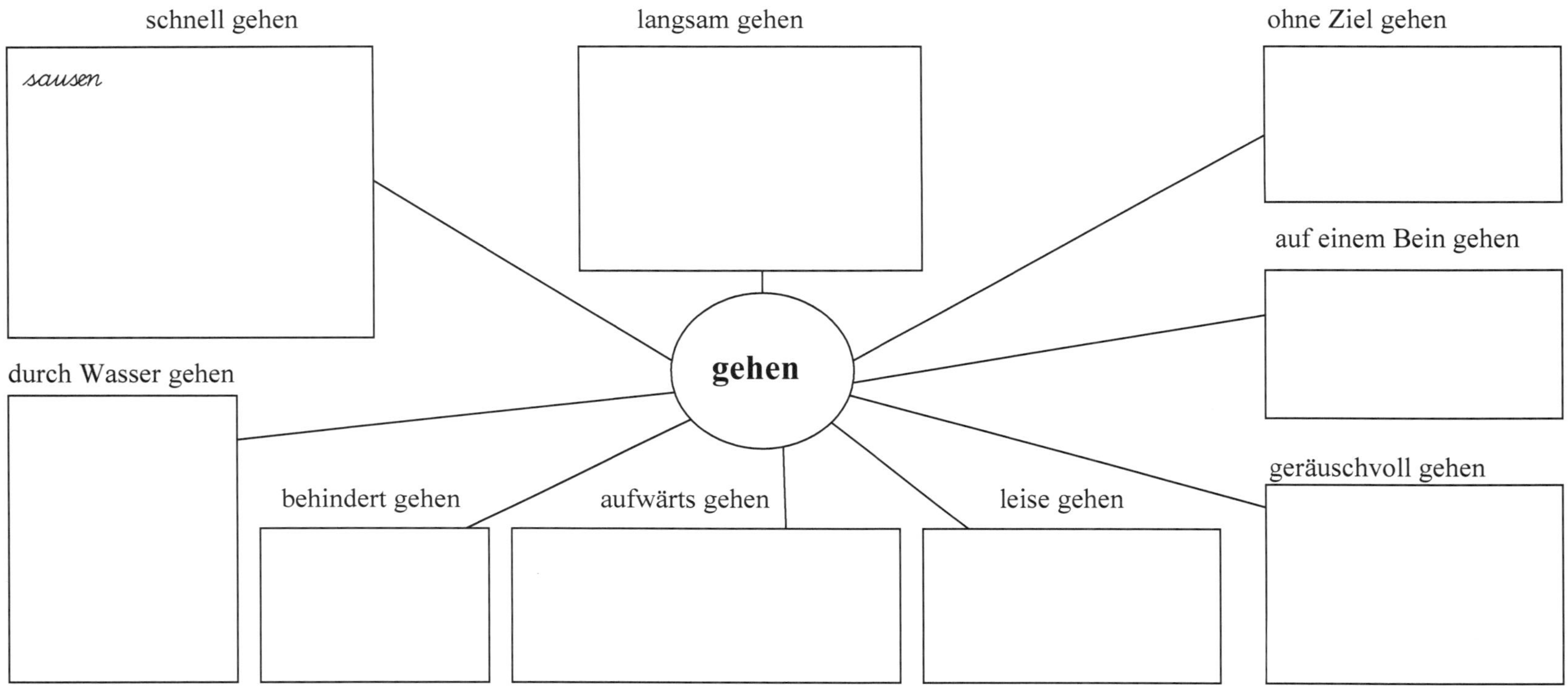

„Urlaub ist schön“, dachte Tom. „Wenn man bloß nicht so viel *gehen*…………………

müsste!“ Doch es war schon wieder so weit. Toms Mutter *ging*……………………

in sein Hotelzimmer, um ihm Bescheid zu sagen, dass sie nun einen Ausflug machen

wollten. Tom hatte überhaupt keine Lust. Missmutig *ging* ……………………
er hinter seinen Eltern und seiner Schwester her, die fröhlich auf einem

Bein *ging* …………………….. „Ach Tom“, hörte er seine Mutter sagen, „jetzt sei nicht so griesgrämig. Nachher können wir auch noch ein bisschen in der Stadt

umhergehen ……………………….. Vielleicht finden wir dann ja neue Turnschuhe für dich.“ Diese Aussicht besserte Toms Laune zumindest ein bisschen. Als sich jedoch herausstellte, dass es sich keineswegs um einen normalen Wanderweg handelte, den seine Eltern für ihren Ausflug ausgesucht hatten, wurde er erneut ärgerlich. Immer wieder

mussten sie kleine Anhöhen *hoch gehen* …………………… und einmal sogar durch

einen kleinen Bach *gehen* …………………………..
Als sie nach einigen Stunden wieder in die Stadt *gingen* ……………………………, ging Tom so schnell er konnte in das erste Sportgeschäft.
Überglücklich *ging* ………………………….. er kurz darauf wieder zu seiner Mutter: „Mama, ich habe tolle Schuhe gefunden!“

1. Ersetze *gehen* durch Verben, die besser in den Zusammenhang passen.

2. **Er stampfte leise durch sein Zimmer.*

   Bilde weitere „Unsinnsätze“ mit *hinken, torkeln, rasen, stolpern* und *trippeln* mit Ergänzungen, die nicht zu der Bedeutung des jeweiligen Verbs passen.

…………………………………………………………………………………………

…………………………………………………………………………………………

…………………………………………………………………………………………

…………………………………………………………………………………………

…………………………………………………………………………………………

1. Suche so viele Wörter für *sagen* wie möglich, die entweder für lautes oder für leises Sprechen stehen.

leise:.. laut:..

....

....

....

2. Suche weitere Wörter für *sagen/sprechen.*

ärgerlich sprechen:........................ ....

freudig sprechen:........................ ....

undeutlich sprechen:........................ ....

....

3. Welche anderen Wörter fallen dir für *sehen* ein?

....

....

4. Füge in die Lücken jeweils ein passendes Wort für *sehen* ein.
Benutze kein Verb zweimal!

a) Die Besucher des Museums .... die Bilder sehr genau.

b) Wo ist Omas Brille? Ohne die kann sie fast nichts ....

c) Im Urlaub haben wir viele Sehenswürdigkeiten ....

d) Unsere Nachbarin sitzt immer hinter der Gardine und ....,
was draußen vor sich geht.

e) Siehst du irgendwo eine Toilette? Ich kann keine ....

f) Nach einem Unfall stehen oft viele Leute da und ....

g) Ungläubig .... Steffi auf die Eins unter ihrem Aufsatz.

h) Erstaunt .... er am Morgen den ersten Schnee.

1. Verbinde die Tierbezeichnungen und die Verben so, dass sie zueinander passen!

a) Die Ziege	l) summt.
b) Der Hund	m) kräht.
c) Die Biene	n) schnurrt.
d) Die Grille	o) schnattert.
e) Die Amsel	p) krächzt.
f) Der Rabe	q) meckert.
g) Die Ente	r) bellt.
h) Die Katze	s) zirpt.
i) Der Esel	t) miaut.
j) Der Kater	u) zwitschert.
k) Der Hahn	v) schreit.

2. Welche Fremdsprachen „beherrscht" die Ziege?

____

3. Was tun diese Tiere, wenn sie Laute von sich geben?

a) Das Pferd ____________.	i) Der Hirsch ____________.
b) Die Kuh ____________.	j) Der Kuckuck ____________.
c) Die Schlange ____________.	k) Das Huhn ____________.
d) Der Frosch ____________.	l) Das Ferkel ____________.
e) Die Taube ____________.	m) Die Maus ____________.
f) Das Schaf ____________.	n) Der Elefant ____________.
g) Das Schwein ____________.	o) Der Wolf ____________.
h) Der Löwe ____________.	p) Der Bär ____________.

4. Und wer oder was tut dies?

a) ____________ heult.	g) ____________ klappert.
b) ____________ klirrt.	h) ____________ quietscht.
c) ____________ knallt.	i) ____________ blubbert.
d) ____________ läutet.	j) ____________ pfeift.
e) ____________ prasselt.	k) ____________ kreischt.
f) ____________ knarrt.	l) ____________ rauscht.

der Fensterladen, das Wasser, das Meer, der Regen, die Türangel, die Möwe, die Peitsche, das Glas, der Teekessel, die Glocke, der Fußboden, der Sturm

1. Formuliere die folgenden Sätze so um, dass das Allerweltswort „machen“ nicht mehr vorkommt.

a) Wer macht heute Essen, du oder ich?

Wer kocht heute, du oder ich?

b) An Omas Geburtstag machen wir ein großes Fest!

c) Am 1.April machen die Kinder den Eltern oft einen Streich.

d) In meiner Freizeit mache ich gerne Gedichte.

e) Das macht doch keinen Sinn!

f) Alle Kinder machen jetzt einen Kreis.

g) Mein Sohn hat die Sandburg ganz allein gemacht.

h) In den Ferien mache ich einen Fortbildungskurs.

i) Machst du mir ein Brot?

j) Die Indianer haben mit den Weißen Frieden gemacht.

k) Du hast dir aber deine Haare heute schön gemacht!

l) Wer macht im neuen Stück eigentlich den Romeo?

2. Vergleiche die Sätze miteinander. Welche Formulierungen bevorzugst du?

nass trocken feucht klitschnass knochentrocken

1. Versuche die Adjektive so zu ordnen, dass sich eine Steigerung ergibt. Welches Adjektiv steht ganz am Anfang, welches ganz am Ende der „Wortkette"?

.......................→.......................→.......................→.......................→

.......................→.......................

Was nimmt von vorn nach hinten zu? ....

2. Welches Wort ist das Gegenwort zu *groß*? Versuche, auch für *groß* und sein Gegenwort Zwischenstufen und Steigerungen zu finden.

....

....

Ordne auch diese Wörter so, dass sich eine Steigerung oder eine Abnahme der „Größe" ergibt.

.......................→.......................→.......................→.......................→

.......................→.......................→.......................→.......................

3. Welche Kettenglieder gehören noch zu *eiskalt*? Ordne sie.

....

....

....

4. Welche zu *blitzschnell*?

....

....

....

a) Bruder und Schwester wie Onkel und			
Frau	Mutter	Tante	Opa
b) gehen und stolpern wie sprechen und			
stottern	rufen	antworten	flüstern
c) klein und riesengroß wie langsam und			
flink	hurtig	blitzschnell	rasch
d) Milch und Käse wie Apfel und			
Birne	Saft	Schale	Wurm
e) Fisch und schwimmen wie Frosch und			
laufen	kriechen	fliegen	hüpfen
f) Pferd und Gaul wie Hund und			
Köter	Katze	Wauwau	Dackel
g) Ohr und hören wie Nase und			
atmen	schnüffeln	riechen	niesen
h) Flasche und Korken wie Jacke			
Kragen	Reißverschluss	Kapuze	Futter

1. Umkreise das jeweils richtige Wort.
2. Schreibe das richtige Wort in die Lücke:

a) Mutter und Tochter wie Vater und …………………………….. .

b) Gras und grün wie Apfelsine und ……………………………... .

c) Teller und essen wie Glas und ………………………………….. .

d) Haar und Perücke wie Zähne und ……………………………… .

Frau Pumpel quirlt ein Bauernbrot;
drei Kringel schweben aus dem Schlot.
Sie schuppt die Knödel, röstet Schmalz
und brät das grob gekörnte Salz.
Sie filtert Fleisch und rupft Kaffee,
sie backt ein Viertelliter Tee
und grillt die Butter, dickt ein Ei
und schlägt die Wurst am Topf entzwei.
Im Kännchen gießt sie Nudeln auf,
dann mahlt sie einen Kohlauflauf,
halbiert die Suppe, spickt das Eis
und schabt die Milch zum Apfelreis.
Sie süßt den Schinken, wendet Öl,
schreckt Kuchen ab und schneidet Mehl.
Dann häutet sie das Apfelmus
und raspelt einen Zuckerguss.
Sie knetet Sahne, mischt Spinat
und reibt die Kresse zu Salat,
sie rührt den Petersilienstrauß
und rollt ihn ebenmäßig aus.
Sie stampft das Hühnerfrikassee
und wäscht Kartoffeln zu Pürree.

1. Was stimmt in diesem Gedicht von Rosemarie Neie nicht?

....

....

2. Du weißt sicher besser, was man in der Küche mit den Lebensmitteln macht, aus denen man eine Mahlzeit zubereiten will.

a) Man quirlt ....
b) Man schuppt ....
c) Man röstet ....
d) Man brät ....
e) Man filtert ....
f) Man rupft ....
g) Man backt ....
h) Man grillt ....
i) Man dickt ....
j) Man schlägt .... entzwei.
k) Man gießt................................... auf.
l) Man mahlt ....
m) Man halbiert ....
n) Man spickt ....
o) Man schabt ....
p) Man süßt ....
q) Man wendet ....
r) Man schreckt .... ab.
s) Man schneidet ....
t) Man häutet ....
u) Man raspelt ....
v) Man knetet ....
w) Man mischt ....
x) Man reibt ....
y) Man rührt ....
z) Man rollt... aus.
aa) Man stampft ....
bb) Man wäscht ....

3. Und was macht man mit Salz?

a) Man ....Salz.
b) Man .... eine Suppe.
c) Man .... mit Zitronensaft.

Bei Meiers ist Frühjahrsputz. Jedes Familienmitglied erzählt, was es gemacht hat.

Frau Meier:	„Zuerst habe ich heute die **Wäsche gewischt**."
Herr Meier:	„Meine Aufgabe war es, **Staub** zu **feudeln**."
Anna Meier:	„Ich habe das **Geschirr geklopft**."
Tom Meier:	„Und ich musste den **Teppich spülen**."
Clara Meier:	„Ich habe den **Fußboden gewaschen**."

1. Meiers haben da einiges verwechselt. Ordne du die Wörter richtig einander zu. Was wird

gewischt? *Man wischt den Staub.*

gefeudelt? ……………………………………………………………………

geklopft? ……………………………………………………………………

gespült? ……………………………………………………………………

gewaschen? ……………………………………………………………………

2. Was macht man mit

dem Durst? *Man stillt den Durst.*

den Schuhen? ……………………………………………………………………

mit Blumen? ……………………………………………………………………

dem Tisch? ……………………………………………………………………

dem Mülleimer? ……………………………………………………………………

3. Hier fehlt das Nomen zu den Verben.

……………………… bügeln ……………………… knacken

……………………… pellen ……………………… kämmen

……………………… jäten ……………………… stopfen

……………………… backen ……………………… mähen

Sie geht gebückt. Sie keucht und schnauft.
Ein dicker, prall gefüllter Sack
wippt auf dem Rücken, huckepack.
Sechs Kilometer Hühnerklein,
zwei Schaufeln Muskatellerwein,
zehn Zentimeter Erdbeereis,
ein Hektoliter Puddingreis,
drei Bogen Zucker, Pfeffer, Salz
und Senf in Tüten ebenfalls
und siebzehn Tropfen Räucherlachs
und dreizehn Tafeln Bohnerwachs
und zwanzig Röllchen Kräutertee
und fünfzehn Stangen Malzkaffee.
Zwei Literflaschen Sahnequark,
neunzehn Schachteln Tomatenmark,
verschiedene Scheiben Erdnussöl
und hundert Tuben Weizenmehl,
vier Löffel Käse, frisch gezapft
und sieben Ballen Apfelsaft.

1. Was stimmt in diesem Gedicht von Rosemarie Neie nicht?

2. Gibt es in dem Gedicht Waren, die du nicht kennst?
   Außer *Hühnerklein* gibt es auch *Gänseklein*. Was könnte das wohl sein? Wenn du es nicht weißt, so schlage in einem größeren Wörterbuch nach.

3. Man muss vorher wissen, was man einkaufen will und wie viel man davon einkaufen will.
   Fülle die Lücken im folgenden Einkaufszettel für einen Besuch im Supermarkt.

drei Liter .... *Vollmilch*
.... *Schokolade*
eine Tüte ....
.... *Pralinen*
eine Kiste ....
.... *Butter*
.... *Orangensaft*
vier Stück ....
ein Päckchen ....
.... *Ananas*
zwei Dosen ....
vier Scheiben ....
ein Fläschchen ....

ein Glas .... *Marmelad*
.... *Me*
.... *E*
eine Tube ....
ein Kilo ....
.... *Br*
ein Sack ....
.... *Rotko*
eine Portion ....
eine Rolle ....
.... *T*
ein Beutel ....
.... *Petersi*

1. Behälter und Inhalte passen hier nicht zusammen. Korrigiere die Fehler.

a) eine Flasche Zigaretten → *eine Schachtel Zigaretten*……………………………………

b) ein Kanister Abfall →……………………………………………………………………

c) ein Eimer Werkzeug →……………………………………………………………………

d) eine Tonne Kartoffeln →…………………………………………………………………

e) eine Tüte Benzin →………………………………………………………………………

f) eine Schachtel Obst →……………………………………………………………………

g) ein Kasten Suppe →………………………………………………………………………

h) eine Kiste Wein →…………………………………………………………………………

i) ein Teller Milch →…………………………………………………………………………

j) eine Schale Bücher →………………………………………………………………………

k) eine Sack Wasser →………………………………………………………………………

l) ein Becher Bonbons →……………………………………………………………………

2. Was enthalten außerdem noch die folgenden Behälter? Ordne ihnen mögliche Inhalte zu.

Schachteln? ………………………… Kisten? ……………………………………

Becher? ……………………………… Tüten? ……………………………………

1. Schreibe das passende Wort in die Lücke.

a) Ich habe so viel gegessen. Ich bin wirklich satt. Ich bin ganz bestimmt nicht mehr

....

b) Unser Hund ist gestorben. Er ist jetzt schon drei Tage tot. Er ist nun nicht mehr

....

c) Früher war meine Mutter ganz schön dick, aber nun nach ihrer Diät ist sie

....

d) Der Pullover ist aber teuer. Der ist wirklich nicht ....

e) Die Aufgabe ist mir zu schwer. Sie ist ganz bestimmt nicht ....

f) Früher hat meine kleine Schwester immer geschrien und war mir zu laut. Jetzt will sie nicht sprechen. Nun ist sie nicht zu laut, sondern zu ....

2. Hier passt nicht nur **ein** Wort.

a) Das Verb steht nicht im Präteritum, sondern im

....

b) Meine Freundin hat nicht im Februar Geburtstag, sondern im

....

c) Es ist gerade Herbst und nicht

....

d) Hamburg liegt im Norden Deutschlands, und nicht im

....

3. Hier wirst du Schwierigkeiten haben, die Lücken mit einem gebräuchlichen Wort zu füllen. Vielleicht kannst du dir zwei neue Wörter ausdenken?

a) Ich habe keinen Durst mehr. Ich bin nicht durstig, sondern ....

b) Karin hat einen Schwangerschaftstest gemacht. Sie möchte nicht schwanger sein. Zum Glück ist sie ....

1. Suche jeweils das Gegenwort zu den angegebenen Wörtern. Es drückt einen Gegensatz aus. Trage es in das Kreuzworträtsel ein.

Waagerecht:
3. hell, 5. schnell, 6. nass,
10. billig, 11. schwer,
13. reich, 14. lebendig,
15. schlecht

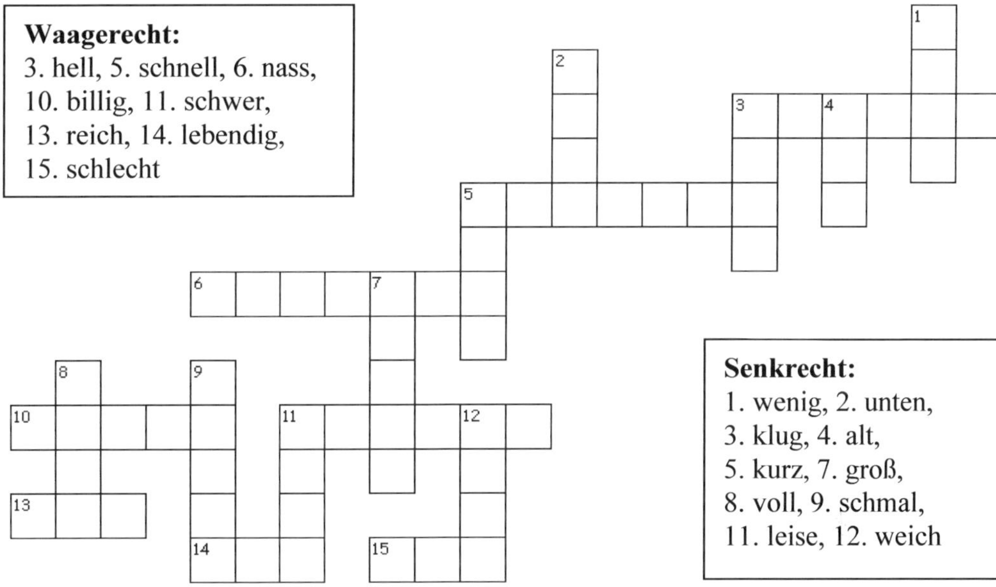

Senkrecht:
1. wenig, 2. unten,
3. klug, 4. alt,
5. kurz, 7. groß,
8. voll, 9. schmal,
11. leise, 12. weich

2. Suche andere Beispiele für Gegensatzpaare. Versuche dabei, auch Substantive mit einzubeziehen (z.B. Leben – Tod).

3. Bilde Sätze, in denen jeweils beide Wörter eines Gegensatzpaares vorkommen. Du kannst dafür die Wörter aus dem Kreuzworträtsel oder deine eigenen Beispiele verwenden.

Jetzt bin ich arm, doch bald werde ich reich sein

14 Welche Meeresbewohner kennst du? A

1. Fülle die Lücken in der Tabelle so weit wie möglich aus.
   Der erste Begriff in einer Spalte ist jeweils der Oberbegriff (z.B. Meeresbewohner).

		Meeresbewohner	
Mau-Mau	Dinkel	Wal	
Skat			Tischler
	Hirse		
		Muschel	
			Maler

2. Verfahre hier wie in der ersten Aufgabe.

			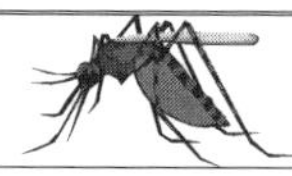
	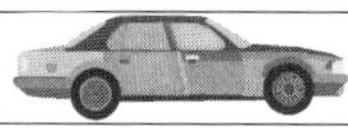		

3. Warum kann man in die oberste Zeile der Tabelle anstelle der Oberbegriffe keine Abbildungen einsetzen?

....

....

....

N	H	A	Z	N	E	W	E	O	L	K	F	G	E	P
U	O	S	T	P	O	R	C	H	I	D	E	E	I	L
T	F	E	M	L	R	U	T	U	L	P	E	G	N	K
S	D	K	K	R	O	K	U	S	I	L	N	O	A	I
A	E	L	F	F	S	G	H	M	E	L	B	R	R	T
G	A	E	N	S	E	B	L	U	E	M	C	H	E	N
P	N	N	U	G	O	K	D	H	A	J	D	E	G	U

9 Unterbegriffe: *Lilie, Tulpe*..................................

....

Oberbegriff: ....

G	K	L	S	W	N	A	W	K	A	K	A	O
F	O	K	A	F	F	E	E	F	E	D	H	F
H	B	A	F	T	S	E	I	A	L	O	C	B
U	I	I	T	P	G	T	N	K	L	M	L	R
R	E	S	S	A	W	L	A	R	E	N	I	M
K	R	E	I	N	U	O	D	S	R	T	M	P

9 Unterbegriffe: *Saft, Kaffee*..................................

....

Oberbegriff: ....

L	I	H	Z	U	J	G	K	L	V	J	L
L	T	A	S	I	N	N	E	T	I	O	R
A	K	N	H	K	U	E	L	A	U	G	N
B	A	D	M	I	N	T	O	N	F	G	E
S	P	B	S	C	G	A	W	Z	T	E	F
S	H	A	P	F	L	K	F	E	T	N	R
U	N	L	O	T	D	S	U	N	P	F	U
F	M	L	N	E	M	M	I	W	H	C	S

9 Unterbegriffe: *Badminton*..................................

....

Oberbegriff: ....

E	S	U	L	B	K	K	R	A	W	A	T	T	E	S
U	N	T	E	R	H	E	M	D	L	R	T	S	G	C
L	O	P	K	W	I	S	D	P	K	Z	I	H	E	H
J	K	N	C	K	N	H	K	E	C	O	W	I	I	A
J	P	B	A	P	P	U	L	L	O	V	E	R	L	L
G	T	S	J	C	H	T	E	K	R	J	S	T	F	Z
M	U	E	T	Z	E	K	I	F	H	Z	T	P	L	K
O	B	E	R	H	E	M	D	B	D	H	E	F	U	N

13 Unterbegriffe..................................

....

Oberbegriff: ....

1. Welcher Oberbegriff gehört jeweils zu den eingekreisten Wörtern?
2. Suche alle zugehörigen Unterbegriffe, die sich in den Kästen befinden!

Werkzeug

Hammer .... Feile Zange .... Bohrer .... Schraubenzieher

.... Flachzange Drahtzange Rohrzange

1. Trage in die vier Leerstellen der Graphik passende Wörter ein.

2. Man nennt *Werkzeug* einen „Oberbegriff", dem viele „Unterbegriffe" untergeordnet sind: Jeder *Hammer* ist ein *Werkzeug*, jede *Feile* ist ein *Werkzeug* .. Suche weitere Unterbegriffe zu *Werkzeug*:
   Meißel, Schere, ...
   ....
   ....

3. Erkläre, wieso *Zange* in der Graphik zugleich als Unterbegriff und als Oberbegriff erscheint.

4. Suche Unterbegriffe zu *Hammer*: Holzhammer, ...
   ....
   ....

5. Suche Unterbegriffe zu *Säge*: Laubsäge, ...
   ....
   ....

6. Ordne die folgenden Wörter so, dass Oberbegriff und Unterbegriff direkt nebeneinander stehen: Eimer, Lebewesen, Wohnhaus, Bein, Gefäß, Fahrzeug, Maurer, Gebäude, Körperteil, Kastanie, Fahrrad, Tier, Baum, Handwerker.
   Fahrzeug – Fahrrad; ....
   ....
   ....

7. Schreibe die zugehörigen Oberbegriffe hinter die folgenden Unterbegriffe:
   Mütze ...., Tasse ...., Halskette ....,
   Wut ...., Masern ...., Segeln ....,
   Teich ...., Regen ....

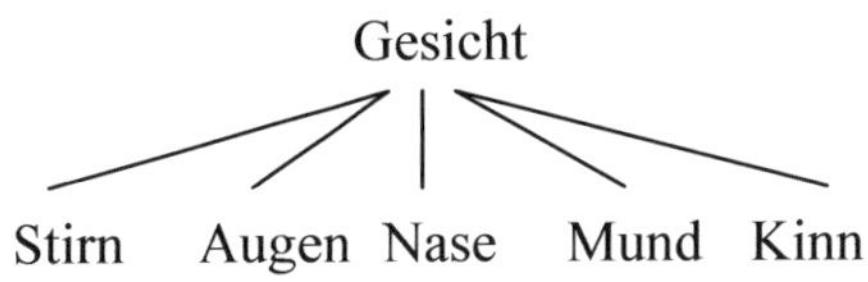

1. Ein Gesicht hat eine Stirn. Ein Gesicht hat zwei Augen. Ein Gesicht hat ....
   ....
   ....

2. Ein Buch hat einen Rücken, einen Umschlag, Seiten.
   Ein Messer hat ....
   Eine Säge hat ....
   Eine Blume hat ....
   Ein Apfel hat ....
   Eine Leiter hat ....
   Eine Geige hat ....
   Ein Loch ist Teil eines Knopfes.
   Eine Sohle ist Teil eines ....
   Die Kufen sind Teil eines ....
   Der Docht ist Teil einer ....

3. 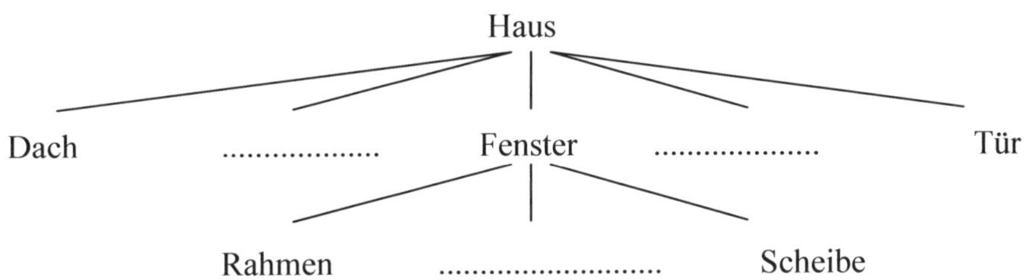

   Setze die fehlenden Wörter ein.

4. Ein Haus hat ein Fenster. Ein Fenster hat eine Scheibe.
   Hat ein Haus eine Scheibe?
   Eine Hand hat einen Daumen. Ein Daumen hat einen Nagel.
   Hat eine Hand einen Nagel?

1. Verbinde die sachlich zueinander gehörenden Wörter durch eine Linie.

Scheibe	Tür	Monat	Uhr
Sohle	Auge	Flosse	Fuß
Saite	Schuh	Klinge	Jahr
Klinke	Hemd	Zeiger	Messer
Rüssel	Fenster	Antenne	Tasse
Pupille	Gitarre	Motor	Biene
Schublade	Schwein	Henkel	Fisch
Kragen	Fahrrad	Zehe	Auto
Pedale	Kommode	Stachel	Radio

2. Das Verhältnis zwischen den beiden Wörtern ist überall gleich. Beschreibe es!

……………………………………………………………………………………………

3. Diesmal gehören drei Wörter zueinander. Das Verhältnis zwischen ihnen ist das gleiche wie in Aufgabe 1. Ergänze jeweils das fehlende Wort in der Dreierreihe.

……………………………………Ast……………………………………Zweig

Arm………………………………………………………………………………Finger

……………………………………Flügel……………………………………Feder

Katze……………………………Fell……………………………………………

……………………………………Minute……………………………………Sekunde

Europa……………………………………………………………………Schleswig-Holstein

Apfel……………………………Gehäuse……………………………………………

1. Wörter sind miteinander verwandt, wenn sie einen gemeinsamen Wortbaustein als „Wortstamm“ enthalten. Welcher ist es hier? Kreise ihn ein und schreibe ihn auf!
   ....

Lausejunge,	Jüngling,	verjüngen,	Junggeselle,	blutjung,	jüngst	...

2. Alle Wörter mit dem gleichen Wortstamm bilden zusammen eine Wortfamilie. Sie wird nach dem Wortstamm benannt. ....

Altpapier,	Lebensalter,	Altbauwohnung,	altklug,	uralt,	Altersschwäche	...

3. Längere Wörter werden aus kürzeren Wörtern zusammengesetzt:

   jung + Geselle → Junggeselle; Junggeselle + Wohnung → Junggesellenwohnung;

   Stein + alt → steinalt; alt + Papier → ....;

   alt + Stadt → ....; .... + alt → jahrhundertealt.

4. Längere Wörter können aber auch von kürzeren abgeleitet werden. Dann wird ihnen ein Wortbaustein angehängt oder vorangestellt, der nicht selbst ein Wort ist:

   jung + ling → Jüngling; jung + e → Junge; jung + er → Jünger; ver + jung + en → verjüngen; alt + er → ....; Alter + tum → ....

5. jung → verjüngen → Verjüngung → Verjüngungskur

   alt → Alter → .... → mittelalterlich

   jung → .... → Jungfernfahrt

   alt → .... → .... → Altbauwohnungsmiete

   Setze die fehlenden Wörter ein. Achte auf die Groß- und Kleinschreibung!

6. Sammle weitere Wörter der beiden Wortfamilien:

   Jungbrunnen, jüngst ....

   Altersschwäche, Kirchenältester, Überalterung, ...

   ....

7. Der gemeinsame Wortstamm wird nicht immer genau gleich geschrieben: jung – jüng; alt – ält.
   Früher hat man *Eltern* so geschrieben: *die Ältern*! Kannst du dir das erklären?

8. Miteinander verwandte Wörter sind auch in ihren Bedeutungen verwandt.
   Was haben *Jungbrunnen*, der *Junge* und der *Jüngling* mit *jung* zu tun?
   Und was verbindet die Bedeutungen von *altersschwach*, *altklug* und *Altertum* mit der Bedeutung von *alt*?

Haus-		-schlüssel
Hinter-	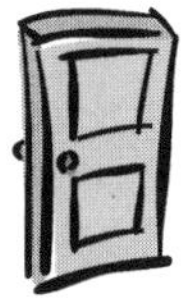	-spalt
Schiebe-		-steher
Katzen-		-rahmen

1. Eine Haustür ist eine Tür. Was für eine Tür ist die Haustür? Und die Hintertür, die Schiebetür, die Katzentür?

2. Ein Türschlüssel ist dagegen keine Tür. Was haben ein Türschlüssel, ein Türspalt, ein Türsteher und ein Türrahmen mit einer Tür zu tun?

3. Bilde zusammengesetzte Wörter mit demselben Wort (siehe Abbildung) an erster und an zweiter Stelle.

………………….		………………….
………………….		………………….
………………….		………………….

………………….		………………….
………………….		………………….
………………….		………………….

4. Es kommt bei der Bedeutung eines aus zwei Wörtern zusammengesetzten Wortes sehr darauf an, welches Wort an erster Stelle und welches an zweiter Stelle steht.
Warum nennt man wohl das zweite Wort Grundwort?
Und das erste Bestimmungswort?

5. Hier kann jeweils dasselbe Wort Grundwort und auch Bestimmungswort sein. Schreibe es in das Kästchen.

Dick- Salat-		-schmerzen -stand	Tage- Bilder-		-handlung -halter
	K			B	
Toten- Dumm-		-salat -bedeckung	Telefon- Kinder-		-binder -stabe

a) weich	Sprecher	....
b) laut	Geburt	....
c) klein	Buchstabe	....
d) groß	Stadt	....
e) früh	Jahr	....
f) spät	Spüler	....

a) Eis	zart	....
b) Hunde	hart	....
c) Kalorien	müde	....
d) Hauch	kalt	....
e) Stein	reich	....
f) Einfluss	dünn	....

a) waschen	Tür	....
b) rollen	Schein	....
c) schieben	Maschine	....
d) fahren	Wagen	....
e) schreiben	Mittel	....
f) suchen	Stuhl	....

1. Verbinde die Wörter aus der linken mit denen aus der rechten Spalte, sodass sinnvolle zusammengesetzte Wörter entstehen.
   (Es gibt bei einigen Wörtern mehrere Möglichkeiten. Versuche alle zu finden!)
2. Schreibe die Wörter auf.
   Achte auf die Groß- und Kleinschreibung. Wonach richtet sie sich?

1. Verbinde jeweils ein Wort aus der einen Spalte mit einem aus der anderen, sodass bekannte Tierbezeichnungen entstehen!

Feld	Falter
Hirsch	Affe
See	Adler
Mäuse	Käfer
Jagd	Fliege
Laub	Ameise
Wild	Frosch
Turm	Bussard
Zitronen	Maus
Wald	Schwein
Eis	Biene
Menschen	Spinne
Stuben	Bär
Kreuz	Falke
Honig	Hund

2. Schreibe jede Tierbezeichnung noch einmal auf und notiere dahinter, warum die Tiere gerade so heißen!
   Dazu musst du besonders auf das Wort aus der ersten Spalte achten.

Feldmaus: lebt auf freiem Feld, nicht im Haus wie die Hausmaus…………

3. Schreibe auf, welche verschiedenen *Käfer* du kennst. Warum nennt man sie so?
Kartoffelkäfer, ………… *käfer*, ………… *käfer*, ………… *käfer*..

Bedenk' ich's, möcht' ich lieber kein
ZITRONENFALTER werden, nein!
Kein blasser und kein gelber.
Ach, der Beruf ist ganz veraltet!
Denn, seht ihr, heutzutage faltet
doch jeder die Zitronen selber.

Am Marktplatz stand ein Mann bereit,
der zeigte jedes Mal die Zeit,
ob's Zwölf war oder Eins.
Er zeigte immer seine Uhr,
sonst tat er nichts, er zeigte nur.
UHRZEIGER war er, scheint's.

Ein Mann muss stets am Boden sitzen.
Er saugt an Teppichen und Ritzen,
das macht er Tag für Tag.
Vom Staub bleibt wirklich keine Spur,
doch frag' ich mich, wie einer nur
STAUBSAUGER werden mag?

1. In dem Gedicht von Michael Ende handelt es sich um drei seltsame Berufe! Kannst du erklären, was die folgenden Personen in ihren Berufen tun?

   Wagenheber: *Ein Wagenheber hebt dauernd Autos in die Luft.*

   Kugelschreiber: ....

   Fischdampfer: ....

   Scheinwerfer: ....

   Flugzeugträger: ....

   Bettvorleger: ....

   Blumendünger: ....

   Eisbrecher: ....

   Feldstecher: ....

   Landstreicher: ....

2. Und wie nennt man die Personen, die Folgendes tun?

   Er zieht gegen gute Bezahlung allen Menschen die Schuhe an: *der Schuhanzieher.*

   Er weckt schlafende Radios auf: ....

   Er drückt alle offenen Türen zu: ....

   Er übernimmt bei unsicheren Radfahrern das Lenken: ....

   Er stapelt Gabeln zu großen Haufen auf: ....

   Er öffnet mit viel Geschick große und kleine Dosen: ....

3. Und wer nagt eigentlich dauernd an Teeblättern? ....

1. Welche nachgestellten Wortbausteine fehlen hier?

Bezahl......................	Schön...........................	Kühn.....................	Ablehn..........................
Frech......................	Täusch..........................	Reib......................	Blind.............................
Klug........................	Verteidig....................	Gesund.................	Feig..............................
Prüf.........................	Warn...........................	Träg......................	Dumm..........................

2. Ordne die Wörter nach ihren nachgestellten Wortbausteinen zu zwei Gruppen.

3. Welche Gruppe bezeichnet Vorgänge? Welche Eigenschaften?

....

....

4. Grobheit – Frechheit – Freiheit – Krankheit – Wahrheit

   Vergleiche die Bedeutungen dieser Wörter.
   Welche bezeichnen etwas anderes als eine Eigenschaft? Was?

....

5.

finster	breit	klar	-heit
tief	gewandt	reif	-e
aufgeregt	geheim	wild	-nis

   Verbinde die Adjektive mit den Wortbausteinen zu neuen gebräuchlichen Wörtern. Zu welcher Wortart gehören diese?
   Denke an die Groß- und Kleinschreibung!

....

....

....

6. Verbinde die Substantive mit den Wortbausteinen.

König	Stein	Gefahr	-lich
Kind	Schelm	Neid	-ig
Spaß	Glück	Stachel	-isch

....

....

....

1. Von welchen Substantiven sind die Verben abgeleitet?

a) schuppen	*die Schuppe*..............	f) grasen	....
b) häuten	....	g) hausen	....
c) näseln	....	h) hamstern	....
d) färben	....	i) wässern	....
e) züngeln	....	j) löffeln	....

2. Vergleiche die Bedeutungen der Substantive mit den Bedeutungen der Verben. Was hat der bezeichnete Vorgang mit dem Gegenstand zu tun?

a) schuppen *Man entfernt die Schuppen (z.B. eines Fisches)*...........................

b) häuten ....

c) näseln ....

d) färben ....

e) züngeln ....

f) grasen ....

g) hausen ....

h) hamstern ....

i) wässern ....

j) löffeln ....

3. Suche selbst noch mindestens fünf Verben, die von einem Substantiv abgeleitet sind.

....

....

....

....

a) Wenn jemand etwas findet, hat er einen ....Fund.................. gemacht.

b) Wenn einer dem anderen ...., gewährt er ihm Hilfe.

c) Wir schieben mit vereinten Kräften, damit es zu einem großen .... kommt.

d) Was soll ich dir ...., wozu brauchst du eine Gabe?

e) Hörst du sie schießen, hörst du die ....?

f) Wenn einer ...., ist er auf der Flucht.

g) Du musst mehr schwingen, dann bekommst du auch mehr ....!

h) Nicht ...., ich will keinen Riss in meinem T-Shirt haben!

i) Wir schreiten voran mit großen ....!

j) Bienen .... Pass auf, dass du nicht mit einem Stich nach Hause gehst!

k) Wenn einer etwas einkauft, hat er einen .... getätigt.

l) Seine Stimme .... aber gut, so ein schöner, voller Klang!

m) Ich arbeite beim Film, ich schneide das Material, bin also zuständig für den ....

n) Vergiss nicht, die Tür zu ...., der Schlüssel steckt im Schloss!

o) Der Fluss .... heute sehr langsam.

p) Wer hat dich .... ? Die Frisur ist wirklich originell!

q) Auf der .... jagen die Jäger Füchse.

r) Wir haben hart ...., aber den Kampf dennoch verloren.

s) Du solltest die Kommode schleifen lassen, ihr so einen neuen .... verpassen.

t) Heute Nacht soll es ...., da bekommen wir wohl den ersten Frost.

1. Setze die jeweils passenden Substantive oder Verben ein!

2. Denk einmal darüber nach:
   Kommt jeder Kniff durch Kneifen zustande?
   Fressen die Tiere nur Fraß?
   Befindet sich alles, was gesenkt wurde, in einer Senke?

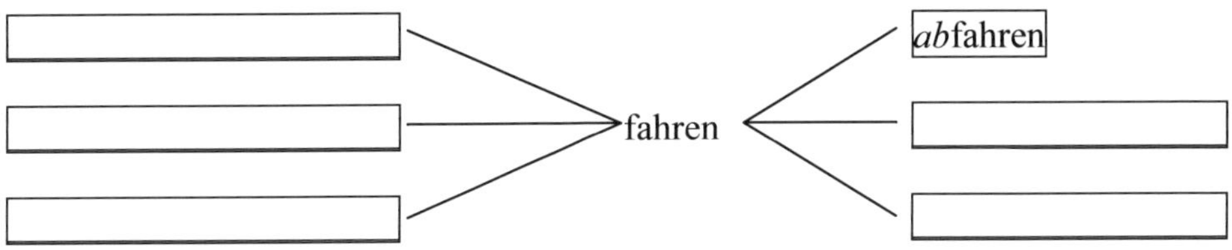

1. Mit welchen vorangestellten Wortbausteinen lässt sich *fahren* kombinieren?

2. Zeige durch Beispielsätze, welche Bedeutungen die neuen Wörter haben.

3. Probiere aus, welche Wortbausteine mit welchen Verben gebräuchliche Wörter bilden. Was bedeuten diese?

ein	tragen	....
ver	lassen	....
zu	laufen	....
an	machen	....
be	halten	....
ent	handeln	....
er	gehen	....
ab	hören	....

4. Stimmung – *Miss*stimmung
   Ernte – *Miss*ernte
   glücken – *miss*glücken
   billigen – *miss*billigen

   Welche Auswirkungen hat der Wortbaustein *miss-* auf die Wortbedeutung?

1. Formuliere die folgenden Sätze so um, dass das Wort *machen* nicht mehr vorkommt.

a) Wollen wir eine Wette machen?

Wollen wir wetten?

b) Das Pferd hat einen weiten Sprung gemacht.

c) Isabelle macht ihrer Freundin Mut, sich für den Ferienjob zu bewerben.

d) Der Schulleiter macht die Mitteilung, dass heute alle Schulklassen hitzefrei haben.

e) Die Kinder im Garten nebenan machen aber ordentlich Lärm!

f) Felix hat der Lehrerin ganz schön Ärger gemacht.

g) Wer macht den Anfang?

h) Es macht mir Freude, dich so glücklich zu sehen.

i) Wir haben die Vereinbarung gemacht, in einer Woche nochmals zu diskutieren.

j) Der Direktor macht die Bemerkung, dass der Antrag nicht bewilligt werden kann.

k) Im Herbst machen wir eine Reise in die Toskana.

l) Es macht mir Angst, dass meine Mutter sich noch nicht gemeldet hat.

m) Können wir nicht auf dem nächsten Parkplatz Halt machen?

2. Vergleiche die Sätze miteinander. Welche Formulierungen bevorzugst du?

1. Vergleiche die Sätze der folgenden Satzpaare miteinander.
   Ergänze die fehlenden Ausdrücke in den unvollständigen Sätzen.

a) Wie kannst du nur so dein Geld verschwenden?

b) Wie kannst du nur so dein Geld zum Fenster hinauswerfen?

c) Ich bin hier wohl völlig überflüssig!

d) Ich bin hier wohl das .... Rad am Wagen!

e) Es ist schlimm, dass unsere Nachbarn sich ständig in die Haare kriegen.

f) Es ist schlimm, dass unsere Nachbarn sich ständig streiten.

g) Er macht oft aus einer Mücke ....

h) Er übertreibt oft stark.

i) Torben ist bei unserem Lehrer sehr ....

j) Torben hat bei unserem Lehrer einen Stein im Brett.

k) Bei neuen Ideen ist Tim oft ....

l) Bei neuen Ideen ist Tim oft ganz begeistert.

m) Der Kerl ist .... !

n) Der Kerl hat wohl einen Vogel!

o) Sebastian steckt den Kopf in ....

p) Sebastian will die Gefahr nicht sehen.

q) Tina stellt sich immer ungeschickt an.

r) Tina hat zwei linke Hände.

2. Unterstreiche jeweils den Satz, der „bildhafte“ Sprache verwendet.

3. Warum drückt man seine Gedanken wohl gern in „bildhafter“ Sprache aus?

4. Wie könnte die Redewendung *Geld zum Fenster hinauswerfen* entstanden sein?
   Denke darüber auch bei den anderen Redewendungen nach.

1. Füge in die Lücken Tierbezeichnungen ein.

- Er zögerte lange, doch dann ließ er die .... aus dem Sack.
- Mit Stefan habe ich noch ein .... zu rupfen.
- Martha sitzt auf einem hohen ....
- Peter wird beim Segeln immer schlecht.
  Auch jetzt steht er wieder an der Reling und füttert die ....
- Als Tina die Sechs in Mathe zurück bekam, stand sie da wie ein begossener
  ....
- Herr Meyer ist der einzige Mann im Kollegium, und er findet es gut,
  der .... im Korb zu sein.
- Hättest du ihm doch nichts von dem Auto erzählt.
  Damit hast du ihm wirklich einen .... ins Ohr gesetzt.
- Das stimmt doch gar nicht: Da hat dir Lotta einen .... aufgebunden.
- Du siehst so bedrückt aus, ist dir eine .... über die Leber gelaufen?
- Herr Schiller ist ganz harmlos. Er kann keiner .... was zuleide tun.

2. Vervollständige die folgenden Sprichwörter.

- Eine Schwalbe macht noch keinen ....
- Ich glaub, mich tritt ein .... !
- Ich denk, mich laust der ....
- Da lachen ja die ....
- Da liegt der Hase im ....
- Besser ein Spatz in der Hand
  als .... auf dem Dach .
- Ein blindes Huhn findet ....
- Mein Name ist Hase, ...

An einer Halskette trägt sie ein kleines goldenes Kreuz.

Auf dem Wahlzettel muss man an einer Stelle ein Kreuz machen.

1. Erkläre, was das Wort *Kreuz* in den beiden Sätzen jeweils bedeutet.

....

....

2. Beschreibe, was die beiden Bedeutungen miteinander verbindet.
Welche Gemeinsamkeit kannst du entdecken?

....

3. Es gibt so genannte Autobahnkreuze wie zum Beispiel das „Frankfurter Kreuz".
Was genau bezeichnet man damit? Und wieso nennt man es wohl *Kreuz?*

....

....

4. „Peter hat Schmerzen im Kreuz". Erkläre, wo genau Peter Schmerzen hat. Überlege, wo man dort ein *Kreuz* finden kann. Zeichne es in dem Bild an der richtigen Stelle ein.

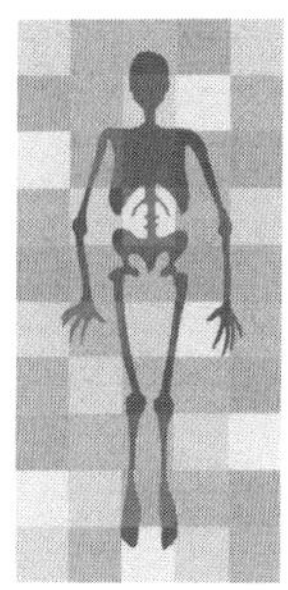

....

....

....

5. Suche Wörter, die *Kreuz* als Bestandteil enthalten. Erkläre, was deren Bedeutungen mit einem *Kreuz* zu tun haben.

Kreuzer, Bundesverdienstkreuz, kreuzigen, ...

....

....

....

Ein Him- und ein Johannisbär,
die gingen Schritt für Schritt,
und noch ein Brombär hinterher,
und sonst ging keiner mit.

Doch waren diese drei dann bald
um einen Bären mehr,
es kam aus dunklem Tannenwald
ein großer Preiselbär.

Ein Erd- und auch ein Stachelbär,
die reihten sich mit ein,
dann kam ein Blaubär an, und der
war nun nicht mehr allein.

1. Welche beiden Wörter wurden in dem Gedicht von Evelyn B. Hardey vertauscht?

....

....

2. Die vertauschten Wörter in dem Gedicht klingen sehr ähnlich, bedeuten aber etwas sehr Verschiedenes und werden auch verschieden geschrieben. Welche Wörter haben eine ähnliche Lautgestalt wie die folgenden?

leeren — ....

Saite — ....

Wahl — ....

mahlen — ....

3. Bilde mit den acht Wörtern je einen Satz.

....

....

....

....

....

....

....

....

4. Manche Wörter werden gleich gesprochen und gleich geschrieben. Welche verschiedenen Bedeutungen haben sie?

Kiefer: ....

Ball: ....

Strauß: ....

Tau: ....

Liebesseufzer eines Walfischfräuleins

O du Wal meiner Wahl!
Wie ihn gibt's keinen im Meer mehr!
Wer, der wie er, zwölfeinhalb Tonnen schwer wär'?
Wenn ich nur wüsste,
ob er so fühlte wie ich,
als ich ihn unweit der Küste küsste ...

1. Welche Wörter in dem Gedicht von Mira Lobe klingen gleich, werden aber verschieden geschrieben? ....

....

2. Bilde je einen Satz mit den folgenden Wörtern:

Lärche ....

Lerche ....

Mal ....

Mahl ....

Rad ....

Rat ....

Weise ....

Waise ....

Lied ....

Lid ....

3. Bilde ebenfalls je einen Satz mit den folgenden Wörtern:

lecken ....

lecken ....

wachsen ....

wachsen ....

kraulen ....

kraulen ....

Bauer ....

Bauer ....

sieben ....

sieben ....

Kochen und kochen ist nicht dasselbe!

Mama kocht Spaghetti.
Unser Lehrer kocht vor Wut.

1. Was bedeutet der erste, was der zweite Satz?
   Worin besteht der Unterschied in den verschiedenen Gebrauchsweisen von *kochen*? Was verbindet sie miteinander?

2. Formuliere zu jedem der folgenden Sätze einen anderen Satz mit der übertragenen Bedeutung des Verbs.

o Thomas zerbricht eine Tasse.

→ Hans zerbricht sich den Kopf über die Mathehausaufgaben. ....

o Das Holz muss vor der Weiterverarbeitung behandelt werden.

→ ....

o Bei Nacht wird die Burg angestrahlt.

→ ....

o Die Seife schäumt sehr gut.

→ ....

o Du musst die Verpackung mit einer Schere aufschneiden.

→ ....

o Das Geschenk lässt sich gut in Papier einwickeln.

→ ....

3. Formuliere zu den folgenden Verben Sätze, in denen die übertragene Bedeutung der Verben benutzt wird.

anfahren: ....

ausschalten: ....

anfeuern: ....

reinlegen: ....

1. Die folgenden Sätze kann man so oder so verstehen!

a) Unser Sekretär hat krumme Beine.
b) Ich werde den Schimmel nicht wieder los.
c) Der Ordner hilft mir nicht.
d) Ich habe mich im Bad an deinem Becken gestoßen.

e)..

2. In jedem Satz ist ein Wort mehrdeutig. Unterstreiche es.
3. Bilde selbst einen mehrdeutigen Satz zu der abgebildeten Person und dem abgebildeten Gegenstand. Schreibe den Satz in die Leerzeile e.
4. Füge zu jedem Beispielsatz zwei weitere Sätze hinzu, die festlegen, was jeweils gemeint ist.

a) Unser Sekretär hat krumme Beine. *Seine Schubladen quietschen.*
a) Unser Sekretär hat krumme Beine. *Er hatte vor zwei Jahren einen Sportunfall.*

b) Ich werde den Schimmel nicht wieder los. ....

b) Ich werde den Schimmel nicht wieder los. ....

c) Der Ordner hilft mir nicht. ....

c) Der Ordner hilft mir nicht. ....

d) Ich habe mich im Bad an deinem Becken gestoßen. ....

d) Ich habe mich im Bad an deinem Becken gestoßen. ....

5. Haben die beiden Bedeutungen des Wortes etwas gemeinsam? (Achte auf die Funktion und das Aussehen!)

a) *Die Person und das Möbelstück helfen bei der Erledigung von Schreibarbeit.*

b) ....

c) ....

d) ....

6. Nenne noch mindestens fünf weitere Wörter mit zwei deutlich unterscheidbaren Bedeutungen. Was haben diese gemeinsam?

....

Lisa zu Tim: „Du Schwein!“
Tim zu Lisa: „Oh, du Schlange!“
Lisa zu Tim: „Ach, du Esel!“
Tim zu Lisa: „Du Ziege!“

1. Auf welche angeblichen Eigenschaften der Tiere wollen die Sprecher anspielen?

Schlange: ____________________

Schwein: ____________________

Esel: ____________________

Ziege: ____________________

2. Wie werden diese Wörter genannt, wenn man sie so verwendet? __________

Jan zu Inga: „Meine Maus!“
Inga zu Jan: „Mein Bär!“
Jan zu Inga: „Mein Kätzchen!“
Inga zu Jan: „Mein Hase!“

3. Auf welche angeblichen Eigenschaften der Tiere wollen die Sprecher hier anspielen?

Maus: ____________________

Bär: ____________________

Kätzchen: ____________________

Hase: ____________________

4. Und wie werden diese Wörter genannt? ____________________

5. Kennst du noch andere Tierbezeichnungen, die man so ähnlich verwendet?

____

1. Schreibe auf, wer mit den folgenden Wörtern bezeichnet wird.
   Was hat er eigentlich mit dem Tier gemeinsam?
   Wenn du es nicht selbst herausfindest, schlage in einem Wörterbuch nach!

Angsthase: *jemand, der dauernd Angst hat (wie ein auf dem Feld wegspringender Hase)...*

Pechvogel: ....

Schmutzfink: ....

Naschkatze. ....

Spaßvogel:..

Leseratte. ....

Bücherwurm: ....

Sündenbock: ....

Goldesel: ....

Lockvogel: ....

Unglücksrabe: ....

Meckerziege: ....

2. Und was haben eigentlich die folgenden Dinge mit Tieren zu tun?

Zebrastreifen: *Die Streifen auf der Straße erinnern an die Streifen eines Zebras.*

Katzenzungen: ....

Bienenstich: ....

Pferdeschwanz: ....

Pferdeapfel: ....

Gänsemarsch: ....

- Das Wort *ziehen* hat verschiedene Bedeutungen: eine Kernbedeutung und um diese strahlenförmig herum verschiedene Nebenbedeutungen. Versuche, die folgenden Sätze dem Wortstern zuzuordnen! Schreibe dafür die Nummern der Sätze in die Kreise! Sie enthalten Bedeutungsmerkmale des Verbs *ziehen*.

1. Das Pferd zieht den Wagen.
2. Die Mutter zieht sie aufs Sofa.
3. Der Hund zieht an der Leine.
4. Der Angreifer zieht ein Messer.
5. Sie zieht in eine andere Stadt.
6. Er zieht an seiner Zigarette.
7. Er zieht eine Verbindungslinie.
8. Sie lässt den Tee drei Minuten ziehen.
9. Es zieht am Fenster.
10. Er verspürt ein Ziehen im Arm.

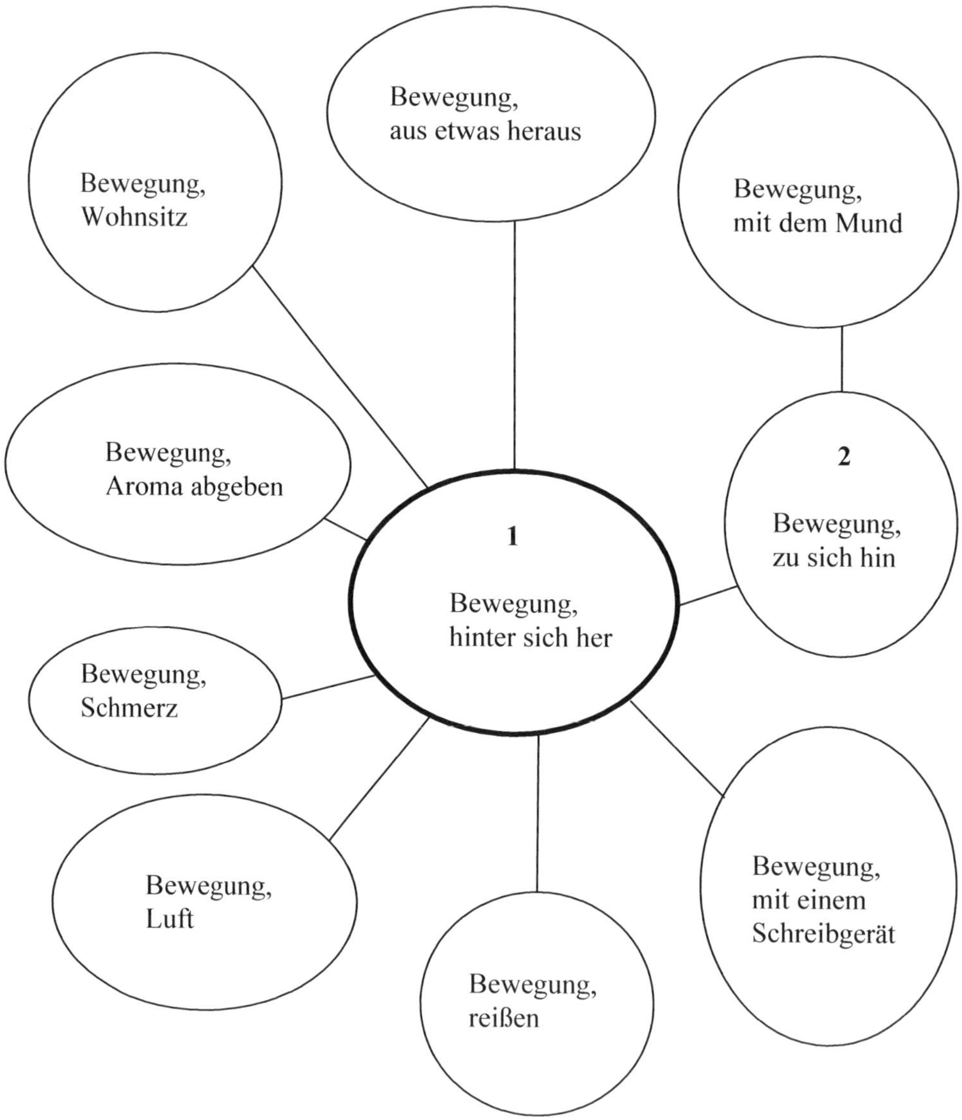

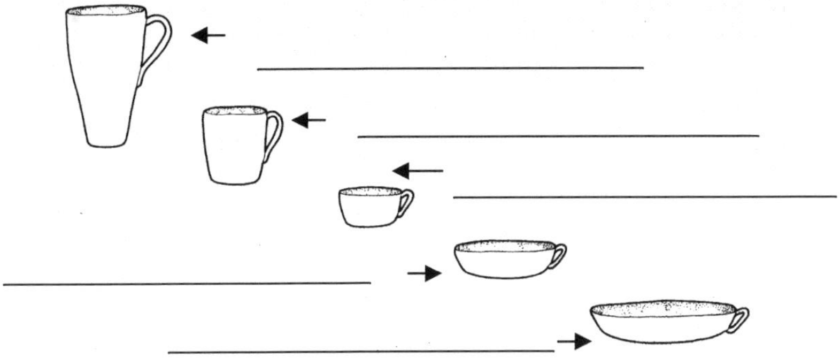

1. Wie würdest du die abgebildeten fünf Gegenstände nennen?
   Schreibe deine Bezeichnungen daneben!

2. Ist eine *Tasse* dabei?

3. Zeichne selbst eine Tasse,
   die du für eine typische Tasse hältst.

4. Hat deine Tasse einen Henkel?
   Muss deiner Meinung nach jede Tasse einen Henkel haben?
   Ist deine Tasse höher als breit, genau so hoch wie breit oder flacher als breit?

5. Stell dir ein Trinkgefäß vor, das die Form einer Tasse hat,
   aber aus Glas besteht.
   Würdest du es eher *Tasse* oder eher *Glas* nennen?

6. Zeichne nun auch einen typischen *Becher*, eine typische *Trinkschale*.
   Wie unterscheiden sie sich von einer *Tasse*?

☐ Der Kellner begrüßt das Ehepaar. ☐ Der Kellner bringt das Hauptgericht.

☐ Sie bezahlen. ☐ Der Kellner reicht den Gästen die Speisekarte.

☐ Der Kellner serviert die Suppe. ☐ Sie verlassen das Restaurant.

☐ Der Kellner bringt die Getränke. ☐ Herr und Frau Schulz essen und trinken.

☐ Das Paar liest die Speisekarte. ☐ Der Kellner räumt den Tisch ab.

☐ Der Kellner serviert das Dessert. ☐ Der Kellner weist ihnen einen Tisch zu.

☐ Frau Schulz fragt nach der Rechnung. ☐ Der Kellner bringt das Besteck.

☐ Der Kellner nimmt die Bestellung auf. ☐ Der Kellner bringt die Rechnung.

☐ Der Kellner verabschiedet Herrn und Frau Schulz.

[1] Herr und Frau Schulz betreten das Restaurant.

1. Das Ehepaar Schulz geht essen. Hier ist jedoch der Ablauf der einzelnen Handlungen durcheinander geraten.
   Nummeriere die Vorgänge in der richtigen Reihenfolge.
   Welcher Vorgang wiederholt sich mehrere Male?

2. Ordne die folgenden Äußerungen den Vorgängen in Aufgabe 1 zu.

☐ „Was möchten Sie essen?“ ☐ „Guten Appetit!“ ☐ „Haben Sie schon gewählt?“

☐ „Was möchten Sie trinken?“ ☐ „Auf Wiedersehen!“

☐ „Die Rechnung, bitte!“ ☐ „Hat es Ihnen geschmeckt?“ ☐ „Guten Tag!“

☐ „Beehren Sie uns bald wieder!“ ☐ „Wir hätten gern einen Tisch für zwei Personen.“

3. Wie würde der Ablauf in einem Schnellimbiss aussehen? Schreibe ihn auf.

....

....

....

....

....

....

A

a) Für mich ist es ganz klar, was ich mir zu Weihnachten wünsche: ein Abspielgerät, das Scheiben abspielt, auf denen Bilder und Töne gespeichert sind. Zum Geburtstag habe ich von meinen Freunden schon eine solche Scheibe bekommen – echt toll. Auf dem Umschlag stehen die Sonderbeiträge: Es gibt Beiträge zur Herstellung des Films und vieles mehr. Das bekommt man nicht, wenn man sich einen Film aus dem zwischenstaatlichen Netzwerk auf die Festplatte seines Rechners herunterlädt. Außerdem haben solche Herunterladungen oft eine schlechte Qualität. Nur richtige Eingeweihte kriegen das besser hin. Auch Scheiben mit Musik kann das Gerät abspielen. Ich hoffe, ich kann meine Eltern überzeugen!

B

b) Für mich ist es ganz klar, was ich mir zu Weihnachten wünsche: einen DVD-Player. Zum Geburtstag habe ich von meinen Freunden schon eine DVD bekommen – echt cool. Auf dem Cover stehen die Special Features: Es gibt Special Features zum Making of und vieles mehr. Das bekommt man nicht, wenn man sich einen Film aus dem Internet auf die Hard Disk seines Computers downloadet. Außerdem haben solche Downloads oft eine schlechte Qualität. Nur richtige Insider kriegen das besser hin. Auch CDs kann das Gerät abspielen. Ich hoffe, ich kann meine Eltern überzeugen!

1. Erläutere den Unterschied zwischen diesen beiden Textfassungen A und B.
2. Schreibe den Text so um, dass du Fremdwörter nur benutzt, wenn es dir notwendig oder angemessen erscheint.

....

....

....

....

....

....

....

....

....

....

....

....

....

....

....

Gestern Nacht hatte ich einen irre aufregenden Traum: Mir ist ein fürchterliches, scheußliches Gespenst begegnet, das mich tierisch erschreckt hat. Ich lief sofort rasend schnell davon, doch der Geist war ebenfalls furchtbar geschwind. Ich spürte etwas entsetzlich Kaltes an meinem Rücken und zuckte wie vom Blitz getroffen zusammen. Alles war überaus schauderhaft. Ich zitterte wie Espenlaub und traute mich nicht, mich umzudrehen. Aber das wahnsinnige, grässliche Gespenst zog mich zu sich heran, und ich verschwand in seinem riesig aufgeblähten Gewand. Jetzt packte mich schreckliche Todesangst, und davon wachte ich auf – und hatte mich ordentlich in meiner Bettdecke verheddert.

Gestern Nacht hatte ich einen Traum: Mir ist ein Gespenst begegnet, das mich erschreckt hat. Ich lief sofort davon, doch der Geist war ebenfalls geschwind. Ich spürte etwas Kaltes an meinem Rücken und zuckte zusammen. Alles war schauderhaft. Ich zittert und traute mich nicht, mich umzudrehen. Aber das Gespenst zog mich zu sich heran, und ich verschwand in seinem Gewand. Jetzt bekam ich Angst, und davon wachte ich auf – und hatte mich in meiner Bettdecke verheddert.

1. Vergleiche die beiden Textfassungen.
   Was kritisierst du an der ersten Fassung? Was an der zweiten?

2. Wie würdest du dich ausdrücken?
   Stelle eine eigene, dritte Textfassung her, in der nicht übertrieben, aber auch nicht „untertrieben“ wird.

1. Was fällt dir in den folgenden Sätzen auf?

a) Ich fand den Clown richtig ...., ich habe mich totgelacht!

b) Es ist wirklich ...., dass er unpünktlich ist. Das passiert sonst nie!

c) Seine Bemerkung war nicht ...., sondern nur peinlich und fehl am Platz.

d) Der .... Kerl hat nichts als Unsinn im Kopf.

e) Es ist ...., dass wir heute mal keine Hausaufgaben aufhaben!

f) ...., zu Hause hatte ich meinen Schlüssel noch, wo ist er nur?

g) Er ist ziemlich ...., weil er nie Socken trägt.

h) Das war aber ganz schön ...., dass wir wegen der Kleinigkeit Strafe zahlen mussten!

i) Dies ist ein .... Land, in dem man auf der linken Seite der Straße fährt.

j) Ich finde es ...., dass das Paket nicht angekommen ist. Das kann doch gar nicht sein!

k) In diesem Dorf gibt es den .... Brauch, dass Gartenzwerge Zwang sind.

l) Fandest du diese Übung ....?

2. Prüfe, welche der folgenden Wörter gut in die Sätze hineinpassen.

erstaunlich, eigenartig, witzig, merkwürdig, seltsam, eigentümlich, sonderbar, lustig, verrückt, lächerlich, unerklärlich, ungewöhnlich, unglaublich

3. Gibt es einen Satz, in dem das Wort „komisch“ deiner Meinung nach nur schwer zu ersetzen ist?

4. Vergleiche die ursprünglichen Sätze mit den veränderten Sätzen. Welche drücken deutlicher aus, was gemeint ist?

44 Haustiere B

Tier	männlich	weiblich	jung	kastriert	Jungtier werfen	Laut geben
Pferd				Wallach	fohlen	
Rind	Bulle, Stier					brüllen
		Sau		Barg	ferkeln	
Schaf	Widder, Bock			Hammel	lammen	blöken
		Ziege, Geiß	Zicklein			meckern
		Henne, Glucke		Kapaun		
	Ganter		Gänschen			schnattern
	Rüde					

1. Vervollständige die Tabelle so weit wie möglich. (Manchmal gibt es mehrere Möglichkeiten, manchmal gar keine.)
2. Wie erklärst du dir die leer bleibenden Kästchen?
3. Bei welchen Haustieren gibt es für die Fortbewegung spezielle Verben? Welche?

....

4. Bei welchen Wildtieren gibt es ähnliche Unterscheidungen?

....

> Als die Mücke zum ersten Male den Löwen brüllen hörte,
> da sprach sie zur Henne: „Der summt aber komisch."
> „Summen ist gut", fand die Henne.
> „Sondern?", fragte die Mücke.
> „Er gackert", antwortete die Henne. „Aber das tut er allerdings komisch."

1. Wie erklärst du dir die verschiedenen Bezeichnungen für ein und denselben Vorgang in der kleinen Geschichte von Günther Anders?

   ....

2. Wie nennen wir die Laute und Geräusche, die von folgenden Tieren, Menschen und Gegenständen ausgehen können?

Pferde ....*wiehern*	Raben	Peitschen ....
Zähne	Schläfer	Ziegen ....
Bremsen	Vögel	Störche ....
Frösche	Motorräder	Fans ....
Glocken	Hirsche	Stürme ....
Bäche	Blechdosen	Spechte ....

Glasscheiben .... Begeisterte Zuschauer ....

Schlangen .... Erkältete Personen ....

3. Und nun umgekehrt:

Wildgänse ....rauschen.	.... gröhlen.	.... knistern.
.... röcheln.	.... knacken.	.... pfeifen.
.... hupen.	.... klappern.	.... prasseln.
.... fauchen.	.... jaulen.	.... zirpen.
............................jodeln.	.... kreischen.	.... seufzen.
.... gurren.	.... brummen.	.... ticken.
.... prusten.	.... trompeten.	.... rauschen.

4. Was meint man mit den folgenden Sätzen:
   Er wollte sich mein neues Fahrrad ausleihen; dem hab' ich aber eins *gehustet*! Diese Ungerechtigkeiten *schreien* zum Himmel! Das kann ich dir *flüstern*!

   ....

   ....

   ....

1. Ordne den folgenden Verben die dazugehörige Sportart aus dem Kasten zu!

a) treffen, stoßen, angreifen: ……………………………………………………………

b) werfen, dribbeln, fangen: ……………………………………………………………

c) springen, tanzen, gleiten: ……………………………………………………………

d) starten, wenden, anschlagen, kraulen: ………………………………………………

e) köpfen, abspielen, schießen: …………………………………………………………

f) schießen, sich abstoßen, gleiten: ……………………………………………………

g) werfen, abrollen, fallen: ………………………………………………………………

h) zielen, spannen, schießen: ……………………………………………………………

i) reißen, stoßen: …………………………………………………………………………

j) abschlagen, einlochen: …………………………………………………………………

k) auswerfen, einholen, fangen: …………………………………………………………

l) beidrehen, halsen, aufschießen, anluven: ……………………………………………

m) kraulen, dribbeln, werfen: ……………………………………………………………

n) springen, fliegen, landen: ………………………………………………………………

Schwimmen, Golf, Eiskunstlaufen, Segeln, Angeln, Gewichtheben, Fechten, Biathlon, Judo, Basketball, Fußball, Skispringen, Wasserball, Bogenschießen

2. Und jetzt umgekehrt! Was macht man in diesen Sportarten?

a) Tennis: …………………………………………………………………………………

b) Volleyball: ……………………………………………………………………………

c) Aerobic: …………………………………………………………………………………

d) Leichtathletik: …………………………………………………………………………

f) Reiten: ……………………………………………………………………………………

1. Bilde Sätze mit den folgenden Wörtern. Sie sollen Subjekt im Satz sein.

a) Eltern: ....

b) Ferien: ....

c) Leute: ....

d) Butter: ....

e) Kosten: ....

f) Masern: ....

g) Milch: ....

h) Regen: ....

i) Lärm: ....

j) Schnee: ....

k) Eingeweide: ....

l) Chaos: ....

m) Niederlande: ....

n) Wissen: ....

2. Versuche, die Wörter in den Sätzen in den Plural beziehungsweise in den Singular zu setzen. Was fällt dir auf?

3. Suche nach anderen Ausdrücken, mit denen man einzelne Exemplare bzw. mehrere Erscheinungen bezeichnen kann, zum Beispiel *Elternteil* oder *Regengüsse.* Dies gelingt allerdings nicht in allen Fällen!

4. Woran mag es liegen, dass es zu bestimmten Wörtern keine Singularform bzw. keine Pluralform gibt?

5. Wie sind folgende Pluralformen zu verstehen:
„Dieser Sand ist feinkörnig, jener grobkörnig.
Beide *Sande* werden gemischt verarbeitet."
„Kuhmilch, Schafsmilch, Ziegenmilch: wunderbare *Milche*!"
„Wir müssen die *Politiken* der Länder besser aufeinander abstimmen!"

1. Ordne die folgenden Wörter in einer „Kette“ so an, dass in ihren Bedeutungen etwas von einem „Kettenglied“ zum nächsten allmählich abnimmt oder zunimmt. Entscheide zuerst, welches die beiden Endglieder der Kette sind!

eisig – warm – kalt – glutheiß – lauwarm – heiß – frostig – kühl

……………………-……………………-……………………-……………………-

……………………-……………………-……………………-……………………

Kleinkind – Jugendlicher – Erwachsener – Greis – Senior – Säugling – Kind

……………………-……………………-……………………-……………………-

……………………-……………………-……………………

Haus – Schloss – Höhle – Villa – Baracke – Palast – Hütte

……………………-……………………-……………………-……………………-

……………………-……………………-……………………

Bach – Rinnsal – Strom – Fluss

……………………-……………………-……………………-……………………-

2. Lassen sich die Ketten durch weitere Glieder verlängern? Wo müssten die Glieder eingeordnet werden?

3. Suche selbst Glieder für eine Kette mit *winzig* und *gigantisch.*

……………………-……………………-……………………-……………………-

……………………-……………………

4. Was gehört zu einer Kette mit *gemächlich* und *schnell*?

……………………-……………………-……………………-……………………-

……………………-……………………

5. Eine Kette mit *Pfütze* und *Ozean*?

……………………-……………………-……………………-……………………-

a) Fisch und Flosse wie Tisch und

Bein	Tischdecke	Stuhl	Möbelstück

b) Krankheit und Grippe wie Getreide und

Mehl	Gemüse	Mühle	Hafer

c) Oktober und November wie Sommer und

Frühling	Jahreszeit	Herbst	Juli

d) Sonnenblume und Nelke wie Katze und

Tier	Mensch	Hund	Perserkatze

e) Oliven und Öl wie Früchte und

Obst	Apfel	Strauch	Marmelade

1. Umkreise das jeweils richtige Wort.
2. Welche Beziehung besteht zwischen den Wörtern?
   - Eins ist ein Beispiel für das andere: b
   - Eins folgt dem anderen: ....
   - Beides sind Vertreter derselben Kategorie: ....
   - Eins entsteht aus dem anderen: ....
   - Eins ist das Ganze, das andere ein Teil davon: ....
3. Schreibe das richtige Wort in die Lücke.

a) Schuh und Schnürsenkel wie Jacke und ....

b) Enkel und Großvater wie Neffe und ....

c) schnell und langsam wie heiß und ....

d) Flugzeug und Pilot wie Schiff und ....

1. Manchmal passiert es einem, dass man zwei Formulierungen miteinander vermischt. Um welche zwei Formulierungen handelt es sich bei den folgenden Äußerungen?

a) „Pass Acht!“

....

....

b) „Öffne bitte die Tür auf!“

....

....

c) „Ich dachte, das hängt mit der Luftfeuchtigkeit zu tun.“

....

....

d) „Dieser Lärm strapaziert mir auf die Nerven.“

....

....

e) „Jetzt stoppt das Auto an.“

....

....

f) „Damit beginne ich erst gar nicht an!“

....

....

g) „Hiermit äußere ich meinen Unmut zum Ausdruck.“

....

....

2. Überlege dir, welche deiner beiden Formulierung du bevorzugen würdest. Warum?

....

....

blauer Brief	grüner Brief
goldener Schuss	silberner Schuss
kleine Reife	mittlere Reife
runder Tisch	eckiger Tisch
heißer Krieg	kalter Krieg
schwarze Karte	rote Karte
weißes Schaf	schwarzes Schaf

1. Vergleiche die beiden in einer Zeile stehenden Ausdrücke. Was bedeuten sie? Achtung: Zwei davon gibt es gar nicht! Was ist das Besondere an jeweils einem der beiden Ausdrücke?

2. Welche Adjektive oder Zahlwörter aus dem Kasten musst du hier einsetzen, um feststehende Begriffe zu erhalten? Was bedeuten diese?

dumme, taube, letzte, schlechte, bittere, große, scharfe, schlaue, heiße, letzte, saure, sechste, blinde, wilde

a) das .... Gewissen

b) der .... Schrei

c) der .... Fuchs

d) der .... Passagier

e) die .... Nuss

f) die .... Zunge

g) das .... Stündlein

h) der .... Draht

i) die .... Pille

j) der .... August

k) der .... Westen

l) der .... Apfel

m) das .... Los

n) der .... Sinn

3. Kannst du dir erklären, wie diese festen Wortverbindungen entstanden sind und warum sie genau so heißen?

....

....

....

....

....

....

Vater und Sohn machen einen Waldspaziergang. Als sie an einer Stelle mit Blaubeeren vorüberkommen, fragt der Junge: „Papa, was sind denn das für Pflanzen?“ – „Das sind Blaubeeren.“ – Der Sohn, überrascht und ungläubig auf die Pflanzen und die Früchte daran blickend: „Blaubeeren? Aber die sehen doch rot aus!“ – Antwortet der Vater: „Das liegt nur daran, dass sie noch grün sind.“

1. Worin besteht der Witz dieser kleinen Geschichte?

....

....

2. Die folgenden Formulierungen umschreiben kürzere Ausdrücke, die nur aus einem Substantiv und dem Attribut *grün* bestehen. Welche sind es?

a) Ampelschaltung, die Autofahrern ermöglicht, mehrere Kreuzungen ohne anzuhalten zu überqueren: ......grüne Welle ....

b) Hülsenfrucht, die gekocht als Gemüse verzehrt wird: ....

c) frischer, saftiger Rasen: ....

d) ein bestimmte Sorte Fisch in (unbehandeltem), rohem Zustand: ....

e) eine unbewachte Trennungslinie zwischen zwei Staaten: ....

f) eine politische Vereinigung, die sich besonders für den Umweltschutz einsetzt:

....

g) ein unreifer junger Mann: ....

h) frisch geschlagene Bäume: ....

i) der Tag der Eheschließung: ....

j) ein Park in einer großen Stadt: ....

k) ein gefährlich klingender Ausdruck für den Regenwald: ....

l) ein etwas veraltetes Waschmittel: ....

3. *Grün* ist die Farbe des Frühlings, des erwachenden Lebens in der Natur, deshalb auch Bezeichnung für etwas, was noch ganz am Anfang einer Entwicklung/eines Geschehens steht. Welche Bedeutungen von *grün* in Aufgabe 2 lassen sich damit erklären?

....

....

....

....

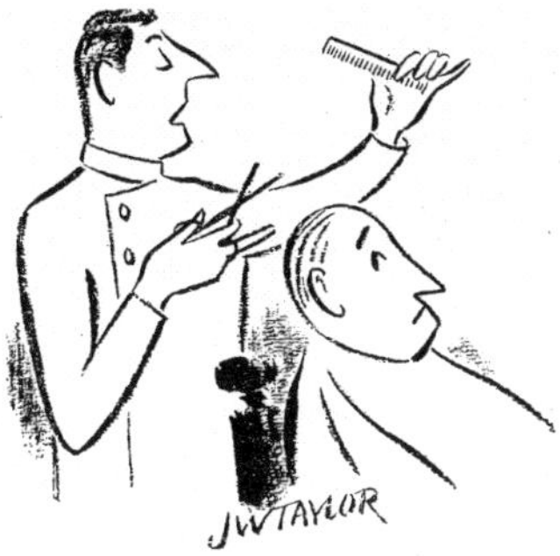

„Nicht zu kurz oder nicht zu lang, mein Herr?“

1. Für den Friseur gibt es offenbar nur zwei Gruppen von Kunden. Inwiefern?

 ....

2. Würdest du ein 10 cm langes Kopfhaar als *lang* oder *kurz* bezeichnen?
 Worauf kommt es dabei an?

 ....

3. Können Haare nur *kurz* oder *lang* sein?
 Oder gibt es noch etwas „dazwischen“?

 ....

4. Schreibe die „Gegenwörter“ auf:

klein	feige	offen	nüchtern ....
arm	fröhlich	faul	ledig ....
klug	dunkel	schön	sauber ....
leer	schnell	hart	klar ....
leicht	laut	trocken	heil ....

5. Welches ist der Gegensatz?

 Der Apfel ist nicht süß, der Apfel ist ....

 Das Gebäck ist nicht süß, das Gebäck ist ....

 Die Schokolade ist nicht süß, sie ist ....

 Der Wein ist nicht süß, er ist ....

 Das Gefühl ist nicht süß, es ist ....

 Das Geheimnis ist nicht süß, es ist . ...

1. Manchmal unterscheiden sich Gegenwörter (Wörter mit gegensätzlicher Bedeutung) nur durch einen Wortbaustein.
Schreibe das jeweilige Gegenwort auf.

einatmen ↔ ....

Abwesenheit ↔..........................

vorher ↔ ....

Enthüllung ↔.............................

aufmachen ↔ ....

Fortschritt ↔..............................

2. Verwende die gleichen Wortbausteine wie in Aufgabe 1.
Vergleiche die Bedeutungen der beiden Wörter jeweils miteinander.

einsehen↔ ....

abmachen ↔ ....

Vorsicht ↔ ....

entnehmen ↔ ....

Aufstand ↔ ....

Fortbildung ↔..............................

3. Suche weitere Verben mit den gleichen Wortbausteinen wie in Aufgabe eins und ihre Gegenwörter (auch mit weiteren Wortbausteinen).

ein ....

vor ....

auf ....

ab ....

ent ....

fort ....

4. Welche Wörter und Gegenwörter fallen dir noch ein, die sich nur durch einen Wortbaustein unterscheiden?

....

....

....

....

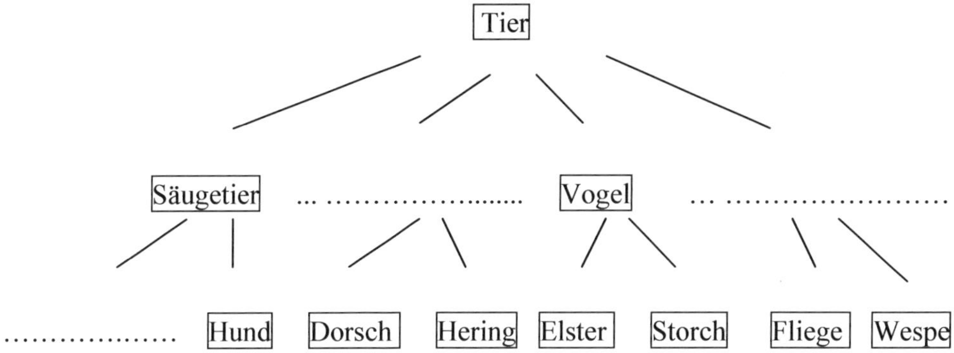

1. Trage passende Wörter in die Lücken ein.

2. Trage die folgenden Wörter in die Graphik ein: Milchkaffee Hagebuttentee Bier Getränk Saft Alkoholika Kaffee Apfelsaft Espresso Pfefferminztee Wein Orangensaft Tee

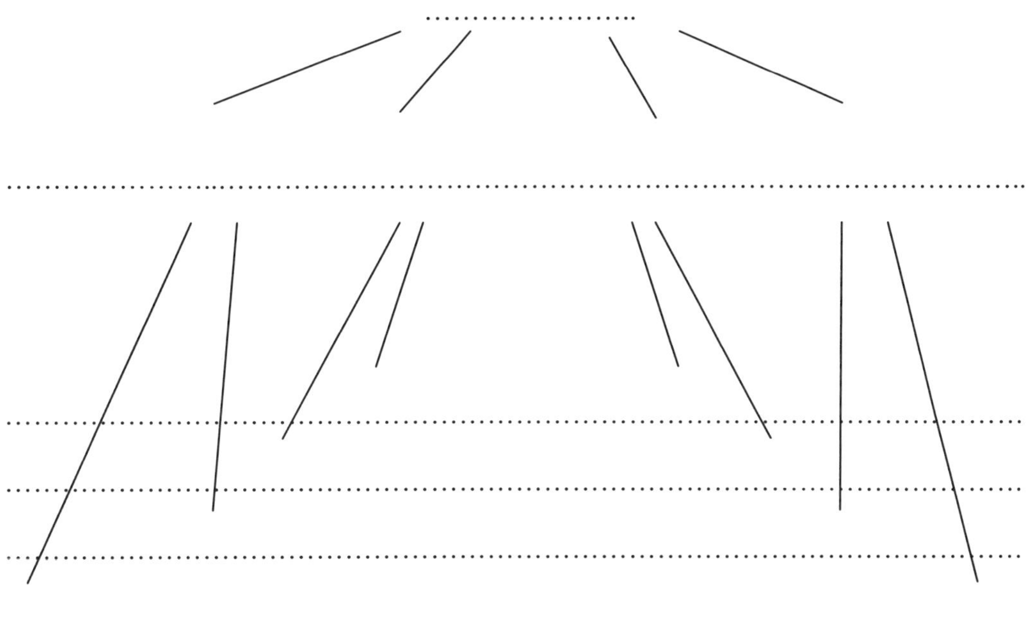

3. Welche Wörter fallen dir noch zur Graphik von Aufgabe 2 ein?
Wo gehören sie hin? Trage sie in die Graphik ein!

4. Suche die Oberbegriffe zu

Nelke, Tulpe, Rose:.......................... rot, blau, grün: ....

Hammer, Zange, Säge:........................ Ring, Kette, Brosche:..........................

1. Welches Wort gehört jeweils nicht in die Wortreihe? Umkreise es.
   Warum nicht?

   a) Aal, Lachs, Wal, Forelle, Dorsch
   Ein Wal ist ein Säugetier und kein Fisch...

   b) Tennis, Fußball, Handball, Golf, Malen

   ....

   c) Katze, Tastatur, Maus, Bildschirm, Joystick

   ....

   d) Tischler, Maurer, Dachdecker, Verkäufer, Elektriker

   ....

2. Suche jeweils den Oberbegriff für die folgenden Wortreihen.

   a) Apfel, Birne, Banane, Erdbeere, Kiwi → ....

   b) Kuh, Kaninchen, Schwein, Katze, Hund → ....

   c) Friseur, Anwalt, Schornsteinfeger, Lehrer → ....

   d) Meer, Fluss, See, Kanal, Au → ....

   e) Bayern, Schleswig-Holstein, Berlin, Saarland → ....

3. Suche mehrere Unterbegriffe für die folgenden Oberbegriffe.

Getreide:..................................	Baum:.. ....
Fahrzeug:..................................	Kleidungsstück:............................ ....

1. Füge die fehlenden Ausdrücke in die Graphik ein.

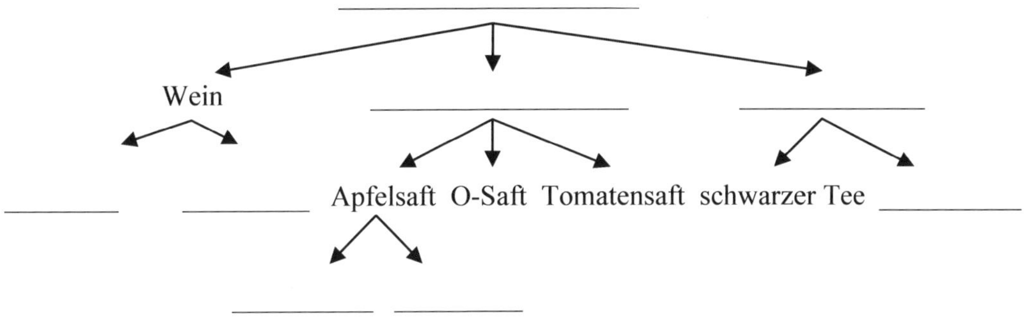

2. Erstelle aus den folgenden Wörtern eine eigene mehrstufige Graphik. Suche als erstes den alles andere umfassenden Oberbegriff. Denke daran, dass die Unterbegriffe auf einer Stufe nebeneinander stehen (nebengeordnete Begriffe), aber auch selbst Oberbegriffe für andere sein können.

Quark, Möhren, Birne, Fleisch, Brot, Banane, Lebensmittel, Hackfleisch, Kuchen, Schnitzel, Kasseler, Joghurt, Gemüse, Keks, Obst, Milch, Apfel, Käse, Bohnen, Kohl, Milchprodukte, Steak, Backwaren, Brötchen, Sahne

1. In dem folgenden Wörtersalat sind weitere sieben Wörter der Wortfamilie *sicher* versteckt. Trage sie in den richtigen leeren Feldern in der Skizze unten ein.

siesicherheitlichschönsicherlichkeitsicht**sichern**siefeinsicherkeit
sichtungsicherungsssickernabsichernlichsiebenweitsichtversichern
verschönern**verunsichern**michsichelzusichernsaftigunsicher

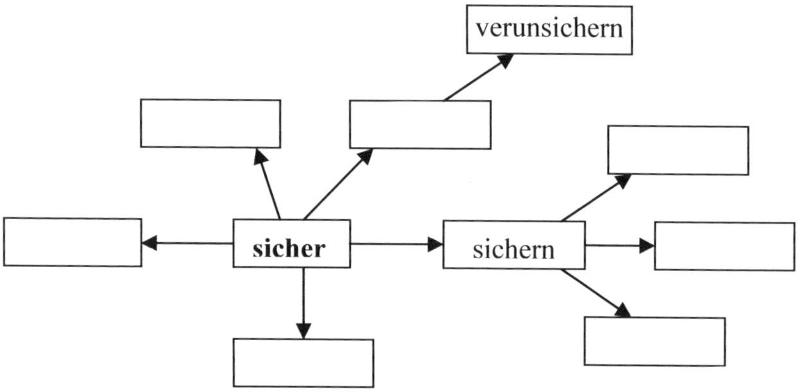

2. Trage die folgenden Mitglieder der Wortfamilie *sicher* in die Skizze ein, indem du sie durch einen Pfeil mit dem Wort verbindest, von dem sie unmittelbar abstammen.

Versicherung	sicherstellen	Sicherheitsglas	Zusicherung	Sicherungskasten

3. Welches Wort passt aufgrund seiner Bedeutung nicht in die folgende Reihe. Erkläre, wie es sich von den anderen unterscheidet.

hagelsicher – kugelsicher – kindersicher – feuersicher

....

....

4. Was versteht man heute zumeist unter einer *Versicherung*?
Erkläre, wie die Bedeutung von *Versicherung* noch an die Bedeutung von *versichern* <jmdm. zusagen, dass er mit Sicherheit auf etwas zählen kann> gekoppelt ist.

....

....

5. Erkläre, wieso es wohl so viele Wortbildungen mit *Versicherung* wie zum Beispiel *Versicherungskaufmann*, *Versicherungszeit*, *Versicherungsgesellschaft* usw. gibt.

....

....

1. Fülle möglichst viele Lücken in den Kästen!
2. Eine weitere Ableitung von *graben* ist *die Gruft*, davon abgeleitet *der Grufti*. Was verbindet die Bedeutungen der Substantive mit der Bedeutung des Verbs?
3. Ordne die Wörter *Grübchen, grübeln, Grübler* in die Grafik ein. Was verbindet ihre Bedeutungen mit *graben*?

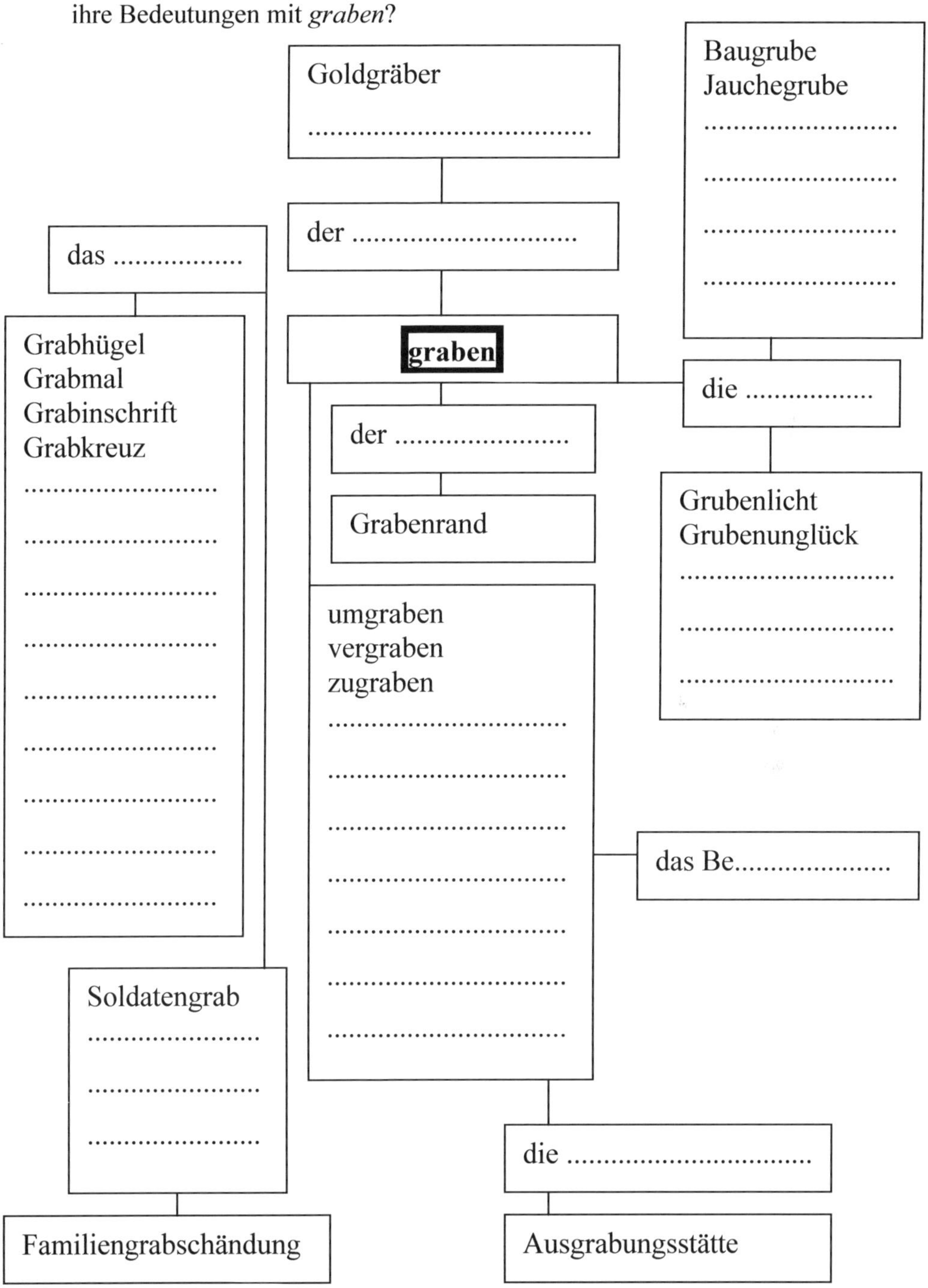

1. In dem Kasten befinden sich verschiedene Bestimmungswörter für das Wort *Tür*. Ordne die zusammengesetzten Wörter nach ihren Bedeutungen in drei Gruppen.

Schiebe-	Holz-	Haus-	
Auto-	Kunststoff-		Fall-
Glas-	Schrank-		Dreh-

Gruppe 1

....

....

....

Gruppe 2

....

....

....

Gruppe 3

....

....

....

2. Was verbindet die drei Türen einer Gruppe jeweils miteinander?

Gruppe 1

....

Gruppe 2

....

Gruppe 3

....

Es ist kaum zu glauben,

dass ein *Großvater* ein sehr kleiner Mann sein kann,

dass der *Sonnabend* schon am Morgen beginnt,

dass *Kunststoff* nie von Künstlern hergestellt wird,

dass ein *Geburtstagskind* seinen achtzigsten Geburtstag feiert,

dass eine *Wachsfigur* keinen Zentimeter größer wird,

dass man im Schuhgeschäft nicht einen einzigen *Handschuh* kaufen kann,

dass ein *Eisbein* warm auf den Mittagstisch kommt,

dass man einen *Bildschirm* nicht aufspannen kann,

dass eine *Windhose* nie gewaschen oder gebügelt wird,

dass noch niemand von einer *Grasmücke* gestochen worden ist,

dass die *Wintermode* im Frühling vorgestellt wird,

dass man in einem *Fensterladen* nichts kaufen kann.

1. Wodurch wirkt der Text komisch? ....

....

2. Erkläre die Bedeutung der zusammengesetzten Wörter, wenn nötig mit Hilfe eines Herkunftswörterbuches.

a) Großvater ....

b) Sonnabend ....

c) Kunststoff ....

d) Geburtstagskind ....

e) Wachsfigur ....

f) Handschuh ....

g) Eisbein ....

h) Bildschirm ....

i) Windhose ....

j) Grasmücke ....

k) Wintermode ....

l) Fensterladen ....

TANZPARTNERTANZ
KOPFSALATKOPF
HOSENANZUGHOSEN
BOHNENKAFFEEBOHNEN
TURMSPRUNGTURM
BUSLINIENBUS
GELDWECHSELGELD
FINGERRINGFINGER

1. Jeder Ausdruck enthält zwei zusammengesetzte Wörter. Welche?

2. Welche Bedeutungen haben die zusammengesetzten Wörter?
   Tanzpartner: Person, die mit einer anderen tanzt
   Partnertanz: Tanz, der mit einem Partner getanzt wird

3. Warum wohl wird das zweite Wort Grundwort genannt?
   Und das erste Wort Bestimmungswort?

4. Weshalb kann man über die folgenden Ausdrücke lachen?

OHRENSCHMALZNÜSSE
KAUGUMMIBOOT
MAUSELOCHZANGE
AUTOSITZSTREIK
HÄUSERBLOCKFLÖTE
VERKEHRSSTAUDAMM
LÖSCHBLATTLAUS

5. Auch jeder dieser Ausdrücke enthält zwei sinnvolle zusammengesetzte Wörter.
   Welche sind es? Was bedeuten sie?

6. Bilde selbst zusammengesetzte Wörter wie in den Aufgaben 1 und 5.

....

....

....

....

....

1. Setze die folgenden Wörter zusammen.

Tag – Buch | Scheune – Tor

....

Schmerz – Geld | Bahnhof – Halle

....

2. Welche Fugenelemente (Zwischenlaute/Buchstaben) musstest du jeweils zwischen den beiden Wörtern ergänzen?

....

3. Fugenelemente tragen keine Bedeutung. Zusammengesetzte Wörter mit und ohne Fugenelement können sich aber in ihren Bedeutungen unterscheiden.
   Schaue, wenn nötig, in einem Wörterbuch nach!
   Schreibe zu jedem Wort einen Satz.

Schifffahrt – Schiffsfahrt

....

....

Landmann – Landsmann

....

....

Kindskopf – Kinderkopf

....

....

Probeaufnahme – Probenaufnahme

....

....

a) __________ böse
kalt

b) __________ schön
hübsch

c) __________ jung
rot

d) __________ ehrlich
gescheit
gütig

e) __________ angst
geld
krach
....

f) __________ bedeutend
begabt
gelehrt
verdient
....

g) __________ alt
deutsch
eigen
komisch
....

h) __________ schmerz
lärm
....

i) __________ hunger
kälte
kerl
....

j) __________ nass
wohl

k) __________ bande
blöd
dumm
haufen
kalt
mäßig
....
....

l) __________ belastung
klasse
leistung
....

m) __________ betrunken
dunkel
finster
....

n) __________ alt
hart
....

o) __________ gescheit
sauber
blank
....

1. Setze jeweils einen der folgenden Wortbausteine so vor eine der Wortgruppen, dass er mit jedem Wort ein neues bildet:
   GRUND-, STEIN-, UR-, HOCH-, HEIDEN-, BLITZ-. BITTER-, BILD-, SAU-, SPITZEN-, STOCK-, HÖLLEN-, BLUT-, PUDEL-, MORDS-
   In manchen Wortgruppen kannst du noch eigene Wörter ergänzen.

2. Wie verändern die Wortbausteine die Wortbedeutungen?
   Wann wird man die Wörter eher mit, wann eher ohne den Wortbaustein benutzen?

a) Jemand, der Tiere mag, ist für manche ein Taubenfütterer.
Igel-Streichler.

b) Jemand, der auf seine Gesundheit achtet, ist für manche ein Sockenbügler.
Zahnseideverwender.

c) Jemand, der besonders vorsichtig ist, ist für manche ein Sauna-Untensitzer.
Parkscheinlöser.

d) Jemand, der mit viel Geld angibt, ist für manche ein Kleingeld-Wegschmeißer.
Wechselgeldnachzähler.

e) Jemand, der Risiken liebt, ist für manche ein Schwiegermutter-Blumen-Mitbringer.
Batterie-mit-der-Zunge-Tester.

f) Jemand, der andere in Gefahr bringt, ist für manche ein Im-Aufzug-Hüpfer.
Kontoüberzieher.

g) Ein Spaßverderber ist für manche ein Kniggeverachter.
Schiffsschaukelbremser.

h) Cool, aber naiv, ist für manche ein Narkosen-Ablehner.
Mittelspurfahrer.

1. Wähle jeweils die zutreffende Personenbezeichnung aus und unterstreiche sie!
2. Wie würdest du die Personen beschreiben, deren Bezeichnung du nicht unterstrichen hast?

a) *Igel-Streichler: liebt das Risiko* ....

b)
....

c)
....

d)
....

e)
....

f)
....

g)
....

h)
....

Giftzahnarzt • Mondscheinwerfer • Stinktierschutzverein • Wespennestwärme
Butterbrotpapierkrieg • Klamottenpulver • Tränensackgasse
Löschblattlaus • Sündenfallobst • Nierensteinschlag • Hochzeitsnachtwächter
Fußballade • Katzenjammerlappen • Feierabendstern • Atompilzsammler
Pechvogelkäfig • Armutprobe • Leckermaulkorb
Suppengrünanlage • Ostereiertanz • Hampelmannschaft

1. Wie sind die Schachtelwörter entstanden?
2. Wieso reizen die Wörter zum Lachen oder Schmunzeln?
3. Bilde selbst Schachtelwörter, indem du die fehlenden Teile in der mittleren Spalte der Tabelle ergänzt.

FLASCHEN-		-SCHMERZEN
ULK-		-SUPPE
FLUSS-		-LAKEN
SITZ-		-SALAT
REGEN-		-SCHÜTZE
ZAHN-		-ZEIT
KOHL-		-HÖRER
FAUL-		-MANTEL
BACK-		-GRÄTE
OHREN-		-GEBÄCK
VERSUCHS-		-STALL
KÄSE-		-SPIEL
DONNER-		-FROSCH
TROMMEL-		-ZEUG
LEBER-		-SUSE
MUND-		-STATT
FEHL-		-LEITER

Du kannst diese Wörter einsetzen: Schmalz, Nudel, Kaninchen, Tran, Stein, Wetter, Bogen, Fleisch, Werk, Kopf, Schlag, Pelz, Würfel, Tritt, Hals, Fisch, Bett.

1. Wie kann man die folgenden umfangreichen Ausdrücke jeweils in einem einzigen (zusammengesetzten) Wort zusammenfassen?

a) Straße für Verkehr schneller Kraftfahrzeuge: *Schnellstraße* ....

b) Vertrag, der über fünf Jahre läuft: ....

c) kleiner Teppich, der vor dem Bett liegt: ....

d) Haus, in dem zwei Familien wohnen: ....

e) eine Maßnahme, mit der man Seuchen bekämpft: ....

f) Mann, der beim Fernsehen als Ansager arbeitet: ....

g) an einem Zugseil bergauf gezogene Kabine: ....

h) sportlicher Wettkampf in drei Disziplinen: ....

i) Klee mit vierteiligem Blatt, der als Glücksbringer gilt: ....

j) Kammer im Dachgeschoss eines Hauses: ....

k) Hilfe, die man bei Nachbarn findet: ....

2. Und nun andersherum:
Wie kannst du die Bedeutungen folgender zusammengesetzter Wörter umschreiben?

a) Mittelfeldspieler: ....

b) Hausarbeit: ....

c) Müllverbrennungsanlage: ....

d) Mindesthaltbarkeitsdatum: ....

e) Ehering: ....

f) Verlustanzeige: ....

g) Teelöffel: ....

h) Eiskunstlauf: ....

i) Notbeleuchtung: ....

Gestern habe ich mir einen spannenden Krimi im Fernsehen angeschaut: Es ging um ein Attentat auf einer Demo, bei der ein Mann getötet wurde. Der Täter floh in einem Cabrio, die Polizisten verfolgten ihn mit ihrem Auto. Sie rasten an der Uni vorbei bis zu einer Disko. Doch der Täter, der vermutlich ein Skin war und ein Spezi für Waffenhandel, konnte fliehen. Zum Glück hatte ein Reporter ein Foto gemacht, anhand dessen man ihn wiedererkennen konnte. Daraufhin suchte die ganze Stadt nach ihm. Schließlich entdeckte ihn ein Zivi, als er in einem Café eine Limo trank.

Weil Philip bei einem Konzert in Hamburg auf seinem Cello mitspielen wollte, nahm er den Bus zum Bahnhof. Er hatte extra einen Anzug angezogen und trug nicht wie üblich Jeans. Bevor er allerdings in die Bahn umstieg, wurde er beim Übergang zu den Gleisen ordentlich nass: Er hatte seinen Schirm vergessen!

1. Suche aus den beiden Texten alle Wörter heraus, die durch Kürzung längerer Wörter entstanden sind.
   Trage sie in die Tabelle ein, und schreibe auch jeweils die Langform daneben.

Kurzform	Langform
Krimi	Kriminalfilm
Cello	Violoncello

2. Vergleiche die Kurzwörter des einen Textes mit denen des anderen.
3. In einem anderen Zusammenhang kann „Krimi" auch für eine andere Langform stehen. Für welche? ....
   Und aus welchen verschiedenen Langformen sind „Bio" und „Info" entstanden?
   ....
4. Für welchen Ausdruck würdest du dich entscheiden? Warum?
   a) Der Ober / Oberkellner brachte die Speisekarte.
   b) Der Demonstrant verteilt Infos / Informationsblätter.
   c) Mein Lieblingsfach ist Mathe / Mathematik.
   d) Der neue Direktor des Zoos / Zoologischen Gartens wird Herr Dr. Brink.

1. Welches Wort ergibt zusammen mit welchem Wortbaustein (in den unteren sechs Kästchen) ein neues sinnvolles Wort?

rechtfertigen	wohnen	gelten
entschuldigen	erfahren	scheiden
heiter	munter	wachsam
ewig	schlank	kühn
frei	krank	unsicher
Schmerz	**Durst**	**Blut**
Herz	**König**	**Schreck**

- ung	- heit	- keit
- haft	- lich	- ig

ACHTUNG!
Bei Verben musst du zuerst die Endung -en entfernen.
Du kannst manchmal auch verschiedene Wortbausteine an ein Wort hängen.

Rechtfertigung ....

....

....

schmerzlich, schmerzhaft ....

....

....

2. Achte auf die Wortart und die Groß- und Kleinschreibung.
Mit welchen Wortbausteinen werden Nomen gebildet? Mit welchen Adjektive?

3. Achte auf die entstandenen Adjektive mit -haft und -lich.
Vergleiche die Bedeutungen der Wörter miteinander.
Beispiel: Einen Armbruch stelle ich mir sehr *schmerzhaft* vor.
Es ist ein *schmerzlicher* Verlust, dass unsere Großtante gestorben ist.

1. Was ist in diesen beiden Sätzen nicht in Ordnung?

Erhalte doch dein Geschenk! Ich will es nicht haben! Behalte dich doch mal wie ein richtiges Mädchen! Du bist unmöglich!

2. Kreuze an, welche Wortbausteine jeweils vor die Verben gestellt werden können.

	ab-	an-	auf-	be-	her-	hin-	um-	ver-	zu-
bringen									
geben									
halten									
sehen									
richten									

3. Suche dir ein Verb aus.
Schreibe mit jedem möglichen vorangestellten Wortbaustein einen Satz.

....

....

....

....

....

....

....

....

....

4. Welche Verben mit dem vorangestellten Wortbaustein haben eine völlig andere Bedeutung als die ursprünglichen Verben?
Kannst du trotzdem noch Gemeinsamkeiten entdecken?
z.B.: umbringen – bringen: jemanden ins Jenseits bringen

5. Ergänze die Tabelle in Aufgabe 2 um zwei weitere Verben, vor die man fast alle angegebenen Wortbausteine stellen kann. Kreuze wieder an.

1. Die folgenden Wörter sind Verkleinerungsformen von Substantiven. Von welchen? Kannst du die Bedeutungszusammenhänge zwischen den beiden Wörtern erkennen?

a) Ärmel: *Arm - Teil eines Kleidungsstücks, das den Arm bedeckt* ....

b) Büschel: ....

c) Seepferdchen: ....

d) Stängel: ....

e) Knöchel: ....

f) Bündel: ....

g) Grübchen: ....

h) Ständchen: ....

i) Beißerchen: ....

j) Zäpfchen: ....

k) Männchen: ....

l) Gürtel: ....

2. Bilde die Verkleinerungsform der folgenden Wörter und ordne sie in die Tabelle ein. Oftmals musst du die Vokale umlauten (*au* wird zu *äu*, *u* zu *ü*). Achtung, manche Wörter passen in mehrere Spalten!

Kind, Herr, Rippe, Daumen, Frau, Maus, Haupt, Junge, Mutter, Faust

-chen	*-lein*	*-ling*

3. Welche Bedeutungsunterschiede erkennst du zwischen dem Wort und seiner Verkleinerungsform?

....

....

a) etwas mit Gold überziehen: ....

b) etwas mit Salbe bestreichen: ....

c) etwas mit Polster versehen: ....

d) etwas mit Glas ausstatten: ....

e) jemanden mit Waffen ausrüsten: ....

f) etwas mit Emaille veredeln: ....

g) etwas mit Silber überziehen: ....

h) etwas mit einem Fleck versehen: ....

i) etwas mit einem Gitter verschließen: ....

j) etwas durch eine Grenze beschränken: ....

k) einen Keller unter etwas bauen: ....

l) jemanden glücklich machen: ....

1. Man kann es auch mit einem einzigen Wort ausdrücken.
   Schreibe jeweils das Verb in die Leerzeilen.

2. Was verbirgt sich inhaltlich hinter den folgenden Ausdrücken?

a) ein Schiff bemannen: *mit einer Mannschaft / Crew ausstatten*..........

b) das Knie bestrahlen: ....

c) Beamte besolden: ....

d) Schuhe besohlen: ....

e) Mitschüler verspotten: ....

f) den Straßenrand begrünen: ....

g) jemanden beglückwünschen: ....

h) eine Tat belohnen: ....

i) einen Vertrag befristen: ....

j) eine Entscheidung begründen: ....

k) eine Person schützen: ....

Lehr**er**	Koch**er**	Schluchz**er**	Anhäng**er**
Wegweis**er**	Bäck**er**	Zuschau**er**	
Fernseh**er**	Rülps**er**	Blink**er**	Lach**er**
Jauchz**er**	Angeb**er**	Rasier**er**	
Käuf**er**	Seufz**er**		

1. Alle Wörter sind mit dem nachgestellten Wortbaustein *-er* gebildet. Sie unterscheiden sich aber in ihren Bedeutungen. Ordne sie danach drei Gruppen zu. (Ein Wort passt in zwei Gruppen. Welches? ....)

a)
Seufzer....................................

....
....
....
....

b)
....
....
....
....
....

c)
....
....
....
....
....

2. Nach welchen Gesichtspunkten hast du die Wörter gruppiert? Suche für jede Gruppe einen Oberbegriff.

a) Vorgangsbezeichnung............ b) ....

c) ....

a) „Guten Tag, Frau Meier. Haben Sie meine Nachricht *behalten*?“
„Ja, Ihre Sekretärin brachte sie mir.“ [ ]

b) Der kleine Tom ist sehr *sportig*. [ ]

c) Lisa lässt ihre Mitschüler nie die Hausaufgaben *umschreiben*. [ ]

d) Mit Babys sollte man lieber *vorsichtlich* umgehen. [ ]

e) Der alte Mann im Zeitungsladen ist sehr *ärgersam*. [ ]

f) Es hat viel geregnet. Der Fußballplatz ist nicht *anspielbar*. [ ]

g) Die *Rechtschreibe* ist gar nicht so leicht zu lernen. [ ]

h) Beide Hunde haben sich ineinander *zerbissen*. [ ]

1. Was stimmt hier nicht? Schreibe die richtigen Wörter in die Kästen.

2.

ver-	Glück	-ung
un-	Sinn	-heit
ent-	lauf(en)	-lich
er-	les(en)	-er
be-	treu	-bar
zu-	krank	-haft

Welche gebräuchlichen Wörter kannst du hier bilden?
Bei den Verben musst du die Endung -en weglassen, wenn du einen Wortbaustein anhängst. Schreibe die Wörter in drei Gruppen geordnet auf:

Substantive	Verben	Adjektive

Wenn morgens mein Wecker
gejunghanst hat,
salamandre ich ins Bad,
palmolive mich gründlich,
blendaxe mir die Zähne,
philipse den Bart und
lasse mich ins Werk opeln.

1. Der Text von Ralph Schneider enthält Wörter, die es im Wörterbuch der deutschen Sprache gar nicht gibt. Und doch kannst du den Text verstehen. Wie kommt das?

....

2. Schreibe den Text um, indem du Verben von anderen dir bekannten Markennamen ableitest. Vielleicht kannst du den Tagesablauf ja sogar noch etwas fortsetzen?

Wenn morgens mein Wecker gekonstantint hat,..

....

....

....

....

....

3. Was bedeuten folgende Neuwörter, die vor noch nicht langer Zeit entstanden sind, aber doch schon in den deutschen Wortschatz aufgenommen worden sind? Bilde mit jedem Neuwort einen Satz.

a) Ölscheich ....

b) entsorgen ....

c) Kaltmiete ....

d) Knautschzone ....

e) Babyklappe ....

f) Schwarzarbeit ....

g) Stoßverkehr ....

h) Waldsterben ....

i) Treibhauseffekt ....

j) simsen ....

> Lässt du mir wirklich freie Hand, wenn ich das in die Hand nehme? Hand drauf? Sonst hat das alles nicht Hand und Fuß.
> Ich will dir beweisen, dass ich nicht zwei linke Hände habe, wenn ich an etwas Hand anlege!

1. Schreibe die Redewendungen mit dem Wort *Hand* heraus.

a) ....

b) ....

c) die Hand drauf geben...

d) ....

e) ....

f) ....

2. Was bedeuten die sechs Redewendungen?

a) jemanden tun lassen, was er will...

b) ....

c) ....

d) ....

e) ....

f) ....

3. Überlege dir, was die Bedeutungen der einzelnen Redewendungen mit der Hand zu tun haben.

a) eine freie Hand wird zu nichts gezwungen...

b) ....

c) ....

d) ....

e) ....

f) ....

Betreff: **Ich sitze in der Tinte!**

Von: Florian@dede.de

An: Lennart@dede.de

Hi Lennart,

gestern ist mir wirklich das Herz in die Hose gerutscht. Mathias wollte mir einen Denkzettel verpassen, weil wir ihm einen Bären aufgebunden haben. Angeblich tanzen wir ihm auf der Nase herum. Gestern wollte er mir nun den Marsch blasen. Ich machte mich aber schnell vom Acker. Ich warne dich: Sei auch du auf der Hut!

Florian

1. Unterstreiche die Redewendungen im Text.

2. Durch welche der folgenden Redewendungen könnten die im Text ersetzt werden? Ordne zu.

kalte Füße kriegen	*das Herz rutscht einem in die Hose*
Augen und Ohren offen halten	....
eine Abreibung verpassen	....
die Fliege machen	....
jemandem die Leviten lesen	....
jemandem auf den Wecker gehen	....
jemandem hinters Licht führen	....
in der Klemme sitzen	....

3. Können alle Redewendungen einfach so ausgetauscht werden? Wo erkennst du Bedeutungsunterschiede?

1. Die folgenden Sätze enthalten Redewendungen aus drei verschiedenen Herkunftsbereichen. Markiere die Redewendungen.
Finde die Herkunftsbereiche heraus und ordne ihnen die Redewendungen zu.

- o Die Polizei versuchte, dem Entführer eine Falle zu stellen.
- o Wider Erwarten ist Horst doch noch in den Hafen der Ehe eingelaufen.
- o Die Politik nimmt zur Zeit Kurs auf die Jugend: Sie sind die Wähler von morgen!
- o Naturschutzverbände stellen die Umweltpolitik immer wieder an den Pranger.
- o Tina und ich kommen uns beim Kochen immer ins Gehege.
- o Simon verstößt ständig gegen die Schulordnung. Aber er schafft es immer wieder, den Kopf aus der Schlinge zu ziehen.
- o Nach langem Zögern warf die Frau alle Ängste über Bord und meldete den Vorfall der Polizei.
- o Durch den Krieg hat die Familie die Spur des Sohnes verloren.
- o Als Jonas zu spät nach Hause kam, ging seine Mutter mit ihm hart ins Gericht.

	Herkunfts-bereich	Redewendungen
	***Jagd***	*jemandem eine Falle stellen,* ....
	....	....
	....	....

2. Suche weitere Redewendungen aus den drei Herkunftsbereichen.
....
....

3. Warum stammen wohl so viele Redewendungen aus Berufssprachen?
....

4. Suche weitere Redewendungen, die auf berufliche Herkunftsbereiche zurückgehen. Gib jeweils die Berufsbezeichnung an.
....
....

1. Feste Wortpaare wie *fix und fertig*, *Saus und Braus* nennt man Zwillingsformeln. Löse die beiden Rätsel, indem du immer das fehlende Wort in das Gitter einsetzt. Alle Zwillingsformeln eines Rätsels bestehen aus Wörtern, die eine lautliche Gemeinsamkeit aufweisen. Suche nach ihr!
Das Lösungswort verrät dir, wie man diese Gemeinsamkeit zweier Wörter nennt.

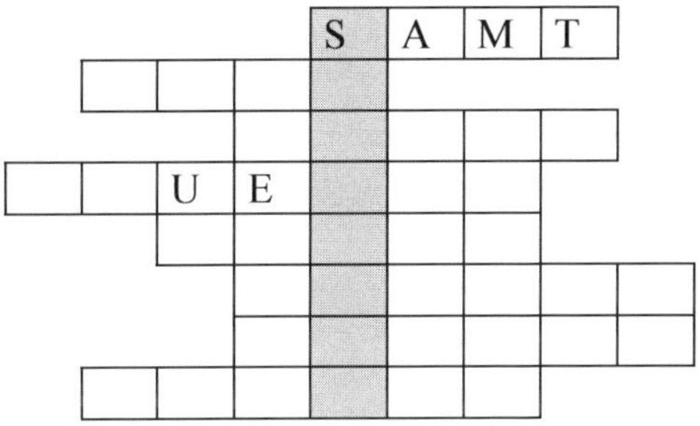

in .... und Seide
nach .... und Laune
bei .... und Nebel
drunter und ....
gut und ....
fix und ....
.... und Hölle
Feuer und .... (sein)

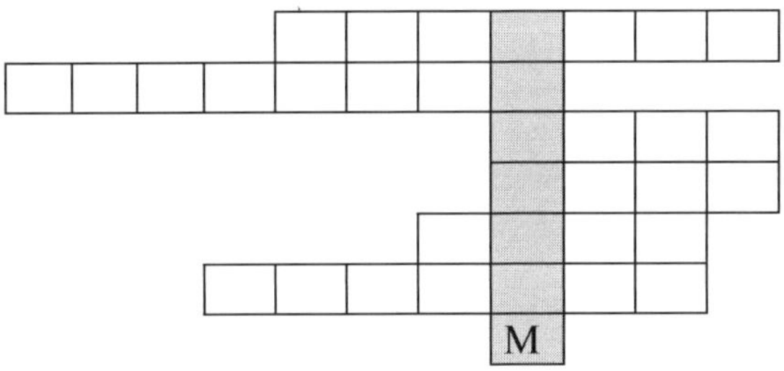

hegen und ....
.... und walten
unter .... und Fach
.... und schlank
.... und breit
auf .... und Tritt

2. Überlege, welche der folgenden Redewendungen es wirklich gibt und welche verändert wurden. Schreibe die richtige Form auf.
bei Wind und Sonne – mit Sack und Pack – in Stadt und Land – mit Frau und Maus (untergehen) – mit Leib und Geist – drauf und dran (sein) – klipp und rein

....

....

3. Die beiden Wörter, die zu einem Ausdruck gehören, bedeuten manchmal ungefähr das Gleiche, manchmal ergänzen sie sich gegenseitig.
Ordne folgende Zwillingsformeln in diese zwei Gruppen:
auf Biegen und Brechen – bei Tag und Nacht – krumm und schief – an Ort und Stelle – in Freud und Leid – (hinter) Schloss und Riegel – Lug und Trug – Alt und Jung

....

....

4. Erkläre, warum man die festen Wortpaare wohl Zwillingsformeln nennt.

....

....

a) Nach schnellem Lauf erreichte er keuchend den Bus.

b) Im Laufe des Tages ließen die Kopfschmerzen langsam nach.

1. Das Wort *Lauf* hat in den beiden Sätzen verschiedene Bedeutungen. Bilde selbst mit dem Wort in beiden Bedeutungen je einen Satz:

   ....

   ....

   ....

   ....

2. Das Wort *Lauf* kommt von *laufen*. Viele Bedeutungen von *laufen* enthalten das Bedeutungsmerkmal <Bewegung>. Dies gilt auch für *Lauf*. Ordne den folgenden Bedeutungsmerkmalen die oben angeführten Sätze zu.
   .... <Bewegung im Raum> + <Bewegung auf Beinen>
   .... <Bewegung in der Zeit>

3. Überlege, inwiefern sich die folgenden Bedeutungen von Lauf ebenfalls auf eine Art Bewegung beziehen.

   Der Hund hat sich den Lauf gebrochen.

   ....

   Im zweiten Lauf der Vorrunde schied der Favorit aus.

   ....

   Mein Vater mochte das Auto, denn sein Motor hatte einen leichten, leisen Lauf.

   ....

   Er wollte den Lauf der Gestirne beobachten.

   ....

4. Ein Gewehr hat auch einen Lauf. Es ist das Rohr, in dem die Kugel beschleunigt wird. Überlege, warum auch diese Bedeutung von Lauf etwas mit Bewegung zu tun hat.

   ....

   ....

An eine Nervensäge

Mit deinen Problemen
heißt es
bist du
eine Nervensäge

Ich liebe die Spitze
und die Schneide
von jedem Zahn
dieser Säge
und ihr blankes Sägeblatt
und auch ihren runden Griff

1. Was macht der Schriftsteller Erich Fried mit dem Wort *Nervensäge*?

2. Kannst du dir vorstellen, wie das Wort *Nervensäge* entstanden ist?

....

3. Die folgenden Wörter enthalten jeweils ein Wort, das nicht wörtlich gemeint ist. Unterstreiche es. Um erklären zu können, wie eine Bedeutung entstanden ist, musst du dir das Bezeichnete bildlich vorstellen!

   a) Letzte Woche hat meine Schwester ihrem Freund den Laufpass gegeben.

   b) Das Theaterstück hat sich zum Dauerbrenner entwickelt.

   c) Der freundliche Lehrer hat sich als sehr streng entpuppt.

   d) Nun mach doch hier nicht so ein Affentheater!

   e) Der Dieb soll nicht ungeschoren davonkommen!

   f) Dein Buch hat ein Eselsohr.

   g) Wenn ihr das noch einmal macht, könnt ihr ein Donnerwetter erleben!

   h) Wir befinden uns gerade in einem finanziellen Engpass.

   i) Dieses Lied ist ein rechter Ohrwurm.

   j) Mit Marlene befinde ich mich einfach nicht auf derselben Wellenlänge.

> Aufmerksam spitzt das Tier seine Eselsohren.
> Dein Schreibheft hat schon wieder ein Eselsohr.

1. Was zeigen die beiden Sätze? Achte auf die Bedeutungen.

2. Wovon ist im Folgenden die Rede?

   - o Beim Fußball schützt er vorm Rutschen, zur Weihnachtszeit essen wir ihn.

     ....

   - o Du kannst ihn ins Holz schlagen, aber auch mit der Schere zurückschneiden.

     ....

   - o Manche Leute haben sie auf der Nase, andere unter dem Po.

     ....

   - o Manche haben ihn unter dem Schuh, andere machen ihn beim Schreiben.

     ....

   - o Es ist eine Baumart, aber man kann auch Kühe darauf grasen lassen.

     ....

   - o Manche Tiere können damit sehen, am Fahrrad helfen sie, dass man besser gesehen wird.

     ....

   - o Du kannst damit deine Suppe essen, und der Hase hört damit.

     ....

3. Was haben die beiden Bedeutungen der Wörter in Aufgabe 2 gemeinsam?

> Der Apotheker nimmt Gift drauf.
> Der Architekt stellt das ganze Haus auf dem Kopf.
> Dem Bademeister steht das Wasser bis zum Hals.
> Der Barmixer ist eine Flasche.
> Die Hausfrau hat nicht alle Tassen im Schrank.
> Der Pilot ist aus allen Wolken gefallen.
> Der Tierpfleger kauft die Katze im Sack.
> Der Zoowärter bindet jemandem einen Bären auf.

4. Warum sind diese Sätze lustig?
   Was haben die wörtliche und die übertragene Bedeutung der Redewendungen gemeinsam?

Wer trinkt noch eine Tasse?	—	Die Tasse ist aus Porzellan.

1. Was bedeutet das Wort *Tasse* in den beiden Sätzen?
   Vergleiche die Bedeutungen miteinander. Worin besteht der Unterschied?

....

....

2. Welche der beiden Bedeutungen war wohl zuerst da?

3. Bilde entsprechende Satzpaare mit den folgenden Wörtern:

Teller:...

....

Glas:...

....

Flasche:...

....

Eimer:...

....

4. Wer ist in den folgenden Sätzen wirklich gemeint?

Das Schnitzel an Tisch 7 möchte zahlen.

....

Der Blinddarm in Zimmer 2 darf am Samstag nach Hause.

....

Der BMW hat das Fahrrad übersehen.

....

Der Vollbart soll nicht vordrängeln, sondern sich hinten anstellen.

....

5. Kannst du erklären, wie es zu den Verschiebungen der Bedeutungen gekommen sein könnte?

....

....

> Der Fremdenführer zu seinen Zuhörern:
> „Wenn Sie mir noch folgen können, dann folgen Sie mir bitte!
> Es folgt die Besichtigung des Rathauses."

1. Man kann den Text so verstehen, dass das Verb *folgen* mit drei verschiedenen Bedeutungen verwendet wird.
   Formuliere die Aussage des Fremdenführers so um, dass du auf *folgen* verzichten kannst.

   ....

   ....

2. Verbinde die verschiedenen Bedeutungen mit den zugehörigen Merkmalbündeln durch Linien.

<verstehend nachvollziehen> <hinterher gehen> <zeitlich nach etwas kommen>

+++ Bewegung +++ auf Beinen	++ Bewegung +++ zeitlich	++ Bewegung +++ geistig

3. In einem Bedeutungsstern werden die verschiedenen Bedeutungen abgebildet, die ein Wort haben kann. Man kann ihn sich wie ein Spinnennetz vorstellen.
   In die Mitte schreibt man die Bedeutung, mit der das Wort am häufigsten verwendet wird. Um diese herum setzt man an die Knoten die anderen Bedeutungen.
   Trage die drei Merkmalbündel an den richtigen Stellen in den Wortstern *folgen* ein.

4. Wie kann man die Bedeutung von *folgen* in dem Satz *Du musst den Anweisungen des Polizisten folgen* als Merkmalbündel darstellen? Erweitere den Wortstern um diese Bedeutung.

- Das Wort *ziehen* hat verschiedene Bedeutungen: eine Kernbedeutung und um diese strahlenförmig herum verschiedene Nebenbedeutungen. Versuche, die folgenden Sätze dem Wortstern zuzuordnen! Schreibe dafür die Buchstaben der Sätze in die Kreise! Sie enthalten Bedeutungsmerkmale des Verbs *ziehen*.

a) Das Pferd zieht den Wagen.
b) Die Mutter zieht sie aufs Sofa.
c) Der Hund zieht an der Leine.
d) Der Angreifer zieht ein Messer.
e) Sie zieht in eine andere Stadt.
f) Er zieht an seiner Zigarette.
g) Er zieht eine Verbindungslinie.
h) Sie lässt den Tee drei Minuten ziehen.
i) Es zieht am Fenster.
j) Er verspürt ein Ziehen im Arm.

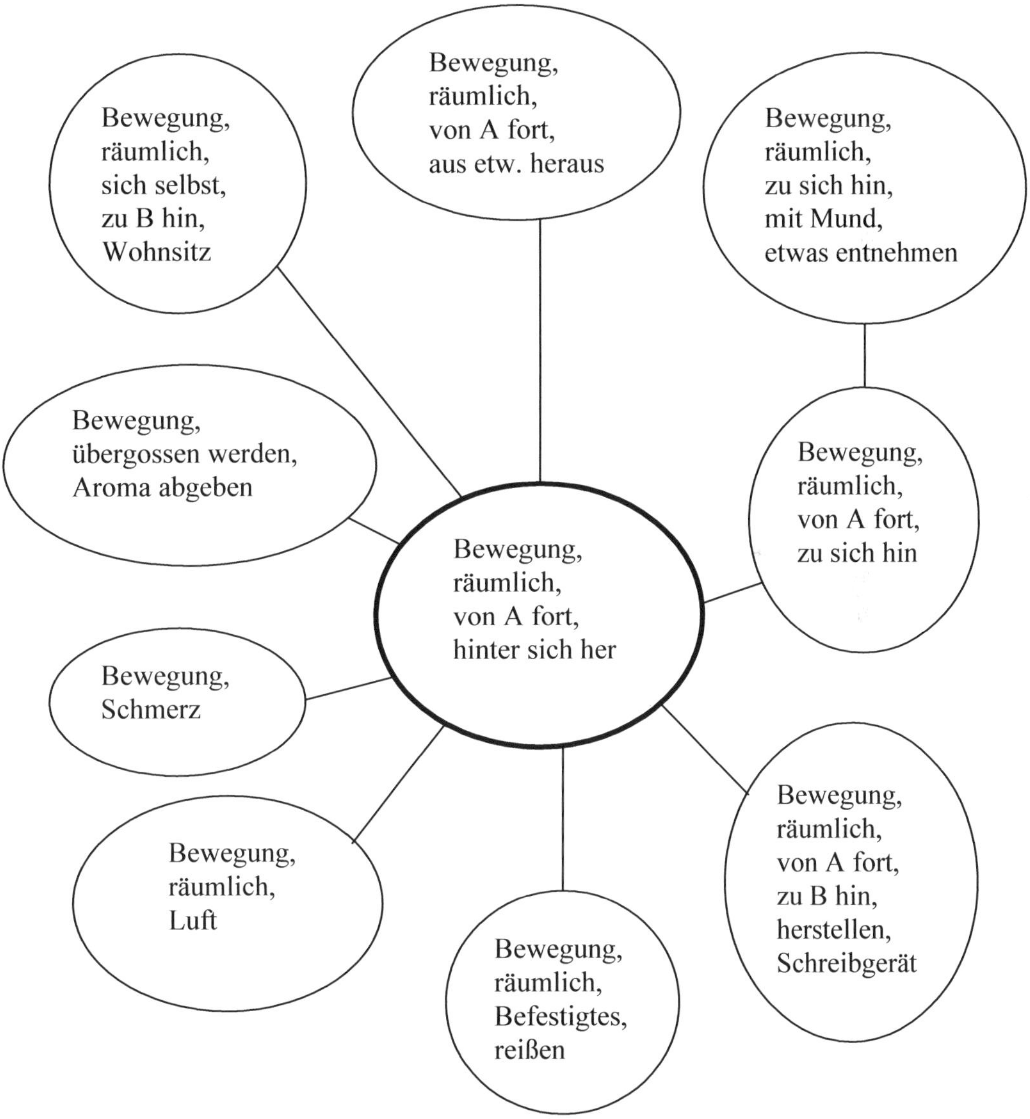

1. Bringe die folgenden Handlungsschritte in die richtige Reihenfolge, indem du sie nummerierst.

untersucht werden ☐ die Arztpraxis verlassen ☐ sich einen Termin geben lassen ☐

im Wartezimmer Platz nehmen ☐ ein Rezept ausgestellt bekommen ☐

die Arztpraxis betreten ☐ das Sprechzimmer betreten ☐

sich bei der Arzthelferin melden ☐

2. Zwei wichtige Handlungsschritte fehlen. Welche sind es? ....

....

3. Welche Personen, Gegenstände und Vorgänge spielen beim Arztbesuch eine wichtige Rolle? Was weißt du über sie?

Arzthelferin: empfängt Patienten und/oder assistiert dem Arzt, bedient Apparate, pflastert und verbindet, zieht Spritzen auf ....

Spritze: ....

Blutabnahme.: ....

....

....

....

....

4. Welche typischen Äußerungen gehören zu einem Arztbesuch?

„Der Nächste, bitte!" ....

....

....

....

....

1. Was ist hier abgebildet?
   Sind es Brötchen? Semmeln? Rundstücke? Wecken? Oder Schrippen?
   Kennst du die Unterschiede?
   Weißt du, in welchen Gegenden Deutschlands man die Bezeichnungen verwendet?

2. Welche Ausdrücke kennst du, die man statt der folgenden Wörter verwenden kann? Wie sagt man dort, wo du aufgewachsen bist?

a) Nachtmahl: Abendbrot, Vesper ....

b) Kehricht: ....

c) Karneval: ....

d) Schlappen: ....

e) Erdapfel: ....

f) Metzger: ....

g) läuten: ....

h) Kirmes: ....

i) Palatschinken: ....

j) Bratklops: ....

k) trietzen: ....

l) Watsche: ....

Kennst du noch weitere nur regional gebräuchliche Ausdrücke, die dir zum Beispiel bei Urlaubsreisen begegnet sind? Was bedeuten sie?

....

....

„Ey, Tommy, haste Bock, heute Abend mit ins Kino zu kommen? Da spielt die Alte aus „Titanic“ mit. Die sieht echt geil aus, oder was?“ „ Joh Mann. Geht klar! Hab gehört, die machen auch so krasse Stunts und so. Kommst du gleich mit zu mir? Können uns `ne Pizza reinziehen und `n bisschen chillen.“ „Und was ist mit den Hausaufgaben für morgen?“ „Is mir doch latte! Wir kommen bestimmt eh nich dran!“ „Alles klar. Hast du noch die hammercoole Mucke, die wir neulich gehört haben?“ „Die is krass, ne? Kommst du jetzt mit?“ „Ich geh noch mal schnell aufs Scheißhaus. Dann komm ich.“ „Ok, hau rein!“

1. Was ist in diesem Text anders als in denen, die du normalerweise in deinen Schulbüchern findest?
2. Welche Ausdrücke aus dem Text würdest du im Gespräch mit Fremden selbst benutzen, welche eher nicht?

ja	**nein**

3. Übertrage den Text in die deutsche Standardsprache:

....

....

....

....

....

....

....

4. Überlege dir, aus welchen Gründen Jugendliche anders reden als die meisten Erwachsenen. Wie ist es bei dir? Sprichst du bewusst anders?
5. Verstehst du, warum sich Erwachsene manchmal über die Jugendsprache aufregen? Suche nach möglichen Gründen.

1. Erstelle eine Liste mit Ausdrücken (Wörter und Redewendungen), die du zur Jugendsprache zählen würdest.

....

....

....

....

....

....

....

2. Versuche nun, die gesammelten Ausdrücke zu sortieren, indem du sie in die Tabelle einordnest.

Sprachliche Merkmale	**Beispiele**
Wortverstärker	*hammer-,*
englische Wörter (evtl. auch abgewandelt)	*chillen,*
Wortneubildungen	*Münzmallorca (für Solarium)*
Redewendungen	*Leine ziehen*
Andere Wörter	

- Übertrage die folgenden Beispielsätze in eine wertneutrale Sprache (weder gehoben noch umgangssprachlich).

a) Hau endlich ab!

....

b) Die Familie speiste in einem Restaurant.

....

c) Ich lass mich doch nicht verarschen!

....

d) Hast du das gecheckt?

....

e) Den Kindern wurde untersagt, auf dem Rasen zu spielen.

....

f) Ich muss kotzen!

....

g) Deine Hose ist verunreinigt!

....

h) Der Film war wirklich zum Abgewöhnen.

....

i) Das Mädchen da sieht aber dufte aus.

....

j) Das Mittagessen hat mir nicht gemundet.

....

k) Halt die Klappe!

....

l) Morgen begibt er sich nach Berlin.

....

m) Die Jacke ist out.

....

n) Das werde ich nie in meinen Kopf reinkriegen!

....

a) Statt .... sagt man *Po* oder *Allerwertester*.

b) Statt .... sagt man *stattlich* oder *beleibt*.

c) Statt .... sagt man *Strafvollzugsanstalt*.

d) Statt .... sagt man *Reinigungskraft*.

1. Bestimmte Ausdrücke vermeidet man manchmal lieber und ersetzt sie durch andere. Warum wohl?

2. Aber:

a) Statt .... sagen manche Leute *Bulle*.

b) Statt .... sagen manche Leute *Penne*.

c) Statt .... sagen manche Leute *meine Alten*.

d) Statt .... sagen manche Leute *Penner*.

3. Vergleiche die Verben in den folgenden Satzgruppen miteinander.
Was will man mit dem einen, was mit dem anderen zum Ausdruck bringen?

Er ist ins Jenseits hinübergegangen.
Er ist gestorben.
Er ist abgekratzt.

Die Apfelsinen habe ich auf dem Markt mitgehen lassen.
Der Nachbarsjunge hat schon wieder geklaut.
In Warenhäusern wird oft gestohlen.

Der Verbrecher wurde hingerichtet.
Am liebsten würde ich ihn umbringen.
Darf der Mensch Tiere töten?

Wir haben im besten Restaurant gespeist.
Wollen wir heute auswärts essen?
Tim kann enorm viel futtern.

Die Firma hat Arbeitskräfte entlassen.
500 Arbeiter wurden von ihrem Betrieb freigesetzt.
Der Chef hat Hans gefeuert.

Der Schüler ist sitzen geblieben.
Er ist nicht in die nächste Klasse versetzt worden.
Er muss eine Ehrenrunde drehen.

Der König hat abgedankt.
Der Bürgermeister hat sein Amt niedergelegt.
Der Minister ist zurückgetreten.

4. Fülle die Lücken mit dem Satz angemessenen Ausdrücken!

a)
Er trägt eine Mütze auf dem ....

Er setzt ihm die Krone auf das ....

Scher dich weg, oder es gibt eins auf die ....!

b)
Womit kann ich der .... dienen?

Meine .... kommt gleich nach.

Sie ist ein fürchterliches ....

1. Verbinde jeweils die drei Wörter, die eine ähnliche Bedeutung haben, aber einer unterschiedlichen Stilebene angehören.

einfältig	Bude	dumm
abkratzen	doof	Gemach
Zimmer	pennen	sterben
Ross	entschlafen	Gaul
gehen	Pferd	verschwenden
verpulvern	vergeuden	schreiten
schlummern	latschen	schlafen

2. Ordne die Wörter nun nach ihrer Stilebene in die drei Spalten ein.

gehoben	neutral	umgangssprachlich
einfältig	dumm	doof
………………………………	………………………………	………………………………
………………………………	………………………………	………………………………
………………………………	………………………………	………………………………
………………………………	………………………………	………………………………
………………………………	………………………………	………………………………
………………………………	………………………………	………………………………

3. Welche Ausdrücke gehören zu welchen Sätzen?

a) Halt die Klappe!	schnell sein
b) Der Dieb hat mein Geld entwendet.	ausgelassen feiern
c) Heute Abend will ich so richtig die Sau raus lassen.	sich dumm verhalten
d) Der Junge hat Köpfchen.	schweigen
e) Jetzt aber hurtig!	stehlen
f) So etwas Törichtes!	klug sein

Letzen Sonntag musste ich mit meinen Eltern zur Kirche gehen. Der Pastor las aus dem Evangelium, und ich habe festgestellt, dass es sogar ganz interessant war. Anschließend gingen wir mit Tante Marte in ein Restaurant, das seine Terrasse an der Promenade der Förde hatte. Es gab Beefsteak mit leckerer Sauce. Und auch das Kompott zum Nachtisch schmeckte mir gut. Erst redeten die Erwachsenen über so langweilige Dinge wie die Oper, über diese bestimmte Arie in diesem besonderen Stück. Aber dann haben wir über meine Hobbys gesprochen. Da ging die Zeit schnell rum. Insgesamt war der Tag also gar nicht so langweilig, und dank Tante Marte habe ich nun sogar etwas mehr Geld auf meinem Konto.

1. Der Text enthält zahlreiche Fremdwörter. Unterstreiche die Wörter, von denen du glaubst, dass sie aus anderen Sprachen entlehnt sind.

2. Finde mit Hilfe eines Wörterbuches heraus, aus welchen Sprachen diese Wörter stammen und was sie bedeuten.

....

....

....

....

3. Erkläre, was die folgenden Wörter bedeuten:

a) Spezialist ....

b) Tourist ....

c) Terrorist ....

d) Artist ....

e) Solist ....

f) Egoist ....

4. Was haben die sechs Wörter in Aufgabe 3 gemeinsam?
Achte nicht nur auf die Form des Wortes, sondern auch darauf, was sie bedeuten!

....

....

....

1. Auch mit Fremdwörtern kann man zusammengesetzte Wörter bilden. Versuche, so viele Wörter wie möglich der Wortfamilie Test zu finden.

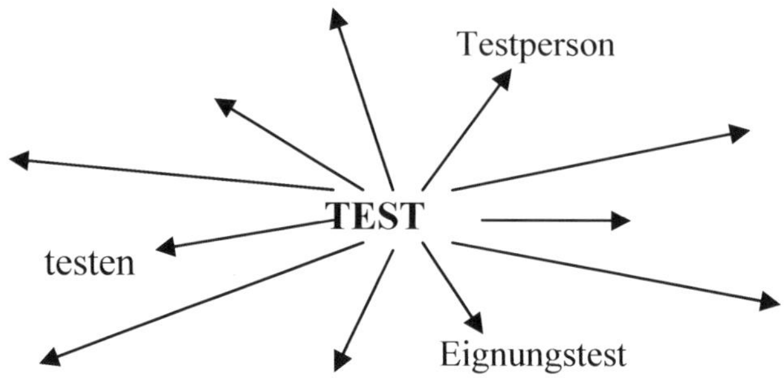

2. Suche so viele gebräuchliche Wörter wie möglich mit dem vorangestellten Wortbaustein *super-*.

Supermarkt, superschlau, ...

....

....

....

....

....

....

3. Wie verändert sich die Bedeutung der Wörter, wenn der Wortbaustein *super-* hinzugefügt wird?

Markt – Supermarkt : ....

....

....

....

....

- Verbinde die Fremdwörter durch Linien mit den jeweils zugehörigen Bedeutungsangaben.

Parallele	ein fortlaufend nummerierter Abschnitt in Gesetzbüchern und wissenschaftlichen Arbeiten
Parasit	prunkvoller Aufmarsch (z.B. von Truppen)
Paragraph	tierisches oder pflanzliches Lebewesen, das aus dem Zusammenleben mit anderen Lebewesen einseitig Nutzen zieht
Parade	Gerade, die zu einer anderen Geraden in gleichem Abstand und ohne Schnittpunkt verläuft
Kompott	jemand, der ein musikalisches Werk komponiert
Komponist	als Dünger verwendete Mischung aus Erde und pflanzlichen oder tierischen Abfällen
Kompost	gekochtes Obst
Komponente	Bestandteil eines Ganzen
Chronologie	metallischer Grundstoff
Chrom	Aufzeichnung geschichtlicher Ereignisse
Chronik	Erbgut tragendes Teilchen
Chromosom	Lehre von der Zeitrechnung, Zeitmessung; zeitliche Abfolge
Dialog	Gerade, die zwei nicht benachbarte Ecken eines Vierecks miteinander verbindet
Dialekt	regionale Variante einer Sprache
Diagnose	von zwei Personen abwechselnd geführte Rede und Gegenrede
Diagonale	aufgrund genauer Untersuchungen abgegebene Beurteilung über den Zustand von etwas (z.B. einer Krankheit)

1. Verbinde jeweils einen Satz aus der ersten Spalte mit einem passenden Satz aus der zweiten Spalte!

a) Reinigen Sie Ihre Uniform!	o) Das *versichere* ich Ihnen.
b) Ich bin unschuldig!	p) Das *rate* ich dir.
c) Guten Tag, Herr Krause!	q) Ich *verspreche* es dir.
d) Morgen bekommst du dein Geld zurück.	r) Das *schwöre* ich!
e) Sie bekommen auf jeden Fall eine Entschädigung.	s) Das *befehle* ich Ihnen!
f) Hiermit endet meine Mitarbeit in dem Betrieb.	t) Ich *gratuliere* dir.
g) Danke! Danke!	u) Das *prophezeie* ich euch.
h) Vertrag dich mit deiner Schwester.	v) Dazu *ernenne* ich dich.
i) Herzlichen Glückwunsch!	w) Ich *warne* dich.
j) Du wolltest dich bei der Polizei melden.	x) Ich *bitte* dich darum.
k) Das sollt ihr bereuen!	y) Ich *danke* dir!
l) Du bist jetzt mein Stellvertreter.	z) Ich *grüße* Sie!
m) Der Krieg wird verloren werden.	aa) Ich *kündige*.
n) Vorsicht, gleich kippt es um!	bb) Seht es als eine *Drohung* an.

2. Versuche das Verhältnis zwischen dem einen und dem anderen Satz zu bestimmen. Achte dabei besonders auf die *kursiv* gedruckten Wörter.

3. Im Folgenden musst du die wörtliche Rede vertauschen, damit die Sätze Sinn ergeben.

a) Er droht ihm: n) „Das hast du gut gemacht!“ ____________________

b) Er erinnert ihn daran: o) „Verschwinde!“ ____________________

c) Sie warnt ihn: p) „Du bist ein Esel!“ ____________________

d) Er fordert sie auf: q) „Du wirst noch dein blaues Wunder erleben.“ ____________

e) Er beschuldigt sie: r) „Das ist doch alles nicht so schlimm. Kopf hoch!“ ________

f) Sie entschuldigt sich: s) „Ich werde auf jeden Fall da sein.“ ____________

g) Sie beleidigt ihn: t) „Es tut mir leid.“ ____________________

h) Er ermuntert ihn: u) „Willkommen in Schleswig-Holstein!“ ____________

i) Sie lobt sie: v) „Das ist sehr gefährlich.“ ____________________

j) Er gesteht ihr: w) „Ihr dürft nach Hause gehen.“ ____________________

k) Er garantiert ihm x) „Ich habe dich belogen.“ ____________________

l) Sie erlaubt ihnen: y) „Vergiss nicht, du musst noch zahlen.“ ____________

m) Er begrüßt sie: z) „Du hast gestohlen!“ ____________________

clever, klug, ausgebufft, gelehrt, weise, listig, verständig, gescheit, intelligent, schlau, smart, gerissen, erfahren, raffiniert, gerieben, begabt, durchtrieben, geistreich, verschlagen, gewieft, ausgekocht, vernünftig, gewitzt, scharfsinnig, genial, helle, gebildet

1. Setze dasjenige Wort ein, das mit seiner Bedeutung am besten in den jeweiligen Zusammenhang passt:
   a) – Der .... gibt nach!
   b) – Du bist wohl nicht ganz ....!
   c) – Mit einem Test wird geprüft, wie .... sie ist.
   d) – Vor dem nimm dich in Acht! Er ist ein ganz .... Hund.
   e) – Erst in hohem Alter wird man wirklich ....
   f) – Um solche Erfindungen zu machen, muss man .... sein.
   g) – .... argumentierend überzeugt der Anwalt den Richter.
   h) – Er beherrscht alle Schliche und Kniffe und ist ein .... Bursche.
   i) – An einer so .... Unterhaltung kann sich nicht jeder beteiligen.

2. Fasse die Adjektive nach ihren Bedeutungen zu Gruppen zusammen.
   Dabei können dir vielleicht die folgenden Gesichtspunkte helfen:
   <positiv bewertete Eigenschaft>, <negativ bewertete Eigenschaft>, <durch Lebenserfahrung erworbene Eigenschaft>, <praktische Lebenstüchtigkeit, den eigenen Vorteil im Auge>, <durch Unterrichtung erworbene Eigenschaft>, <Verstandeskraft durch ererbte Anlagen oder Übung>.
   ....
   ....
   ....
   ....
   ....
   ....
   ....
   ....
   ....
   ....
   ....

3. Sammle möglichst viele Adjektive, die den Mangel an Verstandeskraft zum Ausdruck bringen. Versuche, auch sie zu ordnen.
   dumm ....
   ....
   ....
   ....
   ....
   ....

a) Wir haben uns beim Schützenfest in der .... verloren.

b) Die .... geht geschlossen ins Stadion.

c) Die Politiker beraten in großer ....

d) Martina geht mit ihrer .... ins Kino.

e) Die Jungen aus der Schillerstraße gründen eine ....

f) Das habt ihr toll gemacht, ihr seid ein gutes .... !

g) Die gesamte .... geht zur Betriebsversammlung.

h) Die Nachbarinnen treffen sich jede Woche zum .... mit Kaffee und Kuchen.

i) Eine .... von Schülern boykottiert den Sportunterricht.

j) Die fliehenden Diebe wurden von einer .... wutschnaubender Bestohlener verfolgt.

k) Eine .... von Kindern läuft über die Straße.

l) Ein .... Betrunkener pöbelt die Passanten an.

m) Der .... junger Literaten trifft sich dienstags um 18 Uhr.

n) Ein .... junger Mädchen verließ fröhliche plaudernd die Tanzschule.

o) Der Pastor wendet sich in der Predigt an seine ....

p) Das .... klatscht nach der Aufführung begeistert.

q) Eine .... Jugendlicher randaliert in der Fußgängerzone.

r) Der .... Soldaten marschiert zurück in die Kaserne.

s) Die .... der Turner ist in der großen Sporthalle angetreten.

Horde, Meute, Team, Publikum, Kreis, Schwarm, Gemeinde, Menge, Haufen, Schar, Mannschaft, Gruppe, Belegschaft, Runde, Kränzchen, Riege, Trupp, Bande, Clique

1. Hier handelt es sich immer um mehrere Menschen:
   Füge in die Sätze das jeweils passende Wort ein!

2. Wie unterscheiden sich die Aussagen, die man mit den folgenden Sätzen machen will?

   Zur Dichterlesung erschien eine zahlreiche Gemeinde.
   Zur Dichterlesung erschien ein zahlreiches Publikum.
   Zur Dichterlesung erschien eine zahlreiche Belegschaft.

1. Schreibe hinter die folgenden Ausdrücke für „Geld“ bzw. „Bezahlung“ die dazugehörige Personengruppe, die das Geld erhält!

a) Honorar: ....
b) Gage: ....
c) Unterstützung: ....
d) Stipendium: ....
e) Alimente: ....
f) Zaster: ....
g) Schmiergeld: ....
h) Heuer: ....
i) Gewinn: ....
j) Erbe: ....
k) Diäten: ....
l) Gehalt: ....
m) Pension: ....
n) Zinsen: ....
o) Almosen: ....
p) Rente: ....

Hinterbliebene, bestechliche Menschen, unverheiratete Mütter, Beamte im Ruhestand, Senioren, Schauspieler, Autoren/Schriftsteller, Angestellte/Beamte, Arbeitslose, Sparer, Studenten, Gauner, Matrosen, Kaufmänner, Politiker, Bettler

2. Jetzt andersherum: Schreibe hinter die Personengruppen oder Institutionen den Ausdruck für Geld, das sie beziehen!

a) erfolgreiche Sportler: ....
b) Kinder: ....
c) Unfallopfer: ....
d) Kellner: ....
e) Arbeiter: ....
f) Berufsreisende: ....
g) Bräute: ....
h) Mitwisser: ....
i) Soldaten : ....
j) Stadtverwaltungen: ....
k) Aktionäre: ....
l) Hauseigentümer: ....
m) der Staat: ....
n) Kidnapper: ....
o) Eltern: ....
p) Makler: ....

Steuern, Spesen, Mitgift, Gebühren, Kindergeld, Sold, Preisgeld, Lohn, Trinkgeld, Dividende, Lösegeld, Schweigegeld, Miete, Schmerzensgeld, Provision, Taschengeld

3. Kennst du noch weitere Wörter für Geld, die man keiner bestimmten Personengruppe zuordnen kann?

Mäuse, ...

....

Verwandt und verschwägert I

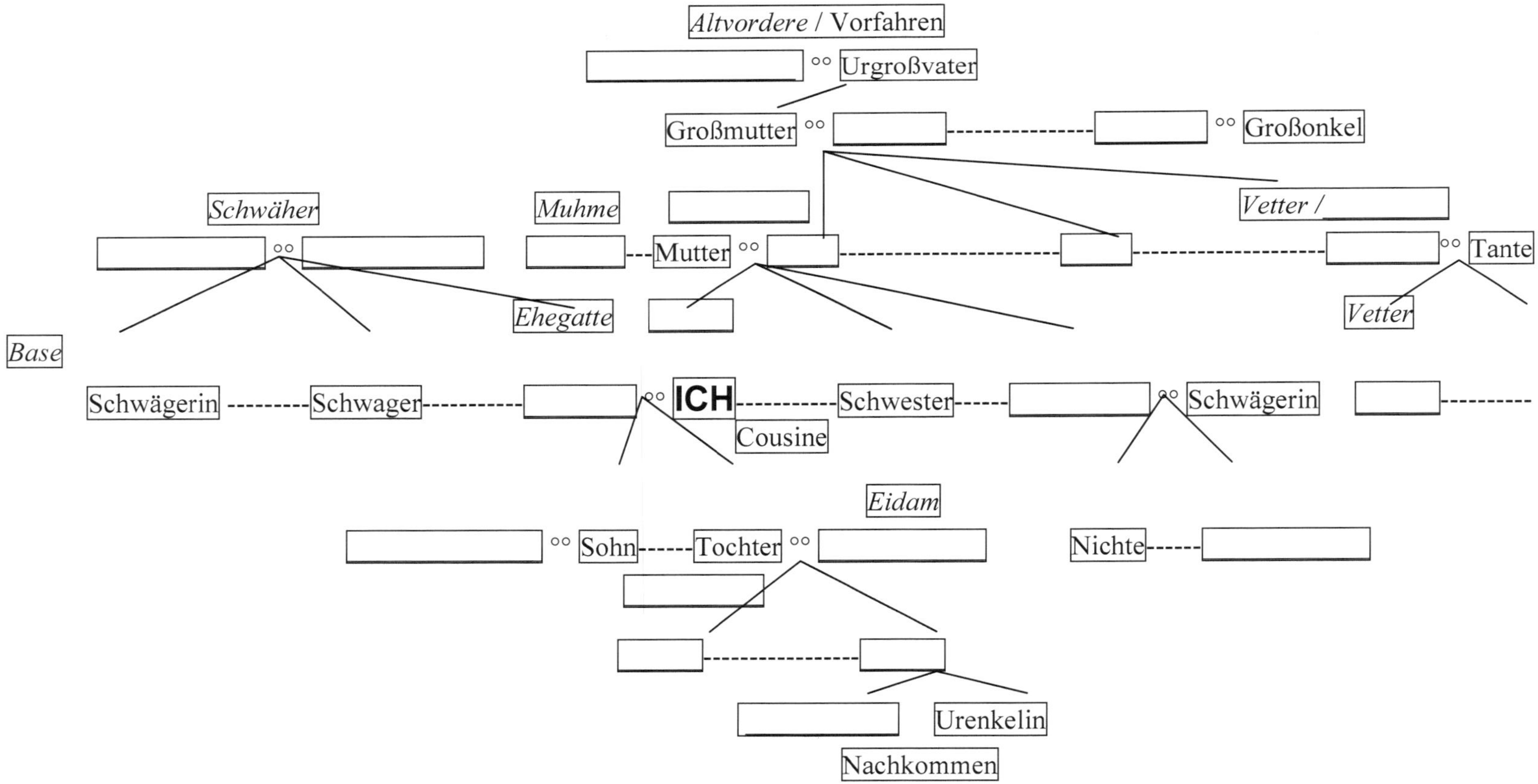

°°: verheiratet, ------------: Geschwister, ———— : Eltern-Kind-Beziehung, *kursiv*: veraltete Bezeichnungen

1. Setze die fehlenden Verwandtschaftsbezeichnungen ein! Manchmal gibt es zwei Wörter, von denen eins heute weniger gebräuchlich ist.

2. Versuche, die folgenden Begriffe ebenfalls an geeigneter Stelle in den Stammbaum einzutragen (Achtung: Es gibt keine vorgegebenen Kästen!): Gemahlin, Weib, Bräutigam, Halbbruder, *Schnur*, Stammhalter.

3. Das Wort *Muhme* ist mit *Mutter* verwandt. Das zeigt sich auch in der Bedeutung des heute nicht mehr gebräuchlichen Ausdrucks. Was bedeutet er?

....

4. Das Wort *Vetter* ist mit *Vater* verwandt. Es hat im Laufe der Zeit einen Bedeutungswandel durchgemacht. Im Stammbaum kommt es zweimal vor, mit der alten und mit der neuen Bedeutung. Welche sind es?

....

5. Was ist ein Schwippschwager? Wohin gehört er in der Graphik?

....

6. Welche Kosenamen kennst du, zum Beispiel für Mutter, Großvater und andere?

....

....

7. Wie redest du deine Verwandten an (Kosenamen, Vorname)?

....

8. Was ist davon zu halten, wenn jemand seine Tante und seinen Onkel nur mit Vornamen anredet (statt „Tante Gerda")? Oder wenn jemand seine Eltern mit Vornamen anredet?

9. Soll man auch entfernt verwandte oder verschwägerte Personen duzen?

10. Wie bezeichnest du deine Familienmitglieder anderen gegenüber (mein Dad, meine Mutti)?

....

11. Was ist daran komisch, wenn jemand sagt: „Darf ich Ihnen meinen Gatten/meine Gattin vorstellen?" Oder gar: „Darf ich Ihnen meinen Gemahl/meine Gemahlin vorstellen?"

Das Befinden des Patienten besserte sich von Tag zu Tag, sodass sein Ableben nicht mehr zu befürchten war. Nach mehreren Wochen hatte der Arzt auch keine Bedenken mehr, ihn zu einem Treffen mit seinem Arbeitgeber gehen zu lassen. Er hatte ein Einsehen, dass der Kranke nicht ständig das Zimmer hüten konnte. Dennoch warnte ihn der Arzt, sich draußen zu seinem Vergnügen aufzuhalten. Er sollte dem Arbeitgeber nur schnell sein Anliegen vortragen und dann zurück ins Haus gehen. Ansonsten wäre sein Verhalten leichtsinnig und könnte ihn ins Verderben führen, falls die Krankheit erneut ausbräche. Der Gedanke an einen Rückfall erfüllte den Kranken mit Grausen, sodass er sich an die Anweisungen des Arztes hielt.

1. Trage die substantivierten Infinitive aus dem Text in die Tabelle ein. Ersetze sie in der zweiten Spalte durch „echte" Substantive, die eine ähnliche Bedeutung haben.
   In einem Fall kann man den Infinitiv nur durch eine andere Verbform ersetzen.

Substantivierter Infinitiv	Substantiv mit ähnlicher Bedeutung
das Befinden	der (gesundheitliche) Zustand

2. Welchen hältst du für den jeweils angemesseneren Ausdruck? Unterstreiche ihn.

1. Ordne die folgenden Wörter in einer Kette so an, dass in ihrer Bedeutung von einem Kettenglied zum nächsten etwas allmählich abnimmt oder zunimmt.

Pfütze – Meer – See – Teich – Tümpel – Ozean

……………………-……………………-……………………-……………………-

……………………-……………………

schleichen – rennen – gehen – rasen – flitzen – schlendern – spazieren

……………………-……………………-……………………-……………………-

……………………-……………………-……………………

schlecht – ausgezeichnet – mittelmäßig – exzellent – miserabel – gut – hervorragend

……………………-……………………-……………………-……………………-

……………………-……………………-……………………

auffordern – flehen – anweisen – bitten – befehlen

……………………-……………………-……………………-……………………-

……………………

2. Lassen sich die Ketten durch weitere Glieder verlängern?
   Wo müssten die Glieder eingeordnet werden?

3. Suche Glieder für eine Kette mit *Hütte* und *Schloss*.

……………………-……………………-……………………-……………………-

……………………-……………………-……………………-……………………

Ebenso zu einer Kette mit *Kleinkind* und *Senior*.

……………………-……………………-……………………-……………………-

……………………-……………………-……………………-……………………

a) schwerer	starker	großer	RAUCHER
b) tiefer	schwerer	mächtiger	SCHLAF
c) guter	schöner	feiner	RAT
d) unversperrte	offene	freie	WUNDE
e) schwache	kurze	kleine	NERVEN
f) kräftiger	gewaltiger	starker	KAFFEE
g) niedrige	tiefe	breite	STIMME

1. Umkreise das zum Substantiv passende Adjektiv.

2. Unterstreiche in jeder der folgenden Zeilen die gebräuchliche Wortverbindung.

Spaß bringen	Spaß bereiten	Spaß verschaffen
den Mut einbüßen	den Mut verlieren	den Mut entbehren
die Hoffnung aufgeben	die Hoffnung fallen lassen	die Hoffnung verlieren
in Kontakt verweilen	in Kontakt bleiben	in Kontakt ausharren

3. Suche mindestens zwei Verben, die häufig in Verbindung mit dem Substantiv gebraucht werden.

ein Versprechen ....

....

eine Auskunft ....

....

einen Rat ....

....

eine andere Meinung ....

....

4. Setze ein: *halten*, *erfüllen* oder *ausführen*

ein Versprechen..............................

einen Befehl..................................

sein Wort......................................

die Erwartungen..............................

Ordnung..

einen Plan......................................

einen Wunsch..................................

ein Vorhaben..................................

eine Bestellung...............................

seine Pflicht...................................

Was macht man mit Sport? - Man treibt Sport.

a) Sport machen → Sport treiben..

b) ein Versprechen machen → ....

c) ein Fest machen → ....

d) ein Essen machen → ....

e) Kaffee machen → ....

f) ein Haus machen → ....

g) die Hausaufgaben machen →..

h) Wäsche machen → ....

i) einen Aufsatz machen → ....

j) einen Schrei machen → ....

k) eine Party machen → ....

l) eine Rede machen → ....

m) einen Streich machen → ....

n) ein Bild machen → ....

o) einen Wunsch machen → ....

p) eine Leistung machen → ....

q) Frieden machen → ....

r) ein Geständnis machen → ....

s) eine Einladung machen → ....

t) ein Gespräch machen → ....

u) eine Verbindung machen → ....

- Ersetze das Verb *machen* durch das Verb, das zumeist zusammen mit dem jeweiligen Substantiv gebraucht wird.

Falls du nicht sicher sein solltest, kannst du dich an der folgenden Zusammenstellung von Verben orientieren: herstellen, ausstoßen, erledigen, halten, abgeben, schließen, waschen, malen, spielen, veranstalten, schreiben, aussprechen, bauen, vollbringen, feiern, kochen, zubereiten, führen, ablegen, äußern.

1. Ordne den folgenden Substantiven die drei Adjektive *golden*, *rot* und *schwarz* zu, mit denen sie häufig zusammen verwendet werden. (Manchmal gibt es mehrere Möglichkeiten.)
   Erkläre, was die Ausdrücke jeweils bedeuten.
   (Erkläre bei zwei Möglichkeiten den Ausdruck mit übertragener Bedeutung!)
   Nimm ein Wörterbuch zur Hilfe, wenn du dir nicht ganz sicher bist.

...roter..........Faden: .....der leitende, verbindende Gedanke..............................

....................Hochzeit: ....

....................Haar: ....

....................Witwe: ....

....................Tuch: ....

....................Tod: ....

....................Buch: ....

....................Mitte: ....

....................Schaf: ....

....................Krone: ....

....................Markt: ....

....................Karte: ....

....................Meer: ....

..................Kaffee: ....

..................Kreuz: ....

2. Was verbindet die Bedeutungen der verschiedenen Ausdrücke mit dem Adjektiv *golden*?

....

....

↗ lieblich ....

trocken (Wäsche, Wein, Fleisch) → saftig ....

↘ nass...

1. Oft gibt es mehrere Gegenwörter zu einem Wort, nämlich zu den verschiedenen Bedeutungen des Wortes je ein Gegenwort.
   Setze das richtige Wort aus der Klammer in die Leerzeile ein.

2. Suche die verschiedenen Gegenwörter zu den Adjektiven.

a) *alter* Schrank →..................................Schrank

alter Mann →..................................Mann

altes Brot →..................................*Brot*

b) *gerade* Straße →...............................Straße

gerader Rücken →..............................Rücken

gerade Zahl →..............................*Zahl*

c) *frische* Luft →................................Luft

frische Butter →................................Butter

frisches Wasser →..............................Wasser

3. Suche zu den folgenden Adjektiven mindestens zwei verschiedene Gegenwörter, und bilde Sätze mit ihnen.

hart → *Das ist aber eine* ***milde*** *Bestrafung*!...

→ *Die Matratze ist mir zu* ***weich***!..

gut →..

→..

falsch→..

→..

leicht →..

→..

1. Vergleiche die beiden Wörter: *Werkzeug – Hammer*.
   a) In welcher Beziehung stehen sie zueinander?

   ....

   b) Bei welchem Wort hast du ein anschauliches Bild vor Augen? Bei welchem nicht? Woran könnte das liegen?

   ....

   ....

2. In welcher Beziehung steht das Wort *Zange* zu *Werkzeug* und zu *Hammer*?

....

3. Wie steht es mit dem Wort *Vorschlaghammer*?

....

4. Versuche nun, die Beziehungen zwischen den vier Wörtern graphisch mit Hilfe einer Skizze darzustellen. Beachte die Unterscheidung „Oberbegriff" – „Unterbegriff".

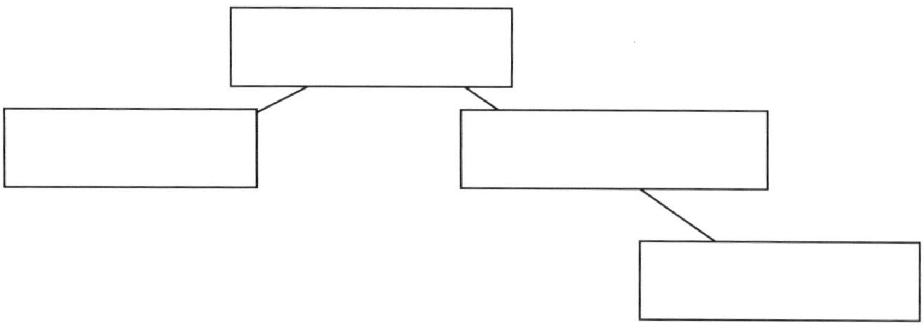

5. In welchen Beziehungen stehen die folgenden Wörter zueinander?
Stelle diese Beziehungen graphisch dar.

Eiche, Nadelbaum, Blume, Strauch, Buche, Pappel, Rose, Weißbuche, Pflanze, Sonnenblume, Gras, Laubbaum, Rotbuche, Baum, Farn, Aster

1. Füge die fehlenden Begriffe in die Graphik ein.

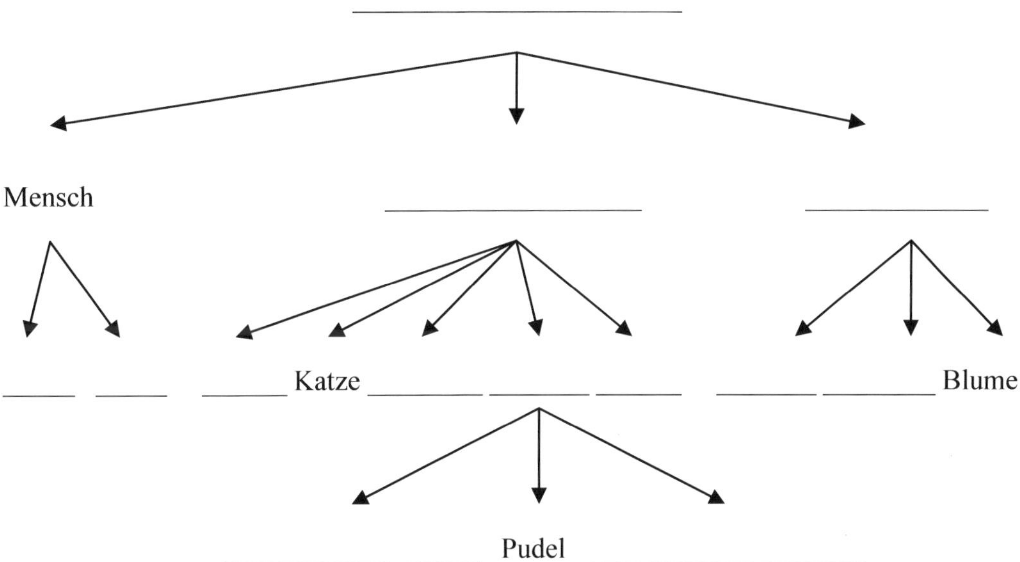

2. Suche möglichst viele Unterbegriffe zu dem Oberbegriff *Getränk*. Denke daran, dass diese Unterbegriffe zum Teil selbst wieder als Oberbegriffe dienen können.

3. Entwickle eine Graphik wie in Aufgabe 1 für die Begriffe in Aufgabe 2.

Getränk

Der Rahmen ist ein Teil des Fahrrades.

Die Räder sind ein Teil des Fahrrades.

Der Sattel ist ein Teil des Fahrrades.

.... ist ein Teil des Fahrrades.

.... ist ein Teil des Fahrrades.

Das Fahrrad besteht aus einem Rahmen, zwei Rädern, dem Sattel, ...

....

1. Fülle die Lücken in den Sätzen.

2. Warum kann man nicht sagen:
* Das Fahrrad besteht aus Speichen, zwei Ventilen, verschiedenen Kettengliedern, Sattelfederung...?

....

....

3. Von welchen Teilen sind diese Gegenstände ein Teil?

Die Speichen sind ein Teil...

Das Ventil ....

Die Griffe ....

Das Katzenauge ....

4. Ergänze die folgende graphische Darstellung:

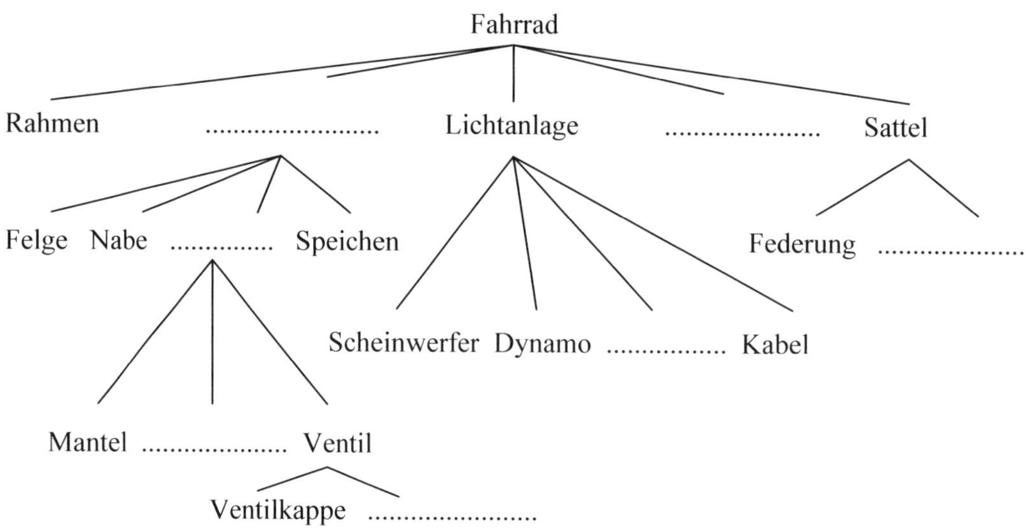

Fahrzeug, fahren, auffahren, fahre, hinfahren, wegfahren, Fahrer, widerfahren, Fahrt, fahrlässig, gefahren, abfahren, Auffahrt, Gefahr

1. All diese Wörter und Wortformen haben den gleichen Wortstamm. Welcher ist es?

....

2. Wortformen sind Flexionsformen ein und desselben Wortes, das seine Bedeutung nicht verändert: *sagen, sagtest, gesagt*.
   Durch Wortbildung entstehen dagegen neue Wörter mit neuer Bedeutung: *absagen, Sage*.
   Trage die Wörter aus Aufgabe 1 in die beiden Spalten der Tabelle ein. Welches sind Flexionsformen? Welches sind neue Wörter? Füge weitere Beispiele hinzu.

Wortformbildung	**Wortbildung**

3. Der Wortstamm kann sich in beiden Fällen verändern: *fuhr, Fähre, Furt....*
   Ergänze die Beispielsammlung durch solche Wortformen und Wörter.
4. Kreise die Wörter ein, deren Bedeutung nur schwer mit der Bedeutung von *fahren* in Verbindung zu bringen ist.
   Findest du trotzdem solche Verbindungen? Beachte, dass „fahren“ früher jede Art der Fortbewegung bezeichnete, auch das Reiten oder Wandern.

- Setze in die folgenden Sätze jeweils ein Verb, ein Substantiv oder ein Adjektiv ein, das zur Wortfamilie *fallen* gehört!

(In jedem Wort kommt also der Wortstamm „fall“ bzw. „fäll“ vor.)

1. Das ist eine gute Idee, da ist dir wirklich etwas Tolles ....!
2. Auf dieser Straße sollte man wegen des starken .... langsam fahren.
3. Ich habe mir den Magen verdorben, ich habe Bauchschmerzen und ....
4. Wo bleibt mein Geld? Die Miete war schon lange .... !
5. Die Prüfung war zu schwer, ich bin ....
6. Verhalte dich .... , er soll uns nicht sehen!
7. Das ist aber ein ...., dich hier zu treffen!
8. Er hat einen schweren .... erlitten und ist wieder im Krankenhaus.
9. Diese Bäume müssen dringend .... werden!
10. Wir sollten diesen .... vor Gericht bringen.
11. Du brauchst dich nicht mehr zu sorgen, die Pläne sind .... geworden.
12. Hast du von dem .... in der Bank gehört?
13. Halt es gut fest, damit es nicht .... !
14. Er bekommt jeden Schnupfen, er ist wirklich leicht .... für Krankheiten.
15. Das Konzert war ein .... , so etwas Schlechtes habe ich selten erlebt!
16. Die Pflanzen sind von Schädlingen ....
17. Ist er .... geworden und hat wieder gestohlen?
18. Soll das alles weg? Ist das wirklich alles .... ?
19. Sie haben das Tier in einer .... gefangen.
20. Viele .... des Krieges sind anonym beerdigt.
21. Dieser Detektiv löst jeden .... !
22. Hab dich nicht so! Nimm dich .... zusammen!
23. Mit diesem Hut wirst du bestimmt .... !
24. Er hat mal wieder nur .... , freche Bemerkungen gemacht.
25. Das Kino ist geschlossen, alle Vorstellungen müssen ....
26. Nicht anfassen! Sonst .... das Papier zu Staub.
27. In dieser .... Bruchbude wollt ihr wohnen?
28. Pass auf mit den Scherben! Mir ist gerade ein Glas ....

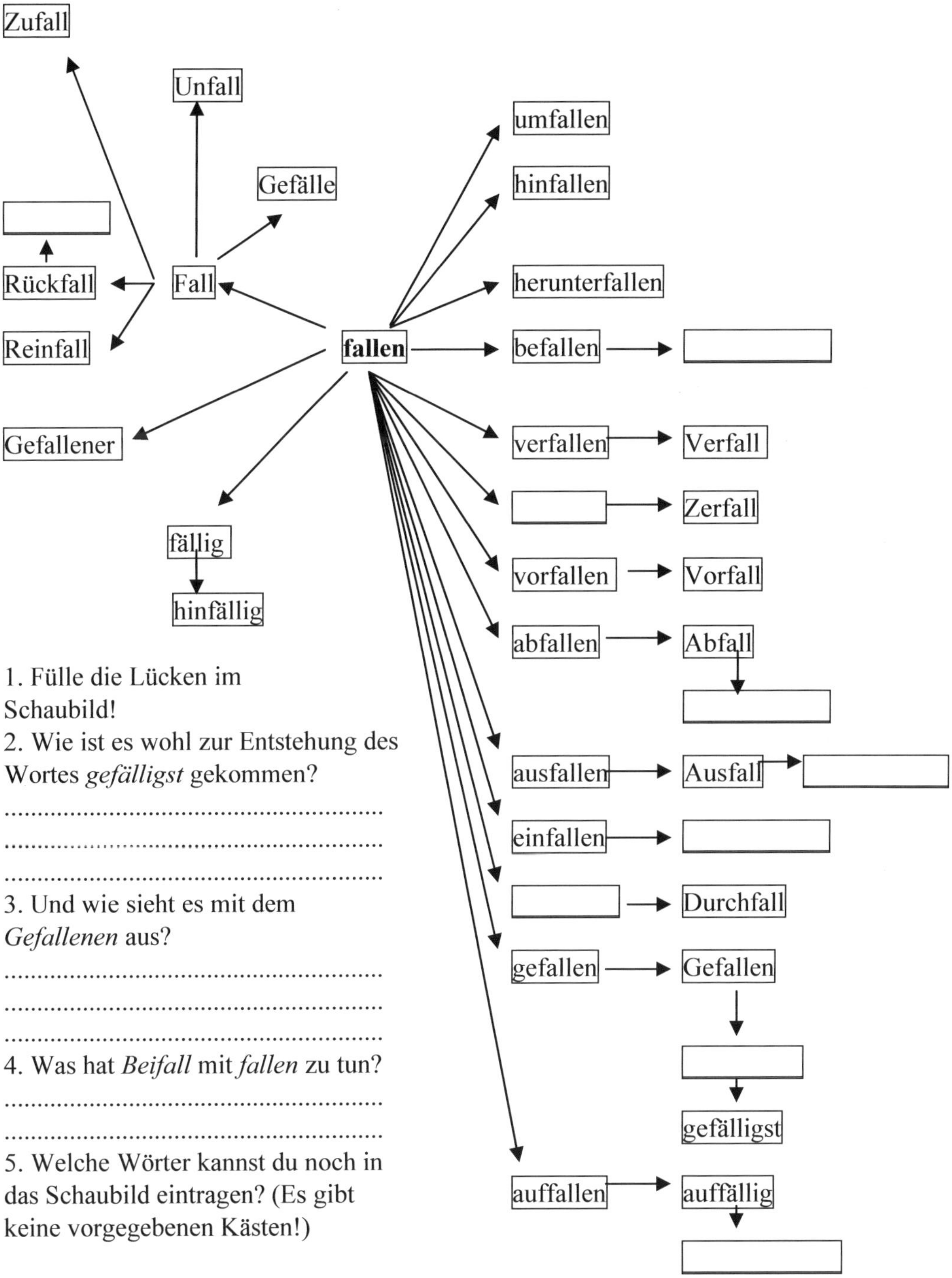

1. Fülle die Lücken im Schaubild!
2. Wie ist es wohl zur Entstehung des Wortes *gefälligst* gekommen?

....

....

....

3. Und wie sieht es mit dem *Gefallenen* aus?

....

....

....

4. Was hat *Beifall* mit *fallen* zu tun?

....

....

5. Welche Wörter kannst du noch in das Schaubild eintragen? (Es gibt keine vorgegebenen Kästen!)

1. In dem Buchstabenrätsel sind acht Wörter versteckt (auch rückwärts), die der Wortfamilie *schwer* angehören. Suche sie und schreibe sie heraus.

S	C	H	A	U	N	E	R	E	W	H	C	S	R	E	T	R
G	H	T	W	E	R	B	H	W	V	Z	F	C	W	R	F	F
L	T	K	M	U	N	S	C	H	W	E	R	H	U	S	D	E
S	C	H	L	A	U	C	L	O	W	N	I	W	N	C	W	R
C	G	B	R	V	T	H	E	K	E	F	F	I	S	H	S	X
H	C	I	L	R	E	W	H	C	S	D	F	E	B	W	Q	E
W	V	E	E	C	B	E	S	C	H	W	E	R	D	E	T	B
A	C	V	S	X	X	R	X	U	E	E	Z	I	W	R	N	B
M	W	S	C	H	W	E	R	E	L	O	S	G	U	E	D	C
M	X	S	W	H	E	E	R	S	C	H	W	E	R	N	I	S

....

....

....

2. Suche aus der Menge der im Kasten gegebenen Wörter diejenigen heraus, die zeigen, wie sich aus dem Wort *schwer* in mehreren Schritten das Wort *Schwerelosigkeit* entwickelt hat.

....

Schwerelosigkeit	schwerlich	Schwere	schwerhörig	
erschweren	schwerelos	schwer	unschwer	Schwergewichtsboxer

3. Die Skizze stellt Teile der Wortfamilie *schwer* dar. Vervollständige sie, indem du die fehlenden Wörter in die leeren Kästen einsetzt, und suche außerdem weitere Wörter, die zur Wortfamilie *schwer* gehören, und zeichne sie ein.

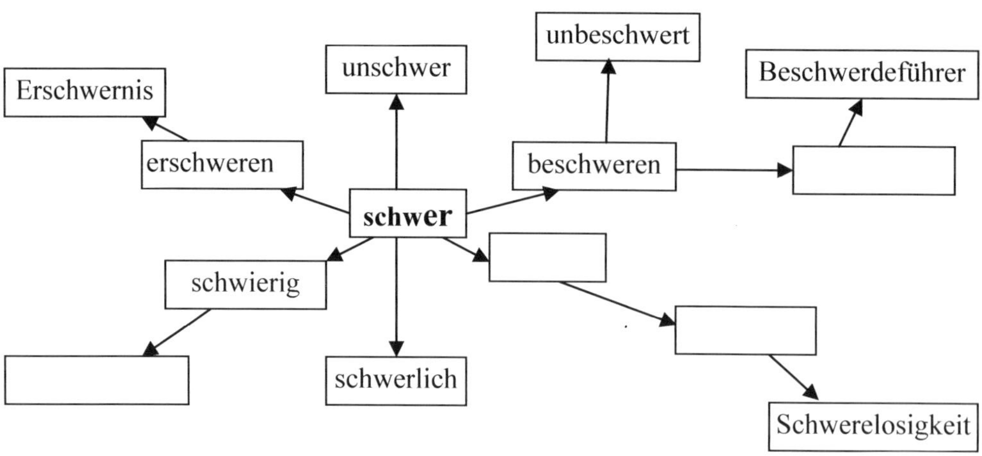

115 Wachskerzen C

„Von wegen Wachskerzen! Kleiner werden sie, immer kleiner!"

1. Du weißt natürlich, dass *Wachskerzen* nicht *wachsen*, sondern aus *Wachs* hergestellt werden. Das Wort ist eine Zusammensetzung aus *Wachs* und *Kerze*.
Kläre die folgenden scherzhaften Missverständnisse auf:

- Kunsthonig wird nur von künstlerisch besonders begabten Bienen hergestellt.

....

- Auf einem Eiland haben sich große Hühnerfarmen angesiedelt.

....

- Über das Hochland zieht nie ein Tiefdruckgebiet mit schlechtem Wetter.

....

- Feuerzeuge, das ist ein Zuschauer bei einem Großbrand.

....

- An der Brechstange halten sich die Seekranken auf einem Schiff fest.

....

2. Suche eigene scherzhafte Bedeutungen für folgende Wörter:

Traumpaar ....

Wirbelsäule ....

Festangebot ....

Klassenkonflikt ....

Augenblicksbildungen

Über-vorsichtige	Langweiler	Aufs Äußere Versessene	Rücksichts-lose	Überangepasste	Ungeschickte	Ganz harte Menschen

Schattenparker
Warmduscher
Brotmaschinenbenutzer
Faltplan-Falschfalter
Nebelschlusslichtfahrer
Jeansbügler
Geisterfahrerüberholer
Sauna-Untensitzer
Letztes-Klopapier-Verbraucher

Durchschläfer
Vorwärtseinparker
Turnbeutelvergesser
Frauenversteher
Beckenrandschwimmer
Comicsockenträger
Aus-dem-fahrenden-Zug-Springer
Sonntagsfahrer
Lizenzleser

Sitzpinkler
Randpoger
Unterhemdträger
Mit-der-Hand-in-den-Speichen-Bremser
Idiotentestdurchfaller
Xenonlichtblender
Gegen-den-Wind-Pinkler

1. Für welche Menschen werden die Ausdrücke verwendet? Trage sie in die Tabelle ein! Kennst du noch weitere Beispiele?
2. Warum nennt man solche Wörter wohl Augenblicksbildungen?

117 Ist dies oder das gemeint? C

- Oftmals haben zusammengesetzte Wörter nicht nur eine einzige Lesart, sondern mehrere Bedeutungen.
  Was bedeutet zum Beispiel *Schülerkonzert*? Ist es ein <Konzert für Schüler als Besucher> oder ein <Konzert, das von Schülern veranstaltet wird>?
  Schreibe zu den folgenden Wörtern jeweils zwei Sätze, in denen unterschiedliche Lesarten zum Ausdruck gebracht werden.

a) Holzschuppen: ....

....

b) Frauenliteratur: ....

....

c) Lehrervortrag: ....

....

d) Taschendieb: ....

....

e) Presseinformation: ....

....

f) Amateurveranstaltung: ....

....

g) Testperson: ....

....

h) Lieferpreis: ....

....

i) Beamtenkontrolle: ....

....

j) Greifvogelschutz: ....

....

k) Kinderhilfe: ....

....

l) Schiffsbegrüßung: ....

....

m) Wagenlieferung: ....

....

118 Fuchs und fuchsen C

Es fuchst den Fuchs,
wenn der Luchs ihn beluchst.
Nicht stört es den Stör,
wenn der Wurm sich wurmt.
Es luchst der Fuchs,
und das fuchst den Luchs.
Nicht stört es den Wurm,
wenn der Stör sich wurmt.

1. Was bedeuten die Verben *fuchsen, beluchsen, stören* und *wurmen*?

2. Sammle so viele Verben wie möglich, die von Tierbezeichnungen nur mit Hilfe der Endung -en bzw. -n abgeleitet worden sind.

der Hamster – hamstern

3. Was haben die Bedeutungen der Verben mit den Tieren zu tun?
Ordne alle Verben, die du gefunden hast, folgenden drei Bedeutungsgruppen zu:
(Achtung: Manche Verben haben zwei Bedeutungen!)

<sich verhalten wie das Tier>	<das Tier fangen>	<das Tier zur Welt bringen>
hamstern (Vorräte anlegen)	*lausen*	*lammen*

119 Wer tut hier was? C

1. Was haben die folgenden Wörter gemeinsam? Betrachte sowohl die formale Bildungsweise als auch die Bedeutungen der Wörter.

   Maler, Verkäufer, Lackierer, Leser, Schlachter, Anlieger...

2. Ergänze die Sammlung durch weitere Beispiele.

3. Nicht immer bezeichnen solche Wörter handelnde Personen. Untersuche die Bedeutungen von: Radierer, Flieger, Zerstäuber, Kleber, Bohrer, Tieflader, Bomber, Handfeger, Binder, Zünder, Dampfer, Schlüpfer!

4. Untersuche die Pointen der beiden Scherzfragen:
   - Wusstest du schon, dass Barhocker keine Dauergäste in einem Nachtclub sind?
   - Wusstest du schon, dass Kugelschreiber keine Schriftsteller sind, die ihre Manuskripte zu Papierbällen zusammenknüllen und ihren Verlegern an den Kopf werfen?

5. Wie beurteilst du folgende Sätze?
   - An der Schule unterrichten 24 Lehrer, 22 Frauen und 2 Männer.
   - Die Leser von Liebesromanen sind zum größten Teil weiblich.
   - Alle Hörerinnen dieses Rundfunksenders, Eltern und Kinder, können zu dieser Sendung Stellung nehmen.

1. Von welchem Verb ist das jeweilige Substantiv abgeleitet worden?

a) Sattel: sitzen.....................................

b) Bügel: ....

c) Hebel: ....

d) Griffel: ....

e) Deckel: ....

f) Henkel: henken (= machen, dass etwas hängt)...................................

g) Kreisel: ....

h) Sessel: ....

i) Stößel: ....

j) Schlüssel: ....

k) Rätsel: ....

l) Gürtel: ....

2. Erläutere, in welchem inhaltlichen Zusammenhang die Verben mit den Substantiven stehen!

Sattel: Gegenstand, mit dem das Sitzen auf Pferden erleichtert wird ....

Bügel: ....

Hebel: ....

Griffel: ....

Deckel: ....

Henkel: ....

Kreisel: ....

Sessel: ....

Stößel: ....

Schlüssel: ....

Rätsel: ....

Gürtel: ....

3. Warum nennt man diese Substantive in der Sprachwissenschaft wohl „Instrumentativa“?

Wer weiß, was der Tag morgen wettermäßig bringen wird. ☐

Wohnungsmäßig hat sich bei mir immer noch nichts getan. ☐

Was habt ihr denn so urlaubsmäßig vor? ☐

Kinomäßig ist zur Zeit nicht recht was los. ☐

Wie geht's gesundheitsmäßig? ☐ Aromamäßig sind die Tomaten miserabel! ☐

1. Vielleicht ist dir schon aufgefallen, dass immer mehr Wörter auf *-mäßig* verwendet werden? Woran mag das liegen?

2. Versuche das Wort mit *-mäßig* in den Sätzen oben durch andere sprachliche Formulierungen zu ersetzen, ohne dass die Bedeutung der Sätze sich ändert.

3. Der an Substantive angehängte, nachgestellte Wortbaustein *-mäßig* kann Verschiedenes zum Ausdruck bringen:
   a) <in der Art von etwas> wie z.B. bei *Er verhält sich heldenmäßig*;
   b) <auf Grund von etwas> wie bei *Er geht gewohnheitsmäßig früh schlafen*;
   c) <mit Hilfe von etwas> wie bei *Verstandesmäßig lässt sich das begreifen*;
   d) <wie es etwas vorsieht> wie bei *Der Zug fährt planmäßig*;
   e) <in Bezug auf etwas> wie bei *Intelligenzmäßig hat er was zu bieten*!

   Zu welcher Gruppe gehören jeweils die Wörter in den Sätzen im Kasten? Trage die Buchstaben in die Kästchen ein.

4. Die vor allem in der Umgangssprache inflationär zunehmenden Wortbildungen mit *-mäßig* sind oft Verlegenheitsausdrücke, an deren Stelle man besser präzisere Ausdrücke verwenden sollte. Versuche es!

a) Ich habe familienmäßig große Probleme: ....

....

b) Klamottenmäßig gebe ich ziemlich viel Geld aus. ....

....

c) In der Sackgasse ist verkehrsmäßig nicht viel los. ....

....

d) Du hast arbeitsmäßig noch Nachholbedarf. ....

....

e) Sie hat sich berufsmäßig noch nicht entschieden. ....

....

> Jeder muss lernen
> sich anzupassen,
> aber gleichzeitig
> aufpassen,
> dass er nicht verpasst
> zu sagen:
> Das passt mir nicht!

1. In diesem Text von Hans Manz spielt der Autor mit verschiedenen Wortbildungen auf der Grundlage von *passen*.
   Welche vorangestellten Wortbausteine (Präfixe) werden dabei benutzt? Unterstreiche sie.
   Was bedeutet das einfache Wort *passen*? Vorsicht: Es hat mehrere Bedeutungen!
   Was bedeuten die mit einem Präfix versehenen Verben?

2. Welche Wortbildungen mit den Präfixen
   ab-, auf-, aus-, be-, ein-, ent-, er-, miss-, über-, um-, ver-, zer-, zu-
   gibt es zu folgenden Verben?

   bauen ....

   ....

   achten ....

   ....

   reden ....

   ....

   laufen ....

   ....

3. Bilde Sätze mit den Verben, die verschiedene Bedeutungen haben können:
   Er lässt sein Haus umbauen. – Das Grundstück wird mit einer Mauer umbaut.

   ....

   ....

   ....

   ....

   ....

   ....

   ....

   ....

Rauchen verkürzt das Leben!	↔	Rauchen kürzt das Leben ab!

1. Bedeuten beide Sätze genau das Gleiche?
   Oder kannst du einen kleinen Bedeutungsunterschied feststellen?

2. Füge in den folgenden Sätzen jeweils eins der beiden Verben *verkürzen* und *abkürzen* ein.
   a) In der zweiten Halbzeit konnte die Mannschaft auf 1:2 ....
   b) Der Weg zur Schule ist weit; aber durch den Park kannst du ihn ....
   c) Wie muss man eigentlich das Wort *jemand* ....?
   d) Arbeitnehmer streiken dafür, dass ihre Arbeitszeit .... wird.
   e) Auf dem Röntgenbild erscheint die Zahnwurzel stark ....
   f) Schwiegermutter ist schon zu lange bei uns; das nächste Mal sollte sie ihren Besuch etwas ....

3. Setze bei den folgenden Satzpaaren das passende Wort ein: verkühlen – abkühlen, verdunkeln – abdunkeln, verflachen – abflachen.

   a) Die Luft hat sich nach dem Regen stark ....
   Pass auf, dass du dich in deinem dünnen Kleid nicht ....!
   b) Mit Hilfe der Rollläden kannst du das Zimmer ....
   Die Lampe ist mir zu hell. Kannst du sie mit einem Schirm etwas ....?
   c) Die Erde ist an beiden Polen ....
   Der Teich verlandet und .... immer mehr.

4. Alle angeführten Verben bringen zum Ausdruck, dass jeweils etwas reduziert/ verringert wird. Was ist es?
   a) verkürzen – abkürzen: Dauer/Länge (des Lebens)
   b) verkühlen – abkühlen: ....
   c) verdunkeln – abdunkeln: ....
   d) verflachen – abflachen: ....

5. *Verkürzen – abkürzen* bedeuten: <*kurz* machen, den Zustand *kurz* bewirken>.
   Mit welchen Präfixen (vorangestellten Wortbausteinen) sind „Bewirkungsverben" von folgenden Adjektiven abgeleitet worden?
   a) stark: verstärken, b) langsam: ...., c) rund: ....,
   d) groß: ...., e) weich: ...., f) spitz: ....,
   g) dick: ...., h) stumpf: ...., i) niedrig: ....

6. *Verflachen* bedeutet: <*flach* werden, den Zustand *flach* erreichen>.
   Mit welchen Präfixen werden entsprechende Verben abgeleitet:
   a) rot: erröten, b) blass: ...., c) trocken: ...., d) dumm: ...., e) krank: ...., f) stumm: ....

1. Ersetze den unterstrichenen Teil der folgenden Sätze durch Redewendungen, die sich auf das Pferd beziehen.

   o Britta ist dafür bekannt, dass sie <u>für Unruhe sorgt.</u> (scheu)

   → die Pferde scheu macht...

   o Herr Meyer ist <u>unser bester Mitarbeiter</u>. (Stall)

   → ....

   o Meine Schwester <u>ist sehr arrogant</u>. (sitzen)

   → ....

   o Du <u>hast dich falsch entschieden</u>. (setzen)

   → ....

   o Karl ist mein bester Freund, <u>auf ihn kann man sich immer verlassen.</u> (stehlen)

   → ....

2. Versuche, die Entstehung dieser Redewendungen zu erklären.

3. Überlege, warum es wohl so viele Redewendungen gibt, die das Pferd und die Reiterei als Bildspender aufweisen.

4. Manchmal enthalten auch mehrere Redewendungen ein gemeinsames Wort. Suche vier Redewendungen mit *Zügel*.

   ....

   ....

5. Suche Gemeinsamkeiten zwischen der herkömmlichen Bedeutung von *Zügel* und der Bedeutung von *Zügel* in den Redewendungen.

6. Führe dir das Verhältnis zwischen Pferd und Reiter vor Augen. Versuche nun mit Hilfe deiner Überlegungen, die wörtliche Bedeutung der folgenden Ausdrücke mit ihrer übertragenen Bedeutung zu vergleichen.

fest im Sattel sitzen – sich im Sattel halten – jemandem in den Sattel helfen – jemanden aus dem Sattel heben

7. Wie mag die Redewendung *etwas aus dem Stegreif tun/erledigen* entstanden sein? „Stegreif" ist ein altes Wort für „Steigbügel".

1. Ersetze die unterstrichenen Wortgruppen jeweils durch eine Redewendung, die eine Farbbezeichnung enthält.

- Gleich in der ersten Schulstunde merkte Thorsten, dass der Lehrer ihn nicht besonders leiden konnte. →

  …, *dass der Lehrer ihm nicht grün war.* ……………………………………

- „Pass auf, was du sagst! Sonst wird er wütend.“ →

  ……………………………………………………………………………

- Manche Politiker lügen uns wer weiß etwas vor, damit sie bessere Chancen auf eine Wiederwahl haben. →

  ……………………………………………………………………………

- Die Firma hat schon lange keinen Gewinn mehr gemacht. →

  ……………………………………………………………………………

- Da sind die kleinen Rabauken aber glimpflich davongekommen. Sie mussten sich nur eine Standpauke anhören, wurden aber nicht bestraft. →

  ……………………………………………………………………………

- Torsten will heute nicht zur Arbeit gehen. Er möchte fernsehen. →

  ……………………………………………………………………………

- Endlich hat man uns für unsere Forschung eine Erlaubnis gegeben. →

  ……………………………………………………………………………

- Vieles beurteilt man optimistisch, wenn man verliebt ist. →

  ……………………………………………………………………………

2. Vergleiche die Formulierungen? Welche von beiden gefällt dir besser? Kannst du das auch begründen?

3. Was bedeuten die folgenden Ausdrücke?

- Das Weiße Haus: ……………………………………
- Das schwarze Gold: ……………………………………
- Die schwarze Kunst: ……………………………………
- Der rote Faden: ……………………………………
- Der blaue Brief: ……………………………………

1. In den folgenden Äußerungen werden immer zwei Redewendungen durcheinander gebracht. Welche sind es? Schreibe sie unter die Sätze!

o Plötzlich habe ich gemerkt, dass der mich über den Tisch hauen wollte.

...*jemanden über den Tisch ziehen*... ...*jemanden über das Ohr hauen* ...

o Ich glaube, ihr seid alle auf dem falschen Holzdampfer.

....

o Wenn wir so weiter machen, kommen wir auf keinen grünen Nenner.

....

o Glaube mir, da rennst du bei mir offene Ohren ein.

....

o Ihr gefiel das Eishockey-Spiel gut. Ich glaube, sie hat Feuer geleckt.

....

2. Wieso wurden die jeweiligen Redewendungen wohl miteinander verflochten? Finde heraus, was die beiden jeweils miteinander verbindet.

....

....

....

3. Erkläre, wie die folgenden Äußerungen zustande gekommen sind.

o So ein Unfall geht einem immer an die Leber.

....

o Sie hat ihm Honig in die Augen geschmiert.

....

o Es ist schwer, dort ein Bein auf den Fuß zu kriegen.

....

o Da habe ich mir was eingehalst.

....

o Das hat er sich aus den Haaren gesaugt.

....

1. Erläutere die Bedeutungen von *Gang* in den folgenden Sätzen.
   Welche anderen Ausdrücke kannst du dafür einsetzen?

Sein erster Gang führte ihn zum Bäcker. → Weg..

Ein schmaler Gang verbindet das Schlafzimmer mit dem Bad. →.................................

Sein Gang war schwankend wie der eines Seemanns. →...

Der dritte Gang ist das Hauptgericht. →..

Sie legte den fünften Gang ein. →...

Aufmerksam verfolgte er den Gang der Verhandlung. →...

Er versuchte den Motor wieder in Gang zu bringen. →...

Das Fest war bereits in vollem Gange. →..

Das muss nun seinen Gang gehen.→..

2. Gibt es ein Bedeutungsmerkmal (oder mehrere), das die verschiedenen Bedeutungen von *Gang* miteinander verbindet?

....

....

....

3. Suche Zusammensetzungen und Ableitungen mit *-gang-* , wie z.B. *Alleingang*, *Gangart …*

....

....

....

....

4. Gibt es einen Zusammenhang zwischen der Bedeutung von *-gang-* in den Zusammensetzungen und dem einfachen Wort *Gang*?

....

....

....

o Ich suche eine Wort mit zwei Buchstaben.	....
o Der Redner schloss mit einem Wort des Dankes.	....
o Darauf gebe ich dir mein Wort.	....

1. In den Sätzen hat Wort unterschiedliche Bedeutungen.
   Ordne die folgenden Bedeutungen den obigen Verwendungen zu.
   a) <sprachliche Einheit mit Lauten/Buchstaben und Bedeutung>
   b) <Versprechen>
   c) <zusammenhängende Äußerung>

2.
   - o Wie viele Wörter enthält der Satz?
   - o Du wirst später noch an meine Worte denken.

   Welcher Bedeutungsunterschied besteht zwischen den Pluralformen *Wörter* und *Worte*?

   ....

3. Während der Hochzeitsfeier erhebt sich der Vater der Braut und sagt:
   „Ich möchte gerne ein paar Worte sprechen:
   Leberknödel, Goldhur, hüpfen, Sumpfhuhn, traubenförmig, kurz, Anker, Klimaanlage, kultivieren, Nomade!“

   Sind *„Leberknödel, Golduhr, hüpfen, Sumpfhuhn ,....“ Worte* oder nur *Wörter*?

   ....

4. Ordne die in Aufgabe 1 angeführten Bedeutungen auch den folgenden Redewendungen und Sprichwörtern zu.

ein gutes Wort für jemanden einlegen ....

im wahrsten Sinne des Wortes ....

immer das letzte Wort haben wollen ....

jemandem das Wort erteilen ....

jemanden beim Wort nehmen ....

etwas Wort für Wort abschreiben ....

Ein Mann, ein Wort! ....

Das Wort liegt mir auf der Zunge. ....

Dein Wort in Gottes Ohr! ....

1. Je zwei Sätze aus der linken und der rechten Spalte enthalten das gleiche Verb, aber mit verschiedenen Bedeutungen. Verbinde die Sätze. Fülle die Lücken.

a) Es begann zu dämmern, als er morgens erwachte.	Er .... viel Lob für seinen Vortrag.
b) Das Kind spart für einen neuen Fußball.	Ihn .... die Angst, und er lief schnell davon.
c) Tim hatte mal wieder verschlafen und kam zu spät zur Schule.	Langsam *dämmerte* es ihr, warum alle nichts gesagt hatten.
d) Der Bauer erntet den Mais.	Den Kommentar hättest du dir wirklich .... können.
e) Die Katze packte die Maus und fraß sie auf.	Anna hatte Olafs Geburtstag ....

2. Welches sind die wörtlichen Bedeutungen? Welches sind die übertragenen Bedeutungen? Unterstreiche diese Sätze.

3. Welche Merkmale der wörtlichen Bedeutung lassen sich in der übertragenen Bedeutung wiederfinden?

a) *dämmern = hell werden: die Gedanken werden immer heller/klarer*

b) ....

....

c) ....

....

d) ....

....

e) ....

....

1. Wer oder was wird mit diesen Metaphern bezeichnet?

a) Eselsohr

....

b) Mauerblümchen

....

c) Affentheater

....

d) Weichei

....

e) Versuchskaninchen

....

f) Nervensäge

....

g) Steckenpferd

....

h) Engpass

....

2. Welchen Zusammenhang kannst du zwischen der wörtlichen Bedeutung des zusammengesetzten Wortes und der übertragenden Bedeutung erkennen?

a) *Die Ecke im Papier erinnert an ein geknicktes Ohr.*

....

....

....

....

....

....

....

....

....

....

1. Die folgenden Sätze enthalten Ausdrücke, die für etwas anderes stehen. Unterstreiche die Ausdrücke und schreibe auf, wofür sie stehen.

- Ich möchte gerne noch einen Teller. → Suppe..
- Das Weiße Haus muss jetzt reagieren. → ....
- Das Stadion tobte, als die Spieler die Spielfläche betraten. → ....
- Tina sagt, die Schule habe Schuld an ihrem Versagen. → ....
- Der Vollbart dort will dich sprechen. → ....
- Das Rathaus hat beschlossen, die Hauptstraße zu erweitern. → ....
- Möchtest du noch eine Tasse trinken? → ....
- Er hat gerade Goethe gelesen. → ....
- Die Familie Meyer fährt jetzt einen Porsche. → ....
- Die Beatles höre ich immer gern. → ....

2. Die beiden Ausdrücke stehen jeweils in einem besonderen Verhältnis zueinander:

- Gefäß für dessen Inhalt: Teller → Suppe, ...
- Gebäude für Institution: ....
- Erzeuger für Erzeugnis: ....
- Ort für dort befindliche Personen: ....
- Körperteil für Person: ....

3. Erkläre die Entstehung der folgenden unterstrichenen Ausdrücke:

- Das 19. Jahrhundert hat uns viele kostbare Erfindungen gebracht. ....
- Er stieß ihm das Eisen in die Brust. ....
- Deutschland wählt den Bundestag. ....
- Er schoss das Leder ins Tor. ....
- Hitler marschierte 1938 in Österreich ein. ....
- Das Kunstmuseum freut sich über den erworbenen Picasso. ....

- Der Wortstern *ziehen* besteht aus einer zentralen Kernbedeutung und strahlenförmig davon ausgehenden Nebenbedeutungen. Versuche, die folgenden Sätze dem Wortstern zuzuordnen, indem du jeweils die Buchstaben der Sätze in die Kreise einfügst! Sie enthalten die gewichteten (von x bis xxx) Bedeutungsmerkmale.

a) Das Pferd zieht den Wagen.
b) Die Mutter zieht sie aufs Sofa.
c) Der Hund zieht an der Leine.
d) Es zieht ihn in die Ferne.
e) Der Angreifer zieht ein Messer.
f) Sie zieht in eine andere Stadt.
g) Er zieht an seiner Zigarette.
h) Der Gärtner zieht Pflanzen aus Stecklingen.
i) Sie lässt den Tee drei Minuten ziehen.
j) Es zieht am Fenster.
k) Er verspürt ein Ziehen im Arm.

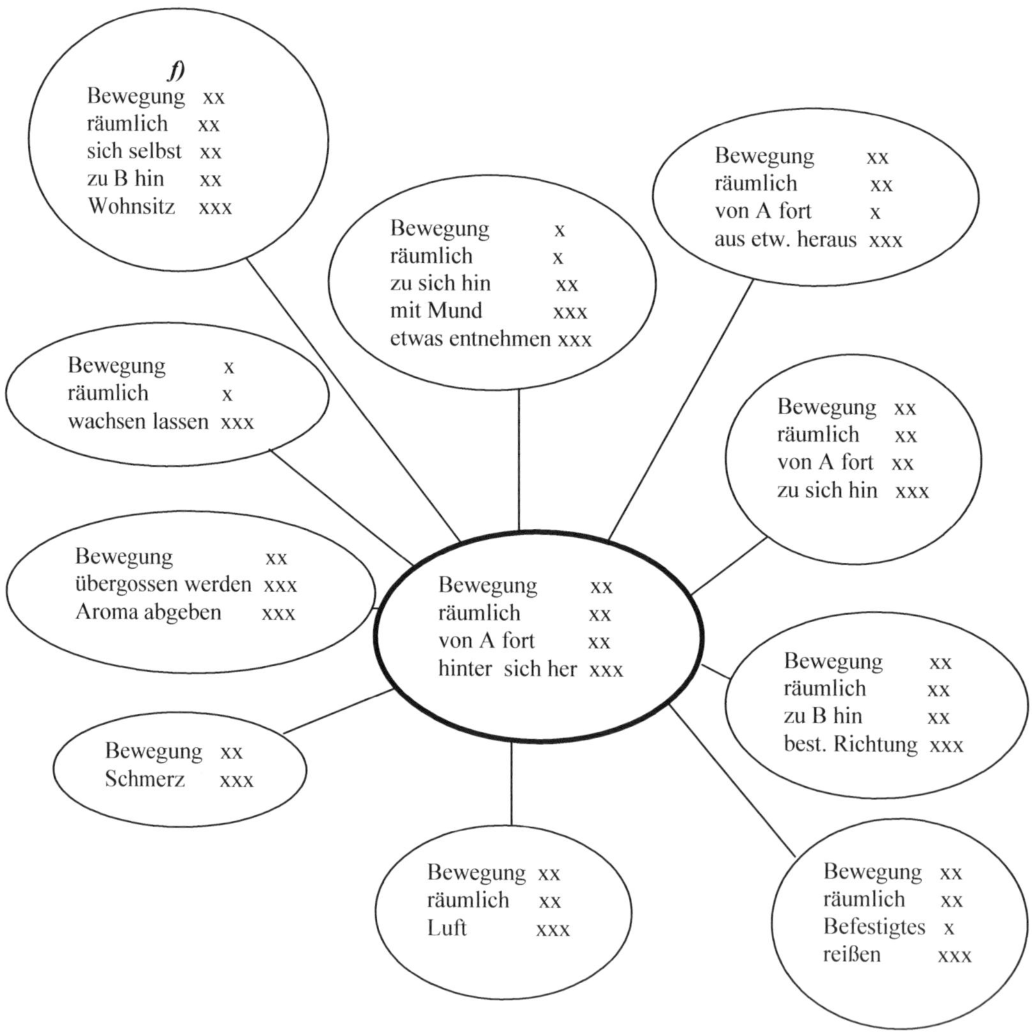

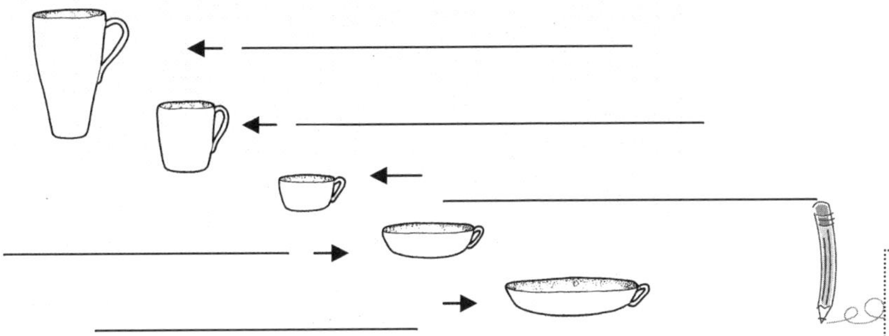

1. Wie würdest du die abgebildeten fünf Gegenstände nennen?
   Schreibe deine Bezeichnungen daneben! Ist eine Tasse dabei?
   Gibt es typische und weniger typische Exemplare einer Tasse?

   ....

   ....

2. Zeichne selbst in den Kasten eine Tasse, die du für eine typische Tasse hältst.

3. Hat deine Tasse einen Henkel? ....

   Muss deiner Meinung nach jede Tasse einen Henkel haben? ....

   Ist eine Tasse mit abgebrochenem Henkel immer noch eine Tasse? ....

4. Ist deine Tasse höher als breit, so hoch wie breit oder flacher als breit? ....

5. Stell dir ein Trinkgefäß vor, das die Form einer Tasse hat, aber aus Glas besteht.
   Würdest du es eher *Tasse* oder eher *Glas* nennen?

   ....

6. Sind außer der äußeren Form und dem Material noch andere Eigenschaften eines Gegenstandes entscheidend dafür, dass du ihn als *Tasse* bezeichnest, z.B. die Funktion?
   Was also macht eine *Tasse* eigentlich zur *Tasse*?

   ....

   ....

7. Mann kann auch aus einem *Krug,* einem *Kelch* oder aus einem *Pokal* trinken.
   Welche Merkmale unterscheiden diese Trinkgefäße von Tasse, Becher, Schale, Glas?

   ....

8. Stell dir einen sehr hohen, sehr schlanken *Becher* vor, in dem ein Blumenstrauß steckt. Handelt es sich dann um eine *Vase* oder immer noch um einen *Becher*?

   ....

1. Bringe die folgenden Ausdrücke in die richtige Reihenfolge, sodass sie einen typischen Ablauf beschreiben.

Rechnung anfordern	Gericht auswählen		bezahlen
Besteck und Getränke entgegennehmen	Bestellung aufgeben		Restaurant betreten
essen und trinken	um die Speisekarte bitten	Platz nehmen	Restaurant verlassen

2. Ein Handlungsschritt fehlt. Welcher ist es? ....

3. Welche Personen, Gegenstände und Zustände spielen beim Restaurantbesuch eine wichtige Rolle? Schreibe sie auf. Welche Vorstellungen verbindest du mit ihnen?

Ober: Berufskleidung, gepflegt, höfliche, gute Haltung, dienstbeflissen

....
....
....
....

4. Welche typischen Äußerungen gehören zu Restaurantbesuchen?

„Herr Ober, bitte die Speisekarte!" ....

....
....
....
....
....
....

Schlot, Schlachter, Backpfeife, Schlappen, Jahrmarkt, Metzger, Fleischküchle, Bulette, Lappen, Esse, Watsche, Frikadelle, Kamin, Kruste, Gutsle, Latschen, Ohrfeige, Kirmes, Puschen, Zuckerle, Aufnehmer, Fleischhauer, Fetzen, Schelle, Kanten, Lumpen, Bonbon, Schornstein, Bemme, Schmiere, Fleischer, Pantoffel, Stulle, Knust, Schnitte, Klümpchen, Rauchfang, Rummel, Kamelle, Kirchweih, Klops, Feudel, Schluffen

1. In verschiedenen Gegenden des deutschen Sprachraums werden die gleichen oder sehr ähnlichen Vorgänge und Erscheinungen unterschiedlich bezeichnet.
   Was ist mit den oben genannten Wörtern gemeint? Ordne sie in zehn Gruppen:

   Schornstein..

   Ohrfeige..

   ....

   ....

   ....

   ....

   ....

   ....

   ....

   ....

2. Unterstreiche in jeder Gruppe das Wort, das dir am geläufigsten ist.

3. Welche Wörter kannst du mehr dem süddeutschen Raum, welche dem norddeutschen Raum zuordnen?

   Norddeutsch: ....

   ....

   Süddeutsch: ....

   ....

4. Die folgenden Verben kannst du nach ihrer Bedeutung in zwei Gruppen ordnen und vielleicht auch durch weitere Wörter gleicher Bedeutung ergänzen:
   uzen, aufziehen, labern, schnacken, necken, klönen, hänseln, babbeln, ärgern ...

   ....

   ....

Traurig senkte der Ritter seine Birne.	–	Ich geb dir gleich eins auf dein Haupt!

1. Was hältst du von den beiden Sätzen?
2. Haupt, Birne, Kopf, Rübe, Ballon:
   Welche Unterschiede bestehen zwischen diesen Wörtern?

....

....

3. Ergänze die fehlenden Wörter in der Tabelle.

gehobene Ausdrucksweise (1)	wertneutral (2)	umgangssprachlich (3)
memorieren		pauken
verschieden	tot	
gekränkt		eingeschnappt
hurtig		fix
entwenden		klauen
Gemach	Zimmer	
	bekommen	kriegen
Fehde		
Antlitz		
sich brüsten		

4. Ordne die folgenden Verben des Wortfeldes *sterben* den drei Stilebenen in der Tabelle zu, indem du die entsprechende Zahl in die Klammern einträgst.

entschlafen ( ) – versterben ( ) – umkommen ( ) – abkratzen ( ) – ins Gras beißen ( ) – verscheiden ( ) – das Zeitliche segnen ( ) – zugrunde gehen ( ) – verrecken ( ) – verenden ( ) – sterben ( ) – krepieren ( ) – entschlummern ( )

5. Vervollständige die Lückensätze:

   a) Nach langer, schwerer Krankheit .... unser geliebter Vater in Frieden.

   b) Schwer verwundete Soldaten .... im Krieg manchmal wie Hunde.

   c) Bei dem Unglück sind zwei Menschen ....

1. Übertrage die folgenden Sätze in eine neutrale Stilebene (weder gehoben noch umgangssprachlich):

a) Ich habe stundenlang deiner geharrt.

....

b) Da hab ich aber Schwein gehabt.

....

c) Er war aller finanziellen Mittel entblößt.

....

d) Meckere mich nicht an!

....

e) Die Dame wähnt ihren Gemahl zu Hause.

....

f) Wann verpisst er sich denn endlich?

....

2. Welcher Ausdruck passt jeweils nicht in den Satz? Formuliere die Sätze so um, dass man sie eindeutig einer bestimmten Stilebene zuordnen kann.

a) Während des Hurricanes haben Hunderte ins Gras gebissen.

....

b) Wir sind sehr bemüht, eine geeignete Bude in guter Wohnlage für Sie zu finden.

....

c) Der Jüngling wollte in die Disko gehen.

....

d) Können Sie mir zu dem Filet-Steak Fritten servieren?

....

e) Er fuhr mit einer chromglänzenden neuen Karre vor.

....

f) Entschuldigen Sie bitte, ich bin kurz eingepennt.

....

„Reich mir doch mal das *Ding* da!"

„Welches Ding?"

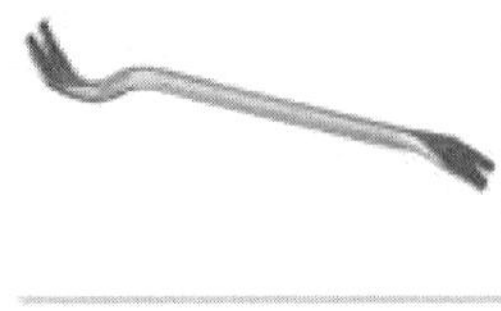

„Reich mir das eiserne *Werkzeug, das am Ende gebogen ist, abgeflacht und eingekerbt, mit dem ich die Nägel aus dem Balken hier ziehen und die Kiste dort aufbrechen kann*!"

„Warum sagst du denn nicht gleich: Reich mir den ....!?"

1. Welches Wort gehört in die Lücke?

2. Wodurch unterscheidet sich der Fachausdruck von den beiden Bezeichnungen für den gewünschten Gegenstand in dem ersten und in dem dritten Satz des Dialogs?

....

3. Was ist mit den folgenden wortreichen Bezeichnungen gemeint?

mit Linien markierter Bereich vor dem Tor, in dem besonders streng geahndet wird, wenn die Mannschaft, die verteidigt, gegen Spielregeln verstößt:

....

sprachlicher Ausdruck, den man kennen und eingeben muss, um Zugang zu einem Programm auf dem Computer zu erhalten:

....

Raum in der Natur, der dadurch gekennzeichnet ist, dass ganz bestimmte Pflanzen und Tiere in ihm leben:

....

jemand für eine Zeit unempfindlich gegen Schmerzen machen:

....

4. Wie würdest du umschreiben, was du meinst, wenn du folgende Fachausdrücke nicht benutzen dürftest:

Salto: ....

Sopran: ....

Alibi: ....

Tiebreak: ....

Tandem:...

pritschen: ....

herunterladen: ....

chatten: ....

komponieren: ....

Blitzeis: ....

Konkurs: ....

netto: ....

Erwin Schulz ist gestorben.

Jetzt ist es offiziell. Der populäre Schauspieler Erwin Schulz ist vor einer Woche im Alter von 69 Jahren gestorben.

Man hatte sich immer gewundert, warum Erwin Schulz nicht mehr im Schauspielhaus zu sehen war.

Es gibt jedoch eine kuriose Geschichte, warum er seinen Beruf aufgeben musste. Er hat häufig den galanten Frauenverführer oder den korrupten Geschäftsmann in banalen Stücken gespielt. Zwei sehr maskuline Rollen. Ein häufiger Ausspruch des Frauenverführers war „Nun werd mal nicht sentimental!", wenn die Frauen zu weinen begannen. Wenn er den Geschäftsmann spielte, musste er meist sagen: „Seien Sie sensibel mit den Geschäftspartnern!" Als er jedoch in die Jahre kam, war er ein wenig konfus, wenn nicht sogar schon senil. Er sagte plötzlich zu den weinenden Frauen „Nun werd mal nicht sensibel." Und was noch schlimmer war, zu den Angestellten: „Seien Sie sentimental mit den Geschäftspartnern." Daraufhin wurde ihm keine neue Rolle mehr angeboten. Da er relativ ökonomisch mit seinem Geld umgegangen war, konnte er noch bis zu seinem Tod davon leben.

1. Unterstreiche alle Wörter im Text, die aus fremden Sprachen entlehnt sind.
2. Ordne die im Text gebrauchten Fremdwörter den folgenden deutschen Wörtern zu:

verwirrt.......................................	geistlos.......................................
gefühlvoll....................................	feinfühlig....................................
vergleichsweise............................	männlich......................................
amtlich	bestechlich...................................
altersschwach...............................	höflich...
seltsam	wirtschaftlich/sparsam
bekannt/beliebt	....

3. Überprüfe, wie der Text sich verändert, wenn du die deutschen Wörter für die Fremdwörter einsetzt.
   a) Entspricht die Bedeutung des Fremdwortes genau der Bedeutung des deutschen Wortes?
   b) Handelt es sich um dieselbe Stilebene?

4. Ähnlich klingende Fremdwörter werden manchmal verwechselt. Bilde mit jedem der folgenden Fremdwörter einen Satz! (Falls du ein Wort nicht kennst, schaue in einem Wörterbuch nach!)
   a) ökonomisch – ökologisch
   b) Vision – Version
   c) essenziell – existenziell
   d) different – differenziert

Schaubühne	Universität
Korrespondenz	Mundart
Komödie	Anschrift
Hochschule	Theater
Adresse	Ausflug
Dialekt	Briefwechsel
Exkursion	Lustspiel

1. Kreise die Fremdwörter ein.

2. Verbinde die Fremdwörter mit den deutschen Entsprechungen.
   Wo erkennst du Bedeutungsunterschiede?
   Ist zum Beispiel jede Hochschule eine Universität?

3. Kennst du Entsprechungen für die folgenden Fremdwörter?
   Oder kannst du selbst deutsche Entsprechungen vorschlagen?

Laptop →....................................

Homepage →................................

Computer →................................

Monitor →..................................

Diskette →..................................

Scanner →..................................

Printer →....................................

Mousepad → ....

Internet → ....

Shampoo →..................................

Make-up →..................................

Eyeliner →..................................

Whirlpool →................................

Bikini →....................................

Shorts →....................................

Stewardess →..............................

Cocktail →..................................

Bodyguard →..............................

Wandlung

Ein Mensch führt, jung, sich auf wie toll:
Er sieht die Welt, wie sie sein soll.
Doch lernt er auch nach kurzer Frist,
Die Welt zu sehen, wie sie ist.
Als Greis er noch den Traum sich gönnt,
Die Welt zu sehn, wie sie sein könnt.

Eugen Roth

1. Der schlichten Tatsachenfeststellung *So ist die Welt* stehen in dem Gedicht zwei Stellungnahmen zur Geltung des Sachverhalts (Modalitäten) gegenüber:

   wie sie sein soll – …………………… *wie sie sein könnt* – ……………………..
   Handelt es sich dabei darum, dass eine andere Welt möglich – wahrscheinlich – sicher – wünschenswert – zwangsläufig – unwahrscheinlich – erlaubt erscheint? Schreibe die beiden zutreffenden Wörter in die Lücken.

2. Wie verhält es sich bei den folgenden Aussagen?

   So darf die Welt sein. ………………… So muss die Welt sein…………………

   So mag die Welt sein. …………………

3. Vergleiche: *Hans kommt*………………………..

   Hans kann kommen……………………. Hans muss kommen………………………

   Hans könnte kommen…………………Hans sollte kommen……………………

   Hans darf kommen……………………Hans will kommen………………………

4. Man kann eine Aussage auch mit Hilfe von Abtönungspartikeln und Adverbien kommentieren:
   vermutlich, angeblich, vielleicht, sicher, möglicherweise, hoffentlich, leider, erfreulicherweise, klugerweise, glücklicherweise, erstaunlicherweise, dummerweise,...

   Probiere aus, welche Kommentierungen bei folgenden drei Sätzen sinnvoll sein könnten: Erläutere jeweils die Art der Kommentierung.

Ich bekomme eine Lehrstelle.

……………………………………………………………………………………………

Der Dieb wird gefasst.

……………………………………………………………………………………………

Das Wetter ist schlecht.

……………………………………………………………………………………………

„Du hast vergessen, frische Brötchen vom Bäcker mitzubringen!“

1. Wie verändert sich die Bedeutung dieses Satzes, wenn du eins der folgenden Wörter einsetzt?

aber: Du hast aber vergessen, frische Brötchen vom Bäcker mitzubringen!

Das Vergessen steht im Gegensatz zu anderen positiven Handlungen........................

auch:..

bloß:..

doch:..

eigentlich:..

einfach:...

hübsch:...

immerhin:..

irgendwie:..

nur:...

schließlich:...

schon:...

überhaupt:..

übrigens:..

wohl:...

2. Was meinst du zu dem Urteil, es handele sich bei den Wörtern um bloße „Füllwörter“, die völlig überflüssig seien und die man deshalb besser nicht verwenden sollte?

3. Unterstreiche in den folgenden Sätzen die Wörter, die eine Einschätzung des Sprechers gegenüber der Aussage des Satzes zum Ausdruck bringen:
   – Ich kann euch sagen: Das war vielleicht ein Tag!
   – Das geht dich überhaupt gar nichts an!
   – Heute bleibst du mal zu Hause!
   – Du solltest mir ruhig die Wahrheit sagen.

*Im Sommer herrscht dort extremste Hitze!
*Sie kam einfach nicht auf den nächstliegendsten Gedanken.
*In dem Hochhaus befindet sich die höchstgelegenste Wohnung der ganzen Stadt.
*Welche Religion ist die wahre und einzigst richtige?
*Es handelt sich um eine der meistbesuchtesten Internet-Seiten.
*Ich bitte um größtmöglichste Aufmerksamkeit!
*Die Post lagert nicht abgeholte Pakete maximalst eine Woche.
*Wie hoch ist das höchstzulässigste Gesamtgewicht des LKW?
*Pannen konnten weitestgehendst vermieden werden.
*Er bestand alle Prüfungen mit den bestesten Noten.
*Es ist eins der bestrenommiertesten Hotels am Ort.
*Das Antiquariat bezeichnet die Titelseite des Buches als minimalst nachgedunkelt.

1. Sicher hast du solche oder ähnliche Sätze schon gehört oder gelesen. Das Sternchen * davor soll darauf hinweisen, dass diese Formulierungen in der Standardsprache nicht zulässig sind.
   Was ist an ihnen nicht in Ordnung?

2. Wenn man einer Aussage besonderen Nachdruck verleihen will, benutzt man gern den Superlativ, die höchste Steigerungsstufe von Adjektiven und Adverbien. Inwiefern wurde in den Sätzen der Superlativ falsch verwendet?

   Ordne die Sätze zu zwei Gruppen und korrigiere sie:

   a) Bei Wörtern, die bereits einen höchsten oder geringsten Grad ausdrücken, kann kein Superlativ genutzt werden.

   b) Eine doppelte Steigerung mit zwei Superlativen in einem Wort ist nicht korrekt.

a)

....

....

....

....

....

b)

....

....

....

....

....

....

....

Der hagere Dünne und der fette Dicke unterhalten sich im Gespräch. Plötzlich auf einmal fängt der hagere Dünne mit dem Körper schlotternd zu zittern an. „Da ist ein verstorbener Toter!“ flüstert der hagere Dünne leise sprechend mit furchtsamer Angst. „Er schlurft uns mit den Schuhen über den Boden schleifend entgegen.“	Der fette Dicke brüllt schreiend mit furchtlosem Mut: „Du gehörst wohl zu den nicht sehenden Blinden. Das ist doch nur der bäuerliche Landwirt, der uns auf einem Bein hüpfend entgegenhinkt. Du gehörst wirklich nicht zu den schlauen Weisen.“

1. Was fällt dir an dem Text auf?
2. Durch welche Wörter und Wortgruppen wird zweimal ungefähr das Gleiche zum Ausdruck gebracht?

a) *hager*.................................... *ein Dünner*..................................

b) ....

c) ....

d) ....

e) ....

f) ....

g) ....

h) ....

i) ....

j) ....

k) ....

l) ....

m) ....

n) ....

o) ....

3. Prüfe und vergleiche die Ausdrücke:
   Welche Ausdrücke bedeuten wirklich das Gleiche?
   Welche haben eine ähnliche Bedeutung? Worin besteht jeweils der Unterschied?

4. Manchmal kann es durchaus sinnvoll sein, etwas zweimal zu sagen, es zu wiederholen.
   Untersuche die folgenden Äußerungen:
   a) „Was ich gesagt habe, ist wahr, wirklich und wahrhaftig wahr, ich schwöre es.“
   b) „Das habe ich dir doch schon mehrmals, oft, immer und immer wieder gesagt.“

..........................Herr Meier,

ich nehme Ihr Angebot an und überlasse Ihnen mein Mountainbike gegen Zahlung von 250,-- Euro.

....
Günter Schulz

............................Meike,
ich lade dich herzlich zu meiner Geburtstagsfeier am Montag um 17 Uhr ein.
Ich würde mich freuen, wenn du kommst!

....
Jana

1. Wie würdest du die Adressaten in den beiden Briefen anreden? Wie würdest du zum Schluss deinen Gruß formulieren?
2. Kreuze an, wie du die folgenden Anreden und Grußformeln beurteilst. Prüfe auch, zu welchem Verhältnis zwischen Briefschreiber und Adressat die Formeln passen.

	veraltet	gebräuchlich	privat	offiziell	steif	locker	Personen bekannt	Personen unbekannt	vertraut	gleichgestellt	übergeordnet
Werte(r) Frau/Herr											
Hi!											
Sehr geehrte(r) Frau/Herr ...											
Liebe(r) ...											
Hallo, ...											
Mein(e) liebe(r) ...											
Liebste(r)!											
Tschüß!											
Mit freundlichen Grüßen…											
Herzlichst…											
Hochachtungsvoll…											
Viele Grüße…											
Es umarmt und küsst dich…											

3. Welches sind die von dir bevorzugt verwendeten Formeln? Warum?
4. Welche Anrede- und Grußformeln verwendet man in der mündlichen Rede?

....

....

„Ich sitze gerade auf einem..., einem... Ja, was ist es eigentlich genau?"

1. Durch welche Merkmale unterscheiden sich die verschiedenen Sitzgelegenheiten?
Nutzen Sie + für ja, – für nein und +/–, wenn beides gelten kann.

	man kann darauf sitzen	vier Beine	Rücken-lehne	bietet Platz für eine Person	Arm-lehnen	gepolstert
Stuhl						
Sessel						
Hocker						
Sofa						
Schaukelstuhl						
Sitzkissen						

2. Sind die angegebenen Merkmale ausreichend, um die verschiedenen Sitzgelegenheiten voneinander zu unterscheiden? Welche weiteren Merkmale könnte bzw. müsste man hinzufügen?

Stuhl.. Sofa...

Sessel.. Schaukelstuhl................................

Hocker... Sitzkissen.....................................

3. Versuchen Sie, die Bedeutungsunterschiede zwischen den folgenden Wörtern mit Hilfe von Bedeutungsmerkmalen zu erläutern.

a) Weg: ....

b) Straße: ....

c) Allee: ....

d) Pfad: ....

e) Gasse: ....

f) Autobahn: ....

147 **Heute schon gelogen?** D

Psychologen behaupten: Wer nicht lügt, wird krank. Denn, die pure Wahrheit rund um die Uhr hält kein Mensch aus. Der englische Naturwissenschaftler John Nicholson hat ermittelt, dass der Durchschnittsmensch 200 Mal am Tag lügt oder, milder ausgedrückt, von der Wahrheit abschweift. Denn wir lügen ja nicht nur. Wir schwindeln, flunkern, verdrehen, beschönigen, verzerren, erfinden, täuschen, simulieren.

1. Halten Sie die Meldung der KIELER NACHRICHEN vom 1. April 2006 für zutreffend oder für einen Aprilscherz? ....

2. „Ich habe dir gestern gesagt, dass ich Linus und Maike im Kino gesehen habe. Aber das stimmt nicht. Ich habe mich getäuscht."
   Warum hat der Sprecher am Tag vorher nicht *gelogen*?

   ....

3. Was verstehen wir genau unter *lügen*?
   Zu den Bedeutungsmerkmalen <sagen/sprechen> und <falsch/nicht zutreffend> muss wohl noch etwas hinzukommen: <...>.

4. Kann auch ein *Verschweigen* der Wahrheit auf *Lügen* hinauslaufen?.........................

5. Sammeln Sie über die im Text oben angeführten Verben hinaus Wörter und Redewendungen für <eine falsche Aussage machen>:
   erdichten, leugnen, verhehlen, irreführen, von der Wahrheit abweichen, blauen Dunst vormachen, an der Nase herumführen,

   ....

   ....

   ....

   ....

6. Untersuchen Sie die Ausdrücke einzeln danach, welche Bedeutungsmerkmale zu den oben genannten noch hinzukommen.
   Vielleicht geben Ihnen folgende Merkmale Anregungen:
   a) <geringfügige Abweichung von der Wahrheit> – <starke Abweichung von der Wahrheit>;
   b) <Bewertung: zu verurteilen> – <Bewertung: harmlos/verzeihlich>;
   c) <Modifikation der Wahrheit> – <Erfindung einer Unwahrheit>.

7. Unter welchen Umständen würden Sie eine bewusste, absichtsvolle Abweichung von der Wahrheit rechtfertigen, möglicherweise sogar fordern?
   Nennen Sie Beispielfälle.

8. *Wer einmal lügt, dem glaubt man nicht, und wenn er gleich die Wahrheit spricht.*
   Trifft dieses Sprichwort Ihrer Meinung nach als Lebenserfahrung zu?
   Sollte es Richtlinie für Ihr eigenes Handeln sein?

... „Na, wie hat dir der Film gefallen?“ – „Och, ich finde ihn gut.“ – „So? Aber die Schauspieler spielen doch alle schlecht!“ – „Die Story ist gut. Mindestens James Bone hat gut gespielt. Auch Liz Scotty war gut.“ – „Na, sag bloß, das Happyend war auch gut!? Der schlechte Start wurde durch das schlechte Ende noch überboten!“ ...

1. Oft ist man aufgefordert, Urteile abzugeben. Mit den beiden Wörtern *gut* und *schlecht* allein kann man sich kaum differenziert äußern. Wodurch lassen sich diese in dem abgedruckten Dialog ersetzen?

   ....

   ....

2. Sammeln Sie Ausdrücke des Lobens und Preisens:

   Gut, ausgezeichnet, super, hervorragend, ...

   ....

   ....

   ....

3. Versuchen Sie, möglichst viele der gesammelten Ausdrücke in eine abgestufte lexikalische Kette einzuordnen, die mit dem schwächsten Lob beginnt und mit dem stärksten endet.

   Noch akzeptabel, ...

   ....

   ....

   ....

4. Sammeln Sie Ausdrücke des Tadelns und Schmähens:

   Schlecht, miserabel, ...

   ....

   ....

   ....

5. Ordnen Sie auch diese Ausdrücke zu einer lexikalischen Kette.

   Steigerungsfähig, ...

   ....

   ....

   ....

6. Schreiben Sie einen fiktiven Kurzdialog, in dem viel und differenziert beurteilt und gewertet wird (z. B. Beurteilung eines Buches, eines Kunstwerks, eines Musikstücks, eines Kleidungsstücks, eines Hobbys ...).

wichtigtuerisch, unfreundlich, feindlich, abweisend, unnahbar, aufgeblasen, affig, eitel, affektiert, hochfahrend, feindselig, hochnäsig, eingebildet, dünkelhaft, hochmütig, überheblich, gönnerhaft, hoffärtig, selbstgefällig, herablassend, verächtlich, eigenwillig, eigensinnig, unverschämt, arrogant, süffisant, anmaßend

1. Suchen Sie nach weiteren Adjektiven, die zum Wortfeld gehören.

....

2. Ordnen Sie alle Wörter nach gemeinsamen und jeweils differenzierenden Bedeutungsmerkmalen, indem Sie einzelne Adjektive auf Grund gemeinsamer Merkmale zu Untergruppen innerhalb des Wortfeldes zusammenfassen.

....

....

....

....

....

....

....

....

....

3. Sammeln Sie Adjektive eines nicht übertrieben, nicht negativ bewerteten Selbstwertgefühls: *stolz*...

....

....

....

4. Und welche Ausdrücke bezeichnen ein bescheidenes Denken?

demütig...

....

....

....

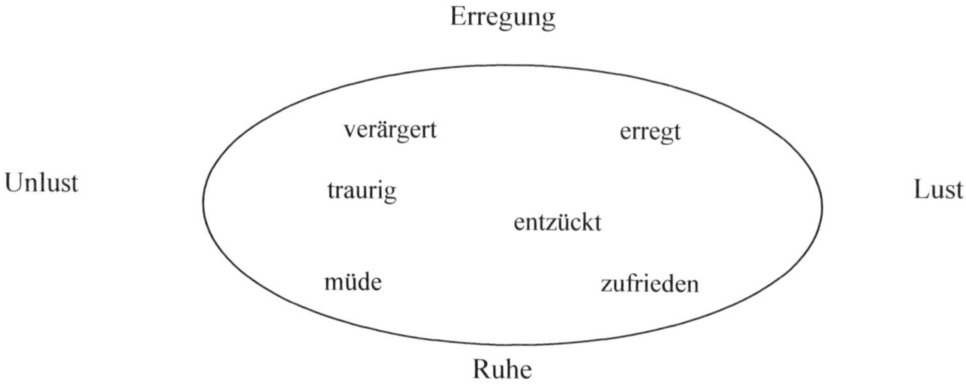

1. Es gibt viele Adjektive, die menschliche Gefühle ausdrücken. Wie ist die Anordnung der Wörter in der Graphik zwischen vier „Polen“ zu verstehen? Erläutern Sie die Position des Adjektivs *müde*.

....

....

2. Wo würden Sie innerhalb der Graphik die folgenden Gefühlswörter einordnen: *wütend, begeistert, erschüttert, glücklich, zornig, froh, gelassen*? Tragen Sie sie in die Graphik ein.
3. Bringen Sie in die folgende Zusammenstellung von Gefühlsausdrücken Ordnung, indem Sie wie auf einer Skala unterschiedliche Grade der Verärgerung berücksichtigen: *enttäuscht, erzürnt, wütend, verstimmt, gereizt, unwillig, erbittert, wutentbrannt.*

....

....

4. Ordnen Sie das folgende Sprachmaterial nach den Gesichtspunkten der Beherrschung bzw. Nichtbeherrschung der Gefühle: *mit der Faust auf den Tisch schlagen, sich vergessen, in die Luft gehen, sich im Zaum halten, die Fäuste ballen, vor Wut schnauben, sich zusammenreißen, rasen, nicht an sich halten, explodieren, mit den Zähnen knirschen, sich zurückhalten, toben, außer sich geraten, aus der Haut fahren, seinen Ärger hinunterschlucken, fuchsteufelswild werden.*

Beherrschung	Nichtbeherrschung

5. Wie erklären Sie sich das quantitative Verhältnis zwischen beiden Gruppen?

	Auslöser ganz unerwartet	kaum zu glauben	Emotionen auslösend	Unfähigkeit zu handeln und zu denken
erstaunt	+			
überrascht	+			
verwundert	+	+		
verblüfft	+	+		
bestürzt			+	
betroffen			+	
verwirrt			+	+
perplex				+

1. Sind die Kreuze Ihrer Meinung nach an den richtigen Stellen gesetzt worden? Mit welcher Zuweisung der Bedeutungsmerkmale sind Sie nicht einverstanden? Machen Sie eventuell Änderungsvorschläge.

2. Setzen Sie in die Lücken das jeweils am besten passende Adjektiv ein. (Nicht jedes Adjektiv findet Verwendung.)

a) Als das Resultat der Untersuchung bekannt wurde, waren alle völlig

.... Mit einem so schlechten Abschneiden hatte niemand gerechnet.

b) Bei diesen Worten errötete sie vor Verlegenheit und blickte

..............................auf ihre Hände, antwortete aber nicht.

c) Wir haben .... zur Kenntnis genommen, dass unser Mitarbeiter Hans Meier bei einem Verkehrsunfall ums Leben gekommen ist.

d) Ich bin ...., dich nun doch hier anzutreffen. Du wolltest doch längst auf Reisen sein.

e) Das verschlägt mir die Sprache: Ich bin total ....

f) Er konnte sich noch gar nicht vorstellen, dass er der glückliche Gewinner sein sollte.

Immer wieder blickte er ....abwechselnd auf den Überbringer der Nachricht und dann auf den funkelnagelneuen silbergrauen Porsche.

3. An welche Bedeutungsmerkmale der Adjektive haben Sie bei Ihrer Zuordnung gedacht?

sterben <Ereignis, Veränderung des Zustandes, Resultat: Eigenschaft „tot">: eingehen, verenden, umkommen, erliegen, zugrunde gehen, fallen, erfrieren, verhungern, verdursten, ersticken, verbluten, entschlafen, heimgehen, verrecken, abkratzen, verröcheln, verscheiden, ableben, einschlafen, einschlummern, ertrinken, enden, verenden, vergehen, abschrammen, krepieren, ersaufen ...

töten <verursachen → sterben>: ermorden, erschlagen, erwürgen, ersticken, umbringen, erschießen, aufhängen, aufknüpfen, erstechen, erdrosseln, vergiften, hinrichten, exekutieren, köpfen, abschlachten, abknallen, lynchen, guillotinieren, ertränken, abmurksen, beseitigen, liquidieren, umlegen, meucheln, killen, niedermachen, niedermetzeln, abmurksen, totschlagen, keulen, steinigen, abstechen, erdolchen, henken, erlegen, kaltmachen ...

1. Versuchen Sie, die Verben der beiden Sinnbereiche „Aufhören des Lebens" und „Beenden des Lebens" nach semantischen Kriterien zu ordnen, eventuell mit Hilfe graphischer Darstellungen.

2. Setzen Sie sich kritisch mit dem folgenden Vorschlag auseinander:

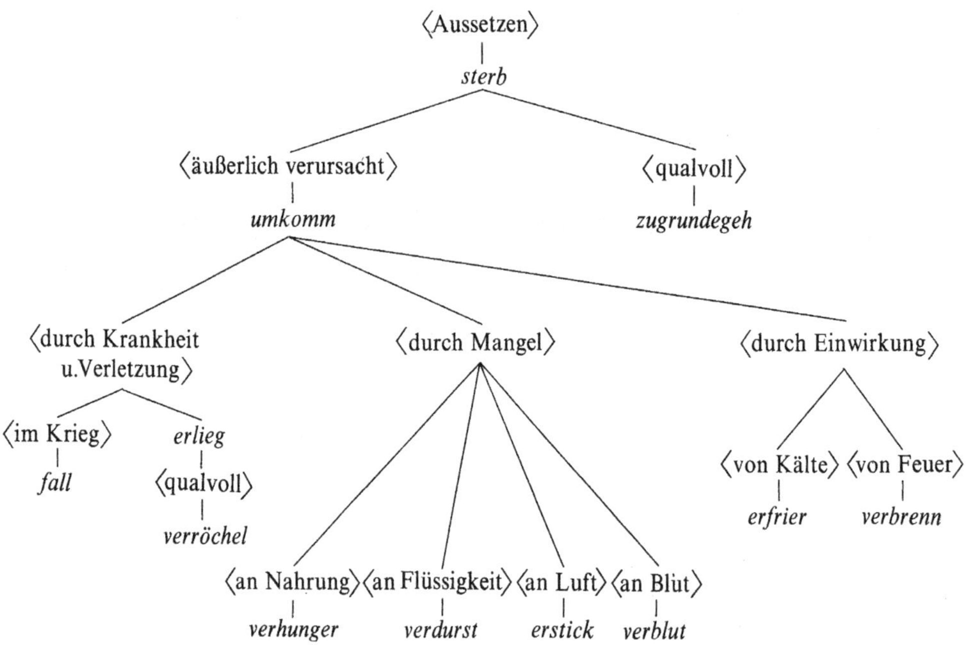

3. Stellen Sie Wortpaare zusammen, bei denen das eine Verb die Verursachung für den mit dem andern Verb bezeichneten Vorgang zum Ausdruck bringt:
töten – sterben, ertränken – ertrinken, erwürgen – ersticken, ...
....
....

a) Nadel und Faden wie Briefumschlag und			
Stempel	Papier	Brief	Briefmarke
b) kaufen und verkaufen wie kommen und			
sich nähern	erscheinen	gehen	bevorstehen
c) Theater und Schauspielhaus wie Universität und			
Lehranstalt	Hochschule	Akademie	Wissenschaft
d) früher und später wie davor und			
daneben	dahinter	nachher	vorher
e) Kopf und Haupt wie Pferd			
Ross	Schimmel	Gaul	Mähre
f) sitzen und setzen wie liegen und			
stehen	legen	stellen	ruhen
g) kalt und eiskalt wie rot und			
rötlich	grellrot	feuerrot	errötend
h) können und Fähigkeit wie müssen und			
Erlaubnis	Notwendigkeit	Zwang	Befehl
i) flüstern und schreien wie bummeln und			
rasen	schleichen	schlendern	poltern
j) anziehend und anzüglich wie bäuerlich und			
ländlich	erbaulich	bäuerisch	bauernschlau

1. Umkreisen Sie das richtige Wort.
2. Versuchen Sie, die Beziehungen zwischen den Bedeutungen der Wörter zu erläutern.

Er ist ein starker Raucher.	He is a heavy smoker.	Il est un grand fumeur.

1. Vergleichen Sie die Bedeutungen der drei Sätze miteinander.

2. Was halten Sie von den folgenden Übersetzungen:
   ? Er ist ein schwerer Raucher.
   ? Er ist ein großer Raucher.

....

....

3. Welche Substantive versieht man außerdem häufig mit dem Attribut *stark*?

starker Sturm, starkes Stück ....

....

....

4. Bei welchen Substantiven benutzt man eher die Attribute *groß*, *schwer*, *hoch* und *tief*, wenn man die Stärke einer Erscheinung betonen will?

schwerer Unfall, schweres Verbrechen ....

....

große Leidenschaft ....

....

tiefe Depressionen ....

....

hohe Verschuldung ....

....

5. Welche Attribute würden Sie hier verwenden?

.... Angst, ... Auszeichnung, ... Tee

6. Welche Ausdrücke verwendet man im Deutschen für:

fat purse: ....

heavy make-up: ....

strong verb: ....

bad mistake: ....

busy road: ....

a big price: ....

1. Ordnen Sie jeder der Gruppenbezeichnungen eine Tierart zu!

ein Rudel ....

ein Schwarm ....

eine Rotte ....

eine Schar..................................

eine Herde..................................

ein Haufen ....

ein Sprung ....

ein Zug ....

eine Kette...................................

eine Meute ....

Würmer, Wildgänse, Schweine, Wölfe, Hunde, Rehe, Fliegen/Fische, Sperlinge, Kühe/Elefanten, Kraniche

2. Wie nennt man eine kleinePortion Salz? ....
Korrigieren Sie die folgenden Fehler!

ein Klecks Papier → *ein Blatt Papier* ....

ein Tupfer Salz → ....

eine Stange Lehm → ....

eine Zehe Kuchen → ....

eine Scheibe Sahne → ....

ein Stück Farbe/Rouge → ....

ein Klumpen Zimt → ....

eine Schicht Knoblauch → ....

ein Bund Staub→ ....

eine Zehe Butter → ....

ein Flöckchen Petersilie → ....

eine Prise Wasser → ....

ein Tropfen Brot → ....

Eine Erklärung macht man nicht, sondern man gibt sie ab.

a) eine Erklärung machen → eine Erklärung abgeben ....
b) eine Erkenntnis machen → ....
c) eine Begründung machen → ....
d) einen Eid machen → ....
e) eine Verabredung machen → ....
f) eine Begrüßung machen → ....
g) eine Versammlung machen → ....
h) ein Treffen machen → ....
i) ein Wiedersehen machen → ....
j) eine Ermahnung machen → ....
k) eine Erkundigung machen → ....
l) eine Versicherung machen → ....
m) einen Vergleich machen → ....
n) einen Abschied machen → ....
o) einen Plan machen → ....
p) eine Ausrede machen → ....
q) einen Verlust machen → ....
r) einen Gewinn machen → ....
s) Einkäufe machen → ....
t) Berechnungen machen → ....
u) ein Verzeichnis machen → ....
v) eine Anweisung machen → ....
w) eine Interpretation machen → ....
x) eine Forderung machen → ....
y) eine Anklage machen → ....
z) eine Untersuchung machen → ....
aa) einen Lehrgang machen → ....
bb) eine Veränderung machen → ....
cc) einen Bericht machen → ....

- Ersetzen Sie *machen* durch das jeweils passende Verb!

> Vater und Sohn machen einen Waldspaziergang. Als sie an einer Stelle mit Blaubeeren vorüberkommen, fragt der Junge: „Papa, was sind denn das für Pflanzen?“ – „Das sind Blaubeeren.“ – Der Sohn, überrascht und ungläubig auf die Pflanzen und die Früchte daran blickend: „Blaubeeren? Aber die sehen doch rot aus!“ – Antwortet der Vater: „Das liegt nur daran, dass sie noch grün sind.“

1. Worin liegt die Pointe dieses Sprachspiels?

2. Was bedeuten die folgenden häufigen Wortverbindungen?
Und was trägt das Adjektiv *grün* zu diesen Bedeutungen bei?

a) grünes Gras..

b) grüne Hochzeit..

c) grüne Seife..

d) grüne Bohnen...

e) grüne Partei...

f) grüne Witwe...

g) grüner Hering...

h) grüner Junge..

i) grüner Tisch..

j) grüne Seite...

k) grüne Hölle..

l) grüne Welle..

m) grüne Lunge..

n) grüne Grenze...

o) grünes Holz ....

3. Die Farbe *grün* symbolisiert seit Jahrhunderten das im Frühling wieder erwachende junge Leben (sprießendes Gras, frische Blätter). Das Wort wird deshalb bald mit der Vorstellung <am Anfang (eines Reifungs- oder Entwicklungsprozesses) stehend> verbunden: *grünes Holz* ist das frisch geschlagene, noch nicht getrocknete, noch saftige Holz.
Bei welchen weiteren Wortverbindungen erklärt dieses Bedeutungsmerkmal die Bedeutungsverschiebung von der Farbbezeichnung hin zur jeweiligen Spezialbedeutung des Attributs?

....

1. Suchen Sie jeweils das Gegenwort zu den angegebenen Wörtern.
   Es drückt jeweils so etwas wie einen Gegensatz aus.

Waagerecht
2. Flut
3. verlieren
6. Mutter
8. heiß
12.Arbeitnehmer
13. vermieten
15. tot

Senkrecht
1. Feindschaft
4. benachteiligen
5. labil
7. gebunden
9. Patient
10. nehmen
11. über
14. dunkel

2. Die Gegensatzbezeichnungen sind verschiedener Art.
   Versuchen Sie, drei Arten zu unterscheiden und zu beschreiben.

....

....

....

....

....

....

heiß ↔ kalt	Vorgesetzter ↔ Untergebener	jung ↔ alt
geöffnet ↔ geschlossen	geben ↔ erhalten	tot ↔ lebendig
kaufen ↔ verkaufen		gleich ↔ verschieden
weiblich ↔ männlich	groß ↔ klein	hübsch ↔ hässlich

1. Der Kasten enthält drei verschiedene Arten von Gegenwörtern (Antonyme). Versuchen Sie die Wortpaare den folgenden Stichwörtern zuzuordnen.

a) „Skala" mit Extremen und Zwischenstufen:

....

....

b) „Entweder-oder", etwas Drittes gibt es nicht:

....

....

c) „Perspektive" wird gewechselt:

....

....

2. Suchen Sie weitere Beispiele für die drei Arten von Gegenwörtern.

a)

....

....

b)

....

....

c)

....

....

3. In der Sprachwissenschaft bezeichnet man die drei Arten als *konträr, konvers* und *kontradiktorisch*. Können Sie die Termini mit Hilfe eines Wörterbuchs zuordnen?

a) .... b) .... c)............................

1. Versuchen Sie, die folgenden Begriffe dem Oberbegriff *Musikinstrument* graphisch so unterzuordnen, dass ihre Beziehungen untereinander (*Ober*begriff, *Unter*begriff, *Neben*begriff) veranschaulicht werden. (Es sind nicht jeweils alle möglichen Begriffe angegeben. Sie könnten die Graphik also noch mit anderen Ihnen bekannten Instrumenten oder Instrumentengruppen erweitern.)

Mandoline, Orgel, Geige, Trommel, Tasteninstrument, Oboe, Musikinstrument, Horn, Blechblasinstrument, Pauke, Becken, Schlaginstrument, Streichinstrument, Klavier, Gitarre, Kontrabass, Holzblasinstrument, Zupfinstrument, Querflöte, Blasinstrument, Trompete

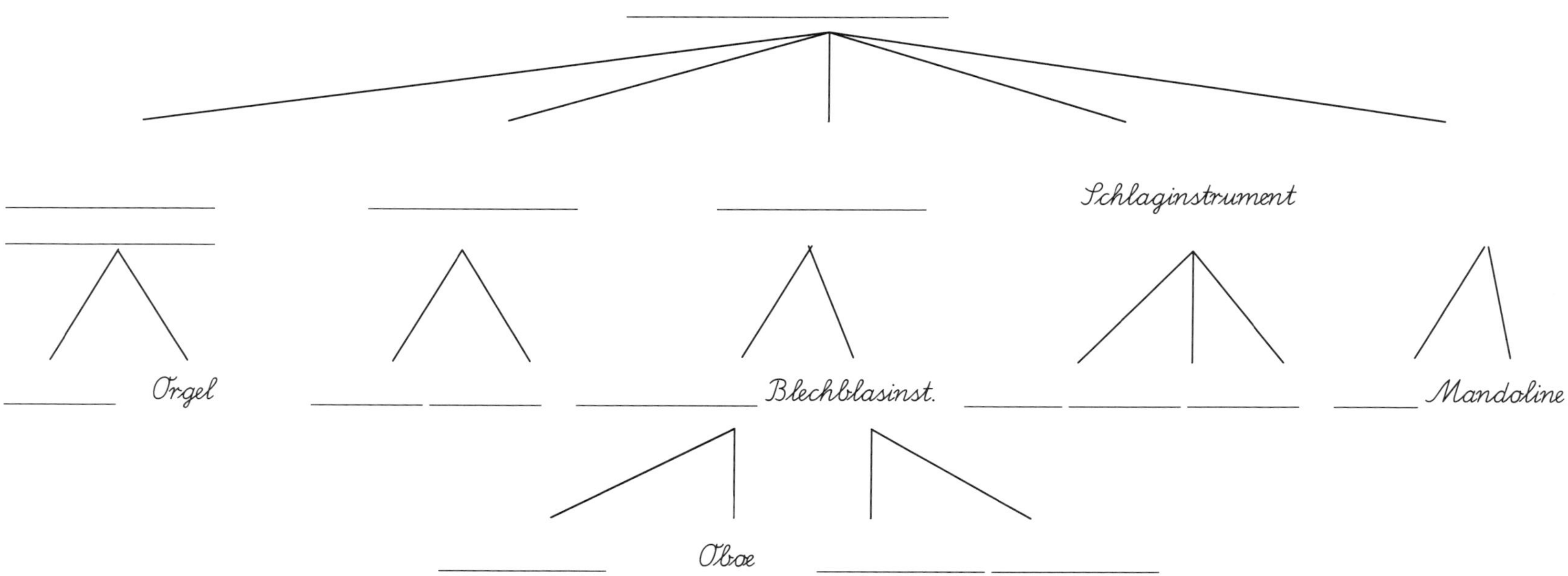

2. Wo würden Sie folgende Begriffe einordnen (noch keine Leerstellen vorhanden): Blockflöte, Cello, Flügel?

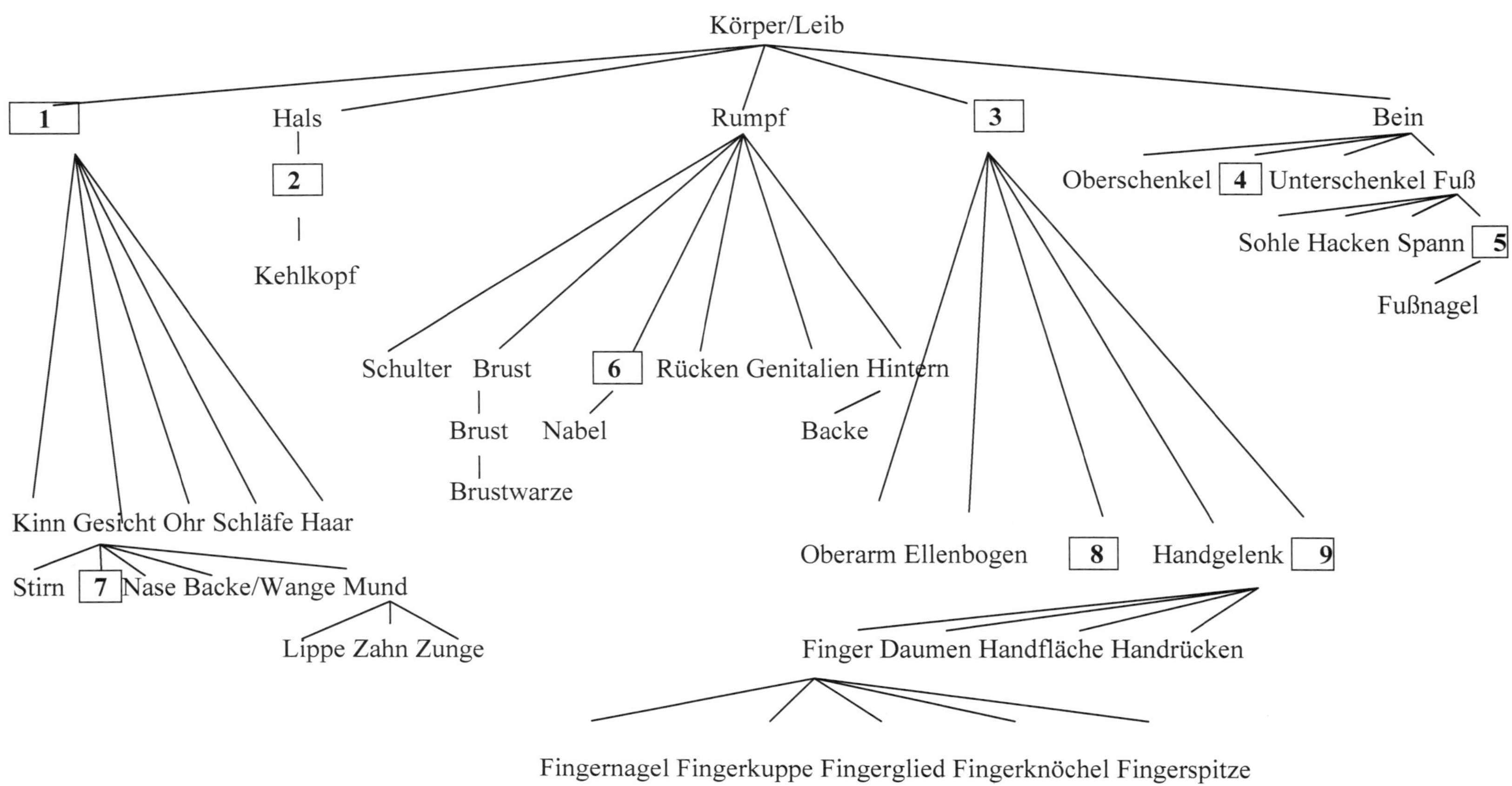
Körper/Leib
1
Hals
Rumpf
3
Bein
2
Kehlkopf
Schulter Brust
6
Rücken Genitalien Hintern
Brust
Nabel
Backe
Brustwarze
Kinn Gesicht Ohr Schläfe Haar
Stirn
7
Nase Backe/Wange Mund
Lippe Zahn Zunge
Oberarm Ellenbogen
8
Handgelenk
9
Finger Daumen Handfläche Handrücken
Fingernagel Fingerkuppe Fingerglied Fingerknöchel Fingerspitze
Oberschenkel
4
Unterschenkel Fuß
Sohle Hacken Spann
5
Fußnagel

1. Welche Wörter müssen für die Zahlen eingesetzt werden?

1... **6**...

2... **7**...

3... **8**...

4... **9**...

5...

2. Welche Beziehungen bestehen zwischen den Wörtern der graphischen Darstellung? Inwiefern sind es „hierarchische" Beziehungen?

3. Wieso kommt das Wort Brust in der Darstellung zweimal vor?

4. Wo wäre der richtige Ort für folgende Wörter: *Nacken, Ohrläppchen, Wimper, Wade*? Tragen Sie sie in die Graphik ein.

5. Welche weiteren Wörter fallen Ihnen ein, die Sie in die Graphik eintragen können?

6. Wie müssen Sie die Graphik verändern, wenn sie sich nicht auf den menschlichen Körper, sondern auf den Körper einer Katze bezieht?
   a) Welche Wörter müssen Sie austauschen?

....→ ....

....→ ....

....→ ....

b)Welche Wörter müssen Sie ergänzen?

....

....

....

c) Überlegen Sie auch, welche Sie streichen müssen.

....

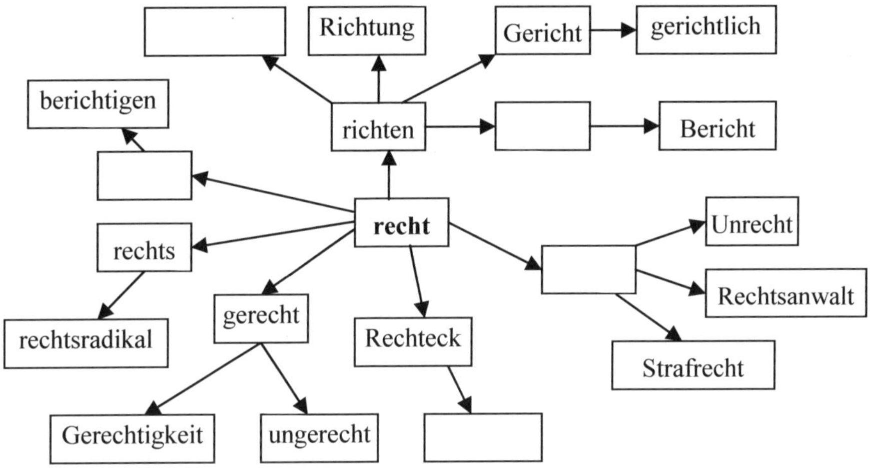

1. Erklären Sie, wie sich aus dem Adjektiv *recht* in mehreren Wortbildungsschritten das Adjektiv *gerichtlich* entwickelt hat. Wo wurden Wortbausteine angefügt? Wo findet ein Wortartwechsel statt?

....

....

....

....

2. Ergänzen Sie die Skizze um die folgenden Wörter, für die bereits leere Kästchen in der Abbildung existieren.

berichten	Recht	rechteckig	richtig	Richter

3. Erklären Sie, wie Sie beim Einfügen der Wörter in Aufgabe 2 vorgegangen sind.

....

....

....

....

4. Fügen Sie die folgenden Wörter in der obigen Skizze ein, indem Sie sie durch einen Pfeil mit dem Wort verbinden, von dem sie unmittelbar abstammen. Bei einem Wort kann man im Zweifel sein.

kindgerecht	Ungerechtigkeit	Amtsrichter	Rechtschreibung

5. Suchen Sie weitere Wörter der Wortfamilie *recht* und fügen Sie sie in die Skizze ein.

süchtig

Schwindsucht

Nikotinsucht Alkoholsucht Opiumsucht Sucht Fettsucht Wassersucht Gelbsucht

Ruhmsucht

Sehnsucht

Siechenheim

Siechtum

(dahin-)siechen

siech

↕

krank

< schwach > < angeschossen > < nicht gesund >

krank und schwach

kranken

kränken

Kränkung

Gekränktheit

Krankheit
Erbkrankheit
krankheitshalber
Krankheitserreger

krankhaft

Krankschreibung
Krankmeldung

erkranken
Erkrankung

kränklich

kränkeln
angekränkelt

herzkrank
lungenkrank
zuckerkrank
geisteskrank
gemütskrank
seekrank
liebeskrank
schwerkrank
todkrank

Krankenhaus
Kreiskrankenhaus

Krankenwagen
Krankenschwester
Krankenbett
Krankenzimmer
Krankengeld

Krankenkasse
Ortskrankenkasse

Krankenversicherung
krankenversicherungspflichtig

1. Welche Wörter sind Ihnen unbekannt? Schlagen Sie in einem Wörterbuch nach.
2. Kennen Sie noch weitere Wörter aus den beiden Wortfamilien „siech" und „krank"? Ordnen Sie sie in die Darstellung ein.
3. Was meint ein Jäger, wenn er von einem „kranken Reh" spricht?
4. Was meint man mit dem Satz: „Er spielt die gekränkte Leberwurst"?
5. „Er ist von keinem Zweifel angekränkelt." Was soll das heißen?
6. Suchen Sie nach gemeinsamen Merkmalen, welche die drei Bedeutungen von „krank" miteinander verbinden.
7. Wie lässt sich die Bedeutung von „Kränkung" in die Wortfamilie einordnen?
8. In früheren Zeiten verwendete man das Adjektiv „siech" in der Bedeutung <nicht gesund>. Zeigen Sie, in welchen Zusammensetzungen mit „Sucht" sich diese Bedeutung bis heute gehalten hat, in welchen dagegen nicht.

Ein Waffenschein ist

a) ein Schein, mit dem auf die Gefährlichkeit einer Waffe hingewiesen wird,
b) ein Schein, auf dem der Gebrauch einer Waffe erklärt wird,
c) ein Schein, der zum Besitz einer Waffe berechtigt,
d) ein Schein, der als Quittung für die Rückgabe einer geliehenen Waffe dient,
e) ein Schein, auf dem der Besitzer einer Waffe behördlich registriert wird.

1. Wissen Sie, was man tatsächlich als *Waffenschein* bezeichnet? Kreuzen Sie die richtige Antwort an.

2. Beschreiben Sie, was man unter den folgenden Bezeichnungen versteht:

Krankenversicherung

....

Landstreicher

....

Frauenhaus

....

Klimakatastrophe

....

Tagebuch

....

3. Wie würden Sie die folgenden Erscheinungen jeweils mit einem einzigen Wort bezeichnen?

a) Bummel durch Geschäftsstraßen, bei dem jemand die Auslagen in Schaufenstern betrachtet:...

b) Gesetz über das Ende der täglichen Verkaufszeiten in Einzelhandelsgeschäften: ....

c) Gesamtheit der Verordnungen, die das Verhalten der Verkehrsteilnehmer auf öffentlichen Straßen regeln: ....

d) Angehöriger der Justizbehörde, der mit der Durchführung von Zwangsvollstreckungen betraut ist: ....

e) Konflikt, in den jemand gerät, wenn er eine notwendige Entscheidung mit seinem Gewissen nicht vereinbaren kann: ....

WM, Uni,
Kripo, Ufo,
Bus, S.

1. Die sechs Beispiele repräsentieren verschiedene Arten sprachlicher Kürzung. Wie sind sie entstanden?

2. Suchen Sie weitere Beispiele für die verschiedenen Arten der Kürzung.

3. Finden Sie heraus, was folgende aus dem Englischen übernommene Kürzungen bedeuten. Benutzen Sie ein Wörterbuch, wenn Sie Hilfe brauchen.

VIP, UNO, WC, SMS, UNESCO, CD-ROM, BBC, www

....

....

....

....

4. Suchen Sie die (im Sprachgebrauch geläufigen) Kürzungen zu den folgenden Langformen, und formulieren Sie mit eigenen Worten, was sie bedeuten.

a) Organization of petroleum exporting countries = ...

....

b) North Atlantic Treaty Organization = ...

....

c) Aquired Immun Deficiency Syndrom = ...

....

d) Portable Document Format = ...

....

e) Uniform Resource Locator = ...

....

„MfG“

ARD, ZDF, C & A
BRD, DDR und USA
BSE, HIV und DRK
GbR, GmbH - ihr könnt mich mal
THX, VHS und FSK
RAF, LSD und FKK
DVU, AKW und KKK
RHP, USW, LMAA
PLZ, UPS und DPD
BMX, BPM und XTC
EMI, CBS und BMG
ADAC, DLRG - ojemine
EKZ, RTL und DFB
ABS, TÜV und BMW
KMH, ICE und Eschede
PVC, FCKW - is nich OK

MfG - mit freundlichen Grüßen
die Welt liegt uns zu Füßen,
denn wir stehen drauf
wir gehen drauf für ein Leben
voller Schall und Rauch
bevor wir fallen, fallen wir lieber auf

HNO, EKG und AOK
LBS, WKD und IHK
UKW, NDW und Hubert K
BTM, BKA, hahaha
LTU, TNT und IRA
NTV, THW und DPA
H+M, BSB und FDH
SOS, 110 - tatütata
SED, FDJ und KaDeWe
FAZ, BWL und FDP
EDV, IBM und WWW
HSV, VFB, oleole
ABC, DAF und OMD
TM3, A+O und AEG
TUI, UVA und UVB
THC in OCB is was ich dreh

MfG - mit freundlichen Grüßen
die Welt liegt uns zu Füßen,
denn wir stehen drauf
wir gehen drauf für ein Leben
voller Schall und Rauch
bevor wir fallen, fallen wir lieber auf

1. Dieses Lied der Gruppe „Die Fantastischen Vier“ enthält viele Ausdrücke, die nur aus den Anfangsbuchstaben, den Initialen ganzer Wörter, zusammengefügt sind. Welche Initialwörter sind dir bekannt, welche nicht?

2. Bei welchen Initialwörtern kennst du die Langformen?
   Z.B.: ZDF = Zweites deutsches Fernsehen ....

   ....

3. Inwiefern nimmt TÜV von der Aussprache her eine Sonderrolle ein?

   Suche mehr Beispiele dafür: UNO, Aids...

   ....

4. Initialwörter darf man nicht mit Abkürzungen verwechseln:

   Dr., Nr., Bd. ....
   Worin besteht der Unterschied?

5. Nicht immer sind Initialwort und Langform bedeutungsgleich:
   BMW = Bayerische Motorenwerke. Aber: Ich kaufe mir einen BMW.

   ....

Wenn sie sagt
sie sei
unheimlich
glücklich
Heißt das
dass sie
heimlich
unglücklich ist?

Wenn sie sagt
sie sei
unheimlich
unglücklich
Heißt das
dass sie
unglücklich ist
weil sie
kein Heim hat?

Wenn er sagt
er sei
unheimlich
glücklich
ist es einfacher
Das heißt
dass er glücklich ist
aber
nicht in seinem
Heim
Also heimlich

1. In welchem Verhältnis stehen die Bedeutungen von *glücklich* und *unglücklich* zueinander?

2. Beschreiben Sie die Bedeutungen von *Heim*, *heimlich* und *unheimlich*. Achten Sie dabei auf die Mehrdeutigkeit der Wörter.

3. Untersuchen Sie, wie Gabriel Laub diese Wörter in seinem Gedicht verwendet.

4. Inwiefern ist es berechtigt, diesen Text als „sprachspielerisch" zu bezeichnen?

5. Können Sie sich denken, wie sich die heute gebräuchlichen Bedeutungen von *heimlich* und *unheimlich* aus der älteren Grundbedeutung <zum Hause gehörig, vertraut> und ihrer Verneinung entwickelt haben?

6. *Er ist unheimlich glücklich.*
Ersetzen Sie das Verstärkungswort *unheimlich* probeweise durch andere Verstärkungswörter wie *sehr, furchtbar, irre, restlos, wahnsinnig, richtig, total, unglaublich* ....

7. Versuchen Sie dabei eine Abstufung nach dem Grad der Verstärkung vorzunehmen:
....

8. Welche Adjektive oder Substantive lassen sich mit den folgenden Verstärkungswörtern verbinden?

brennend ...*heiß*.............	verflucht	rasend ....
gehörig	traumhaft.........................	tödlich ....
ordentlich	tierisch	verflixt ....
sagenhaft	unaussprechlich..............	verdammt........................

9. Wie lässt sich im einzelnen erklären, dass gerade diese Wörter zu bloßen Verstärkungswörtern geworden sind?
....

Bündel, Zügel, Henkel, Würfel, Griffel, Hebel, Schlegel, Klingel, Bügel, Flügel, Stachel, Deckel, Sessel, Schlüssel, Gürtel, Sattel...

1. a) Von welchen Verben sind die Nomen abgeleitet und mit welchem Suffix?
   b) Bei welchen Beispielen schimmert die Bedeutung des Verbs noch durch?
   c) Durch welche Bedeutungsmerkmale werden die Wörter zu einer Gruppe zusammengefasst?

a) *binden,* ....

....

....

....

....

reifen, erkranken, ermüden, er/verblassen, faulen, verstummen, verblöden, verarmen…

2. Inwiefern lassen sich diese Verben aufgrund ihrer Bedeutung zu einer Gruppe zusammenfassen? Wie könnte man die verallgemeinerte Bedeutung beschreiben?

....

....

....

weiten, stärken, härten, öffnen, töten, leeren, füllen, heizen, kühlen, ermuntern, vertiefen...

3. Wieso bilden diese Beispiele eine eigene Gruppe?
   Beschreiben Sie auch hier die Bedeutungen der Wörter.

....

....

....

....

salzen, verglasen, beflaggen, ausmisten, entehren, vergolden, entlasten, demaskieren, einölen, bepflanzen, enthaupten, loben, verwunden, entgiften, belasten, entkorken, ausfüttern, schuppen, versiegeln, umgarnen, köpfen, häuten, beschützen, verminen

1. Ordnen Sie die Verben nach ihren Bedeutungen in zwei Gruppen. Was verbindet jeweils die Mitglieder einer Gruppe?

2. Suchen Sie weitere Beispiele für die beiden Gruppen und schreiben Sie sie dazu.
3. Bilden Sie je einen Satz mit *ölen* und *einölen*, mit *polstern* und *auspolstern*, mit *bemänteln* und *ummanteln*.
   Welche Bedeutungsunterschiede können Sie feststellen?

....

....

....

....

....

4. Stellen Sie Verben zu Gegensatzpaaren zusammen:

korken – entkorken, vergiften – entgiften, maskieren – demaskieren..............................

....

....

....

....

a) Verbindung, Verständnis, Vertikale, Verlosung, Versprechen, Vergehen
b) Unendlichkeit, Unvollständigkeit, Unverständlichkeit, Untergang, Unschuld
c) Misswahl, Missverständnis, Misshandlung, Missgeschick, Missbrauch
d) Entbindung, Entertainer, Entlastung, Entschuldigung, Entwicklung, Entschädigung
e) Zubereitung, Zubehör, Zusatz., Zugunglück, Zugeständnis, Zuflucht

1. Jede Reihe enthält ein Wort, das nicht hineingehört. Kreisen Sie es ein.

2. Wodurch unterscheidet sich dieses Wort von den anderen?

3. Alle Verben in einer der folgenden Reihen können mit dem gleichen Präfix versehen werden. Welches ist es?

a)	glühen, glimmen, blühen, hallen, heißen	____________
b)	melden, sagen, wiegen, wählen, bestellen	____________
c)	klingen, strahlen, glänzen, würgen, glühen	____________
d)	schneiden, beißen, knüllen, hacken, reißen	____________

4. Ordnen Sie die folgenden Bedeutungsmerkmale jeweils einer der vier Reihen zu: Vorsicht: In jeder Reihe befindet sich „ein Kuckucksei“. Markieren Sie es!

- Eintreten eines Geschehens c
- Objekt in Teile zerlegen ____
- Ende eines Geschehens ____
- Geschehen rückgängig machen ____

5. In der folgenden Reihe sind mehrere Präfixe möglich. Suchen Sie mindestens drei.

machen, kommen, schalten, stellen, brennen ________________________

1. Die folgenden Wörter sind Kollektivbildungen (Kollektiv = Gruppe mehrer einzelner). Sie sind mit Hilfe des Präfixes (vorangestellter Wortbaustein) „ge-“ und einem zumeist wieder geschwundenen Suffix (nachgestellter Wortbaustein) „-e“ von einfachen Wörtern abgeleitet, die das einzelne Mitglied der Gruppe bezeichnen.
Welches sind die einfachen Wörter?

Gebirge, Gebrüder, Gebälk, Gestänge, Geflügel, Gefieder, Gefilde, Gemäuer, Gewässer, Gestühl, Geäst, Gebüsch, Gedärm, Gehörn, Gestein, Gewölk, Getränk, Gestirn

Berg, Bruder ....

....

2. Wie viele einzelne gehören mindestens zu einem Kollektiv? ....

Wie ist der Ausdruck *„Gebrüder Grimm“* zu beurteilen, wenn man damit nur zwei Personen meint: Jacob und Wilhelm Grimm ?..

3. Welche Substantive in der Wortliste oben lassen den Charakter einer Kollektivbezeichnung gut erkennen, welche nicht? ....

....

Was halten Sie unter diesem Gesichtspunkt von Gewitter, Geländer, Genick, Gesinde, Geweih? ....

....

4. Die folgenden Substantive sind mit dem Präfix „ge-“ und (teilweise) dem Suffix „-e“ von Verben abgeleitet worden.

Gezänk, Gestank, Gekreisch, Gezeter, Gezappel, Gerede, Gerenne, Geplauder, Gepolter, Gelache, Geschrei(e), Gebläse, Getriebe, Gehör, Gefühl, Geschnupper, Gespött, Geschmack, Gepfeife, Geschnatter, Geschoss, Gesang, Gelage

a) Welche Substantive bezeichnen eine Handlung oder einen Vorgang?

....

....

b) Welche bezeichnen eher Gegenstände oder auch Organe?

....

....

c) Welche Beispiele würden Sie ihrer Bedeutung nach ganz anders interpretieren? Wie?

....

....

....

1. Bilden Sie mit den Wörtern *Erlös* und *Erlösung*, *Umsatz* und *Umsetzung* sowie *verbieten* und *verbitten* je einen Satz:

....

....

....

....

....

....

2. Warum sind die folgenden Sätze nicht akzeptabel?
   a) *Der Tod war für sie ein Erlös.
   b) *Der Umsatz in die Tat sollte möglichst bald erfolgen.
   c) *Ich verbiete mir deine ständigen beleidigenden Äußerungen.

3. Erscheinen Ihnen die folgenden Sätze akzeptabel?
   Wenn nicht, so tauschen Sie das unpassende Wort gegen das passende aus.

? Er hat sich dem Trank ergeben. ....

?Bei der dritten Versuchung gelang die Übung endlich fehlerfrei. ....

?Der Befund des Kranken besserte sich von Tag zu Tag. ....

?Die Soldaten schlugen das Aufstehen der Sklaven blutig nieder. ....

?In der Abteilung für Oberbekleidung gibt es Kabinen zum Umzug. ....

?Es reute ihn bald die Verdammnis seines Sohnes. ....

?Das Bürgertum der Stadt wählt einen neuen Stadtrat. ....

?Sie will nach der Enttäuschung keine neuen Bande mehr eingehen. ....

?Er bricht zu einer archäologischen Gruft in der Türkei auf. ....

?Der Fluss macht an der Stelle eine Wende. ....

4. Unterscheiden Sie die Bedeutungen von:
   Ladung – Lade – Last,
   Schneide – Schnitt – Schnitte – Schneid,
   Grabung – Grube – Gruft – Grab,
   Bindung – Binde – Band – Bund,
   Brechung – Brache – Bruch,
   Fahrt – Fuhre.

1. Ich fahre zu einem zehntägigen / zehntäglichen Lehrgang.
2. Wir kommen vierzehntägig / vierzehntäglich einmal zur Chorprobe.

3. Er korrespondiert fremdsprachlich / fremdsprachig.
4. An der Universität gibt es fremdsprachliche / fremdsprachige Forschung.

5. Du hast scheinbar / anscheinend großen Hunger. Iss dies!
6. Er hört scheinbar / anscheinend gut zu, in Wirklichkeit aber nicht.

7. Er hat dasselbe / das gleiche Essen bestellt wie ich.
8. Wohnst du noch in demselben / dem gleichen Haus wie vor zehn Jahren?

9. Ein Knall: Erschreckt / erschrocken blieb ich stehen.
10. Da hast du mich aber ganz schön erschreckt / erschrocken.

11. Die Beziehung / der Bezug der Zeitung durch die Post ist möglich.
12. Zwischen ihnen besteht keine feste Beziehung / kein fester Bezug.

13. Der Verein feiert sein 50jähriges Bestehen / seinen 50jährigen Bestand.
14. Ihre Freundschaft wird kaum lange Bestehen / Bestand haben.

15. Vorsicht, das Papier ist fett / fettig!
16. Der fette / fettige Kerl sollte nicht so viel essen.

17. Lauf so schnell als / wie du kannst!
18. Sie ist bestimmt älter als / wie er.

19. Die Tür steht auf / offen; es zieht.
20. Mach doch bitte das Fenster auf / offen.

21. Alle Fenster des Hauses waren erleuchtet / beleuchtet.
22. Mit seiner Fackel erleuchtete / beleuchtete er die Wände der Höhle.

23. Wir stießen ihn die Treppe herunter / hinunter.
24. Komm schnell vom Dach herunter / hinunter!

25. Er vertiefte sich darin / darein.
26. Er öffnete die Kiste und fand das Gesuchte darin / darein.

27. Der Weg ist im Dunkeln kaum erkennbar / erkenntlich.
28. Du musst dich für das großartige Geschenk erkennbar / erkenntlich zeigen.

o Unterstreichen Sie in den Sätzen den jeweils richtigen Ausdruck.

1. Er ist ein geborener / gebürtiger Berliner.
2. Sie ist eine Süddeutsche, geboren / gebürtig in München.

3. Geistige / geistliche Arbeit ist nicht weniger anstrengend als körperliche.
4. In der Kirche gibt es ein Konzert mit geistiger / geistlicher Musik.

5. Eine große Anzahl von Gläubigen / Gläubigern besuchte die Messe.
6. Die Hoffnung der Gläubigen / Gläubiger, Geld zu erhalten, erfüllte sich nicht.

7. Das Zeitungsabonnement wird halbjährig / halbjährlich abgerechnet.
8. Eine halbjährige / halbjährliche Ausbildung müsste ausreichen.

9. Er lief im Kreis um den Baum herum / umher.
10. Lange irrten sie im Wald herum / umher.

11. Sie befand sich damals noch in kindlichem / kindischem Alter.
12. Sie war empört über sein kindliches / kindisches Benehmen.

13. Mit großem Einsatz hat sie ihn lesen gelernt / gelehrt.
14. Hoffentlich hat sie in der Schule genug gelernt / gelehrt.

15. Die Uhr kostet 65 Euro / Euros.
16. Nacheinander warf er drei Euro / Euros in den Brunnen.

17. Er hinterlässt den Eindruck, als sei er psychisch / psychologisch gestört.
18. Sein Verhalten erscheint psychisch / psychologisch recht bedenklich.

19. Er muss sich regelmäßig / regelgemäß bei der Polizei melden.
20. Er wurde nach dem Foul regelmäßig / regelgemäß vom Schiedsrichter verwarnt.

21. Die Reise wird mir ein unvergessenes / unvergessliches Erlebnis bleiben.
22. Deine damalige Unterstützung ist auch heute unvergessen / unvergesslich.

23. Drücke dich bitte verständig / verständlich aus.
24. Er stimmt zu, er ist schließlich ein verständiger / verständlicher Mensch.

25. Der Mensch macht mich noch ganz verwirrt / verworren!
26. Der Artikel ist eine total verwirrte / verworrene Abhandlung.

27. Morgen müssen wir zeitig / zeitlich aufbrechen.
28. Wir schaffen es nicht ohne zeitige / zeitliche Verzögerung.

o Unterstreichen Sie in den Sätzen den jeweils richtigen Ausdruck.

> **Die Regierung geht mit der Zeit**
>
> Gemeinsames Wahlplakat von Regierung und Opposition

1. Wie ist es möglich, dass Regierungspartei und Oppositionspartei sich im Wahlkampf auf dieses gemeinsame Wahlplakat einigen könnten?

   ....

   ....

2. Erläutern Sie die beiden verschiedenen „Lesarten" folgender Sätze, indem Sie für jede Lesart einen umschreibenden Satz formulieren:

- Tante Berta nimmt den kleinen Franz gerne auf den Arm.

  Sie nimmt ihn gerne in ihre Arme und hebt ihn hoch.

  Sie..

- Er ist noch mal mit einem blauen Auge davongekommen.

  ....

  ....

- Das geht aber auf deine Rechnung.

  ....

  ....

- Es passiert oft, dass sie etwas in den falschen Hals kriegt.

  ....

  ....

- Meinst du wirklich, dass die morgen alle auf der Straße sitzen werden?

  ....

  ....

3. Suchen Sie weitere Redewendungen, bei denen sowohl die wörtliche als auch die übertragene Lesart möglich sind.

   ....

   ....

   ....

a) etwas auf den **KOPF** stellen
b) sich etwas durch den **KOPF** gehen lassen
c) sich etwas in den **KOPF** setzen
d) jemandem vor den **KOPF** stoßen
e) jemandem zu **KOPF** steigen
f) den **KOPF** voll haben

1. Was bedeuten die Redewendungen mit KOPF?

a) *das Unterste zu oberst kehren* ....

b) ....

c) ....

d) ....

e) ....

f) ....

2. Schreiben Sie den folgenden Text um, indem Sie für die unterstrichenen Wortgruppen Redewendungen mit KOPF einsetzen. (Es sind nicht die oben genannten Redewendungen.)

Zuerst haben wir viel miteinander getuschelt. Dann haben wir lange angestrengt nachgedacht. Wir wollten nämlich nicht unüberlegt handeln und schon gar nicht mutlos werden. Wir werden jedenfalls für alles, was wir getan haben, geradestehen, auch wenn man uns deshalb scharf zurechtweist.

....

....

....

....

....

....

....

....

1. Hier werden immer zwei Redewendungen, die in einem Wort übereinstimmen, einander gegenübergestellt. Was bedeuten sie?
   Prüfen Sie, welche der beiden Redewendungen sich mit ihrer Bedeutung stärker auf die Bedeutung des unterstrichenen Wortes stützt. Kreuzen Sie sie an.

jmdm. über die Schulter gucken	x	etwas auf die leichte Schulter nehmen	
sich den Kopf zerbrechen		jmdn. einen Kopf kürzer machen	
die Ohren hängen lassen		die Ohren aufmachen	
die Nase beleidigen		jmdm. auf der Nase herumtanzen	
gut zu Fuß sein		jmdn. auf dem falschen Fuß erwischen	
die Hände in den Schoß legen		etw. aus zweiter Hand erfahren	

2. Wie sind die Redewendungen wohl entstanden?

3. Bei welchen unterstrichenen Wörtern können Sie keinen Zusammenhang zwischen der Verwendung in der von Ihnen angekreuzten Redewendung und seiner ursprünglichen Bedeutung mehr finden? Informieren Sie sich in diesem Fall in einem Wörterbuch.

   ....

4. Die Redewendungen der folgenden Gruppen stimmen in einem Wort überein. In jeweils einer Redewendung wird dieses Wort jedoch mit einer anderen Bedeutung verwendet als in den anderen. Unterstreichen Sie die gesuchte Redewendung. Erläutern Sie den feinen Unterschied.

   - jemandem in die Hände fallen – jemandem sind die Hände gebunden – in guten Händen sein – in andere Hände übergehen

     ....

   - sich etwas aus dem Kopf schlagen – etwas im Kopf behalten – sich etwas durch den Kopf gehen lassen – den Kopf über Wasser halten

     ....

   - jemandem auf die Beine helfen – jüngere Beine haben – wieder auf die Beine kommen – auf den eigenen Beinen stehen

     ....

sich etw. aus dem Kopf schlagen
jmdm. über den Kopf wachsen
sich um Kopf und Kragen reden
ein Brett vor dem Kopf haben
nicht auf den Kopf gefallen sein
jmdm. den Kopf waschen
seinen Kopf durchsetzen

von der Hand in den Mund leben
nicht von der Hand zu weisen sein
unter der Hand
um jmds. Hand anhalten
mit leeren Händen dastehen
in festen Händen sein
sein Herz in die Hände nehmen
etwas aus zweiter Hand wissen
zwei linke Hände haben
seine Hände in Unschuld waschen
für etw. seine Hand ins Feuer legen
weder Hand noch Fuß haben

das Auge beleidigen
ein Auge zudrücken
ein Auge riskieren
jmdm. schöne Augen machen
wie die Faust aufs Auge passen
jmdm. ein Dorn im Auge sein
ins Auge gehen
jmdm. tief in die Augen schauen
jmdm. Sand in die Augen streuen
jmdm. die Augen öffnen
jmdm. aus den Augen geraten
einer Gefahr ins Auge sehen

auf großem Fuße leben
Gewehr bei Fuß stehen
auf freiem Fuß sein
jmdm. auf den Fuß treten
kalte Füße kriegen
zwei linke Füße haben
die Füße unter jmds. Tisch strecken

1. Wie kommt es wohl, dass es so viele Redewendungen gibt, die sich auf menschliche Körperteile beziehen?

2. Welche der aufgeführten Redewendungen sind unveränderbare sprachliche „Formeln“?
Welche lassen sich verändern (durch Weglassen, Hinzufügen oder Austauschen von Wörtern)? Unterstreichen Sie diese.

3. Welche Beziehungen zwischen „wörtlicher Bedeutung“ (dem bildspendenden Bereich) und der „übertragenen Bedeutung“ (dem bildempfangenden Bereich) lassen sich im Einzelfall entdecken?

4. Was genau geschieht bei der „Übertragung“ des Ausdrucks von einem Sinnbereich in einen anderen, also der metaphorischen Verwendung?

5. Welche Redewendungen sind im Blick auf ihre Entstehung völlig undurchsichtig? Vielleicht: *auf großem Fuße leben*?
Suchen Sie in einem Wörterbuch nach Erklärungen für ihr Entstehen.

wie am Schnürchen gehen	etwas läuft reibungslos/ohne Probleme ab...............
in sich gehen	....
sich gehen lassen	....
in die Binsen gehen	....
unter die Haut gehen	....
vor die Hunde gehen	....
in die Knie gehen	....
nicht aus dem Kopf gehen	....
auf keine Kuhhaut gehen	....
über Leichen gehen	....
auf den Strich gehen	....
gegen den Strich gehen	....
zum Teufel gehen	....
um die Wurst gehen	....
mit der Zeit gehen	....
zugrunde gehen	....
nach dem Mond gehen	....
in die Brüche gehen	....
mit etwas schwanger gehen	....
an die Wäsche gehen	....
aus den Angeln gehen	....
über den Jordan gehen	....
an die Decke gehen	....

1. Was bedeuten die Redewendungen?

2. Wie ist die Entstehung der Redewendungen zu erklären?

3. Welche verschiedenen Lesarten von *gehen* sind erkennbar?
   Welche Bedeutung hat sich am weitesten von der Grundbedeutung des Verbs entfernt?

a	....	Bei dem Tanz beginnt man mit einem *Schritt* nach vorn.
b	....	Der nächste *Schritt* besteht aus dem Würzen des Bratens.
c	....	Die Hundehütte soll zwei *Schritt* breit werden.

1. Die Sätze a-c enthalten alle das Wort SCHRITT mit unterschiedlicher Bedeutung. Ordnen Sie die folgenden Bedeutungen des Wortes SCHRITT jeweils einem der drei Sätze oben zu.

   <Abschnitt einer Tätigkeit/Reihenfolge>
   <Maßeinheit/Länge>
   <der Fortbewegung dienendes Versetzen eines Fußes>

2. Die folgenden Sätze enthalten Redewendungen mit dem Wort SCHRITT. Die Bedeutung der Redewendung ist jeweils noch eng mit einer der drei Bedeutungen von SCHRITT verknüpft. Fügen Sie die Satznummern in die Ellipsen des Bedeutungsnetzwerkes unten ein.

   1) Lotta anzurufen ist der erste Schritt für eine Versöhnung.
   2) Wenn Sara mit ihren Großeltern wandern geht, kann sie kaum Schritt halten.
   3) Schritt für Schritt bauten die Einwohner die zerstörte Stadt wieder auf.
   4) Tinas kleiner Bruder folgt ihr auf Schritt und Tritt.
   5) Tobi ist leicht durcheinander zu bringen, dann macht er oft den zweiten Schritt vor dem ersten.
   6) Frau Meyer hält sich Arbeit am liebsten drei Schritt vom Leib.

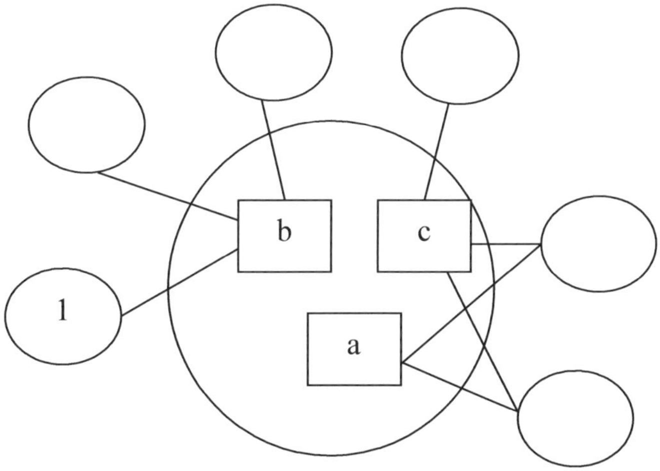

3. Suchen Sie weitere Bedeutungen des Wortes SCHRITT und Redewendungen, die SCHRITT enthalten. Erweitern Sie dann den Bedeutungsstern.

Widersinnig ist es, ...wenn eine Eskimofrau ihren Mann auf die Palme bringt. ...wenn ein Stehkragen sitzt. ...wenn ein Rechtsanwalt, nach seinem Wohlbefinden gefragt, die Antwort gibt: Ich kann nicht klagen. ...wenn einem Vegetarier alles Wurst ist. ...wenn ein Rohköstler vor Wut kocht. ...wenn ein Dicker sich schleunigst dünne macht. ...wenn die Inquisition einen Ketzer ins Gebet nimmt. ...wenn ein Anstreicher nicht Farbe bekennt.

1. Warum erscheinen diese Sätze widersinnig?
2. Betrachten Sie den mehrdeutigen Teil des Satzes. Worin besteht jeweils ein Vergleichspunkt zwischen dessen beiden Bedeutungen?
3. Suchen Sie eigene Beispiele für solche scheinbar widersinnige Verwendungen von Redewendungen.
4. Setzen Sie in den folgenden „Sagwörtern" den fehlenden ersten Teil aus dem Kasten ein.

„Alter schützt vor Torheit nicht", ... „Alles mit Maß", ... „Aller Anfang ist schwer", ... „Umsonst ist nur der Tod", ... „Scherben bringen Glück",..... „Zeit ist Geld",.... „Das Alter geht vor",.... „Aller guten Dinge sind drei",...

„Aller guten Dinge sind drei", sagte das vierte Rad am Wagen und ließ die Luft ab.

.... sagte der Lausbub und stieß die Großmutter die Treppe hinab.

.... sagte die Greisin und ließ sich liften.

.... sagte der Bestatter und stellte der Witwe die Rechnung aus.

.... sagte der Dieb und stahl zuerst den Amboss.

.... sagte der Schneider und schlug seine Frau mit der Elle tot.

.... sagte der Ober und addierte das Datum dazu.

.... sagte der Glaser und warf den Leuten die Scheiben ein.

5. Beschreiben Sie, welche Struktur Sagwörter haben (vom Sprichwort zum Sagwort). Wie kommt die Pointe in den Sagwörtern zustande?
6. In den folgenden Sagwörtern wird noch auf zwei weitere Redewendungen und ein weiteres Sprichwort angespielt. Welche sind es?
   - „Auf Regen folgt Sonnenschein", sagte der Spaziergänger, bevor er vom Regen in die Traufe kam.
   - „Unkraut vergeht nicht", sagte der Gärtner, als er nicht ins Gras biss.
   - „In der Kürze liegt die Würze", sagte der Kannibale und kostete die Beine des Lügners.

1. Beschreiben Sie unter Zuhilfenahme der folgenden Sätze die Bedeutungen des Adjektivs *deftig*. Welche anderen Wörter könnte man dafür jeweils einsetzen?

   o Er gab ihm eine deftige Ohrfeige.

   →..

   o Manchmal können Preise für Waren ganz schön deftig sein.

   →..

   o Nach einem deftigen Essen soll man einen Schnaps trinken.

   →..

   o Die Marktfrau war ärgerlich und begann deftig zu schimpfen.

   →..

2. Untersuchen Sie die Mehrdeutigkeit der Wörter, die in folgenden Witzen zur Bildung von Pointen benutzt werden.

o „Was verdienen Sie denn?“ – „Eigentlich sehr viel. Nur leider bekomme ich es nicht.“ o Beim Glaser: „Soll ich Ihnen die Fensterscheibe einschlagen oder wollen Sie sie so mitnehmen?“ o Der Arzt wird zu einem dringenden Hausbesuch gerufen. An der Tür empfängt ihn schluchzend eine Frau: „Sie sind umsonst gekommen, Herr Doktor.“ – „Nicht umsonst, gute Frau, nur vergebens.“

o Dies ist ein Zaubertrank, der übermenschliche Kräfte verleiht. o Er leidet seit langem an Trunksucht. o Zur Feier des Tages gibt es einen Umtrunk. o Was schulde ich für Speis und Trank? o Der Arzt verordnet einen ganz besonderen Trank. o Was mixt du da für einen seltsamen Trank?

3. Welcher Bedeutungsunterschied zwischen *Trank* und *Trunk* lässt sich aus diesen Verwendungsweisen der Wörter ablesen?

4. Vergleichen Sie sie mit der Bedeutung des Wortes *Getränk.*

5. Sind *trunken* und *betrunken* völlig bedeutungsgleich? Überprüfen Sie Ihre Vermutung durch Verwendung der Wörter in gleichen Kontexten.

6. Sammeln Sie weitere Mitglieder der Wortfamilie */trink/* wie *Trinker*, *Trinkgeld*, *ertrinken*, *vertrinken*, *Trinkspruch* und stellen Sie fest, welche Bedeutungsmerkmale der gemeinsame Wortstamm */trink/* in die verschiedenen Wortbedeutungen einbringt.

> Im Restaurant quengelt das Kind: „Mama, wann kommt das Essen?"
> Die Mutter: „Das Essen kommt nicht, es wird gebracht!"

1. Von welchen verschiedenen Bedeutungen von *kommen* gehen Mutter und Kind aus?

   ....

   ....

2. Prüfen Sie, welche Bedeutungen von *kommen* sich in den folgenden Sätzen unterscheiden lassen.

   1. Er kam pünktlich zu ihr.
   2. Nach Berlin komme ich selten.
   3. Ich werde zu deinem Geburtstag kommen.
   4. Das kommt mir gerade recht.
   5. Die Brötchen kommen frisch aus dem Ofen.
   6. Er kommt überhaupt nicht von der Stelle.
   7. Die Hauptpost kommt gleich nach dem Rathaus.
   8. Nächstes Jahr kommt er in die Schule.
   9. Er kommt in die Hauptverwaltung nach München.
   10. Ich werde über Frankfurt kommen.
   11. Gleich kommt das Essen auf den Tisch.
   12. Wie komme ich zum Zoo?
   13. Er kam ins Gefängnis.
   14. Mir kommen die Tränen.
   15. Kunst kommt von können.
   16. Die Gläser kommen in den Schrank.

   besuchen (1), *reisen* (2), ...

   ....

   ....

   ....

   ....

3. Welche Bedeutungsmerkmale weisen sie gemeinsam auf? Welche Merkmale unterscheiden sie?

   <Bewegung>, <auf Beinen>, <zu jemand hin>, <auf ein Ziel zu> ....

   ....

   ....

   ....

4. Lassen sich Entwicklungen von einer Kern- bzw. Ausgangsbedeutung zu den anderen Lesarten rekonstruieren?

   ....

   ....

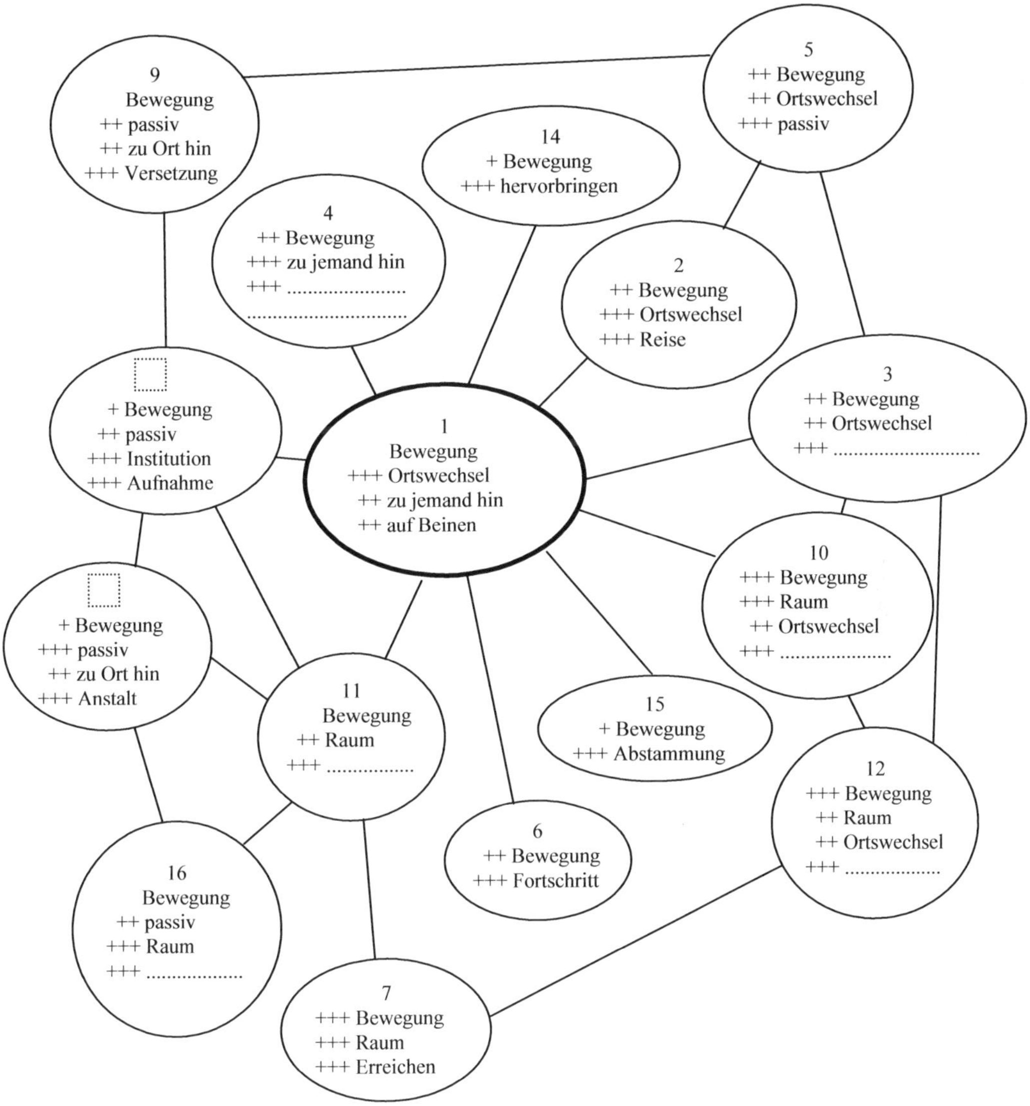

Vervollständigen Sie den Wortstern mit Hilfe des Arbeitsblattes I, indem Sie folgende Schritte vollziehen:

1. Tragen Sie in die Kästchen die fehlenden Nummern ein.
2. Tragen Sie in die punktierten Lücken die entsprechenden fehlenden Bedeutungsmerkmale ein:
   <Institution>, <zu einem Ereignis>, <Ordnung>, <Ereignis>, <Weg>, <Reise>.
3. Bewerten Sie die Relevanz des Bedeutungsmerkmals <Bewegung> in den Nummern 1, 9, 11 und 16 (dabei steht + für geringe, ++ für mittlere und +++ für große Relevanz).

1. Er hat ein Auto.
2. Er hat eine nette Frau.
3. Heute habe ich Geburtstag.
4. Das kann ich nicht haben!
5. Er hat gute Beziehungen.
6. Sie hat ein sehr gutes Gedächtnis.
7. Haben wir heute Mathe?
8. Hast du Hunger?
9. Sie hat etwas auf dem Herzen.
10. Die Polizei hat den Dieb.
11. Was hast du eigentlich?
12. Heute haben wir gutes Wetter.
13. Den wievielten haben wir heute?
14. Sie hat es warm im Zimmer.
15. Haben wir es noch weit bis nach Hause?
16. Du hast zu gehorchen.
17. Er hat es jetzt an der Leber.
18. Die blauen Augen hat sie vom Vater.

1. Welches ist wohl die Kernbedeutung von *haben*? ....
2. Wie unterscheiden sich die Bedeutungen von *haben* in den Sätzen 1 und 2?

   ....

3. Welche weiteren Bedeutungen von *haben* lassen sich in den übrigen Sätzen unterscheiden? Formulieren Sie Umschreibungen.

   ....

   ....

   ....

   ....

   ....

4. Welches Bedeutungsmerkmal verbindet die verschiedenen Bedeutungen miteinander?

   ....

   ....

   ....

5. Welche Lesarten stehen der Kernbedeutung noch nahe, welche haben sich weiter von ihr entfernt?

   ....

   ....

   ....

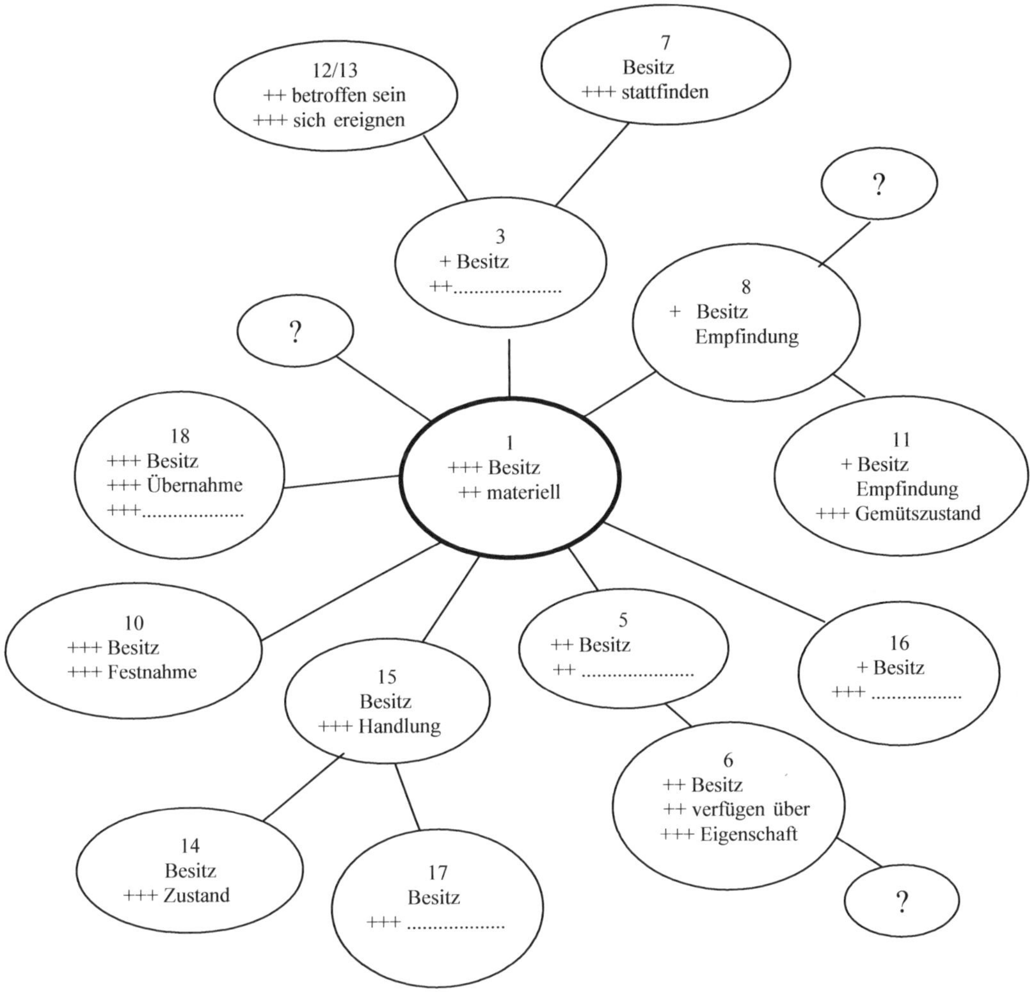

1. Welche Bedeutungen der Sätze 1-18 auf dem Arbeitsblatt „Polysemie von haben I" werden durch die folgenden Bündel von Merkmalen beschrieben? Tragen Sie die entsprechende Nummer ein.

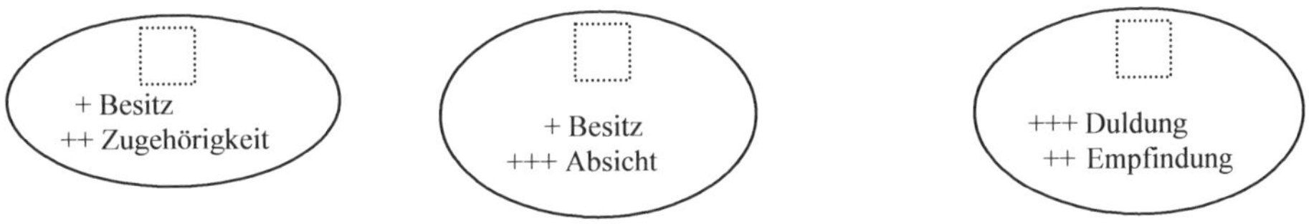

2. Tragen Sie die Nummern der Merkmalbündel aus Aufgabe 1 in die ovalen Felder mit Fragezeichen im Bedeutungsstern ein.
3. Ergänzen Sie die Merkmalbündel der Sätze 3, 5, 16,17, 18 durch jeweils eines der folgenden Merkmale: <sich ereignen>, <verfügen über>, <Verpflichtung>, <Erkrankung>, <Übernahme>.
4. Bewerten Sie die Relevanz der gegebenen Bedeutungsmerkmale in den Nummern 7, 8, 11, 14, 15, 16, indem Sie folgende Zeichen verwenden: + steht für geringe Relevanz, ++ für mittlere Relevanz und +++ für große Relevanz.

- o Sein erster Gang führte ihn zum Bäcker.
- o Ein schmaler Gang verbindet das Schlafzimmer mit dem Bad.
- o Sein Gang war schwankend wie der eines Seemanns.
- o Der dritte Gang ist das Hauptgericht.
- o Sie legte den fünften Gang ein.
- o Aufmerksam verfolgte er den Gang der Verhandlung.
- o Er versucht den Motor wieder in Gang zu bringen.
- o Das Fest war bereits in vollem Gange.
- o Sie waren auf einen erzführenden Gang gestoßen.
- o Das muss nun seinen Gang gehen.

1. Welche Bedeutungen von *Gang* lassen sich unterscheiden?

   ....

   ....

   ....

2. Gibt es ein Bedeutungsmerkmal (oder mehrere), das die verschiedenen Lesarten des Wortes zusammenhält?

   ....

   ....

3. Welches ist wohl die Kern- bzw. Ausgangsbedeutung von *Gang*?

   ....

4. Vergleichen Sie die Bedeutung des Wortes *Gang* mit der des Wortbausteins */gang/* in folgenden komplexen Wörtern:

   Alleingang, Gedankengang, Spaziergang, Stuhlgang, Ohrgang, Lehrgang, Rückwärtsgang, Untergang, Studiengang, Eisgang, Jahrgang, Gangart, Gangschaltung, Gangfenster.

5. Vergleichen Sie die Lesart der Verbalableitung *Gang* mit denen der Verbalableitung *Lauf*:

- o Mitten im Lauf hielt er inne.
- o Die Fahrer gehen in fünf Läufen an den Start.
- o Sie ließ ihrer Phantasie freien Lauf.
- o Sie zogen am oberen Lauf des Flusses entlang.
- o Er reinigte den Lauf der Pistole.
- o Ein Lauf des Hasen war gebrochen.
- o *Dauerlauf, Tageslauf, Vorderlauf, Stapellauf, Handlauf, Doppellauf, Laufbahn, Lauffeuer, Laufgitter, Laufmasche, Laufpass, Laufzettel*

189 Polysemie von Seite

Der Fahrer wich zur falschen Seite aus.
Das Papier hat eine glänzende und eine matte Seite.
Sämtliche Zuschauer saßen auf der einen Seite des Saals.
Er legte ein Lesezeichen zwischen die Seiten.
Der umgestürzte Schrank liegt auf der Seite.
Tim zeigt Frauen gerne seine guten Seiten.
Man darf die wirtschaftliche Seite der Katastrophe nicht vergessen.
Nach dem Schlaganfall war er auf der rechten Seite gelähmt.
Auf welcher Seite stehen Sie eigentlich?

1. In den neun Sätzen hat *SEITE* unterschiedliche Bedeutungen.
   Tragen Sie die Nummer der folgenden Bedeutungsangaben in die Zeile mit dem entsprechenden Satz ein.

1	<rechter oder linker Teil eines Raumes >
2	<ebene Fläche eines Gegenstandes>
3	<Teil des menschlichen Körpers>
4	<Blatt eines Heftes / Buches>
5	<eine von mehreren Verhaltensweisen, die jemand zeigt>
6	<Personen mit bestimmtem Standpunkt >
7	<eine von mehreren möglichen Richtungen>
8	<eine der beiden Flächen eines Blattes>
9	<Gesichtspunkt, unter dem sich etwas darbietet>

2. Welche Bedeutungen weisen Gemeinsamkeiten auf? Gibt es ein Merkmal, das Bestandteil aller Bedeutungen von *SEITE* ist?

   ....

   ....

3. In den folgenden Sätzen gibt es feine Unterschiede in der Verwendung von *SEITE*. Finden Sie sie heraus:
   - Ich habe zehn Seiten kopiert.
   - Tinas kleiner Bruder hat drei Seiten ihres Mathebuchs zerrissen.
   - Lara liest ein Buch, das 600 Seiten hat.

4. Welche Bedeutungen des Wortbausteins /seite/ prägen die Bedeutungen der folgenden Wörter:

Breitseite	....	Seitenwind	....	Titelseite	....
beseitigen	....	Rückseite	....	Abseits	....
Seitensprung	....	dreiseitig	....	diesseits	....

o Stoß dir nicht den K o p f an dem Türrahmen! o Er war der Kopf der Bande. o Die Bevölkerung erhält pro Kopf einen Sack Reis.

1. Es handelt sich in den drei Sätzen ja wohl um sehr verschiedene „Köpfe“! Worin bestehen die Unterschiede?

2. Uneigentliche Ausdrucksweise ist dadurch gekennzeichnet, dass man einen vorhandenen sprachlichen Ausdruck nicht verwendet, sondern ihn durch einen anderen ersetzt. Für welche Ausdrücke steht *Kopf* im zweiten Satz und im dritten Satz?

....

3. Vergleichen Sie die drei Sätze oben mit den folgenden Satzgruppen. Lassen Sie sich dabei nicht durch die Reihenfolge verwirren.

1. Die Tasse ist auf die Erde gefallen und zerbrochen.
2. Du bist aber eine trübe Tasse!
3. Eine Tasse trinke ich noch.

4. Wir alle leben letztlich doch vom Bauern.
5. Der Bauer pflügt seine Felder.
6. Ich schlage den Bauern mit meinem Turm.

7. Gehöre ich etwa schon zum alten Eisen?
8. Im Kampf auf Leben und Tod stieß er ihm das Eisen in die Brust.
9. Im Laufe der Zeit wird das Eisen rosten.

4. In welchen Sätzen ist ein Wort aus seinem ursprünglichen Sinnbereich in einen ganz anderen Sinnbereich übertragen worden (Metapher)?

....

Aufgrund welcher Ähnlichkeitsbeziehung ist das geschehen?
Erklären Sie die Unterscheidung zwischen bildspendendem Bereich und bildempfangendem Bereich.

....

5. In welchen Sätzen ist dagegen ein Wort durch ein anderes ersetzt worden, das in einem sachlichen oder geistigen Zusammenhang mit ihm steht (Metonymie)?

....
Bestimmen Sie diesen Zusammenhang möglichst genau.

a) Die Wache ist für Soldaten ein langweiliger Dienst.
b) Vor dem Tor ist eine Wache aufgestellt.
c) Der Polizist hatte seinen Schlüssel in der Wache vergessen.
d) Während der Wache darf kein Alkohol getrunken werden.

1. Ordnen Sie den Bedeutungen des Wortes *Wache* die folgenden Kategorien zu:

Person/Personengruppe ...... Prozess/Handlung ....

Zeitraum ..... . Örtlichkeit/Gebäude ....

2. Welches ist wohl die älteste Bedeutung? Denken Sie daran, dass das Nomen vom Verb *wachen* abgeleitet worden ist. ....

3. Überprüfen Sie die Bedeutungen/Lesarten des vom Verb *regieren* abgeleiteten Nomens *Regierung*, und bilden Sie mit jeder Lesart einen Satz:

Handlung:

....

die Handlung durchführende Personengruppe:

....

Örtlichkeit, in der die Handlung durchgeführt wird:

....

Zeitraum, in dem die Handlung durchgeführt wird:

....

Institution:

....

4. Aufgrund welcher sachlichen Beziehung zwischen dem Bezeichneten und dem eigentlich Gemeinten ist in den folgenden Fällen eine Verschiebung der Bedeutung (Metonymie) erfolgt:

Schiller lesen: ....

das 17. Jahrhundert glaubte: ....

das Rathaus hat entschieden: ....

noch ein Glas trinken: ....

1. Er kann schon wieder gehen.
2. Sie werden etwas früher gehen.
3. Sie geht schon zur Schule.
4. Geh nicht an die Schokolade!
5. Sie geht mit der Mode.
6. Es geht jetzt auf den Winter zu.
7. Wie geht das eigentlich?
8. Mir geht es gut.
9. Das Erbe geht an die Kinder.
10. Das geht wirklich zu weit!
11. Sein Blick geht zur Uhr.
12. Die Uhr geht nicht richtig.
13. Die Geschäfte gehen schlecht.
14. Diese Bemerkung geht auf dich.
15. Sie geht als Nixe zum Fasching.
16. Das geht so leider nicht.
17. Es geht um alles oder nichts.
18. Wohin geht es im Urlaub?
19. Das Fenster geht nach Westen.
20. Sein Hobby geht ihm über alles.
21. Er ist Meister im Gehen über 1000 Meter.
22. Drei Stück gehen in eine Schachtel.
23. Das Wasser geht ihm bis zu den Knien.
24. Man muss warten, bis der Teig geht.
25. Hast du gehört, wie die Tür geht?
26. Ach geh, das ist nicht so schlimm.

1. Was halten Sie für die Kernbedeutung des Wortes *gehen*?

2. Was meinen Sie zu folgender Umschreibung der Kernbedeutung: <FORTBEWEGUNG, AUF BEINEN, VON ORT ZU ORT>?

3. Untersuchen Sie die Veränderung der Kernbedeutung durch Verblassen oder Hervortreten bestimmter Bedeutungsmerkmale in den Beispielsätzen.

4. Bei welchen Sätzen kommen Bedeutungsmerkmale zu den schon in der Kernbedeutung vorhandenen hinzu? Wo gehen welche verloren?

5. Bei welchen Beispielen ist ein Domänenwechsel erkennbar (z.B. von der Bewegung in der Domäne Raum zur Bewegung in der Domäne Zeit)?

6. Welche beiden Bedeutungen in welchen Sätzen werden durch die folgenden Bündel von Bedeutungsmerkmalen beschrieben?
(Dabei steht + für ein Bedeutungsmerkmal von geringer Relevanz, +++ für eins mit großer und ++ für eins mit mittlerer Relevanz.)

+ Bewegung
++ Besitz
+++ verzehren

++ Bewegung
+ Ortswechsel
+++ auf Beinen
+++ Sport

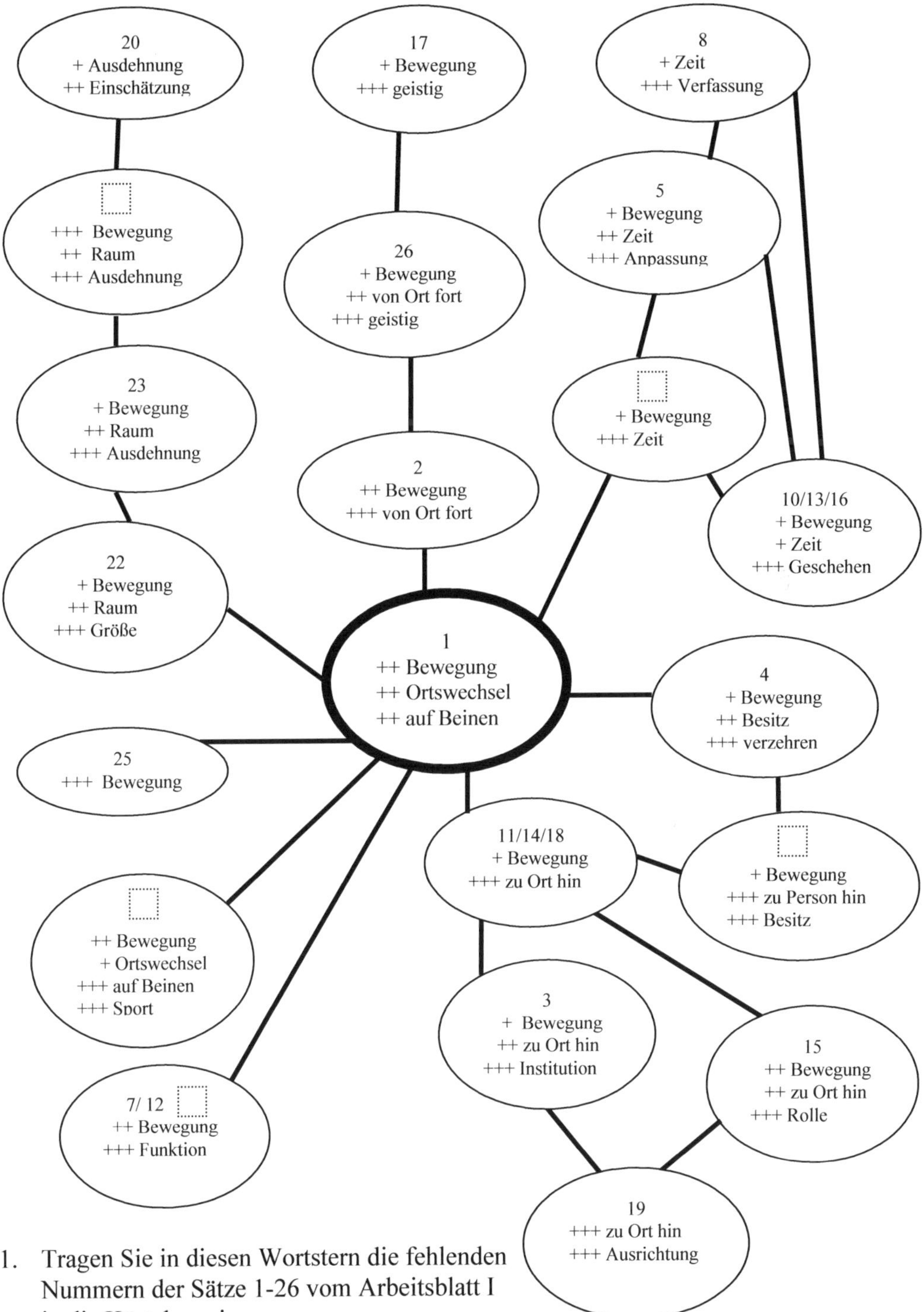

1. Tragen Sie in diesen Wortstern die fehlenden Nummern der Sätze 1-26 vom Arbeitsblatt I in die Kästchen ein.
2. Interpretieren Sie die Verbindungslinien zwischen den Lesarten des Verbs.
3. Könnte man noch mehr Linien ziehen?

- Der Wortstern *ziehen* besteht aus einer zentralen Kernbedeutung und strahlenförmig davon ausgehenden Nebenbedeutungen. Versuchen Sie, die folgenden Sätze dem Wortstern zuzuordnen, indem Sie jeweils die Buchstaben der Sätze in die Kreise einfügen! Sie enthalten die gewichteten (von x bis xxx) Bedeutungsmerkmale.

a) Das Pferd zieht den Wagen.
b) Die Mutter zieht sie aufs Sofa.
c) Der Hund zieht an der Leine.
d) Es zieht ihn in die Ferne.
e) Der Angreifer zieht ein Messer.
f) Sie zieht in eine andere Stadt.
g) Er zieht an seiner Zigarette.
h) Er zieht eine Verbindungslinie.
i) Der Gärtner zieht Pflanzen aus Stecklingen.
j) Sie lässt den Tee drei Minuten ziehen.
k) Es zieht am Fenster.
l) Der Kamin zieht nicht gut.
m) Er verspürt ein Ziehen im Arm.
n) Die Sitzung zieht sich in die Länge.

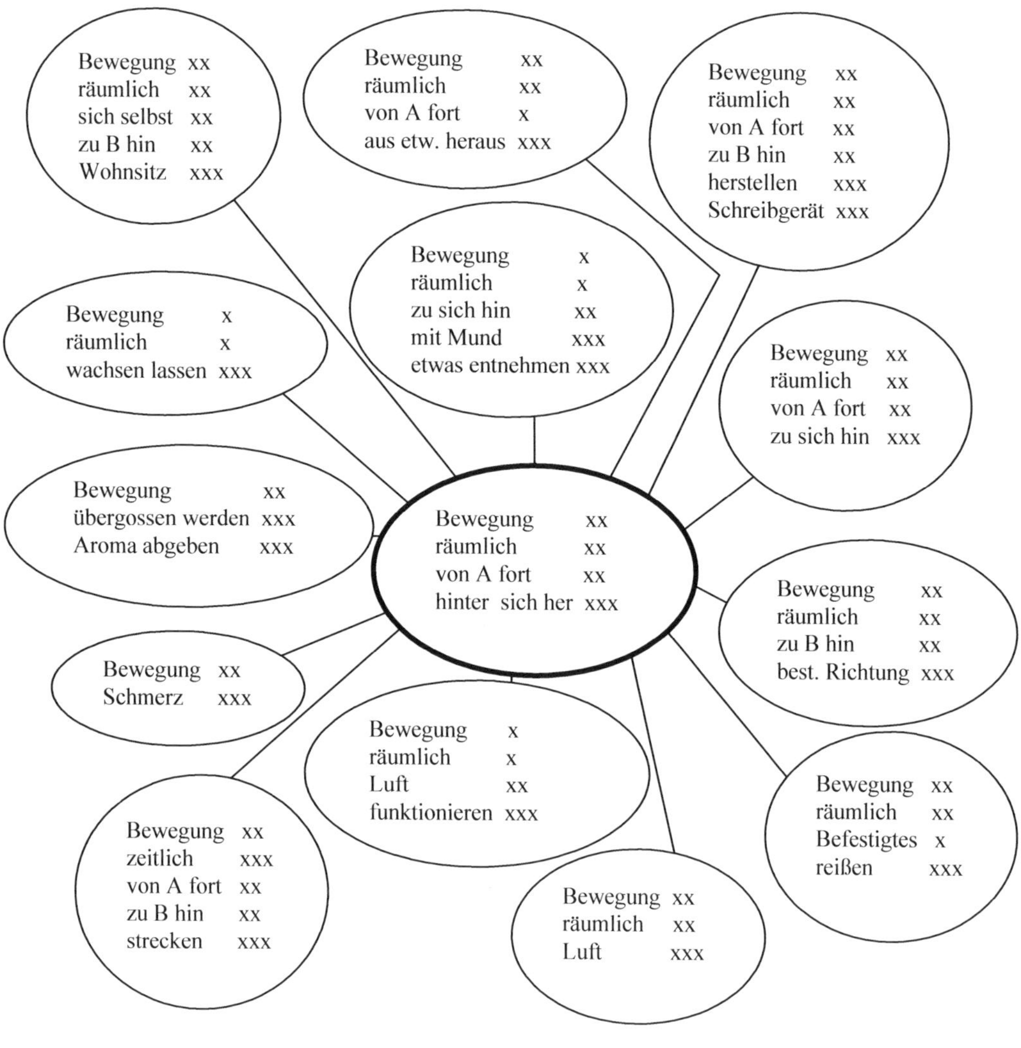

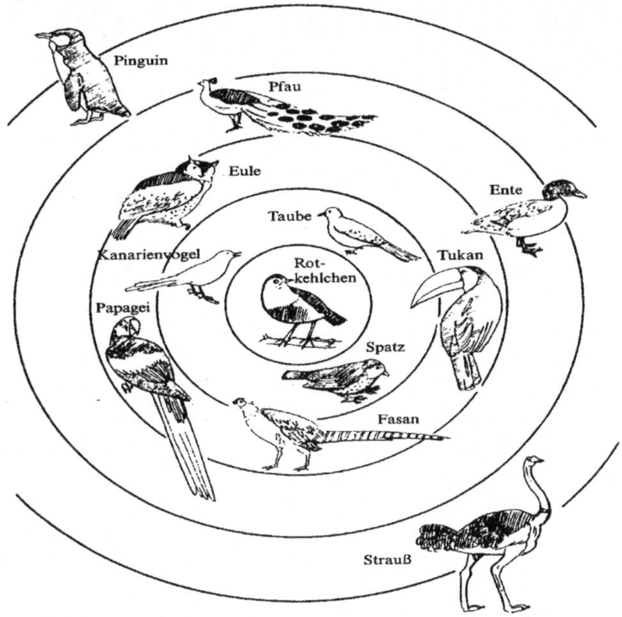

1. An welche Vogelart denken Sie zuerst bei dem Stichwort *Vogel*?................................
2. Interpretieren Sie die graphische Darstellung oben.
   Nennen Sie bessere und schlechtere Exemplare der Kategorie VOGEL.

   ....

3. Repräsentiert für Sie das *Rotkehlchen* am besten den VOGEL?
   Oder würden Sie einen anderen Vogel für das beste Exemplar, für den Prototyp eines VOGELS ansehen? Wenn ja, welchen?

   ....

4. Welche Merkmale machen überhaupt einen Vogel zum Vogel?
   Wählen Sie aus und ergänzen Sie:
   <+ Tier>, <+ kann fliegen>, <+ wird von Menschen verzehrt>, <+ baut ein Nest>, <+ legt Eier>, <+hat Federn>, <+ brütet>, <+ hat einen Schnabel>, <+ kann singen>, <+ hat Flügel>

   ....

5. Wieso sind der Pinguin und der Strauß schlechte Vertreter der Kategorie Vogel?

   ....

6. An welchen Positionen in der graphischen Darstellung würden Sie die folgenden Tiere einordnen? Vielleicht müssen Sie dazu weitere konzentrische Kreise zeichnen.
   Huhn, Adler, Gans, Kolibri, Kuckuck, Taube, Storch, Kranich, Meise, Pelikan, Krähe, Kauz, Schwalbe, Möwe, Amsel, Specht, Zaunkönig, Elster, Sperling.
7. Wie können Sie einem Kind erklären,
   dass eine *Fledermaus* kein Vogel ist, ...

   dass eine *Libelle* kein Vogel ist, ...

   dass ein fliegender *Drache* kein Vogel ist? ....

Kartoffel, Birne, Pflaume, Kürbis, Tomate, Gurke, Rhabarber, Johannisbeere, Ananas, Radieschen, Karotte, Avocado, Zwiebel……………………………………………………

……………………………………………………………………………………

……………………………………………………………………………………

……………………………………………………………………………………

……………………………………………………………………………………

……………………………………………………………………………………

……………………………………………………………………………………

1. Erweitern Sie die Wortliste möglichst umfassend.

2. Nach welchen zwei Oberbegriffen können Sie die Wörter zu zwei Gruppen zusammenfassen?

……………………………………………………………………………………

3. Inwiefern kann man die Kirsche als ein sehr gutes Beispiel für den einen Oberbegriff bezeichnen, die Erdnuss als ein recht schlechtes Beispiel?

……………………………………………………………………………………

……………………………………………………………………………………

……………………………………………………………………………………

……………………………………………………………………………………

4. Welches sind Ihrer Meinung nach die besten Beispiele, sozusagen die Prototypen beider Gruppen?

……………………………………………………………………………………

5. In welche der beiden Gruppen würden Sie Rhabarber einordnen, in welche Avocado? Gibt es andere problematische Fälle?

……………………………………………………………………………………

……………………………………………………………………………………

……………………………………………………………………………………

6. Worin unterscheiden sich die beiden Gruppen?
Suchen Sie für die Mitglieder jeder Gruppe gemeinsame Merkmale.

……………………………………………………………………………………

……………………………………………………………………………………

……………………………………………………………………………………

……………………………………………………………………………………

……………………………………………………………………………………

„Tachchen David! Na, alles klar?“ –„Nee, mein Gaul ist auf dem Weg zur Schule Schrott gegangen. Echt zum Abgeilen!“ – „Oh man, das' ja superbescheuert. Und dann haben wir auch noch gleich den Müslimenschen Meyer in Deutsch. Der hat so 'ne Molle gemacht, nur weil wir beim Diktat abgeluchst haben. Der hat echt nicht alle auf der Latte. Conny ist nun mal so gut. Da wär ich blöd, nicht bei ihr zu gucken.“ – „Und dann ist sein Unterricht auch so ölig. Nie mal so'n bisschen Action. Ständig schnullert er uns was vor so wie die Politiker in der Schwatzbude.“ – „Oh guck mal. Da kommt Torstens neue Parfümmotte. Sieht schweinegeil aus, oder? Wie cool sie schon ihre Ziggi hält...“

1. So oder so ähnlich könnte ein Dialog zwischen Jugendlichen aus der Mitte der 1980er ausgesehen haben. Welche jugendsprachlichen Ausdrücke sind heute noch gebräuchlich, welche nicht?

gebräuchlich	ungebräuchlich

2. Übersetzen Sie den Text in die heutige Jugendsprache, wie Sie sie kennen.

„...

....

....

....

....

....

....

....

....“

cruisen, bescheuert, sehr gut, krass, aufbrezeln, Pfosten, Spacko, Asitoaster, am Start sein, easy, lustig, die Alten, chillen, meckern, volltexten, hammergeil, abloosen, daddeln, Faker, verpeilt sein, Poser, ratzen, Teletubbyzurückwinker, eine Fliege machen

1. Welche Ausdrücke würden Sie nicht zur Jugendsprache zählen? Streichen Sie diese durch.

2. Welche Wörter der Jugendsprache müssten Sie Ihren Eltern vermutlich erklären? Kreisen Sie diese ein.

3. Sammeln Sie weitere Beispiele für typische Ausdrücke der Jugendsprache.

....

....

....

....

....

....

....

4. Anhand der Beispiele können Sie einige Merkmale für Jugendsprache herausfinden. Welche sind es?

....

....

....

....

....

5. Benutzen Sie selbst Jugendsprache? Wenn ja, in welchen Situationen? Und in welchen Situationen würden Sie Jugendsprache eher vermeiden?

Lehrer zum Vater: „Die Leistungen ihres Sohnes waren in letzter Zeit ausgesprochen negativ. Die Versetzung erscheint gefährdet."
Arzt zum Patienten: „Ich kann Sie beruhigen. Der Befund ist negativ."

Zoobesucher zu seinen Kindern: „In den Untiefen der Ozeane sollen Riesenkraken mit gewaltigen Fangarmen leben."
Segler zu einem anderen Segler: „Fast wäre ich mit meinem Boot auf einer Untiefe aufgelaufen und gekentert."

Mieterin zur Vermieterin: „In meiner Wohnung lasse ich grundsätzlich niemand rauchen. Da lasse ich keine Ausnahme zu."
Verteidiger zum Richter: „Grundsätzlich muss ich der Auffassung des Herrn Staatsanwalts ja zustimmen, aber doch nicht bei dieser Sachlage!"

1. Vergleichen Sie die beiden Sätze jedes Satzpaares miteinander. Zu welchen Verwirrungen oder Missverständnissen könnte es kommen, wenn der Lehrer sich mit dem Arzt unterhielte, der Zoobesucher mit dem Segler und die Mieterin mit dem Verteidiger?

2. Es gibt viele Ausdrücke, die sowohl in der deutschen Standardsprache wie auch in Fachsprachen vorkommen. Sie haben dabei nicht immer die gleichen Bedeutungen. Ordnen Sie die folgenden Wörter einzelnen Fachsprachen zu. Unterstreichen Sie die Wörter mit divergierenden Bedeutungen und erläutern Sie die Bedeutungsunterschiede:

   Befangenheit, herunterfahren, links, Aufsteiger, bösartig, Beistand, Klasse, Pfosten, Fenster, anzeigen, abhorchen, Klage, löschen, Notdurft, Satz, Gefäß, Hammelsprung, Sache, Schläfer, Schnittstelle, Streit, führen, Treiber, Abstrich, reizlos, Vergleich, Rückfall, Freizügigkeit, antreten, positiv, köpfen, abstürzen, Wende.

   Rechtssprache: ....

   ....

   Sprache der Medizin: ....

   ....

   Sportsprache: ....

   ....

   Computersprache: ....

   ....

   Sprache der Politik: ....

   ....

Freisetzen klingt nach Freiheit!
Erleichtern klingt nach leicht und unbeschwert!
Entsorgen klingt nach Vertreibung aller Sorgen! *Entsorgungspark* gar nach einem gepflegten großen Garten, in dem man ohne Sorgen spazieren gehen kann!

Wie aber klingen die folgenden Sätze?

Fast 3000 Arbeitskräfte sollen in dem Unternehmen *freigesetzt* werden.
In einer dunklen Gasse wurde er überfallen und um seine Brieftasche *erleichtert.*
Mehrere Tonnen Giftmüll sollen in einem *Entsorgungspark* deponiert werden.

1. Welche Absichten könnten damit verfolgt werden, diese Verben in solchen Zusammenhängen zu verwenden?

2. Notieren Sie, was die folgenden Ausdrücke bedeuten. Untersuchen Sie, welche Vorstellungen und Absichten hinter ihnen stecken.

Gnadentod:..

etwas mitgehen lassen: ....

Seniorenresidenz:...

frischen Schnee kaufen:..

vollschlank sein:...

ethnische Säuberung:..

3. Kennen Sie noch andere „verhüllende" Ausdrücke?

....

....

4. Was bedeuten die folgenden Ausdrücke? Können Sie sich denken, weshalb sie jeweils zu „Unwörtern des Jahres" erklärt worden sind?

Diätenanpassung:...

ausländerfrei:...

Wohlstandsmüll:...

intelligentes Waffensystem:...

sozialverträgliches Frühableben:..

„He, Sie! Was urinieret Se denn do an dr Wage na? Des isch doch koi Platz zom Harne. Wenn Se pinkele wöllet, müeßet Se do na'strahle, wo au de andere Leut ihr Wasser abschlaget. Do könnet Se noh zinsele ond pinsele, so viel Se wöllet; aber do dr Wage verbrunze, Sie Schiffbeutel, Sie versaichter, des geit's bei dr Reichsbah nette!“

1. Um welchen Dialekt handelt es sich bei diesem Text eines unbekannten Verfassers?
2. Woran mag es liegen, dass man sich in den Mundarten oft derber ausdrückt als in der deutschen Standardsprache?
3. Die Vorgänge des Ausscheidens gehören zum Intimbereich der Menschen. Über sie zu sprechen ist zumeist etwas peinlich. Unter den verwendeten Ausdrücken kann man zumindest vier Gruppen unterscheiden:

a) kindersprachlich: *Pipi machen*, ...

b) medizinisch: *koten*, ...

c) verhüllend: *austreten gehen*, ...

d) vulgär: *kacken*, ...

4. Auch für die Toilette gibt es zahlreiche Bezeichnungen, da man nach ihr ja gelegentlich fragen muss. Welche kennen Sie? Gruppieren Sie:

a) umschreibend/verhüllend: *Tante Meier*, ...

....

b) sachlich/standardsprachlich: *Toilette*, ...

....

c) derb/vulgär: *Donnerbalken* ....

5. Welche ähnlichen Umschreibungen im Englischen oder Französischen sind Ihnen bekannt? ....
6. Beurteilen Sie den stilistischen Ausdruckswert und den Gebrauchswert von: Hintern, Podex, Gesäß, Arsch, Allerwertester, Popo, die vier Buchstaben, verlängerter Rücken, Mors.

a) umschreibend/verhüllend: ....

b) sachlich/standardsprachlich: ....

c) derb/vulgär: ....

News
Täglich der frischeste Gossip aus der Welt der Stars ...

Comeback der Backstreet Boys!
Jetzt ist es sicher: Die Jungs feierten ihre Reunion an der Chinesischen Mauer.

Backstreet's back: Eine Charity-Veranstaltung, die zugunsten der Helden vom 11. September stattfand, war den Backstreet Boys Grund genug, sich zusammenzuraufen, um noch einmal gemeinsam aufzutreten.

Die Idee dazu hatte Howie, der vor einiger Zeit auch eine Stiftung für Menschen gegründet hatte, die an der Autoimmunkrankheit Lupus erkrankt sind. Und so performten die fünf Burschen (zugegebenermaßen ein wenig älter und langsamer geworden) wiedervereint für den guten Zweck auf dem Luxusdampfer "Queen Mary" in New York.

Howie zeigte sich begeistert: „Das ist echt super. Es ist unser erster Auftritt seit drei Jahren, und irgendwie ist es auch eine Ehre für mich, dass die Jungs mir bei meiner Foundation helfen.“

Die erste Show der offiziellen Reunion-Tour gab es nun an und auf der chinesischen Mauer - außerdem plant man eine eigene Reality-Show für die Boys, und ein neues Album soll es dieses Jahr auch noch geben.

1. Diese „Neuigkeiten“ von der Homepage des Musiksenders *Viva* enthalten eine Menge Fremdwörter.
   Unterstreichen und erklären Sie alle Fremdwörter, die Sie als solche erkennen.

2. Aus welcher Sprache sind die Fremdwörter überwiegend entlehnt?
   Wie bezeichnet man sie deshalb?

   ....

3. Halten Sie den Gebrauch dieser Wörter für angemessen? Gibt es deutsche Entsprechungen? Wenn ja, warum verwendet man dann wohl die Fremdwörter?

   ....

   ....

   ....

4. Vergleichen Sie die Häufigkeit der verwendeten Fremdwörter auf der Homepage oder dem Sender selbst mit Ihren Gesprächen in der Schule.
   Und wie sieht es bei Gesprächen mit Ihren Eltern aus?

1. Setzen Sie in die Lücken das jeweils passende Fremdwort ein:

ideal oder ideell
a) Das ist der .... Ort für ein romantisches Picknick.

b) Greenpeace braucht die finanzielle und .... Unterstützung von möglichst vielen Menschen.

real oder reell
c) Versuch es doch mal mit einer Ausbildung. Da hast du .... Chancen.

d) Durch Fernsehen verlieren einige den Bezug zum .... Leben.

rational oder rationell
e) Jetzt bemühe dich mal darum, ... zu denken. Dann wirst du sehen, dass alles nicht so schlimm ist.

f) Würdest du einmal lernen, ... zu wirtschaften, hätten wir nicht solche Geldprobleme.

2. Suchen Sie Beispielsätze zu den verschiedenen Wortpaaren. (Sie können ein Fremdwörterlexikon zur Hilfe nehmen.)

a) psychisch – psychologisch

....

....

....

....

b) graphisch – graphologisch

....

....

....

....

c) technisch – technologisch

....

....

....

....

3. Achten Sie auf die nachgestellten Wortbausteine (Suffixe). In welcher Weise sind sie für die Wortbedeutungen entscheidend?

Was machst du überhaupt hier?
Das würde ich doch niemals tun!
Du bist wohl immer dabei!
Er kann ruhig mitkommen.
Wer ist denn hier der Chef?
Ich bleibe, so lange ich nur kann.
Du könntest dich mal häufiger melden.
Du gewinnst ja immer!
Lach doch mal!
Wo habe ich bloß meinen Schlüssel?

1. In den Sätzen ist jeweils ein Wort enthalten, das man unter Umständen auch weglassen kann. Unterstreichen Sie es!
   Vergleichen Sie nun die Bedeutung des Satzes mit und ohne das betreffende Wort. Achten Sie auf den feinen Unterschied.

2. In dem folgenden Text gibt es viele Wörter, die die Haltung des Sprechers zum Gesagten ausdrücken. Unterstreichen Sie diese!

> Vielleicht sollten wir den Familienausflug auf einen anderen Tag verschieben. Es wird wohl kalt werden. Überhaupt soll es den ganzen Tag regnen und irgendwie habe ich auch nicht viel Lust. Man könnte ja stattdessen in ein Restaurant gehen und bloß gemeinsam essen. Oder ist das etwa keine gute Idee? Wir würden einfach zusammen sein, ohne großen Aufwand zu betreiben. Und es war schließlich abgemacht, dass wir uns an diesem Wochenende endlich einmal wieder alle treffen wollen. Wir haben uns immerhin sechs Monate nicht gesehen. Eigentlich sollte es ja nicht schwierig sein, öfter mal zusammen zu kommen. Es haben allerdings nie alle Zeit, sodass es halt erst diesen Sonntag was werden wird.

3. Versuchen Sie, in den folgenden Beispielen die Art der Abtönung zu bestimmen.

a) Ich hab dich doch gewarnt! ....

b) Das Wetter wird wohl gut werden! ....

c) Willst du eigentlich mit? ....

d) Ihr seid aber gewachsen! ....

e) Dazu habe ich überhaupt keine Lust. ....

f) Wir treffen uns sicherlich erst um acht, oder? ....

g) Hast du etwa schon gegessen? ....

h) Was hätte ich nur tun sollen? ....

i) Mach doch einfach mit! ....

j) Du könntest ruhig etwas mehr tun. ....

Lösungen

1: 1. schnell gehen: laufen, flitzen, rasen, rennen, eilen, fegen, sausen, stürzen, jagen, stürmen, hetzen, hasten, eilen; langsam gehen: schleichen, trotten, trödeln, kriechen, schlendern, latschen, schlurfen; ohne Ziel gehen: schlendern, schweifen, umherstreifen, bummeln, tigern; auf einem Bein gehen: hinken, hüpfen; geräuschvoll gehen: schlurfen, stampfen, trampeln; durch Wasser gehen: waten, planschen; behindert gehen: stolpern, humpeln, hinken; aufwärts gehen: steigen, klettern, kraxeln; leise gehen: schleichen, trippeln, pirschen, huschen
2. torkeln, hinuntersteigen, spazieren, springen, krabbeln, schreiten, wandern, stapfen, tänzeln, stelzen, taumeln, stolzieren, marschieren, pilgern

2: 1. wandern, trat, trottete, hüpfte, bummeln, hinaufsteigen, waten, kamen/zurückkehrten, rannte/lief
2. *Mit beiden Füßen auf dem Boden hinkte er zu seinem Fahrrad.
*Er torkelte in strammer Haltung an mir vorbei.
*Er raste langsam nach Hause.
*Er stolperte sorgfältig über den Stein.
*Er trippelte mit großen Schritten in die Schule.

3: 1. leise: flüstern, tuscheln, winseln, hauchen, wispern, raunen
laut: brüllen, schreien, kreischen, keifen, rufen, johlen, donnern
2. *ärgerlich sprechen:* schimpfen, zetern, schnauben, murren, maulen, donnern
freudig sprechen: jubeln, jauchzen, frohlocken
undeutlich sprechen: nuscheln, lallen, schnarren, näseln, stottern, lispeln
reden, diskutieren, beichten, lallen, fragen, antworten, erwidern, erklären, spotten, johlen, befehlen, brabbeln, keuchen, erzählen, vortragen, raten, versprechen, schwören, mitteilen, wetten, plappern, grüßen, warnen, prahlen, schwatzen, plaudern
3. gucken, schauen, schielen, anstarren, beobachten, gaffen, erkennen, betrachten, besichtigen, erblicken, anblicken, glotzen, ...
4. a) betrachten, b) erkennen, c) besichtigt, d) beobachtet, e) entdecken, f) gaffen, g) kuckt/starrt, h) erblickt

4: 1. a-q, b-r, c-l, d-s, e-u, f-p, g-o, h-t, i-v, j-n, k-m
2. Die Ziege beherrscht die „Sprache" der Frösche, der Hunde, der Vögel, der Esel und die der Katzen.
3. a) wiehert, b) brüllt, c) zischt, d) quakt, e) gurrt, f) blökt, g) grunzt, h) brüllt, i) röhrt, j) ruft, k) gackert, l) quiekt, m) piept, n) trompetet, o) heult, p) brummt
4. a) Der Sturm, b) Das Glas, c) Die Peitsche, d) Die Glocke, e) Der Regen, f) Der Fußboden, g) Der Fensterladen, h) Die Türangel, i) Das Wasser, j) Der Teekessel, k) Die Möwe, l) Das Meer

5: 1. b) ein Fest feiern, c) einen Streich spielen, d) schreiben, e) ergeben, f) bilden, g) bauen, h) besuchen, i) streichen, j) schließen, k) frisieren, l) spielen

6: 1. knochentrocken → trocken → feucht → nass → klitschnass
Der Grad an Feuchtigkeit nimmt zu.
2. klitzeklein → winzig → klein → mittelgroß → groß → riesig → gigantisch
3. eiskalt → frostig → kalt → kühl → lauwarm → warm → heiß → kochendheiß → glutheiß
4. langsam → gemächlich → flink → rasch → schnell → blitzschnell

7: 1. a) Tante, b) stottern, c) blitzschnell, d) Saft, e) hüpfen, f) Köter, g) riechen, h) Reißverschluss
2. a) Sohn, b) orange, c) trinken, d) Gebiss, Zahnprothese

8: 1. Die Verben und die Substantive passen in den Sätzen nicht als Prädikate und zugehörige Subjekte zusammen.
2. a) Eier, b) Fisch, c) Brot, d) Fleisch, e) Kaffee, f) Gänse, g) Kuchen, h) Würstchen, i) Soße, j) Eier, k) Wasser, l) Kaffee, m) Äpfel, n) Braten, o) Mohrrüben, p) Tee, q) Pfannkuchen, r) Eier, s) Brot, t) Tomaten, u) Käse, v) Teig, w) Mehl und Zucker, x) Muskatnuss, y) Teig, z) Teig, aa) Kartoffeln, bb) Obst
3. a) streut, b) kocht, c) säuert

9: 1. Man feudelt den Fußboden.
Man klopft den Teppich.
Man spült das Geschirr.
Man wäscht die Wäsche.
2. Man putzt die Schuhe.
Man gießt die Blumen.
Man deckt den Tisch.
Man leert den Mülleimer.
3. Wäsche/Hemden bügeln, Kartoffeln pellen, Unkraut jäten, Brot/Kuchen backen, Nüsse knacken, Haare kämmen, Strümpfe stopfen, Rasen mähen

10: 1. Die Mengenangaben und Verpackungen passen nicht zu den Lebensmitteln.
2. Flügel, Hals und Innereien: also Fleisch, das nicht zu den „großen" Teilen Brust und Keulen gehört
3. Z. B.: zwei Tafeln Schokolade, eine Tüte Chips, eine Schachtel Pralinen, eine Kiste Clementinen, ein Pfund Butter, eine Flasche Orangensaft, vier Stück Kuchen, ein Päckchen Vanillezucker, eine Dose Ananas, zwei Dosen Würstchen, vier Scheiben Käse, ein Fläschchen Sojasoße, ein Kilo Mehl, ein Dutzend Eier, eine Tube Zahnpasta, ein Kilo Möhren, ein Laib Brot, ein Sack Kartoffeln, ein Glas Rotkohl, eine Portion Pommes, eine Rolle Klopapier, zehn Beutel Tee, ein Beutel Äpfel, ein Bund Petersilie

11: 1. a) eine Schachtel Zigaretten, b) eine Tonne Abfall, c) ein Kasten Werkzeug, d) ein Sack Kartoffeln, e) ein Kanister Benzin, f) eine Schale Obst, g) ein Teller Suppe, h) eine Flasche Wein, i) ein Becher Milch, j) eine Kiste Bücher, k) ein Eimer Wasser, l) eine Tüte Bonbons
2. Schachtel: Pralinen; Kiste: Äpfel, Birnen, Orangen; Becher: Kakao, Kaffee, Tee; Tüte: Saft, Milch

12: 1. a) hungrig, b) lebendig, c) dünn, schlank, d) günstig, billig, e) leicht/einfach, f) leise
2. a) Präsens, Perfekt, Plusquamperfekt, Futur I, Futur II
b) Januar, März, April, Mai, Juni, Juli, August, September, Oktober, November, Dezember
c) Frühling, Sommer, Winter
d) Westen, Süden, Osten
3. Der deutsche Wortschatz enthält kein Wort, das diese Zustände bezeichnet. Man muss sie umschreiben, etwa: *„Mein Durst ist gestillt."* oder *„Ich habe keinen Durst mehr." „Sie ist nicht schwanger."*

13: 1. Waagerecht: 3. dunkel, 5. langsam, 6. trocken, 10. teuer, 11. leicht, 13. arm, 14. tot, 15. gut; Senkrecht: 1. viel, 2. oben, 3. dumm, 4. neu, 5. lang, 7. klein, 8. leer, 9. breit, 11. laut, 12. hart.
2. spitz – stumpf, grob – fein, süß – sauer, Trauer – Freude, Wahrheit – Lüge, Tadel – Lob, Feind – Freund, Leere – Fülle, Mut – Angst
3. Ich kaufe nur billige Hosen, keine teuren. Meine Schwester ist noch ganz klein, aber ich bin schon groß. Mein Glas ist leer, deins ist noch voll. Holz ist hart, aber Federn sind weich. Zu Fuß ist man langsam, mit dem Fahrrad dagegen schnell. Tagsüber ist es hell und nachts dunkel. Ich habe Angst, vom Dreimeterbrett zu springen, doch mit viel Mut werde ich es trotzdem tun. Zum Glück habe ich keine Feinde, nur Freunde.

14: 1. Kartenspiel: Poker, Rommé, Uno, Doppelkopf, 17 und 4, ...
Getreide: Weizen, Hafer, Gerste, Roggen, ...
Meeresbewohner: Krabbe, Hering, Seepferdchen, Delphin, Aal, ...
Handwerker: Maurer, Dachdecker, Elektriker, Klempner, ...

2. Möbelstück: Stuhl, Schrank, Bett, Regal, ...
Fahrzeug: Fahrrad, Bus, LKW, Dreirad, ...
Instrument: Flöte, Gitarre, Klavier, Saxophon, ...
Insekt: Biene, Hummel, Wespe, Libelle, ...
3. Ein Oberbegriff fasst viele verschiedene Einzelerscheinungen zusammen, hat also keine bestimmte Gestalt, die sich abbilden lässt.

15: Blume: Löwenzahn, Orchidee, Krokus, Gänseblümchen, Nelken, Rose, Geranie
Sportart: Tennis, Schwimmen, Fußball, Handball, Skaten, Tanzen, Joggen, Surfen
Getränk: Kakao, Cola, Mineralwasser, Bier, Tee, Wein, Milch
Kleidungsstück: Bluse, Krawatte, Unterhemd, Pullover, Mütze, Oberhemd, Jacke, Hut, Kleid, Rock, Weste, Fliege, Schal

16: 1. In der ersten Reihe: Meißel, Schere, Spachtel, Hobel, Maurerkelle, Pinsel, Säge, Fräse, Bandschleifer ...
In der zweiten Reihe: Kneifzange, Lochzange, Greifzange, Kombizange, ...
2. Spachtel, Hobel, Maurerkelle, Pinsel, Säge, Fräse, Bandschleifer
3. *Zange* ist ein Unterbegriff für Werkzeug, jedoch auch ein Oberbegriff für verschiedene Zangen.
4. Hammer: Vorschlaghammer, Gummihammer, Schlosserhammer, Lattenhammer, ...
5. Säge: Stichsäge, Kreissäge, Holzsäge, Metallsäge, Motorsäge, Fuchsschwanz, ...
6. Gefäß – Eimer, Lebewesen – Tier, Gebäude – Wohnhaus, Körperteil – Bein, Baum – Kastanie, Handwerker – Maurer
7. Mütze – Kopfbedeckung/Kleidungsstück, Tasse – Trinkgefäß/Geschirr, Halskette – Schmuck, Wut – Gefühl, Masern – Krankheit, Segeln – Wassersport/Sportart, Teich – Gewässer, Regen – Niederschlag

17: 1. Ein Gesicht hat eine Nase. Ein Gesicht hat einen Mund. Ein Gesicht hat ein Kinn.
2. Ein Messer hat eine Klinge/Schneide und einen Griff. Eine Säge hat einen Griff und ein Sägeblatt. Eine Blume hat Blütenblätter, einen Stängel, Blätter, einen Stempel, Blütenstaub. Ein Apfel hat ein Kerngehäuse, Kerne, einen Stiel, Schale und Fruchtfleisch. Eine Leiter hat Sprossen und zwei Holme. Eine Geige hat einen Hals, eine Schnecke, vier Saiten, eine Decke und einen Rücken.
Eine Sohle ist Teil eines Schuhs. Die Kufen sind Teile eines Schlittens oder von Schlittschuhen. Der Docht ist Teil einer Kerze.
3. Wand, Schornstein; Griff
4. Da eine Scheibe Bestandteil des Fensters ist, würde man nicht sagen, dass ein Haus eine Scheibe hat, sondern nur, dass es Fenster hat. Fenster sind „Zwischenstufen" im hierarchischen Teil-Ganzes-Verhältnis zwischen Haus und Scheibe. Entsprechend verhält es sich mit dem Nagel, er gehört zum Daumen und dieser wiederum zur Hand.

18: 1. Scheibe + Fenster, Sohle + Schuh, Saite + Gitarre, Klinke + Tür, Rüssel + Schwein, Pupille + Auge, Schublade + Kommode, Kragen + Hemd, Pedale + Fahrrad, Monat + Jahr, Flosse + Fisch, Zeiger + Uhr, Antenne + Radio, Motor + Auto, Henkel + Tasse, Zehe + Fuß, Stachel + Biene
2. Teil-Ganzes-Beziehung
3. Baum, Hand, Vogel, Haar, Stunde, Deutschland, Kern

19: 1. und 2. Wortfamilie *jung* bzw. *jung* und *alt*
3. Altpapier, Altstadt, Jahrhundert
4. Alter, Altertum
5. Mittelalter, Jungfer, Altbau, Altbauwohnung

6. Jungfrau, Jungsteinzeit, Junggesellenabschied, Jungschar, Jungtier, Jungunternehmer, jungverheiratet, Jüngelchen, Jungchen; Altersheim, Zeitalter, Lebensalter, altbekannt, altbewährt, altbacken, Alteisen, Altenpfleger, altern, Altersabstand, altersbedingt, Altertum, Altflöte, Altgriechisch, altklug, Altglas ...
7. Die Eltern sind (im Vergleich mit den Kindern) tatsächlich die „Älteren"; die heutige Schreibweise verschleiert diesen Ursprung des Wortes.
8. Jungbrunnen: sein Wasser bewirkt angeblich eine Verjüngung der Badenden; Junge: ein junges, männliches Kind; Jüngling: ein junger Mann; altersschwach: jemand ist schwach und gebrechlich aufgrund seines hohen Alters; altklug: ein Kind wird als altklug bezeichnet, wenn seine Äußerungen nicht altersgemäß sind, sondern eher einem Erwachsenen, also einem „alten" Menschen entsprechen; Altertum: lange vergangene, aus heutiger Sicht schon „alte" Zeit

20: 1. Haustür: Tür, die als Eingang ins Haus führt; Hintertür: Tür, als Nebeneingang hinter dem Haus; Schiebetür: Tür, die durch Schieben geöffnet wird; Katzentür: Tür, durch die Katzen das Haus verlassen
2. Türschlüssel: schließt die Tür ab; Türspalt: Spalt/schmale Öffnung zwischen Tür und Türrahmen; Türsteher: Mensch, der (als Wache) neben der Tür steht; Türrahmen: Rahmen, in den die Tür hineinpasst
3. Schulkinder, Adoptivkinder, Enkelkinder, Waisenkinder, Tageskinder ...
Kinderhaus, Kindergarten, Kinderspielplatz, Kinderjacke, Kindersitz, Kinderchor ...
Spielzeugauto, Plastikauto, Feuerwehrauto ...
Autoreifen, Autogarage, Autorennen ...
4. Grundwort: legt fest, worum es sich „grundsätzlich" handelt (Bedeutung) und zu welcher Wortart die Zusammensetzung gehört (Grammatik); Bestimmungswort: bestimmt näher, um was für eine Erscheinung es sich genau handelt.
5. Kopf, Buch

21: 1. a) Weichspüler, b) Lautsprecher, c) Kleinstadt, Kleinbuchstabe, d) Großstadt, Großbuchstabe, e) Frühjahr, Frühgeburt, f) Spätgeburt;
a) eiskalt, b) hundemüde, c) kalorienreich, d) hauchdünn, hauchzart, e) steinreich, steinhart, f) einflussreich;
a) Waschmaschine, Waschmittel, b) Rollstuhl, Rollwagen, c) Schiebetür, d) Fahrstuhl, Fahrschein, e) Schreibmaschine, f) Suchmaschine.
2. Groß- und Kleinschreibung richten sich nach dem Grundwort (= zweites Wort); ist es ein Substantiv, so ist auch die Zusammensetzung ein (groß zu schreibendes) Substantiv, ist es dagegen ein Adjektiv, so gilt das auch für die Zusammensetzung. Das Bestimmungswort (an erster Stelle) spielt dabei keine Rolle.

22: 1. und 2. Hirschkäfer: seine Zangen sehen wie ein Hirschgeweih aus; Seeadler: lebt am Wasser; Mäusebussard: ernährt sich von Feldmäusen; Jagdhund: hilft bei der Jagd; Laubfrosch: ist grün wie Blätter (Laub); Wildschwein: lebt in der freien Natur, im Gegensatz zum Hausschwein; Turmfalke: nistet gerne auf hohen Türmen; Zitronenfalter: seine gelbe Farbe erinnert an Zitronen; Waldameise: lebt im Wald; Eisbär: lebt am Treibeis des Nordpolarmeeres; Menschenaffe: Schimpanse, Gorilla, Orang-Utan, weil sie in Größe, Gestalt und Verhalten dem Menschen ähneln; Stubenfliege: lebt im Haus; Kreuzspinne: hat Kreuzflecken auf dem vorderen Hinterleib; Honigbiene: erzeugt Honig durch Umwandlung von Nektar.
3. Maikäfer, Mistkäfer, Rüsselkäfer, Marienkäfer, Borkenkäfer, Schwimmkäfer, Laufkäfer ...

23: 1. Jemand beschreibt große Kugeln. Er bereitet Fische mit heißem Dampf zum Essen zu. Er wirft Geldscheine in die Luft. Er trägt Flugzeuge umher. Er legt sich nicht ins Bett, sondern vor das Bett. Er düngt ständig seine Blumen. Er bricht im Winter Eiszapfen von den Dachrändern. Er sticht mit einem Spaten auf den Feldern in die Erde. Er bemalt den Erdboden.
2. Radiowecker, Türdrücker, Fahrradlenker, Gabelstapler, Dosenöffner
3. Teenager

24: 1. und 2. -ung und -heit: Bezahlung, Schönheit, Kühnheit, Ablehnung, Frechheit, Täuschung, Reibung, Blindheit, Klugheit, Verteidigung, Gesundheit, Feigheit, Prüfung, Warnung, Trägheit, Dummheit
3. -ung: Vorgänge, -heit: Eigenschaften
4. Freiheit, Wahrheit: Zustände
5. Finsternis, Tiefe, Aufgeregtheit, Breite, Gewandtheit, Geheimnis, Klarheit, Reife, Wildnis
6. königlich, kindisch, spaßig, steinig, schelmisch, glücklich, gefährlich, neidisch, stachelig

25: 1. a) die Schuppe, b) die Haut, c) die Nase, d) die Farbe, e) die Zunge, f) das Gras, g) das Haus, h) der Hamster, i) das Wasser, j) der Löffel
2. a) Man entfernt Schuppen. b) Man entfernt Haut. c) Man spricht durch die Nase. d) Man gibt einem Material dauerhaft eine Farbe. e) Man macht mit herausgestreckter Zunge schnelle, unregelmäßige Bewegungen (wie eine Schlange). f) Man frisst das am Boden wachsende Gras. g) Man benutzt ein Gebäude/eine Wohnung als „Haus". h) Man legt wie ein Hamster Vorräte an. i) Man gibt einer Pflanze Wasser. j) Man verwendet beim Essen einen Löffel.
3. Hammer – hämmern, Kopf – köpfen, Säge – sägen, Nagel – nageln, Schmiere – schmieren, Rauch – rauchen, Duft – duften, Hobel – hobeln, Kralle – krallen, Feile – feilen

26: 1. a) Fund, b) hilft, c) Schub, d) geben, e) Schüsse, f) flieht, g) Schwung, h) reißen, i) Schritten, j) stechen, k) Kauf, l) klingt, m) Schnitt, n) schließen, o) fließt, p) frisiert, q) Jagd, r) gekämpft, s) Schliff, t) frieren
2. Die Bedeutungen haben sich im Laufe der Zeit etwas verändert. Kniff: scharfe Falte im Papier, die durch „Kneifen" des Papiers entsteht; Fraß: abwertende Bezeichnung für das gefressene Futter; Senke: fast ausschließlich auf Landschaft bezogene „Vertiefung".

27: 1. befahren, erfahren, ausfahren, einfahren, herfahren, hinfahren, losfahren, mitfahren, überfahren, umfahren, verfahren, vorfahren, wegfahren, widerfahren
3. vertragen, zulassen, entlaufen, einmachen, abhalten, behandeln, ergehen, anhören, betragen, entlassen, verlaufen, abmachen, erhalten, einhandeln, angehen, zuhören ...
4. Der Wortbaustein *miss-* modifiziert die Bedeutung des Grundwortes in Richtung „falsch/schlecht".

28: 1. b) springen, c) ermutigen, d) mitteilen, e) lärmen, f) ärgern, g) anfangen, h) freuen, i) vereinbaren, j) bemerken, k) reisen, l) ängstigen, m) halten

29: 1. fünfte; einen Elefanten; beliebt; Feuer und Flamme; verrückt; den Sand
2. b, d, e, g, k, n, o, r
3. Bildhafte Sprache sucht bildhafte Vorstellungen, ist deshalb anschaulicher und oft gefühlsbetonter als die abstraktere „Normalsprache".
4. Man kann sich für die Entstehung der Redewendungen durchaus vorstellen, dass der wörtlich gemeinte Vorgang tatsächlich einmal stattgefunden hat.

30: 1. Katze, Hühnchen, Ross, Fische, Pudel, Hahn, Floh, Bären, Laus, Fliege
2. Sommer, Pferd, Affe, Hühner, Pfeffer, eine Taube, auch mal ein Korn, ich weiß von nichts.

31: 1. In dem ersten Satz ist das Kreuz ein christliches Symbol, das darauf zurückzuführen ist, dass Jesus von den Römern an einen senkrecht aufgestellten Pfahl mit Querlatte genagelt worden ist. In dem zweiten Satz ist es eine Markierung mit Hilfe zweier Striche, die sich überschneiden.
2. Beide bestehen aus zwei sich kreuzenden Linien.
3. Bei einem solchen Kreuz schneiden sich zwei Autobahnen, die auf einer Karte als Linien erscheinen.
4. Er hat Rückenschmerzen im Bereich der Lendenwirbel. Ein Kreuz findet sich als Schnittpunkt der Wirbelsäule mit dem Becken.

5. Ein Kreuzer ist ein Schiff; Segelschiffe kreuzen oft gegen den Wind an, d. h. sie müssen die Segel so ausrichten, dass sie auch bei Seitenwind im Zick-Zack-Kurs vorankommen. Kriegsschiffe bedrohen/bewachen Küsten, indem sie vor ihnen hin und her fahren.
Das Bundesverdienstkreuz ist ein Orden, der die Form eines Kreuzes aufweist. Kreuzigen bedeutet: jemanden ans Kreuz schlagen.

32: 1. Bär und Beere
2. lehren, Seite, Wal, malen
3. Bitte leere den Mülleimer aus! – Frau Müller lehrt Mathematik.
Die Saite der Gitarre ist gerissen. – In Großbritannien ist das Steuer auf der rechten Seite des Autos.
Es stehen zwei Kandidaten für den Posten des Vertrauenslehrers zur Wahl. – Der Wal ist kein Fisch, sondern ein Säugetier.
In der Mühle wird das Korn gemahlen. – Fritz malt ein Herz für seine Freundin in den Sand.
4. Kiefer: Baum, Knochen
Strauß: Tier, Blumen
Ball: Tanzveranstaltung, Spielzeug
Tau: Seil, Wasser

33: 1. Wal – Wahl, Meer – mehr, wer – wär', Küste – küsste
2. Die Lärche verliert im Winter ihre Nadeln.
Die Lerche fliegt hoch in der Luft.
Ich bin zum zweiten Mal in Berlin.
Zur Feier gab es ein festliches Mahl.
Ich fahre mit meinem neuen Rad.
Dein guter Rat hat mir sehr geholfen.
Auf diese Weise habe ich ihn überredet.
Waisen werden oft von Pflegeeltern aufgenommen.
Wir singen jetzt ein Lied.
Das untere Lid ist stark gerötet.
3. Finn leckt an seinem Eis.
Das Fass leckt.
Die Regenjacke muss mal wieder gewachst werden.
Erwachsene wachsen nicht mehr.
Tim muss noch eine Bahn kraulen.
Tim krault die Katze hinter den Ohren.
Der Bauer erntet Zuckerrüben.
Der Vogel sitzt in seinem Bauer.
Du musst das Mehl erst sieben.
Mit sieben Jahren geht man schon zur Schule.

34: 1. *Kochen* hat hier die beiden Bedeutungen: ‹ein Nahrungsmittel durch Erhitzen zubereiten›, ‹innerlich sehr erregt sein, wütend sein›.
Beim *Kochen* in der ersten Verwendung wird eine Speise erhitzt, in der zweiten Verwendung wird das Gemüt erhitzt.
2. Ich fühle mich von dir schlecht behandelt. Du strahlst mich an, als wäre ich der Weihnachtsmann. Man hat ihn sehr geärgert, jetzt schäumt er vor Wut. So ein Angeber! Immer muss er aufschneiden. Er lässt sich durch Schmeicheleien leicht einwickeln.
3. Er fuhr ihn mit lauten Worten an. Mit Tricks wurde er völlig ausgeschaltet und konnte an den folgenden Entscheidungen nicht mehr teilnehmen. Du musst deine Mannschaft mehr anfeuern. Da habt ihr mich aber ganz schön reingelegt!

35: 1.und 2. a) Sekretär/Beine, b) Schimmel, c) Ordner, d) Becken, e) Mutter
3. Eine Mutter wird dringend gesucht.
4.b) Ich werde den Schimmel nicht wieder los. Das Pferd ist jedem Käufer zu alt.
Ich werde den Schimmel nicht wieder los. Das Zimmer ist einfach zu feucht.
c) Der Ordner hilft mir nicht. Er ist zu klein für all die Unterlagen.
Der Ordner hilft mir nicht. Er ist gerade mit dem Abtasten einer Person beschäftigt.
d) Ich habe mich im Bad an deinem Becken gestoßen. Vielleicht hast du jetzt auch einen blauen Fleck an der Hüfte.
Ich habe mich im Bad an deinem Becken gestoßen. Ich bin ausgerutscht und gegen das Waschbecken geprallt.
5.b) Das Muster des Fells und die Erscheinungsform von Schimmelflecken sehen ähnlich aus.
c) Beide sorgen für Ordnung.
d) Waschbecken und Beckenknochen weisen eine ähnliche Form auf.
e) Die Schraubenmutter umschließt eine Schraube wie der Mutterschoß/die Gebärmutter das werdende Kind.
6. Läufer (läuft selbst – auf ihm wird gelaufen); (Glüh-)Birne (ähnliche Form); Blatt (ähnliche Form); Feder (vergleichbar elastisch); Flügel (geschwungene Form); …

36: 1. Schlange: hinterlistig
Schwein: schmutzig
Esel: stur, dumm
Ziege: eigenwillig, zickig
2. Schimpfwörter
3. Maus: klein, niedlich
Bär: kuschelig, groß, beschützend
Katze: verschmust, elegant
Hase: klein, niedlich
4. Kosenamen

37: 1. Pechvogel: jemand, der viel Pech hat (In früheren Zeiten blieben Vögel am Vogelpech kleben und wurden gefangen.)
Schmutzfink: jemand, der schmutzig ist (Der Fink nimmt gern ein Sandbad.)
Naschkatze: jemand, der gern nascht (Eine Katze macht das gern.)
Spaßvogel: jemand, der lustige Einfälle hat (Scherzhaft nennt man einen eigenartigen Menschen auch einen komischen Vogel.)
Leseratte: jemand, der viel liest (Ratten zerfressen auch Bücher.)
Bücherwurm: jemand, der viel liest (der sich wie ein Wurm durch Bücher nagt)
Sündenbock: jemand, dem man die Schuld zuschiebt (Früher opferte man den Göttern Schafe zur Vergebung der Sünden.)
Goldesel: jemand, der viel Geld gibt (wie der Esel im Märchen)
Lockvogel: jemand, der jemanden in den Hinterhalt lockt (Jäger locken Vögel durch künstliche oder gefangene Vögel an.)
Unglücksrabe: jemand, der viel Unglück hat (Die schwarze Farbe des Raben steht für Unglück und Trauer.)
Meckerziege: jemand der viel meckert (wie eine Ziege)
2. Katzenzungen: Schokolade in ähnlicher Form wie die Zunge einer Katze
Pferdeschwanz: ein Zopf in ähnlicher Form wie der Schwanz eines Pferdes
Pferdeapfel: Kot des Pferdes in ähnlicher Form wie ein Apfel
Gänsemarsch: Fortbewegung einer Gruppe von Menschen, einer hinter dem anderen wie bei einer Schar Gänse

38: 1. Bewegung, hinter sich her; 2. Bewegung, zu sich hin; 3. Bewegung, reißen; 4. Bewegung, aus etwas heraus; 5. Bewegung, Wohnsitz; 6. Bewegung, mit dem Mund; 7. Bewegung, mit einem Schreibgerät; 8. Bewegung, Aroma abgeben, 9. Bewegung, Luft; 10. Bewegung, Schmerz empfinden

39: 1. Vermutlich: Becher, Tasse, Schale
2. Das erste oder zweite Trinkgefäß von oben.
3. Die prototypische Tasse hat einen Henkel und ist annähernd so hoch wie breit.
6. Becher hoch, Schale flach, beide eher ohne Henkel.

40: 1. 1) Herr und Frau Schulz betreten das Restaurant.
2) Der Kellner begrüßt das Ehepaar.
3) Der Kellner weist ihnen einen Tisch zu.
4) Der Kellner reicht den Gästen die Speisekarte.
5) Das Paar liest die Speisekarte.
6) Der Kellner nimmt die Bestellung auf.
7) Der Kellner bringt das Besteck.
8) Der Kellner bringt die Getränke.
9) Der Kellner serviert die Suppe.
10) Herr und Frau Schulz essen und trinken.
11) Der Kellner bringt das Hauptgericht.
12) Herr und Frau Schulz essen und trinken.
13) Der Kellner serviert das Dessert.
14) Herr und Frau Schulz essen und trinken.
15) Der Kellner räumt den Tisch ab.
16) Frau Schulz bestellt die Rechnung.
17) Der Kellner bringt die Rechnung.
18) Sie bezahlen.
19) Der Kellner verabschiedet Herrn und Frau Schulz.
20) Sie verlassen das Restaurant.
2. „Was möchten Sie essen?“ 6
„Guten Appetit!“ 9
„Haben Sie schon gewählt?“ 6
„Was möchten Sie trinken?“ 6
„Auf Wiedersehen!“ 19
„Die Rechnung, bitte!“ 16
„Hat es Ihnen geschmeckt?“15
„Guten Tag!“ 2
„Beehren Sie uns bald wieder!“ 19
„Wir hätten gern einen Tisch für zwei Personen.“ 3
3. Der Kunde stellt sich in der Schlange an. Er wartet, bis er dran kommt. Er gibt seine Bestellung auf. Die Bedienung bereitet das Essen zu und legt es auf ein Tablett. Der Kunde zahlt. Die Bedienung kassiert. Der Kunde nimmt das Essen auf einem Tablett mit. Er setzt sich an einen Tisch und isst. Der Kunde gibt sein Geschirr ab und geht.

41: 1. Im ersten Text werden keine Fremdwörter verwendet, sondern alle, auch die gebräuchlichen Fremdwörter, werden durch deutsche Entsprechungen ersetzt. Durch diese Vermeidungsstrategie kommt es z. T. zu einer sehr umständlichen, sprachaufwändigen Umschreibung. Im zweiten Text stehen übermäßig viele Fremdwörter, auch an den Stellen, an denen es angemessene deutsche Wörter gibt.

42: Die erste Fassung dramatisiert in übertriebener Weise (Häufung sehr ausdrucksstarker Attribute). Die zweite Fassung erscheint langweilig wegen völligen Fehlens charakterisierender Attribute.

43: 1. Man kann in jede Lücke „komisch“ einsetzen.
2. a) lustig, b) unerklärlich/ungewöhnlich/sonderbar, c) witzig, d) verrückte/seltsame, e) merkwürdig/erstaunlich/ungewöhnlich/unglaublich, f) seltsam, g) eigenartig, h) lächerlich, i) sonderbares/seltsames, j) unerklärlich/unglaublich, k) eigentümlichen/seltsamen/eigenartigen/lächerlichen, l) sonderbar/seltsam

44: 1.

Tier	**männlich**	**weiblich**	**jung**
Pferd	*Hengst*	*Stute*	*Fohlen*
Rind	Bulle, Stier	*Kuh*	*Kalb*
Schwein	*Eber*	Sau	*Ferkel*
Schaf	Widder, Bock	*Schaf*	*Lamm*
Ziege	*Ziegenbock*	Ziege, Geiß	Zicklein
Huhn	*Hahn*	Henne, Glucke	*Küken*
Gans	Ganter	*Gans*	Güssel
Hund	Rüde	*Hündin*	*Welpen*

kastriert	**Jungtier werfen**	**Laut geben**
Wallach	fohlen	*wiehern*
Ochse	*kalben*	brüllen
Barg	ferkeln	*grunzen*
Hammel	lammen	blöken
--------------	------------------	meckern
Kapaun	------------------	*krähen, gackern*
--------------	------------------	schnattern
--------------	*werfen*	*bellen*

2. **Pferd:** traben, galoppieren, **Ente:** watscheln
3. **Hirsch:** Hirschkuh / Hinde, röhren **Reh:** Rehbock, Ricke, Rehkitz, **Fuchs:** Fähe, **Wildschwein:** Bache, Frischling

45: 1. Die lautlichen Äußerungen von Mücke, Henne und Löwe werden unterschiedlich bezeichnet. Henne und Mücke betrachten die Äußerungen des Löwen wie ihre eigenen, aus ihrer beschränkten Perspektive. Da seine Laute aber nicht mit den ihrigen übereinstimmen, erscheinen seine Laute „komisch“, also ungewöhnlich.
2. Raben krächzen. Peitschen knallen. Zähne knirschen. Schläfer schnarchen. Ziegen meckern. Bremsen quietschen. Vögel piepen/singen. Störche klappern. Frösche quaken. Motorräder knattern. Fans jubeln. Glocken läuten. Hirsche röhren. Stürme brausen. Bäche plätschern. Blechdosen klappern. Spechte klopfen. Glasscheiben klirren. Begeisterte Zuschauer applaudieren. Schlangen zischen. Erkältete Personen husten.
3. Betrunkene Personen grölen. Flammen knistern. Kranke/Sterbende röcheln. Knochen knacken. Winde pfeifen. Fahrzeuge/Autos hupen. Absätze klappern. Regentropfen prasseln. Katzen fauchen. Hunde jaulen. Grillen zirpen. Bayern jodeln. Sägen kreischen. Trauernde/Traurige seufzen. Tauben gurren. Bären brummen. Uhren ticken. Walrösser prusten. Elefanten trompeten. Blätter/Wellen rauschen.
4. Wenn jemand nicht bereit ist, einem anderen einen Wunsch zu erfüllen oder seiner Aufforderung nachzukommen, dann kann er seine Ablehnung durch ein Räuspern unterstreichen, das sich etwa wie Husten anhört. Die Ungerechtigkeiten sind überaus groß, sie rufen nach Vergeltung. Darauf kannst du dich verlassen, ich muss es gar nicht laut sagen.

46: 1. a) Fechten, b) Basketball, c) Eiskunstlaufen, d) Schwimmen, e) Fußball, f) Biathlon, g) Judo, h) Bogenschießen, i) Gewichtheben, j) Golf, k) Angeln, l) Segeln, m) Wasserball, n) Skispringen
2. a) aufschlagen, zurückspielen, b) baggern, schmettern, blocken, aufschlagen, c) drehen, tanzen, springen, bewegen, d) laufen, springen, werfen, stoßen, e) traben, galoppieren, springen

47: 2. In der Regel lassen sich die Wörter nicht in den Plural bzw. Singular setzen.
3. Beispiele: a) Elternteil, b) Ferientag, c) Person, d) Butterstücke, e) Gebühr, f) -, g) -, h) Regengüsse, i) Geräusche, j) Schneeflocken, Schneemassen, k) Organ, l) -, m) -, n) Kenntnisse
4. Bei Mengen, deren Bestandteile nicht wahrnehmbar (Milch) oder nicht zählbar (Schnee) sind, hat es keinen Sinn, eine Mehrzahl zu bilden. Umgekehrt bezeichnen manche Wörter eine Menge einzelner als Ganzheit (Vater + Mutter = Eltern; mehrere freie Tage zusammen = Ferien).
5. Sande: biologisch verschiedene Sorten von Sand; Milchsorten von unterschiedlichen Tieren; verschiedene Arten der Politik (Ziele, Methoden), die in verschiedenen Ländern von deren Regierungen betrieben werden

48: 1. eisig – frostig – kalt – kühl – lauwarm – warm – heiß – glutheiß
Säugling – Kleinkind – Kind – Jugendlicher – Erwachsener – Senior – Greis
Höhle – Baracke – Hütte – Haus – Villa – Schloss – Palast
Rinnsal – Bach – Fluss – Strom
2. z. B. „frisch“ zwischen kühl und lauwarm, „Baby“ zwischen Säugling und Kleinkind, „Heranwachsender“ neben Jugendlicher ...
3. winzig – klein – mittelgroß – groß – riesig – gigantisch
4. langsam – gemächlich – zügig – flink – fix – rasch – schnell – blitzschnell
5. Pfütze – Teich (süddeutsch: Weiher) – See – Meer – Ozean

49: 1. a) Bein b) Hafer c) Herbst d) Hund e) Marmelade
2. b, c, d, e, a
3. a) Reißverschluss/Knopf b) Onkel c) kalt d) Kapitän

50: 1. a) „Pass auf!“ – „Gib acht!“
b) „Öffne bitte die Tür!“ – „ Mach die Tür bitte auf!“
c) „Ich dachte, das hat mit der Luftfeuchtigkeit zu tun.“ – „..., das hängt mit der Luftfeuchtigkeit zusammen.“
d) „Dieser Lärm strapaziert meine Nerven.“ – „ Dieser Lärm geht mir auf die Nerven.“
e) „Jetzt stoppt das Auto.“ – „Jetzt hält das Auto an.“
f) „Damit beginne ich erst gar nicht!“ – „Damit fange ich erst gar nicht an!“
g) „Hiermit äußere ich meinen Unmut.“ – „Hiermit bringe ich meinen Unmut zum Ausdruck.“

51: 1. blauer Brief: Mitteilung der Schule an die Eltern über eine Gefährdung der Versetzung ihres Kindes; grüner Brief: Brief auf grünem Papier; goldener Schuss: Heroinspritze, durch die der Drogensüchtige stirbt; silberner Schuss: gibt es nicht; kleine Reife: gibt es nicht; mittlere Reife: Realschulabschluss; runder Tisch: Diskussionsrunde von Politikern; eckiger Tisch: Tisch mit Ecken; heißer Krieg: Kampf mit Waffen; kalter Krieg: Krieg ohne Waffengewalt; schwarze Karte: Karte in schwarzer Farbe; rote Karte: Platzverweis im Sport; weißes Schaf: Schaf mit weißem Fell; schwarzes Schaf: jemand, der sich negativ von anderen abhebt
2. a) schlechte, b) letzte, c) schlaue, d) blinde, e) taube, f) scharfe, g) letzte, h) heiße, i) bittere, j) dumme, k) wilde, l) saure, m) große, n) sechste

52: 1. Der Witz des Sprachspiels liegt darin, dass etwas ja wohl nicht zugleich rot, blau und grün sein kann. „Grün“ steht aber nicht für die Farbe der Blaubeeren, sondern für ihren noch „unreifen“ Zustand.
2. b) grüne Bohnen, c) grünes Gras, d) grüner Hering, e) grüne Grenze, f) grüne Partei, g) grüner Junge, h) grünes Holz, i) grüne Hochzeit, j) grüne Lunge, k) grüne Hölle, l) grüne Seife

3. b) Schnittbohnen, noch nicht gereift, zusammen mit ihren fleischigen Hülsen, d) roher, frischer Fisch, der noch am Anfang eines Zubereitungsprozesses für den Verzehr steht, g) „grün“ steht für „unerfahren“, für den Anfang eines menschlichen Reifungsprozesses, h) „grün“ steht dafür, dass das Holz gerade frisch geschlagen worden und noch feucht ist, erst am Anfang der Trocknung steht, i) „grün“ steht für den Anfang der Ehe (im Unterschied zu späteren Ehejubiläen: silberne, goldene Hochzeit), l) „grün“ steht für die flüssige „Schmierseife“, ein unfertiges Zwischenprodukt der Seifenherstellung noch vor der Härtung zu Stücken.

53: 1. Alle Kunden sind am Ende unzufrieden: Einigen sind die Haare zu lang geblieben, anderen zu kurz geschnitten.
2. Es kommt darauf an, was als Standard, als Durchschnittslänge gilt und Mode ist.
3. Anders als bei *heiß* und *kalt* mit *warm* dazwischen gibt es bei *kurz* und *lang* kein Wort für *mittlere Länge*.
4. groß; reich; dumm; voll; schwer; mutig; traurig; hell; langsam; leise; geschlossen; fleißig; hässlich; weich; nass; betrunken; verheiratet; schmutzig; trüb; kaputt
5. sauer, salzig, bitter, trocken, bitter, quälend

54: 1. ausatmen, nachher, zumachen, Anwesenheit, Verhüllung, Rückschritt
2. aussehen, Nachsicht, Zustand, anmachen, vernehmen, Rückbildung
Bei diesen Wortpaaren ist keine Gegensatzbeziehung festzustellen.
3. einschalten ⟷ ausschalten, einführen ⟷ ausführen, eingraben ⟷ ausgraben,
einziehen ⟷ ausziehen, einkaufen ⟷ verkaufen, einfetten ⟷ entfetten ...
vorbereiten ⟷ nachbereiten, vorsprechen ⟷ nachsprechen, vortreten ⟷ zurücktreten ...
aufschließen ⟷ zuschließen, aufbauen ⟷ abbauen, ...
abstellen ⟷ anstellen, abschwellen⟷ anschwellen, abschaffen ⟷ anschaffen,
abschalten ⟷ anschalten, ...
verknoten ⟷ entknoten, verloben ⟷ entloben, vergiften ⟷ entgiften, ...
entdecken⟷ verdecken, entschuldigen ⟷ anschuldigen, entlasten ⟷ belasten ...
fortbewegen ⟷ hinbewegen, fortlaufen ⟷ hinlaufen, ...
4. anknipsen ⟷ ausknipsen, vorwärts ⟷ rückwärts, hinsehen ⟷ wegsehen, aufschließen ⟷ zuschließen, untertreiben ⟷ übertreiben, Eingang ⟷ Ausgang, Vorteil ⟷ Nachteil, ...

55: 1. Fisch; Insekt; Katze, Kuh, Pferd ...
2.

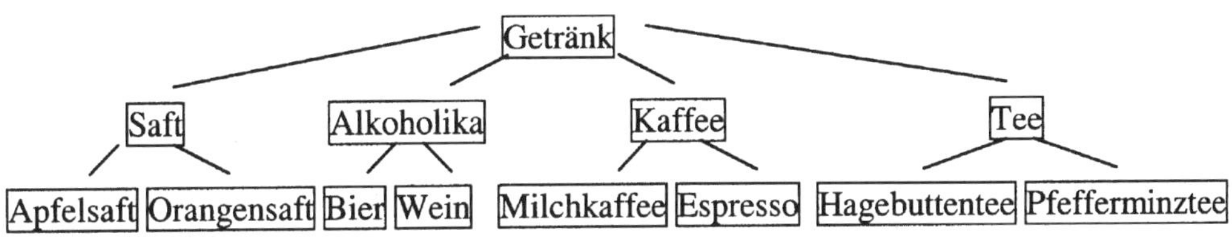

3. Cappuccino, Mokka, Kirschsaft, Schnaps, Likör, Ostfriesentee, Kamillentee
4. Blume, Werkzeug, Farbe, Schmuck

56: 1. b) Malen ist kein Sport. c) Eine Katze gehört nicht zum Computerzubehör. d) Ein Verkäufer ist kein Handwerker.
2. a) Obst, b) Haustier, c) Beruf, d) Gewässer, e) Bundesland
3. Getreide: Weizen, Hafer, Gerste, Roggen, Dinkel, ...
Fahrzeug: Auto, Fahrrad, Bus, Eisenbahn, Motorrad, ...
Baum: Ahorn, Birke, Linde, Buche, Weide, Erle, Eiche, Tanne, ...
Kleidungsstück: Hose, Jacke, Pullover, Hemd, Bluse, Unterhemd, ...

57: 1. Getränk; Saft, Tee; Weißwein, Rotwein, grüner Tee; naturtrüber Apfelsaft, klarer Apfelsaft

2. Lebensmittel

Gemüse	**Obst**	**Fleisch**	**Milchprodukte**	**Backwaren**
Bohnen	Birne	Hackfleisch	Quark	Brot
Kohl	Banane	Schnitzel	Joghurt	Brötchen
Möhren	Apfel	Steak	Käse	Kuchen
		Kasseler	Sahne	Kekse
			Milch	

58: 1. und 2.

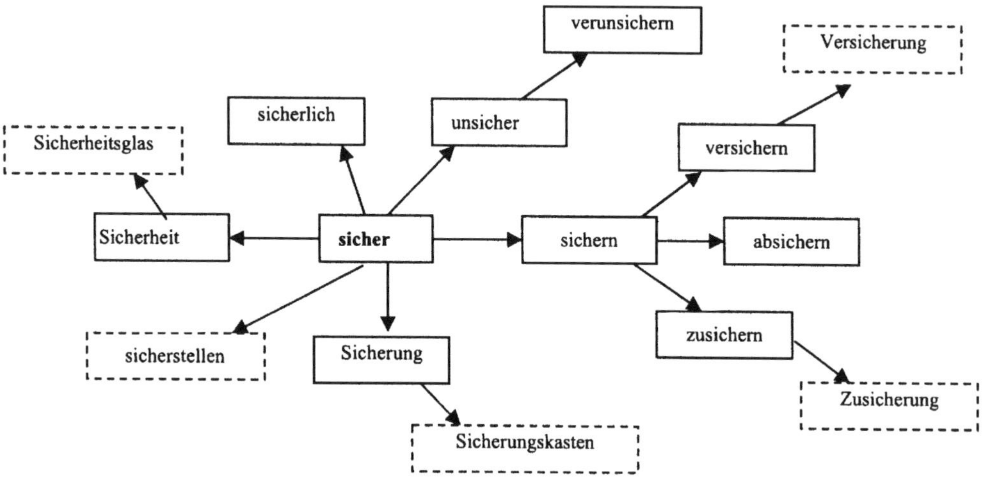

3. *Kindersicher* hat die Bedeutung ‹schützt Kinder›, wohingegen die anderen Wörter die Bedeutung haben ‹geschützt <u>vor</u> Hagel/Kugeln/Feuer›.

4. Heutzutage versteht man zumeist unter einer Versicherung ein Unternehmen, das Versicherungen anbietet, oder die vertraglich geregelte Versicherung selbst. Der Abschluss einer Versicherung basiert zwar auf der zugesprochenen Kostenerstattung im Schadensfall durch die Versicherung, jedoch ist diese an bestimmte Bedingungen gebunden.

5. Es existiert ein großer Markt, auf dem Versicherungsgesellschaften sich um Kunden bemühen. Das setzt viele beteiligte Personen und Aktivitäten voraus: Werbung, Abschluss, Prämienzahlung ... Für die oft rechtlich wichtigen Einzelheiten gibt es eine große Zahl von Fachwörtern.

59: 2. Eine *Gruft* ist eine Grabstätte für bedeutende oder vermögende Persönlichkeiten. *Grufti* ist von *Gruft* abgeleitet und bezeichnet Personen, die aus Sicht des Bezeichnenden bald sterben werden oder sich gerne in der Nähe von Gräbern aufhalten.

3. Ein *Grübchen* ist eine kleine „*Grube*“ im Gesicht auf den Wangen. Wenn man *grübelt*, also intensiv nachdenkt, gräbt man gleichsam mit seinen Gedanken in etwas herum. Jemand, der viel grübelt, ist ein *Grübler.*

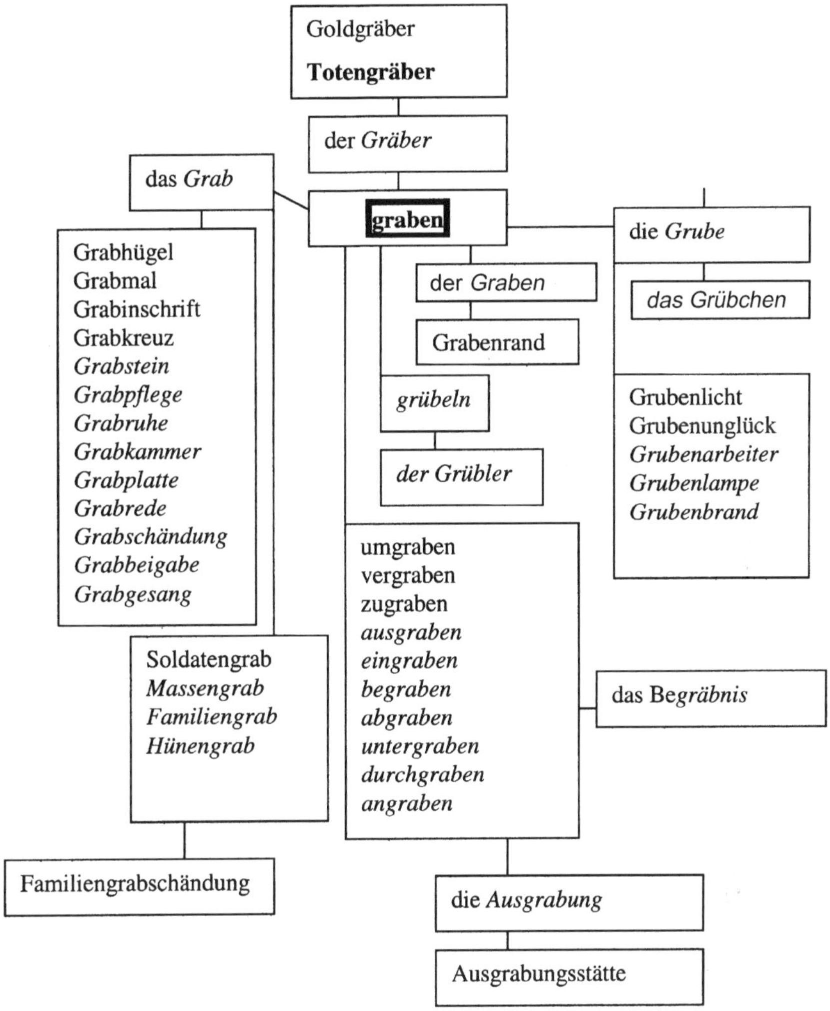

60: 1. Gruppe 1: Schiebetür, Falltür, Drehtür
Gruppe 2: Holztür, Kunststofftür, Glastür
Gruppe 3: Haustür, Autotür, Schranktür
2. Gruppe 1: Bewegung der Tür
Gruppe 2: Material der Tür
Gruppe 3: Tür als Zugang zu etwas

61: 1. Die Wörter sind aus zwei Wörtern zusammengesetzt, wobei jeweils entweder das Grundwort oder das Bestimmungswort eine andere Bedeutung trägt, als wenn es als selbstständiges Wort verwendet wird.
2. a) Lehnübertragung aus dem Französischen von „grand-père"; das Wort ist an die Stelle von „Ahn" getreten; b) der Tag, an dem der Abend vor Sonntag, dem arbeitsfreien Tag, liegt; c) Kunst steht im Gegensatz zu „Natur", es ist eine Substanz, die künstlich hergestellt wird; d) jede Person, die Geburtstag hat, unabhängig vom Lebensalter; e) eine Figur, die aus (Kerzen-)Wachs besteht, f) ein Kleidungsstück, das man über der Hand trägt wie einen Schuh über dem Fuß; g) Eisbein ist der Teil des Beins vom Schwein,

der sich zwischen Kniegelenk und den Fußwurzelgelenken befindet; die Bezeichnung Eisbein leitet sich von der bis in die Neuzeit verbreiteten Verwendung der Unterschenkelknochen als Material für Schlittschuhkufen ab; h) die Glasfront der Bildröhre ist gewölbt wie ein aufgespannter Schirm; i) Wirbelsturm, bei dem die Luft sehr schnell um eine vertikale Achse rotiert, was wie ein Hosenbein aussieht; j) Singvogel, der Name leitet sich ab von „grau“ und mittelhochdeutsch „smiegen“ (= schlüpfen), das wurde lautlich angeglichen an Gras und Mücke; k) die Mode, die im Winder getragen wird, wird normalerweise im Frühling vorgestellt; l) „Laden“ bedeutet in erster Linie „Brett“ oder „Bohle“ und „aus Bohlen oder Brettern Gefertigtes“; einerseits bezeichnet es das Brett zum Schutz des Fensters, andererseits das in einer Verkaufsbude herabgelassene, zur Warenauflage dienende Brett, dann den aus Brettern hergerichteten Verkaufsstand.

62: 1. Tanzpartner – Partnertanz, Kopfsalat – Salatkopf, Hosenanzug – Anzughosen, Bohnenkaffee – Kaffeebohnen, Turmsprung – Sprungturm, Buslinien – Linienbus, Geldwechsel – Wechselgeld, Fingerring – Ringfinger
2. Kopfsalat: spezielle Salatsorte
Salatkopf: ein Exemplar dieser Salatsorte mit der Form eines Kopfes
Hosenanzug: Damenbekleidung, bestehend aus einem Blazer und einer Hose
Anzughosen: die Hose eines Anzugs für Herren
Bohnenkaffee: Kaffee aus Kaffeebohnen
Kaffeebohnen: Bohnen, aus denen Kaffee gemacht wird
Turmsprung: Sprung von einem Turm
Sprungturm: Turm, der zum Springen ins Wasser vorgesehen ist
Buslinien: verschiedene Strecken, die unterschiedliche Busse abfahren
Linienbus: Bus, der eine bestimmte Strecke abfährt
Geldwechsel: der Vorgang, bei dem Geld gewechselt wird
Wechselgeld: das Geld, das man nach dem Zahlen oder Wechseln zurückerhält
Fingerring: ein Ring, am Finger zu tragen
Ringfinger: der Finger zwischen dem Mittelfinger und kleinem Finger
3. Das Grundwort ist der Hauptbedeutungsträger. Das Bestimmungswort bestimmt dieses näher.
4. Komische Vorstellung: Nüsse mit Ohrenschmalz gebacken!
5. Ohrenschmalz: Ablagerung im Ohr
Schmalznüsse: in Schmalz gebackene Kekse
Kaugummi: Süßigkeit, auf der man wie auf Gummi kaut
Gummiboot: aufblasbares Boot aus Gummi
Mauseloch: von Mäusen genagtes Loch
Lochzange: Zange, mit der man Löcher stanzen kann
Autositz: Sitz in einem Auto
Sitzstreik: Streik, bei dem man durch Sitzen etwas blockiert
Häuserblock: Häuser, die durch Straßen abgetrennt einen Block ergeben
Blockflöte: spezielle Flöte
Verkehrsstau: Autos, die sich stauen
Staudamm: Damm, der Wasser staut
Löschblatt: Blatt Papier, das überflüssige Tinte aufsaugt
Blattlaus: Tier, das Blätter aussaugt

63: 1.Tagebuch, Schmerzensgeld, Scheunentor, Bahnhofshalle
2. „e“, „ens“, „n“, „s“
3. In der *Schifffahrt* ist man viel auf dem Wasser.
Gestern haben wir eine *Schiffsfahrt* auf der Elbe gemacht!
Der *Landmann* arbeitet auf dem Feld.
Nicht alle meine *Landsmänner* tragen Lederhosen.
Du bist wirklich ein *Kindskopf*!
All die Informationen passen doch gar nicht in den *Kinderkopf* rein!
Morgen machen wir ein paar *Probeaufnahmen*, um zu sehen, ob auch alles funktioniert.
Die *Probenaufnahmen* zeigen dir, was für Musik wir machen.

64: 1. a) BITTER-, b) BILD-, c) BLUT-, d) GRUND-, e) HEIDEN-, -lärm, f) HOCH-, -verehrt, g) UR-, -plötzlich, h) HÖLLEN-, -schmerz, i) MORDS-, -spaß, j) PUDEL-, k) SAU-, -stall, -wetter, l) SPITZEN-, -erzeugnis, m) STOCK-, -blind, n) STEIN-, -reich, o) BLITZ-, -schnell
2. Durch die Wortbausteine erfährt der Ausdruck eine Verstärkung/Steigerung: *bitterböse* drückt eine stärkere Verärgerung aus als *böse* allein. Je nach Absicht des Sprechers/Schreibers und nach der Verwendungssituation wird man sich mal vorsichtiger, mal deutlicher ausdrücken.

65: 1. a) Taubenfütterer, b) Zahnseideverwender, c) Saunauntensitzer, d) Kleingeld-Wegschmeißer, e) Batterie-mit-der-Zunge-Tester, f) Im-Aufzug-Hüpfer, g) Schiffsschaukelbremser, h) Narkosen-Ablehner
2. a) Igel-Streichler: liebt das Risiko, b) Sockenbügler: ist übermäßig ordentlich, tut Unnötiges, c) Parkscheinlöser (jmd., der immer einen Parkschein zieht): mag kein Risiko, verstößt gegen keine Vorschriften, d) Wechselgeldnachzähler: ist sehr genau/pingelig, hat kein Vertrauen zu anderen, kontrolliert gern, e) Schwiegermutter-Blumen-Mitbringer: richtet sich nach den geltenden Konventionen, will sich einschmeicheln, f) Kontoüberzieher: lebt ständig über seine Verhältnisse; hat kein Geld, gibt aber trotzdem viel aus, g) Kniggeverachter: verachtet gesellschaftliche Konventionen, h) Mittelspurfahrer: kann sich nicht entscheiden.

66: 1. Wörter, deren Bestimmungswort mit dem Grundwort eines anderen zusammengesetzten Wortes übereinstimmt, sind zusammengesetzt, ineinander „verschachtelt“ worden.
2. Flaschenhalsschmerzen, Ulknudelsuppe, Flussbettlaken, Sitzfleischsalat, Regenbogenschütze, Zahnsteinzeit, Kohlkopfstand, Faulpelzmantel, Backfischgräte, Ohrenschmalzgebäck, Versuchskaninchenstall, Käsewürfelspiel, Donnerwetterfrosch, Trommelschlagzeug, Lebertransuse, Mundwerkstatt, Fehltrittleiter.

67: 1.b) Fünfjahresplan, c) Bettvorleger, d) Doppelhaus/Zweifamilienhaus, e) Seuchenbekämpfungsmaßnahme, f) Fernsehansager, g) Seilbahn, h) Dreikampf, i) Glücksklee, j) Bodenkammer, k) Nachbarschaftshilfe
2. a) ein (Fußball)Spieler, der im Mittelfeld spielt, b) die Arbeit, die im Haushalt verrichtet wird, c) eine Anlage, die Müll verbrennt, d) das Datum, bis zu dem ein Produkt mindestens haltbar ist, e) Ring, den man seit dem Tag der Eheschließung trägt, f) Anzeige, die man erstattet, wenn einem etwas abhanden gekommen ist, g) kleiner Löffel, mit dem man Tee oder Kaffee umrührt, h) künstlerische Form des Schlittschuhlaufens, i) schwache Beleuchtung, die auch bei Stromausfall funktioniert

68: 1. Demo – Demonstration, Cabrio – Cabriolet, Auto – Automobil, Uni – Universität, Disko – Diskothek, Skin – Skinhead, Spezi – Spezialist, Foto – Fotografie, Zivi – Zivildienstleistender, Café – Cafeteria, Limo – Limonade; Bus – Omnibus, Jeans – Bluejeans, Bahn – Eisenbahn, Schirm – Regenschirm
2. Die Kurzwörter des ersten Textes sind Kopfwörter, die des zweiten Schwanzwörter.
3. Kriminalroman; Biologieunterricht, Informationsblatt – Informationsstand

69: 1. -ung: Rechtfertigung, Wohnung, Geltung, Entschuldigung, Erfahrung, Scheidung
-heit: Schlankheit, Kühnheit, Freiheit, Krankheit, Unsicherheit
-keit: Heiterkeit, Munterkeit, Wachsamkeit, Ewigkeit
-haft: schmerzhaft, herzhaft, schreckhaft, krankhaft, wohnhaft
-lich: wohnlich, ewiglich, freilich, kränklich, schmerzlich, herzlich, königlich, schrecklich
-ig: durstig, blutig, herzig
-lich + -keit: Herzlichkeit
-haft + -ig + -keit: Schmerzhaftigkeit
2. Nomen: -ung, -heit, -keit
Adjektive: -haft, -lich, -ig
3. *herzhaft*: Ich habe Appetit auf ein *herzhaftes* Essen.
herzlich: Ich lade dich *herzlich* zu meinem Geburtstag ein.
schreckhaft: So schnell, wie man dich erschrecken kann, bist du wirklich sehr *schreckhaft*!
schrecklich: Diese Vase sieht wirklich *schrecklich* aus!

70: 1. Vor das Verb „halten“ wurde jeweils der falsche vorangestellte Wortbaustein gesetzt.
2.

	ab-	an-	auf-	be-	her-	hin-	um-	ver-	zu-
bringen	+	+	+		+	+	+	+	+
geben	+	+	+	+	+	+	+	+	+
halten	+	+	+	+	+	+		+	+
sehen	+	+	+	+	+	+	+	+	+
richten	+	+	+	+	+	+		+	+

71: 1. b) Busch, c) Pferd, d) Stange, e) Knochen, f) Bund, g) Grube, h) Stand, i) Beißer, j) Zapfen, k) Mann, l) Gurt
2. -chen: Kindchen, Herrchen, Rippchen, Frauchen, Mäuschen, Jungchen, Muttchen
-lein: Kindlein, Fräulein, Mäuslein, Mütterlein
-ling: Jüngling, Däumling, Häuptling, Fäustling
3. Die Verkleinerungsformen drücken neben dem Größenunterschied (*Rippe – Rippchen*) oft eine emotionale Nähe aus (Verniedlichungsformen); *Kindlein, Frauchen, Mäuslein, Jungchen, Mütterlein*, manchmal aber auch einen Altersunterschied (*Jüngling, Fräulein*) oder eine andere Beziehung (*Däumling* = groß wie ein Daumen, *Herrchen* = Hundehalter, *Häuptling* = Befehlshaber eines Stammes, *Fäustling* = Handschuh).

72: 1. a) vergolden, b) salben, c) polstern, d) verglasen, e) bewaffnen, f) emaillieren, g) versilbern, h) beflecken, i) vergittern, j) begrenzen, k) unterkellern, l) beglücken
2. b) Wärme-, Infrarotstrahlen (zur Heilung) auf das Knie richten, c) ihnen Sold auszahlen, d) mit neuer Sohle versehen, e) mit Spott überschütten, f) mit Grünstreifen ausstatten, g) ihm Glückwünsche aussprechen, h) mit einem Lohn auszeichnen, i) ihn mit einer Frist/Geltungsdauer versehen, j) einen Grund dafür angeben, k) sie unter Schutz stellen.

73: 1. a) Seufzer, Schluchzer, Rülpser, Lacher, Jauchzer
b) Lehrer, Bäcker, Zuschauer, Angeber, Käufer, **Anhänger**
c) Wegweiser, **Anhänger**, Rasierer, Blinker, Fernseher
2. a) Vorgangsbezeichnung, b) Personenbezeichnung, c) Gerätebezeichnung

74: 1. a) erhalten, b) sportlich, c) abschreiben, d) vorsichtig, e) ärgerlich, f) bespielbar, g) Rechtschreibung, h) verbissen

2.

Substantive	Verben	Adjektive
Unsinn	erlesen	glücklich
Lesung	verlesen	unglücklich
Betreuer	entlaufen	sinnlich
Kranker	verlaufen	untreu
Krankheit	zulaufen	lesbar
Unglück	erlaufen	unlesbar
Verlesung		krankhaft
Beglückung		untreu
Beglücker		belesen
		kränklich

75: 1. Die Wörter sind von Firmennamen und Produktnamen abgeleitete Verben und bezeichnen die Handlung, die man mit diesen Produkten ausführt.

2. ... birkenstocke ich ins Bad, nivea ich mich gründlich, aronale mir die Zähne, wilkinsene ich mir den Bart und lasse mich ins Werk volkswagen. Mittags knorre und almighurte ich. Zu Hause miele ich die Wohnung, danach gehe ich karstadten. Abends grundige ich nach dem Vasa ein bisschen und apple, bevor ich duschdasse.

3. a) Der Ölscheich von Dubai verhandelt mit den USA. b) Wir müssen den Müll entsorgen. c) Die Kaltmiete beträgt 210 Euro. d) Die Knautschzonen befinden sich an Front, Heck und Seite eines Autos. e) Heutzutage haben viele Krankenhäuser Babyklappen. f) Schwarzarbeit ist strafbar. g) Der Stoßverkehr ist morgens und nachmittags am größten. h) Waldsterben wird durch CO_2-Ausstoß verursacht. i) Wegen des Treibhauseffektes wird die Ozonschicht immer dünner. j) Heutzutage simsen fast alle Jugendlichen mit dem Handy.

76: 1. a) jemandem freie Hand lassen, b) etwas in die Hand nehmen, c) die Hand drauf geben, d) Hand und Fuß haben, e) zwei linke Hände haben, f) an etwas Hand anlegen

2. a) jemanden tun lassen, was er will, b) sich um etwas kümmern, c) etwas zusichern, d) Sinn machen, e) ungeschickt sein, f) etwas anpacken

3. a) Die Hand kann sich frei bewegen, muss nicht nach Vorschrift bestimmte Dinge tun.
b) Wenn man etwas in die Hand nimmt, will man meistens etwas damit tun.
c) Der Handschlag gilt als Besiegelung der Abmachung.
d) Mit Händen und Füßen gilt der menschliche Körper als vollständig/normal.
e) Mit der linken Hand sind die meisten Menschen nicht so geschickt wie mit der rechten.
f) Wenn man etwas mit der Hand anfasst, ist es der erste Schritt, etwas zu tun.

77: 2. kalte Füße kriegen – das Herz rutscht einem in die Hose
Augen und Ohren offen halten – auf der Hut sein
eine Abreibung verpassen – einen Denkzettel verpassen
die Fliege machen – sich vom Acker machen
jmdm. die Leviten lesen – jmdm. den Marsch blasen
jmdm. auf den Wecker gehen – jmdm. auf der Nase herumtanzen
jmdn. hinters Licht führen – jmdm. einen Bären aufbinden
in der Klemme sitzen – in der Tinte sitzen

78: 1. Jagd: jmdm. ins Gehege kommen, den Kopf aus der Schlinge ziehen; jmds. Spur verlieren, Schifffahrt: in den Hafen der Ehe einlaufen, Kurs auf jmdn. nehmen, etw. über Bord werfen; Gericht/Justiz: jmdn. an den Pranger stellen, mit jmdm. hart ins Gericht gehen.

2. Jagd: Lunte riechen, jmdm. durch die Lappen gehen ...
Schifffahrt: mit Mann und Maus untergehen ...
Gericht: für jmdn. durchs Feuer gehen, die Hand ins Feuer legen, den Stab über jmdn. brechen ...
3. Sie bieten eine sehr anschauliche, gut vorstellbare, bildliche Aussage, die man ins Abstrakte übertragen kann.
4. Küche: jmdm. die Suppe versalzen, den Braten riechen, die Suppe auslöffeln müssen;
Handwerk: über die Hutschnur gehen, alles über einen Leisten schlagen, dem Fass den Boden ausschlagen, mit der Elle messen ...
Rittertum: für jmdn. eine Lanze brechen, in Harnisch geraten, jmdn. aus dem Sattel heben ...

79: 1. Samt; Lust; Nacht; drueber; gerne; fertig; Himmel; Flamme, Lösung: Stabreim
pflegen; schalten; Dach; rank; weit; Schritt, Lösung: Endreim
2. bei Wind und Wetter; mit Sack und Pack; in Stadt und Land; mit Mann und Maus (untergehen); mit Leib und Seele; drauf und dran (sein); klipp und klar
3. (partielle) Synonyme: auf Biegen und Brechen; krumm und schief; an Ort und Stelle; (hinter) Schloss und Riegel; Lug und Trug
Antonyme: bei Tag und Nacht; in Freud und Leid; Alt und Jung
4. Zwillingsformeln sind feste, formelhafte Verbindungen zweier Wörter aufgrund einer Ähnlichkeit ihrer Bedeutungen.

80: 2.a) ‹Bewegung im Raum› + ‹Bewegung auf Beinen›; b) ‹Bewegung in der Zeit›
3. Die Bedeutung ‹Bein eines Hundes› hängt mit Bewegung zusammen, weil der Hund sich mit seinen Beinen/Läufen fortbewegt. Der *Lauf* als ‹Durchgang in einem Wettbewerb› ist eine Bewegung in der Zeit. Der *Lauf* eines Motors ist eine ‹ununterbrochene Bewegung einer Maschine›. Der *Lauf* der Gestirne ist ‹ein Verlauf, den etwas nimmt›, also eine Bewegung in Raum und Zeit.
4. Der Lauf eines Gewehrs gibt den Weg vor, auf dem sich die Kugel bewegt.

81: 3. Erich Fried nimmt das normalerweise metaphorisch verwendete Wort wörtlich, kehrt aber die negative Bewertung in eine positive um.
2. Über Nervenstränge werden Schmerzen im Körper abgeleitet. Wenn jemand also durch sein Verhalten an den Nerven eines anderen *sägt* und sie verletzt, tut das weh!
3. a) Laufpass, b) Dauerbrenner, c) entpuppt, d) Affentheater, e) ungeschoren, f) Eselsohr, g) Donnerwetter, h) Engpass, i) Ohrwurm, j) Wellenlänge

82: Mehrdeutigkeit des Wortes *Eselsohr.*
1. Stollen; Nagel; Brille; Absatz; Weide; Katzenaugen; Löffel
2. Brille: Form, Absatz: Unterbrechung einer Fläche/eines Textes; Feder: große Elastizität/Biegsamkeit; Katzenaugen: Reflektion; Löffel: Form.
3. In den Sätzen besteht eine semantische, aber widersinnige Beziehung zwischen der wörtlichen Bedeutung der Redewendung und dem Subjekt des Satzes.
4. Das Erkennen dieser Verbindung bedingt, dass sowohl die wörtliche als auch die übertragene Bedeutung der Redewendung beim Lesen aufgerufen werden.

83: 1. Es ist im ersten Satz der Inhalt der Tasse gemeint. Im zweiten Satz ist das Gefäß gemeint.
2. Die Bezeichnung des Gefäßes war zuerst da.
3. Möchtest du noch einen Teller (Suppe)?
Trocknest du bitte die Teller ab?
Möchtest du noch eine Glas (Tee)?
Das Glas habe ich von meiner Großmutter geerbt.

Wer trinkt noch eine Flasche (Bier)?
Diese Flasche ist aus Kunststoff.
Bringst du bitte einen Eimer (Wasser) zum Löschen mit.
Der Eimer steht im Garten.
4. die Person, die ein Schnitzel bestellt hat
der Patient, an dem eine Blinddarmoperation ausgeführt wurde
der Fahrer, der den BMW fährt
der Mann mit einem Vollbart
5. Es besteht eine sachliche Beziehung zwischen Gefäß und seinem Inhalt, Kunden/Käufer und der gekauften Ware, Patienten und Krankheit, Bartträger und Bart. Man nennt diese Art der Bedeutungsverschiebung Metonymie (nicht zu verwechseln mit Bedeutungsübertragung in einen anderen Sinnbereich = Metapher, z. B. *Arm* eines Flusses).

84: 1. „Wenn Sie noch alles nachvollziehen/verstehen können, was ich sage, dann gehen Sie bitte hinter mir her. Als nächstes steht die Besichtigung des Rathauses auf dem Programm!"

2.
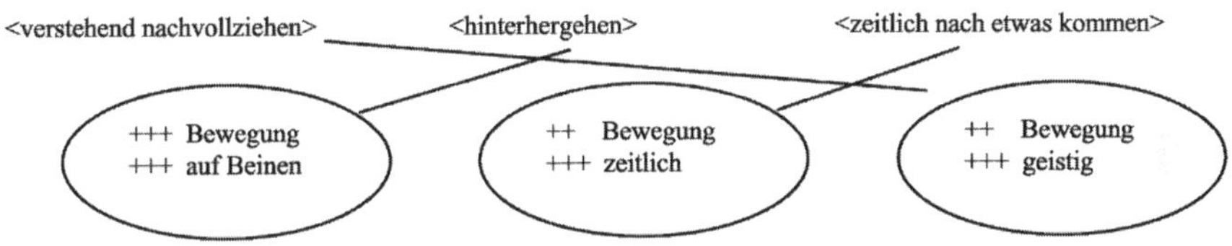

3.
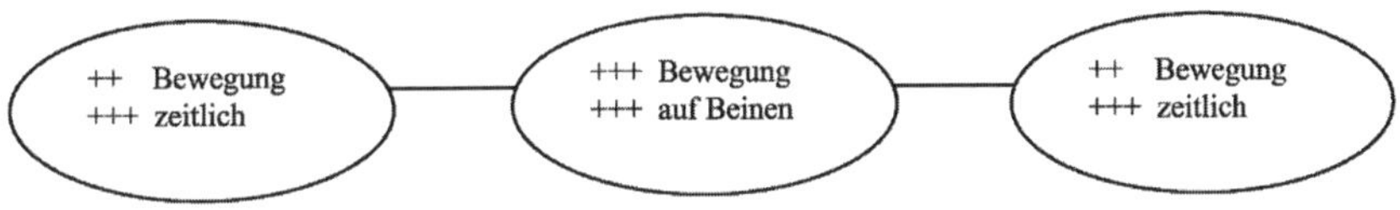

4.
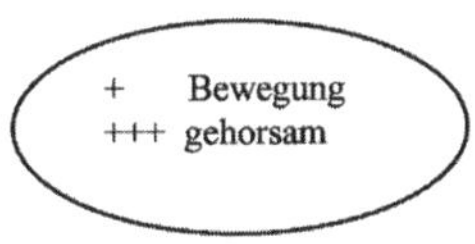

85: a) Bewegung, räumlich, von A fort, hinter sich her; b) Bewegung, räumlich, von A fort, zu sich hin; c) Bewegung, räumlich, Befestigtes, reißen; d) Bewegung, räumlich, von A fort, aus etw. heraus; e) Bewegung, räumlich, sich selbst, zu B hin, Wohnsitz; f) Bewegung, räumlich, zu sich hin, mit Mund, etwas entnehmen; g) Bewegung, räumlich, von A fort, zu B hin, herstellen, Schreibgerät; h) Bewegung, übergossen werden, Aroma abgeben; i) Bewegung, räumlich, Luft; j) Bewegung, Schmerz

86: 1. sich einen Termin geben lassen, die Arztpraxis betreten, sich bei der Arzthelferin melden, im Wartezimmer Platz nehmen, das Sprechzimmer betreten, untersucht werden, ein Rezept ausgestellt bekommen, die Arztpraxis verlassen
2. aufgerufen werden, das Untersuchungsergebnis erfahren
3. Spritze: zum Blutabnehmen oder um ein Medikament zu spritzen, besteht aus Kanüle, Hohlraum und Kolben; Blutabnahme: erfolgt durch Einstich in sichtbare Vene in der Ellenbeuge mit einer Spritze, anschließend Untersuchung des Blutes zum Feststellen von Krankheiten; Blutdruck: wird gemessen mit einem Blutdruckmessgerät, ist der Druck der Pulswelle im Blut; Stethoskop: zum Abhören von Herz-, Lungen- und Darmgeräuschen; Otoskop: Gerät zur Betrachtung und Untersuchung des äußeren Gehörganges einschließlich des Trommelfells, EKG: Elektrokardiogramm, registriert die Summe der elektrischen Aktivitäten aller Herzmuskelfasern; Spatel: Stab, um die Zunge herunterzudrücken, damit der Arzt den Rachenraum betrachten kann …
4. „Was fehlt Ihnen?", „Ich fühle mich nicht wohl.", „Muss ich noch lange warten?", „Ich verordne Ihnen strikte Bettruhe.", „Kommen Sie in ein paar Tagen wieder.", „Ich werde Ihnen ein Rezept schreiben.", „Machen Sie sich bitte frei." …

87: 1. *Brötchen*: rundes, längliches Gebäck aus Mehl, Hefe und Milch, überregional verwendete Bezeichnung;
Semmel: Brötchen aus feinem Weizenmehl, besonders in Österreich und Bayern; *Rundstück*: großes Brötchen, norddeutsch; *Wecken*: längliches Weizenbrötchen, österreichisch; *Schrippe*: an der Oberseite eingekerbtes Brötchen, berlinerisch
2. b) Müll, c) Fasching, d) Hausschuhe, e) Kartoffel, f) Schlachter, Fleischer, g) klingeln, h) Jahrmarkt, Rummel, i) Pfannkuchen, j) Frikadelle, Fleischküchle, k) ärgern, l) Ohrfeige

88: 1. Viele (ausdrucksstarke) Wörter der Jugendsprache, die nicht der Schriftsprache angehören.
4. Abgrenzung gegenüber der älteren Generation und Zeichen der Zusammengehörigkeit mit Freunden/ Gleichaltrigen.
5. Es stören zumindest Grobheiten und teilweise Unverständlichkeit.

89: Keine Lösungshinweise

90: a) Bitte geh weg!
b) Die Familie aß in einem Restaurant.
c) Ich lass mich doch nicht täuschen!
d) Hast du das verstanden?
e) Den Kindern wurde verboten, auf dem Rasen zu spielen.
f) Ich muss mich übergeben!
g) Deine Hose ist schmutzig!
h) Der Film war schlecht/nicht gut.
i) Das Mädchen da sieht gut/hübsch aus.
j) Das Mittagessen hat mir nicht geschmeckt.
k) Halte den Mund!/Sei still!
l) Morgen fährt/reist er nach Berlin.
m) Die Jacke ist unmodern.
n) Das werde ich mir nie merken/nie behalten!

91: 1. a) Hintern/Arsch, b) dick/fett, c) Gefängnis/Kittchen, d) Putzfrau.
Die anderen Ausdrücke sind grob bis beleidigend und gehören teilweise nur der Umgangssprache an, nicht unserer Standardsprache.
2. a) Polizist, b) Schule, c) meine Eltern, d) Obdachloser
Diese Leute wollen Distanz oder gar Verachtung zum Ausdruck bringen.
3. Je ein Satz ist in sachlicher Standardsprache formuliert, je einer in gehobener Sprache und je einer in grober Sprache (Stilschicht).
4. a) Kopf; Haupt; Birne, b) Dame; Frau; Weib

92: 1.+2.

gehoben	neutral	umgangssprachlich
einfältig	dumm	doof
entschlafen	sterben	abkratzen
Gemach	Zimmer	Bude
Ross	Pferd	Gaul
schreiten	gehen	latschen
vergeuden	verschwenden	verpulvern
schlummern	schlafen	pennen

3. a) schweigen, b) stehlen, c) ausgelassen feiern, d) klug sein, e) schnell sein, f) sich dumm verhalten

93: 1. Pastor, Evangelium, Restaurant, Terrasse, Promenade, Beefsteak, Sauce, Kompott, Oper, Arie, Hobbys, Konto
2. Pastor: Latein, Seelenhirte; Evangelium: Griechisch/Latein, gute Botschaft; Restaurant: Französisch, Gaststätte; Terrasse: Französisch, Erdaufhäufung; Promenade: Französisch, Spazierweg/Spaziergang;

Beefsteak: Englisch, kurz gebratenes Rindfleisch; Sauce: Französisch, Tunke/Soße; Kompott: Französisch, mit Zucker gekochtes Obst; Oper: Italienisch, Gattung von musikalischen Bühnenwerken mit Darstellung einer Handlung durch Gesang; Arie: Italienisch, Sologesangsstück mit Instrumentalbegleitung; Hobby: Englisch, Steckenpferd/Liebhaberei, Konto: Italienisch, laufende Abrechnung, in der regelmäßige Geschäftsvorgänge zwischen zwei Geschäftspartnern registriert werden
3. a) Fachmann, Facharbeiter, Facharzt; b) Reisender, Urlauber; c) jemand, der Terroranschläge plant und ausführt; d) großer Künstler in Bezug auf die Darstellungsform/im Zirkus und Varieté auftretender Künstler; e) Künstler, der ein Stück allein vorträgt; f) jemand, der sein Ich und seine persönlichen Interessen in den Vordergrund stellt
4. Sie enden alle auf -ist und bezeichnen Personen.

94: 1. Testfahrzeug, Testbild, Testfahrt, Testpilot, Testserie, Testfrage, Testflug, Testmethode, Testobjekt, Testperson, Teststrecke, Testverfahren, Teststopp, Atomtest, Intelligenztest, Warentest, Langzeittest, Kernwaffentest, durchtesten, austesten
2. superklug, Superhit, Super-GAU, Superriesenslalom, Super-8-Film, Superbenzin, Supercup, superfein, Superfrau, Supermann, superleicht, Superleichtgewicht, Superschwergewicht, Supermacht, supermodern, Superpreis, superschlank, Superstar, superwichtig
3. *Super-* verstärkt das Wort, dem es vorangestellt wird. Entweder wird etwas (noch) größer oder (noch) kleiner, oder *super-* steht für die Bedeutung ‹sehr›.

95: Parallele – Gerade; Parasit – Lebewesen; Paragraph – Abschnitt; Parade – Aufmarsch; Kompott – Obst; Komponist – jemand, der ein musikalisches Werk komponiert; Kompost – Dünger; Komponente – Bestandteil eines Ganzen; Chronologie – Lehre von der Zeitrechnung, Zeitmessung; zeitliche Abfolge; Chrom – metallischer Grundstoff; Chronik – Aufzeichnung geschichtlicher Ereignisse; Chromosom – Erbgut tragendes Teilchen; Dialog – Rede und Gegenrede; Dialekt – regionale Sprachvariante; Diagnose – Untersuchungsbeurteilung; Diagonale – Gerade

96: b-r, c-z, d-q, e-o, f-aa, g-y, i-t, j-p, k-bb, l-v, m-u, n-w
1. Die kursiv gedruckten Wörter bezeichnen die sprachliche Handlung des ersten Satzes mit einem Wort.
2. a-q, b-y, c-v, d-o, e-z, f-t, g-p, h-r, i-n, j-x, k-s, l-w, m-u

97: 1. a) Klügere, b) gescheit, c) intelligent, d) gewiefter/gerissener, e) weise, f) genial/begabt, g) scharfsinnig, h) ausgekochter/gewitzter/durchtriebener, i) gescheiten/gelehrten
2. a) positiv bewertete Eigenschaft: clever, klug, verständig, smart, helle, gescheit, intelligent, schlau, erfahren, begabt, geistreich, vernünftig, genial, gebildet
b) negativ bewertete Eigenschaft: listig, gerissen, gerieben, durchtrieben, verschlagen, ausgekocht
c) durch Lebenserfahrung erworbene Eigenschaft: weise, schlau, raffiniert, geistreich, vernünftig
d) praktische Lebenstüchtigkeit, den eigenen Vorteil im Auge: gerissen, gerieben, durchtrieben, verschlagen, gewieft, ausgekocht, ausgebufft
e) durch Unterrichtung erworbene Eigenschaft: gelehrt, erfahren, gebildet
f) Verstandeskraft durch ererbte Anlagen oder Übung: gescheit, intelligent, begabt, gewitzt, scharfsinnig, genial
3. dumm, blöd, unintelligent, geistlos, töricht, albern, beschränkt, dümmlich, geistesarm, schwachköpfig, ungebildet, einfältig, irrsinnig, verbohrt, armselig, doof, unbedarft, begriffsstutzig, naiv, unwissend, unbegabt, stur
Ordnung:
a) ohne Intelligenz: dumm, unintelligent, geistesarm, doof
b) ohne Wissen: geistlos, ungebildet, unwissend
c) ohne Begabung: beschränkt, dümmlich, schwachköpfig, einfältig, begriffsstutzig, unbegabt
d) ohne Nachdenken: blöd, töricht, albern, irrsinnig, armselig, unbedarft, naiv
e) nur in eine Richtung denkend: verbohrt, stur

98: 1. a) Menge, b) Mannschaft, c) Runde, d) Clique, e) Bande, f) Team, g) Belegschaft, h) Kränzchen, i) Gruppe, j) Meute, k) Schar, l) Haufen, m) Kreis, n) Schwarm, o) Gemeinde, p) Publikum, q) Horde, r) Trupp, s) Riege
2. Gemeinde: Die Zuhörer verehren den Dichter fast wie Gläubige Gott im Gottesdienst.
Publikum: übliche Bezeichnung für die Zuhörer.
Belegschaft: Die Zuhörer sind als Angehörige eines Betriebes / einer Firma in einer Gruppe erschienen.

99: 1. a) Autoren/Schriftsteller, b) Schauspieler, c) Arbeitslose, d) Studenten, e) unverheiratete Mütter, f) Gauner, g) bestechliche Menschen, h) Matrosen, i) Kaufmänner, j) Hinterbliebene, k) Politiker, l) Angestellte/Beamte, m) Beamte im Ruhestand, n) Sparer, o) Bettler, p) Senioren
2. a) Preisgeld, b) Taschengeld, c) Schmerzensgeld, d) Trinkgeld, e) Lohn, f) Spesen, g) Mitgift, h) Schweigegeld, i) Sold, j) Gebühren, k) Dividende, l) Miete, m) Steuern, n) Lösegeld, o) Kindergeld, p) Provision
3. Kohle, Moneten etc.

100:

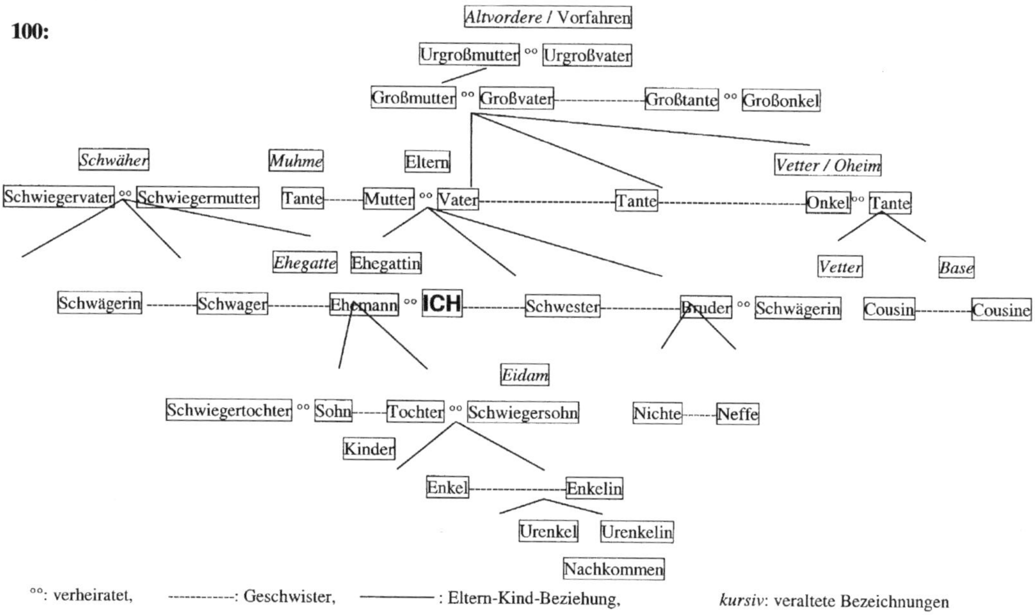

101: 3. Muhme: Tante mütterlicherseits, also eine Schwester der Mutter
4. Vetter: Cousin; Vetter: Onkel väterlicherseits, also Bruder des Vaters
5. Schwippschwager: der Ehemann der Schwester der Ehefrau bzw. des Ehemanns
6. Mama, Mutti, Papa, Väterchen, Oma, Opa …
11. Die ehrenvollen Bezeichnungen *Gatte* oder gar *Gemahl* verwendet man nicht selbst für seinen Partner – das wäre unbescheiden; man bezeichnet so höflicherweise nur die Partner anderer Personen.

102: 1. das Ableben – der Tod; die Bedenken – die Einwände; das Treffen – die Verabredung / die Besprechung; das Einsehen – einsehen / verstehen; das Vergnügen – der Spaß; das Anliegen – die Sache / die Angelegenheit; das Verhalten – die Verhaltensweise; das Verderben – das Unglück; das Grausen – die Angst

103: 1. Pfütze – Tümpel – Teich – See – Meer – Ozean (Ausdehnung)
schleichen – schlendern – spazieren – gehen – flitzen – rennen – rasen (Geschwindigkeit)
miserabel – schlecht – mittelmäßig – gut – ausgezeichnet – hervorragend – exzellent (Bewertung)
flehen – bitten – auffordern – anweisen – befehlen (Weisungsbefugnis)
2. „sausen“ zwischen „rennen“ und „rasen“
„fürchterlich“ noch vor „miserabel“

„befriedigend“ zwischen „mittelmäßig“ und „gut“
„empfehlen“ zwischen „bitten“ und „auffordern“
3. Höhle – Baracke – Hütte – Haus – Villa – Schloss – Palast
Säugling – Kleinkind – Kind – Jugendlicher – Erwachsener – Senior – Greis

104: 1. b) tiefer Schlaf, c) guter Rat, d) offene Wunde, e) schwache Nerven, f) starker Kaffee, g) tiefe Stimme
2. den Mut verlieren, Spaß bringen, die Hoffnung aufgeben, in Kontakt bleiben
3. ein Versprechen geben, einhalten, einlösen
einen Rat geben, annehmen, einholen, befolgen
eine Auskunft geben, erteilen, verweigern, einholen
eine andere Meinung äußern, akzeptieren, annehmen, vertreten
4. ein Versprechen halten, einen Befehl ausführen, sein Wort halten, die Erwartungen erfüllen, Ordnung halten, einen Plan ausführen, einen Wunsch erfüllen, ein Vorhaben ausführen, eine Bestellung ausführen, seine Pflicht erfüllen

105: b) ein Versprechen abgeben, c) ein Fest feiern, d) Essen zubereiten, e) Kaffee kochen, f) ein Haus bauen, g) die Hausaufgaben erledigen, h) Wäsche waschen, i) einen Aufsatz schreiben, j) einen Schrei ausstoßen, k) eine Party veranstalten, l) eine Rede halten, m) einen Streich spielen, n) ein Bild malen, o) einen Wunsch äußern, p) eine Leistung vollbringen, q) Frieden schließen, r) ein Geständnis ablegen, s) eine Einladung aussprechen, t) ein Gespräch führen, u) eine Verbindung herstellen

106: 1. goldene Hochzeit: 50. Hochzeitstag
goldenes Haar: blondes Haar
Schwarze Witwe: eine Spinnenart
rotes Tuch: alles, was sogleich Zorn hervorruft
schwarzer Tod: die Pest
Goldenes Buch: Gästebuch einer Stadt
goldene Mitte: der angemessene, zwischen den Extremen liegende Standpunkt
schwarzes Schaf: Außenseiter; jemand, der sich im negativen Sinn von den anderen unterscheidet
goldene Krone: Schmuckstück aus Gold, Zeichen der Macht
schwarzer Markt: illegaler Handel
rote Karte: Verwarnung des Schiedsrichters beim Fußball
Schwarzes Meer: Meer nördlich der Türkei
schwarzer Kaffee: Kaffee ohne Milch/Sahne
Rotes Kreuz: Organisation zur Leistung erster Hilfe
2. „Golden“ umschreibt etwas Kostbares, Hochgeschätztes, insgesamt etwas Positives.

107: 1. lieblicher Wein, saftiges Fleisch, nasse Wäsche
2. a) neuer Schrank, junger Mann, frisches Brot
b) kurvige Straße, krummer Rücken, ungerade Zahl
c) schlechte/stickige Luft, ranzige Butter, abgestandenes Wasser
3. gut: Ich habe dabei ein *schlechtes Gefühl.* Das scheint ein *böser Mensch* zu sein. falsch: Das sollte die *richtige Lösung* sein! Das *Geld* ist *echt*! leicht: Der *Schrank* ist sehr *schwer.* Die *Aufgabe* ist wirklich *schwierig*!

108: 1. a) Jeder Hammer ist ein Werkzeug. Außer Hammer gibt es aber noch andere Werkzeuge. *Werkzeug* nennt man den Oberbegriff, *Hammer* einen Unterbegriff.
b) Bei *Hammer* hat man ein anschaulicheres Bild vor Augen, weil es einen konkreten Gegenstand bezeichnet, während *Werkzeug* ein Sammelbegriff ist, der viele verschiedene Gegenstände bezeichnet.
2. *Zange* ist ebenfalls ein Unterbegriff zu *Werkzeug* und ein Nebenbegriff zu *Hammer.*
3. Der *Vorschlaghammer* ist ein Unterbegriff zu *Hammer.*

4.

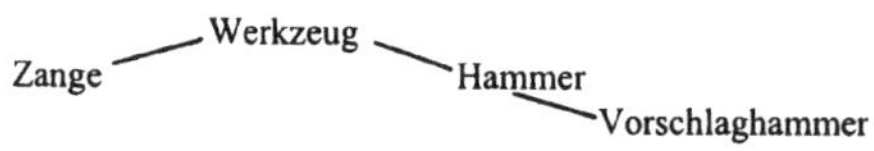

5. Sie bezeichnen alle Pflanzenarten und sind Ober-, Unter- oder Nebenbegriffe.

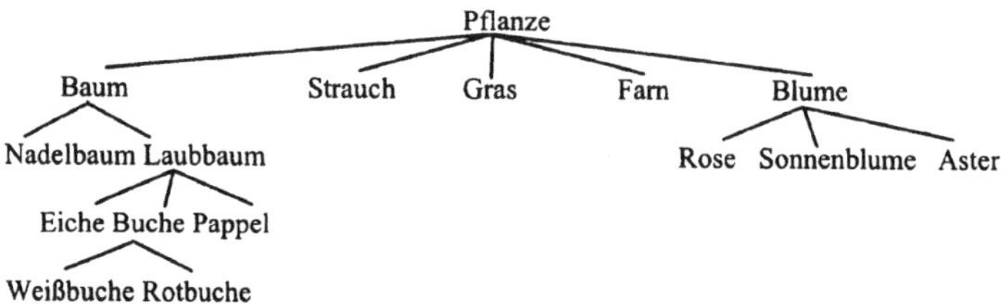

109: 1. Lebewesen; Tier, Pflanze; Mann, Frau, Vogel, Pferd, Hund, Fisch; Baum, Strauch; Dackel, Schäferhund

2. Cola, Wasser, Milch, Kaffee, Tee, Bier, Saft, Limonade, Cocktail, Glühwein, Kakao, Apfelsaft, Sekt, Orangensaft, Kakao, Wein, Kirschsaft

3.

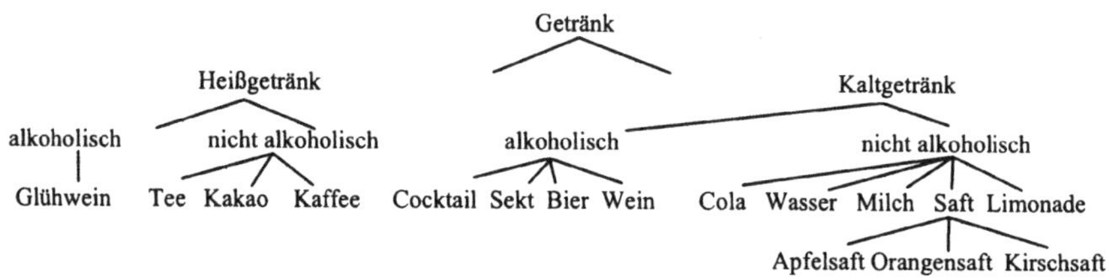

110: 1. Der Lenker ist ein Teil des Fahrrades. Die Lichtanlage ist ein Teil des Fahrrades. Das Fahrrad besteht aus einem Rahmen, zwei Rädern, dem Sattel, dem Lenker, der Lichtanlage ...

2. Man kann dies nicht sagen, weil es keine größeren Teile des Fahrrades sind, aus denen dieses sich zusammensetzt, sondern kleinere Bestandteile der Grundbestandteile eines Fahrrades, z. B. sind die Speichen Teil eines Rades.

3. Die Speichen sind ein Teil der Räder. Das Ventil ist ein Teil des Fahrradschlauches. Die Griffe sind Teile des Lenkers. Das Katzenauge ist ein Teil der Reflektoren und befindet sich zwischen den Speichen oder am hinteren Schutzblech.

4. Rad, Lenker, Reifen, Satteldecke, Glühbirne, Schlauch, Ventilgummi

111: 1. FAHR

2. und 3. (Die Wörter, die nur schwer mit der Bedeutung von *fahren* in Verbindung zu bringen sind, sind durch ein * gekennzeichnet.)

Wortformbildung	**Wortbildung**
fahren	Fahrzeug
gefahren	auffahren
fährt	hinfahren
fährst	wegfahren
fuhr	Fahrer
fahre	widerfahren *
fuhren	Fahrt
fahrt	fahrlässig *
fahrend	abfahren
fuhrst	Auffahrt
	Gefahr *
	Fähre
	Furt *
	befahrbar
	Gefährte *
	Hinfahrt
	Nachfahre *
	Erfahrung *
	Einfahrt
	Vorfahrt

4. <u>Furt</u> ist die flache Stelle in einem Fluss, an der man früher den Fluss ohne Brücke oder Fähre überqueren konnte.

Gefährte ist eine Person, die zusammen mit einer anderen „auf Fahrt", d. h. auf Reisen ist.
Nachfahren sind Menschen einer späteren Generation, die sich später durch das Leben „bewegen" (vgl. „Nachkommen")
Erfahrung erwirbt man auf seinem Weg durch das Leben.
Himmelfahrt ist der Aufstieg in den Himmel.

112: 1. eingefallen, 2. Gefälles, 3. Durchfall, 4. fällig, 5. durchgefallen, 6. unauffällig, 7. Zufall, 8. Rückfall/Unfall, 9. gefällt, 10. Vorfall/Fall, 11. hinfällig, 12. Überfall, 13. umfällt/hinfällt, 14. anfällig, 15. Reinfall, 16. befallen, 17. rückfällig, 18. Abfall, 19. Falle, 20. Gefallene, 21. Fall, 22. gefälligst, 23. auffallen, 24. abfällige, 25. ausfallen, 26. zerfällt, 27. verfallenen/baufälligen, 28. heruntergefallen.

113:

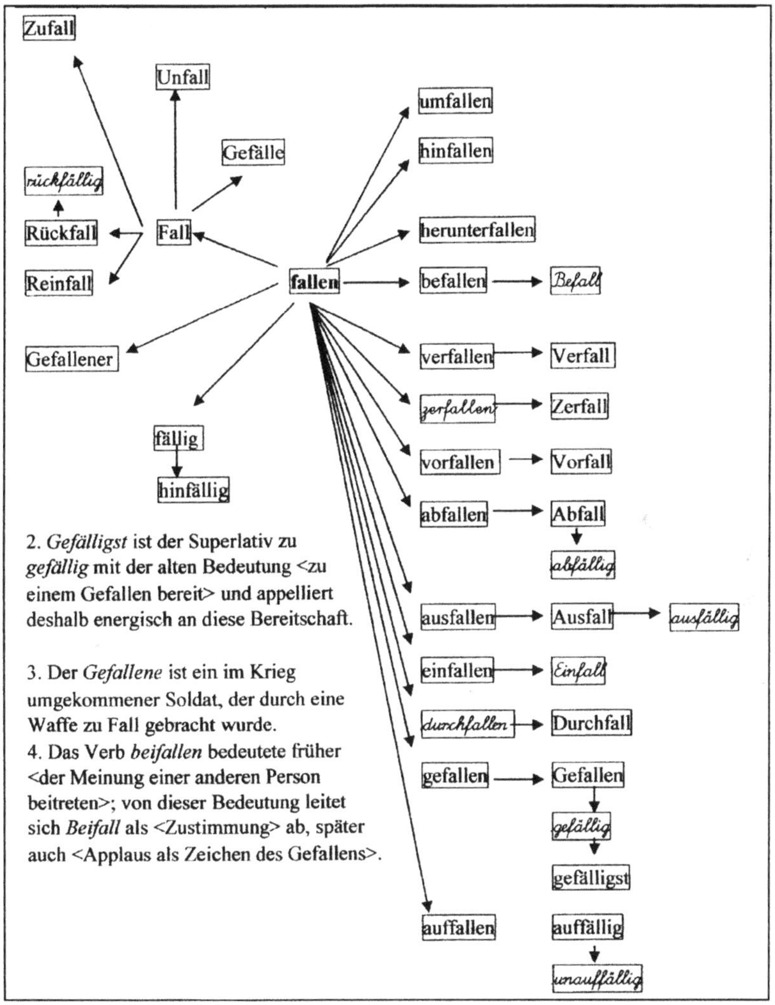

2. *Gefälligst* ist der Superlativ zu *gefällig* mit der alten Bedeutung <zu einem Gefallen bereit> und appelliert deshalb energisch an diese Bereitschaft.

3. Der *Gefallene* ist ein im Krieg umgekommener Soldat, der durch eine Waffe zu Fall gebracht wurde.
4. Das Verb *beifallen* bedeutete früher <der Meinung einer anderen Person beitreten>; von dieser Bedeutung leitet sich *Beifall* als <Zustimmung> ab, später auch <Applaus als Zeichen des Gefallens>.

114:

S	C	H	A	U	N	E	R	E	W	H	C	S	R	E	T	R
G	H	T	W	E	R	B	H	W	V	Z	F	C	W	R	F	F
L	T	K	M	U	N	S	C	H	W	E	R	H	U	S	D	E
S	C	H	L	A	U	C	L	O	W	N	I	W	N	C	W	R
C	G	B	R	V	T	H	E	K	E	F	F	I	S	H	S	X
H	C	I	L	R	E	W	H	C	S	D	F	E	B	W	Q	E
W	V	E	E	C	B	E	S	C	H	W	E	R	D	E	T	B
A	C	V	S	X	X	R	X	U	E	E	Z	I	W	R	N	B
M	W	S	C	H	W	E	R	E	L	O	S	G	U	E	D	C
M	X	S	W	H	E	E	R	S	C	H	W	E	R	N	I	S

2. schwer → Schwere → schwerelos → Schwerelosigkeit

3.

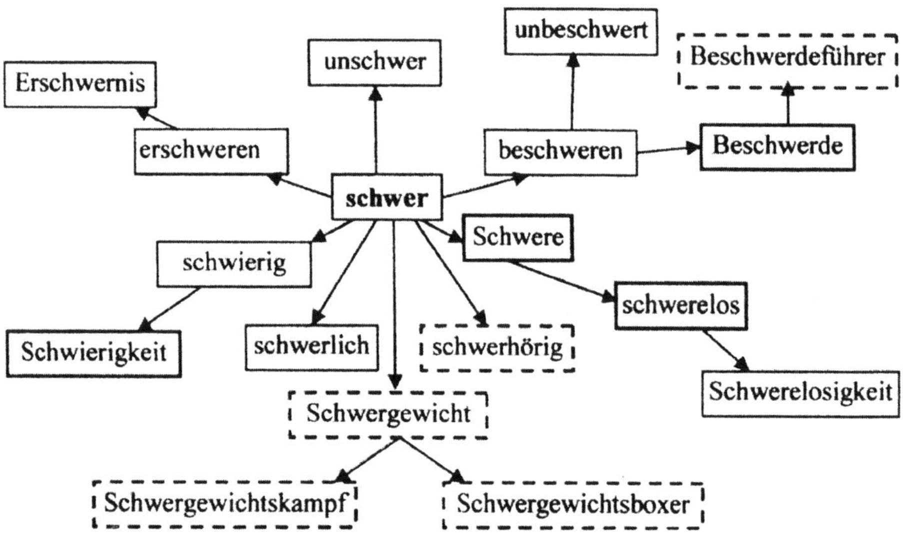

115: 1. *Kunsthonig:* künstlich hergestellter Ersatz für Honig, nicht: kunstvoll hergestellter Honig. *Eiland:* Insel, nicht: Land der Eierproduktion; *Hochland:* hoch über dem Meeresspiegel liegendes Land, nicht: Land der Hochdruckgebiete; *Feuerzeuge:* Pluralbildung zu Feuerzeug, nicht: Zeuge, der ein Feuer beobachtet; *Brechstange:* Stange zum Aufbrechen von Kisten usw., nicht: Stange, an der man sich festhält, wenn man sich übergeben muss.

2. Zwei Menschen, die ständig voneinander träumen; Bauelement, das sich ständig dreht; Angebot, ein Fest für jemanden auszurichten; Streit unter Schülern.

116:

Über-vorsichtige	Langweiler	Aufs Äußere Versessene	Rücksichts-lose	Überangepasste	Ungeschickte	Ganz harte Menschen
Schattenparker	Brotmaschinen-benutzer	Jeansbügler	Nebelschluss-lichtfahrer	Frauenversteher	Turnbeutel-vergesser	Aus-dem-fahrenden-Zug-Springer
Vorwärtseinparker	Lizenzleser	Comicsocken-träger	Xenonlicht-blender	Sitzpinkler	Faltplanfalsch-falter	Geisterfahrerüberholer
Beckenrandschwimmer	Durchschläfer				Idiotentest-durchfaller	Mit-der-Hand-in-den-Speichen-Bremser
Randpoger			Letztes-Klopapier-Verbraucher		Sonntagsfahrer	Gegen-den-Wind-Pinkler
Sauna-Untensitzer						
Warmduscher						
Unterhemdträger						

117: *Schülerkonzert* kann beide Bedeutungen haben.
a) Dieser Holzschuppen ist schon etwas morsch.
In diesem Holzschuppen wird Brennholz gelagert.
b) Frauenliteratur wird von Frauen geschrieben.
Frauenliteratur wird für Frauen geschrieben und von Frauen gelesen.
c) Dieser Lehrervortrag ist eine Fortbildungsveranstaltung für Lehrer.
Ein Lehrervortrag des Gedichts kann die Unterrichtsstunde eröffnen.
d) Der Taschendieb hat eine elegante Ledertasche erbeutet.
Ein Taschendieb hat mir das Portemonnaie aus der Hosentasche entwendet.
e) Die Presseinformation ist für Journalisten bestimmt.
Die Presse liefert Presseinformationen.
f) Die Amateurveranstaltung organisieren Amateure.
Zur Amateurveranstaltung werden viele Hobbybastler erwartet.
g) Eine Testperson testet verschiedene Produkte.
In diesem Institut werden Testpersonen untersucht.
h) Der Lieferpreis versteht sich inklusive Ware und Lieferung.
Der Lieferpreis ist der Preis, der für die Lieferung bezahlt werden muss.
i) Bei der letzten Beamtenkontrolle wurden alle Beamten unter die Lupe genommen.
Bei der von Beamten durchgeführten Beamtenkontrolle wurden mehrere Unregelmäßigkeiten entdeckt.
j) Der Greifvogelschutz soll den Erhalt der Greifvögel sichern.
Der Greifvogelschutz verhindert, dass die Greifvögel zu viele Kleintiere jagen.
k) Die Kinderhilfe unterstützt Kinder aus schwachen Familien.
Durch Kinderhilfe werden Eltern oft im Haushalt entlastet.
l) Bei der Schiffsbegrüßung lassen zwei Schiffe ihre Hörner ertönen.
Zur Schiffsbegrüßung des Kreuzfahrtschiffes kamen Tausende Menschen nach Hamburg.
m) Wir haben eine Wagenlieferung von Weißkohl bekommen!
Mit der nächsten Wagenlieferung kommen nur Limousinen.

118: 1. fuchsen: ärgern; beluchsen: genau beobachten, belauern; stören: aus der Ruhe bringen; wurmen: ärgern
2. Beispiele: das Kalb – kalben, das Ferkel – ferkeln, die Maus – mausen, die Glucke – glucken, der Büffel – büffeln, der Fisch – fischen, der Hecht – hechten, das Lamm – lammen …
3.

<sich verhalten wie das Tier>	<das Tier fangen>	<das Tier zur Welt bringen>
aalen, äffen, bocken, dackeln, ferkeln [1], glucken, hamstern, hechten krebsen, mausen [1], mopsen, reihern, robben, vögeln, wieseln	fischen flöhen lausen mausen [2]	ferkeln [2] fohlen kalben lammen

119: 1. Die Wörter bezeichnen jeweils eine Person, die etwas tut oder eine bestimmte Tätigkeit / einen bestimmten Beruf ausübt.
Sie enden mit dem nachgestellten Wortbaustein -er und sind von Verben abgeleitet.
2. Bäcker, Läufer, Helfer, Verbrecher, Lehrer, Fahrer, Entdecker, Bergsteiger ...
3. Hier werden Gegenstände bezeichnet, mit denen man etwas tut oder die etwas tun.
4. *Hocker* wird einmal als Sitzgelegenheit verstanden, das andere Mal als eine Person, die lange hocken, also sitzen bleibt.
Kugelschreiber wird einmal als Schreibgerät mit Kugelspitze verstanden, das andere Mal als eine Person, die aus ihren geschriebenen Entwürfen Kugeln formt.
5. Im ersten und zweiten Satz sind mit der männlichen Form von *Lehrer* bzw. *Leser* fast nur weibliche Personen gemeint. Im dritten Satz bezeichnet die weibliche Form *Hörerinnen* auch männliche Personen. Die weiblichen bzw. männlichen Personen werden nicht extra benannt, sind nur „mitgemeint". Das könnte ihren Widerspruch hervorrufen.

120: 1. a) sitzen, b) biegen, c) heben, d) greifen, e) decken, f) henken, g) kreisen, h) sitzen, i) stoßen, j) schließen, k) raten, l) gurten
2. und 3.: Die Substantive bezeichnen die Gegenstände/Instrumente, mit deren Hilfe die Tätigkeiten durchgeführt werden können, die mit den Verben bezeichnet werden.

121: 1. Es ist sehr einfach und bequem, mit Hilfe von „-mäßig" Adjektive von allen möglichen Substantiven abzuleiten, besonders mit der vagen Bedeutung ‹in Bezug auf›. Es kommen bei allzu großzügiger Nutzung dieser Wortbildung allerdings auch recht seltsame Wörter zustande (vgl. Aufgabe 4).
2. Wer weiß, was uns das Wetter morgen bringt./Wer weiß, wie das Wetter morgen wird. – Eine Wohnung habe ich immer noch nicht gefunden. – Wo wollt ihr denn euren Urlaub verbringen? – Im Kino läuft zur Zeit kein guter Film. – Was macht deine Gesundheit? – Das Aroma der Tomaten ist miserabel!
3. Alle gehören zur Gruppe e.
4. a) Mit meiner Familie habe ich große Probleme. b) Ich gebe ziemlich viel Geld für Klamotten aus. c) In der Sackgasse gibt es nicht viel Verkehr. d) Du musst bei dieser Arbeit noch einiges nachholen. e) Sie hat sich noch nicht für einen Beruf entschieden.

122: 1. an-, auf-, ver-; *passen:* ‹angemessen sein in Größe, Farbe oder Form›, ‹jmds. Einstellung entsprechen›, ‹sich schicken›, ‹richtig sein› oder ‹aufgeben›; *anpassen:* ‹etw. passend machen› ‹etwas einer Sache angleichen› oder ‹sich jmdm. oder einer Sache angleichen›; *aufpassen:* ‹aufmerksam sein, Acht geben› oder ‹auf jmdn. oder etw. Acht geben›; *verpassen:* ‹nicht rechtzeitig da sein›, ‹ungenützt vorüber gehen› ‹jmdm. gegen seinen Willen etwas Unangenehmes geben›
2. abbauen, aufbauen, bebauen, einbauen, erbauen, überbauen, umbauen, verbauen, zubauen; beachten, erachten, missachten, verachten; bereden, einreden, überreden, zerreden, zureden; ablaufen, auflaufen, belaufen, einlaufen, entlaufen, überlaufen, umlaufen, verlaufen, zerlaufen, zulaufen
3. Das zerstörte Haus wurde wieder aufgebaut. – Nach der großen Enttäuschung musste der Sportler seelisch erst wieder aufgebaut werden.
Er ließ das Wasser in der Wanne ablaufen. – Wie wird das Gespräch wohl ablaufen?
Sie haben sich im Wald verlaufen. – Die Veranstaltung verlief programmgemäß.

123: 1. Die Bedeutungen beider Sätze gleichen sich sehr. Man kann aber einen kleinen Unterschied ausmachen: Der erste Satz ist eine deutliche Warnung für den, der lange leben will. Der zweite Satz klingt wie eine Empfehlung an Lebensüberdrüssige, das Leben durch Rauchen zu beenden.
2. a) verkürzen, b) abkürzen, c) abkürzen, d) verkürzt, e) verkürzt, f) abkürzen
3. a) abgekühlt, verkühlst; b) verdunkeln, abdunkeln; c) abgeflacht, verflacht
4. b) Temperatur / Wärme (des Körpers, der Luft), c) Licht / Helligkeit, d) Rundung (einer Kugel, Kurve) oder Tiefe (eines Gewässers)

5. b) verlangsamen, c) abrunden, d) vergrößern, e) erweichen, aufweichen, f) anspitzen, g) verdicken, andicken, h) abstumpfen, i) erniedrigen
6. b) erblassen, c) vertrocknen, d) verdummen, e) erkranken, f) verstummen

124: 1. ... ist unser bestes Pferd im Stall; ... sitzt auf dem hohen Ross; ... aufs falsche Pferd gesetzt; ... mit ihm kann man Pferde stehlen.
3. Das Pferd war in früheren Zeiten als Reittier und Zugtier ein ständiger Begleiter des Menschen, was sich für die Bildung anschaulicher Vergleiche und Übertragungen auf andere Lebensbereiche anbot.
4. die Zügel in die Hand nehmen; die Zügel straffer anziehen; die Zügel lockern; die Zügel in der Hand haben, jmdm. Zügel anlegen
5. Mit den Zügeln lenkt man ein Pferd/Menschen, zwingt ihnen seinen Willen auf.
7. Wer handelt, ohne vom Pferd zu steigen (mit den Füßen noch in den Steigbügeln), der handelt sehr spontan und ohne große Vorbereitung.

125: 1. Sonst ärgert er sich grün und blau; lügen uns das Blaue vom Himmel herunter; keine schwarzen Zahlen mehr geschrieben; mit einem blauen Auge davon gekommen; blau machen; grünes Licht gegeben; sieht man durch die rosa Brille
3. Wohnsitz und Arbeitsplatz des US-amerikanischen Präsidenten; Kohle oder Erdöl; Magie oder auch Buchdruckwesen; leitender Grundgedanke einer Rede / eines Textes; Kündigungsbrief oder Mahnschreiben an die Eltern eines versetzungsgefährdeten Schülers

126: 1. auf dem falschen Dampfer sein – auf dem Holzweg sein; auf keinen grünen Zweig kommen – auf keinen gemeinsamen Nenner kommen; bei jmdm. auf offene Ohren stoßen – offene Türen einrennen; Feuer fangen – Blut lecken;
2. Die Versprecher a, b, e verbinden immer zwei Redewendungen, deren übertragene Bedeutungen sich sehr ähnlich sind. Der Versprecher c verbindet zwei Redewendungen, die beide die Wörter *kein* und *kommen* enthalten, deren Bedeutungen sich aber nicht ähnlich sind. Der Versprecher d beruht sowohl auf der ähnlichen Bedeutung der verknüpften Redewendungen als auch auf dem gemeinsamen Wort *offen*.
3. *jmdm. geht etwas an die Nieren*: ein Organ wird für ein anderes eingesetzt; *jmdm. Honig um das Maul schmieren*: eine Partie des Gesichts wird für eine andere verwendet; *ein Bein/einen Fuß auf den Boden bekommen*: zwei alternativ verwendbare Fassungen einer Redewendung werden miteinander kombiniert, unter Fortfall des wichtigen Wortes *Boden; sich etwas aufhalsen* und *sich etwas einbrocken:* zwei bedeutungsähnliche Redewendungen werden durch Verschmelzung der beiden Verben *aufhalsen* und *einbrocken* zu einem nicht gebräuchlichen Wort **einhalsen* verflochten; *sich etwas aus den Fingern saugen* und *etwas an den Haaren herbeiziehen*: zwei Redewendungen mit ähnlichen Bedeutungen werden miteinander verknüpft.

127: 1. Weg; Korridor; Art und Weise zu gehen; einzelnes Gericht in der Speisefolge eines Menüs; Stufe der Übersetzung des Getriebes an Fahrzeugen; Ablauf, Verlauf, den etw. nimmt; die ununterbrochene Bewegung einer Maschine; im Ablauf begriffen sein; sich so entwickeln, so verlaufen, wie es zu erwarten ist
2. sein erster Gang ..., sein Gang war schwankend wie ... ‹Fortbewegung im Raum›, in vollem Gange sein, ... seinen Gang gehen, der Gang der Verhandlung ‹Fortbewegung in der Zeit›, ein schmaler Gang ‹begehbarer Raum›
Alle haben etwas mit ‹Bewegung› zu tun.
3. *Abgang, Aufgang, Untergang, Ausgang, Eingang, Durchgang, Vorgang, Umgang, Rundgang, gängig, zugänglich, gangbar, Schulabgänger, Alleingang, Gedankengang, Spaziergang, Stuhlgang, Ohrgang, Lehrgang, Rückwärtsgang, Studiengang, Jahrgang, Gangart, Gangschaltung, Gangfenster, usw.*
4. Z. B.: *Rundgang, Spaziergang* ‹Bewegung im Raum›; *Durchgang, Ausgang, Eingang* ‹Ort, Bewegung›; *Gedankengang* ‹Bewegung im Geist›; *Ohrgang* ‹Ort, durch den sich Töne bewegen›; *Stuhlgang* ursprünglich ‹Bewegung zum Nachtstuhl hin›, heute verhüllend ‹Entleerung des Darms› und ‹Exkremente›

128: 1. a; c; b
2. *Wörter* ‹einzelne Wörter›, *Worte* ‹zusammenhängende Äußerung›
3. Wörter
4. c, a, c, c, b oder c, a, b, a, c

129: 1. b) Den Kommentar hättest du dir wirklich *sparen* können.
c) Anna hatte Olafs Geburtstag *verschlafen*.
d) Er *erntete* viel Lob für seinen Vortrag.
e) Ihn *packte* die Angst, und er lief schnell davon.
2. b) sparen = nicht ausgeben, kein Geld ausgeben, keine Kommentare „ausgeben“
c) verschlafen = nicht rechtzeitig aufwachen, nicht rechtzeitig an etwas denken
d) ernten = den Lohn für eigenes Handeln erhalten
e) packen = ergreifen

130: 1. *Eselsohr:* eine geknickte Ecke im Blatt Papier
Mauerblümchen: ein unscheinbares Mädchen
Affentheater: viel Lärm um nichts
Weichei: ein ängstlicher, wenig durchsetzungsfähiger Mann
Versuchskaninchen: Person, an der etwas ausprobiert wird
Nervensäge: eine störende Person, die anderen auf die Nerven geht
Steckenpferd: eine Freizeitbeschäftigung/Hobby
Engpass: eine schwierige Situation, die man nur mit Mühe durchsteht
2. *Mauerblümchen:* Person erhält so wenig Aufmerksamkeit wie eine Blume auf einer Mauer, die kaum gesehen werden kann.
Affentheater: Die Unruhe in einem Affenkäfig wird von Beobachtern mit einer turbulenten Szene auf der Bühne verglichen.
Weichei: Person, die so kraftlos, weich wie ein Ei ist.
Versuchskaninchen: Person, bei der wie bei einem Kaninchen ein Versuch vorgenommen wird.
Nervensäge: Eine Person geht einem so auf die Nerven, als würde sie die eigenen Nerven ansägen.
Steckenpferd: Eine Sache ist einem so wichtig wie einem Kind sein Spielzeug.
Engpass: Eine Situation erscheint einem so schwierig wie das Passieren eines engen Durchgangs zwischen Felswänden.

131: 1. und 2.: Wohnsitz und Arbeitsplatz des Präsidenten der USA (Gebäude für Institution); die Besucher des Stadions (Ort für dort befindliche Personen); Institution Schule (Gebäude für Institution); Bartträger (Körperteil für Person); Stadtverwaltung (Gebäude für Institution); (warmes) Getränk (Gefäß für Inhalt); Goethes Werke (Erzeuger für Erzeugnis); einen Wagen der Firma Porsche (Erzeuger für Erzeugnis); Musikaufnahme der Beatles (Erzeuger für Erzeugnis)
3. Epoche für darin lebende Personen; Material für das daraus Erzeugte; das Land für dessen Einwohner; Material für das daraus Erzeugte; Befehlshaber für die Ausführenden; Erzeuger für Erzeugnis

132:

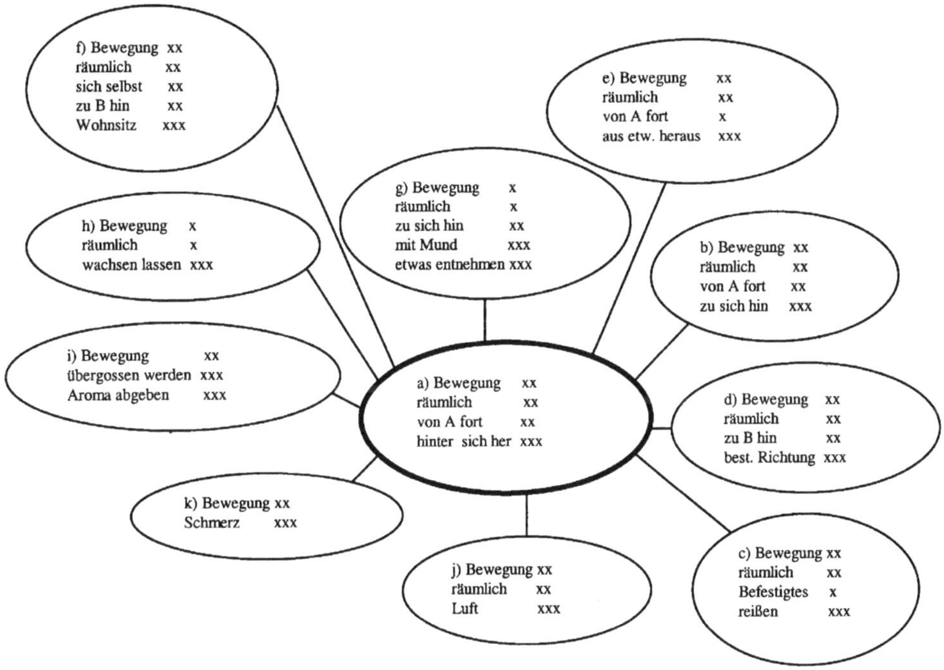

133: 1. Typische *Tassen:* zweites und drittes Gefäß von oben, ansonsten wohl *Becher* und *Schale.*
6. Die Funktion ist sogar das entscheidende Merkmal: Gefäß zum Trinken heißer Getränke. Von diesem Merkmal leiten sich andere ab: Henkel, weil Gefäß zu heiß zum Anfassen; Form begünstigt Abkühlung; Material fest, nicht aufweichend, abwaschbar ...
7. *Krug:* dient weniger zum Trinken als zu Aufbewahren und Ausschenken von Flüssigkeiten / Getränken; *Kelch:* glockenförmig mit schlankem Stiel und breitem Fuß, sehr wertvoll; *Pokal:* mit Fuß (und Deckel), aus Edelmetall oder Glas
8. Die Verwendung / Funktion macht aus dem schlanken Becher eine (Blumen-)Vase.

134: 1. Restaurant betreten, Platz nehmen, um die Speisekarte bitten, Gericht auswählen, Bestellung aufgeben, Besteck und Getränke entgegennehmen, essen und trinken, Rechnung anfordern, bezahlen, Restaurant verlassen
2. Speisen entgegennehmen
3. Koch: weiße Kleidung, Kochmütze; Speisekarte: gebunden, nach Gängen und anderen Gesichtspunkten geordnet, Benennung der Gerichte, Preisangaben ...; Servietten: aus Papier oder Stoff, mit Ring oder ohne, gefaltet; Besteck: Messer und Gabel, Löffel, Dessertlöffel, Anordnung, glänzend, aus Silber oder Cromargan, elegante Form ...
4. „Können wir bitte bezahlen?"; „Das stimmt so."; „Hat es geschmeckt?"; „Darf ich Ihnen schon etwas zu trinken bringen?"; „Haben Sie gewählt?"; „Ist alles zu Ihrer Zufriedenheit?"; „Haben Sie Salz und Pfeffer?"

135: 1. a) Schornstein, Schlot, Esse, Kamin, Rauchfang
b) Ohrfeige, Backpfeife, Watsche, (Maul-)Schelle
c) Schlachter, Metzger, Fleischhauer, Fleischer
d) Schlappen, Latschen, Puschen, Pantoffel, Schluffen
e) Jahrmarkt, Kirmes, Rummel, Kirchweih
f) Fleischküchle, Bulette, Frikadelle, Klops
g) Lappen, Aufnehmer, Fetzen, Lumpen, Feudel
h) Kruste, Kanten, Knust
i) Gutsle, Zuckerle, Bonbon, Kamelle, Klümpchen
j) Bemme, Schmiere, Stulle, Schnitte
3. Norddeutsch: Schornstein, Kamin, Ohrfeige, Backpfeife, Schlachter, Puschen, Pantoffel, Jahrmarkt, Bulette, Frikadelle, Lappen, Feudel, Knust, Bonbon, Stulle, Schnitte
Süddeutsch: Schlot, Esse, Kamin, Watsche, Metzger, Fleischhauer, Fleischer, Schlappen, Latschen, Schluffen, Kirmes, Rummel, Kirchweih, Fleischküchle, Klops, Aufnehmer, Fetzen, Lumpen, Kruste, Kanten, Gutsle, Zuckerle, Kamelle, Bemme, Schmiere
4. a) aufziehen, necken, hänseln, uzen, ärgern; frotzeln, foppen, verspotten, sticheln
b) labern, schnacken, klönen, babbeln; sich unterhalten, plaudern, schwatzen

136: 1. „Birne" und „Haupt" passen nicht in den Kontext des Satzes. Besser wären „Haupt" im ersten Satz und „Rübe" im zweiten.
2. Diese Wörter bezeichnen alle den Kopf, aber in unterschiedlichen Stilebenen (gehoben: Haupt, neutral: Kopf, umgangssprachlich: Birne, Rübe, Ballon).
3.

gehobene Ausdrucksweise (1)	**Wertneutral (2)**	**Umgangssprachlich (3)**
memorieren	*lernen*	pauken
verschieden	tot	*abgekratzt*
gekränkt	*beleidigt*	eingeschnappt
hurtig	*schnell*	fix
entwenden	*stehlen*	klauen
Gemach	Zimmer	*Bude*
erhalten	bekommen	kriegen
Fehde	*Streit*	*Zoff*
Antlitz	*Gesicht*	*Visage*
sich brüsten	*angeben*	*protzen*

4.

entschlafen (1) – versterben (1) – umkommen (2) – abkratzen (3) – ins Gras beißen (3) – verscheiden (1) – das Zeitliche segnen (1) – zugrunde gehen (2) – verrecken (3) – verenden (3) – sterben (2) – krepieren (3) – entschlummern (1)

5. a) verschied/verstarb/entschlief/entschlummerte, b) verrecken/krepieren, c) umgekommen/gestorben/ums Leben gekommen

137: 1. a) Ich habe stundenlang auf dich gewartet.
b) Da habe ich aber Glück gehabt.
c) Er hatte kein Geld mehr.
d) Schimpf nicht mit mir!

e) Die Frau glaubt, dass ihr Ehemann zu Hause ist.
f) Wann geht er endlich weg?
2. a)Während des Hurricanes sind Hunderte zu Tode gekommen.
b) Wir sind sehr bemüht, eine geeignete Unterkunft in guter Wohnlage für Sie zu finden.
c) Der Jugendliche wollte in die Disko gehen.
d) Können Sie mir zu dem Filet-Steak Pommes Frites servieren?
e) Er fuhr mit einem chromglänzenden neuen Wagen/Auto vor.
f) Entschuldigen Sie bitte, ich bin kurz eingenickt / eingeschlafen.

138: 1. Kuhfuß
2. *Ding* ist zu allgemein, *der andere Ausdruck* ist zu lang und umständlich. *Kuhfuß* ist präzise und kurz.
3. Strafraum, Passwort, Biotop, betäuben
4. *Salto:* freier Überschlag in der Luft
Sopran: die höchste der vier Stimmlagen
Alibi: Beweis, dass man sich zur Zeit des Verbrechens an einem anderen Ort aufgehalten hat
Tiebreak: Steht es nach mehreren Sätzen eines Tennisspieles unentschieden, wird (im 5. Satz) durch besondere Zählweise ein schnelles Ende des Spiels herbeigeführt.
Tandem: ein Fahrrad für zwei Personen mit zwei Pedalpaaren
pritschen: den Ball beim Volleyball kurz mit den Fingerspitzen berühren, um ihn zu spielen
herunterladen: Man zieht sich Daten aus dem Internet auf den Rechner.
chatten:: Man unterhält sich mit schnellen, kurzen Schriftnachrichten im Internet.
komponieren: ein Musikstück schaffen
Blitzeis: Glatteis, das durch Regen auf gefrorenem Boden entsteht
Konkurs: Eine Firma stellt alle Zahlungen ein, da sie zahlungsunfähig ist.
netto: Inhalt, der nach Abzug der Verpackung, oder Geldbetrag, der nach Abzug von Unkosten / Steuern verbleibt.

139: 1. und 2. *verwirrt:* konfus, *gefühlvoll:* sentimental, *vergleichsweise:* relativ, *amtlich:* offiziell, *altersschwach:* senil, *bekannt / beliebt:* populär, *geistlos:* banal, *feinfühlig:* sensibel, *männlich:* maskulin, *bestechlich:* korrupt, *seltsam:* kurios, *höflich:* galant, *wirtschaftlich / sparsam:* ökonomisch
4.a) Du gibst dein Geld nun wirklich nicht besonders *ökonomisch* aus.
Die Kartoffeln stammen aus *ökologischem* Anbau.
b) Wenn sie eine *Vision hat, sieht sie blaue Äpfel.*
Die neue Version des Liedes gefällt mir wesentlich besser als die alte.
c) Wasser, Salz und Mehl sind *essenzielle* Nahrungsmittel.
Bekommt er noch mehr Schulden, könnte er *existenzielle* Probleme kriegen.
d) Ihr wollt nie das gleiche, eure Meinungen sind immer *different.*
Du kannst das nicht so oberflächlich betrachten, betrachte es *differenziert.*

140: 1. und 2. *Theater* / Schaubühne, *Universität* / Hochschule, *Korrespondenz* / Briefwechsel, *Dialekt* / Mundart, *Komödie* / Lustspiel, *Adresse* / Anschrift, *Exkursion* / Ausflug
3. Laptop: Klapprechner
Homepage: Datennetzseite
Computer: Rechner
Monitor: Bildschirm
Diskette: Datenträger
Scanner: Lesegerät
Printer: Drucker

Mousepad: Mausunterlage
Internet: Datennetz
Shampoo: Haarwaschmittel
Make-up: Gesichtstönungscreme
Eyeliner: Augenkonturstift
Whirlpool: Sprudelbecken
Bikini: Badezweiteiler
Shorts: kurze Hose
Stewardess: Flugbegleiterin
Cocktail: Mischgetränk
Bodyguard: Personenbeschützer

141: 1. *wie sie sein soll:* wünschenswert; *wie sie sein könnt:* möglich
2. *so darf die Welt sein:* erlaubt; *so muss die Welt sein:* zwangsläufig; *so mag die Welt sein:* möglich
3. Hans kommt: sicher; Hans kann kommen: möglich/in der Lage; Hans könnte kommen: möglich, aber nicht sehr wahrscheinlich; Hans darf kommen: erlaubt; Hans muss kommen: zwangsläufig /dringend erwünscht; Hans sollte kommen: wünschenswert; Hans will kommen: wahrscheinlich / Absicht
4. Hoffentlich bekomme ich eine Lehrstelle. Glücklicherweise bekomme ich eine Lehrstelle ...
Vermutlich wird der Dieb gefasst. Vielleicht wird der Dieb gefasst. Sicher wird der Dieb gefasst ...
Leider ist das Wetter schlecht. Möglicherweise ist das Wetter schlecht ...

142: 1. auch: Es wurden auch noch andere Sachen vergessen, nicht nur das Brötchenkaufen.
bloß: Positive Bewertung, da nur das Brötchenkaufen vergessen wurde, oder ein ironischer Kommentar.
doch: Bestätigung der Vermutung, dass das Brötchenkaufen vergessen werden würde.
eigentlich: Hinweis auf das Vergessen, aber es wird als nicht so schlimm betrachtet.
einfach: Das Vergessen war ein Versehen.
hübsch: Ironischer Kommentar, oder das Vergessen war beabsichtigt.
immerhin: Vorwurf abgeschwächter Form.
irgendwie: Verständnis für das Vergessen.
nur: Lob, dass nur die Brötchen vergessen wurden, oder Ironie.
schließlich: Berechtigung des Vorwurfs wird festgestellt.
schon: Bekräftigung der Behauptung.
überhaupt: Bemerkung nebenbei mit geringfügiger Missbilligung.
übrigens: Hinweis.
wohl: Vermutung.
2. Diese weit verbreitete Meinung ist unzutreffend. In Wirklichkeit modifizieren die Abtönungspartikel die Bedeutung eines Satzes.
3. vielleicht, überhaupt, mal, ruhig

143: 1. In den Sätzen soll jeweils etwas mit der höchsten Steigerungsstufe zum Ausdruck gebracht werden. Dabei werden aber regelwidrige Superlative gebildet.
2. a) Im Sommer herrscht dort extreme Hitze!
Welche Religion ist die wahre und einzig richtige?
Die Post lagert nicht abgeholte Pakete maximal eine Woche.
Er bestand alle Prüfungen mit den besten Noten.
Das Antiquariat bezeichnet die Titelseite des Buches als minimal nachgedunkelt.
b) Sie kam einfach nicht auf den nächstliegenden Gedanken.
In dem Hochhaus befindet sich die höchstgelegene Wohnung der ganzen Stadt.
Es handelt sich um eine der meistbesuchten Internet-Seiten.

Ich bitte um größtmögliche Aufmerksamkeit!
Wie hoch ist das höchstzulässige Gesamtgewicht des LKW?
Pannen konnten weitestgehend vermieden werden.
Es ist eins der bestrenommierten Hotels am Ort.

144: 1. Der Text enthält viele Pleonasmen = unnötige Verdoppelungen einer Aussage (z. B.: *weißer Schimmel*).
2. hager/ein Dünner, fett/ein Dicker, plötzlich/auf einmal, mit dem Körper schlottern/zittern, verstorben/ein Toter, leise sprechen/flüstern, furchtsam/Angst, schlurfen/mit den Schuhen über den Boden schleifen, brüllen/schreien, furchtlos/Mut, nicht sehend/blind, bäuerlich/Landwirt, auf einem Bein hüpfen/hinken, schlau/ein Weiser
3. *hager*: sehnig, knochig; wird im Gegensatz zu *dünn* nur auf den menschlichen Körper bezogen
fett: sehr *dick*
zittern: kann auch nur die Hand, *schlottern* tut der ganze Körper mit seinen Gliedmaßen
verstorben: gewählter Ausdruck für *tot*
leise sprechen: gibt die Lautstärke des Sprechens an, *flüstern* setzt die Absicht und das Bemühen um leises Sprechen voraus
nicht sehend: kann ein vorübergehender Zustand sein, *blind* ist ein dauerhafter Zustand
Landwirt: gewählter Ausdruck für *Bauer* bzw. *bäuerlich*
auf einem Bein hüpfen: freiwillig, *hinken:* durch Behinderung erzwungen
Weise: setzt Lebenserfahrung voraus, *schlau* kann schon ein kleines Kind sein
4. In solchen Fällen dient die Wiederholung der Beteuerung, der Bekräftigung einer Aussage.

145: 1. Sehr geehrter, Mit freundlichen Grüßen; Liebe/Hallo, Deine/Tschüß

	veraltet	gebräuchlich	privat	offiziell	steif	locker	Personen bekannt	Personen unbekannt	vertraut	gleichgestellt	übergeordnet
Werte(r) Frau/Herr	+	-	+	-	-	+	+/-	+/-	+/-	+/-	+/-
Hi!	-	+	+	-	-	+	+	-	+	+	-
Sehr geehrte(r) Frau/Herr ...	-	+	-	+	+	-	+/-	+/-	-	+/-	+/-
Liebe(r) ...	-	+	+	+	-	+	+/-	+/-	+/-	+/-	+/-
Hallo, ...	-	+	+	-	-	+	+/-	+/-	+/-		
Mein(e) liebe(r) ...	-	+	+	+	-	+	+	-	+	+	-
Liebste(r)!	+	-	+	-	+	-	+	-	+	+	-
Tschüß!	-		+	+	-	+	+/-	+/-	+/-	+	-
Mit freundlichen Grüßen…	-	+	-	+	+	-	+/-	+/-	-	+/-	+/-
Herzlichst…	+	-	+	-	-	+	+	-	+	+	-
Hochachtungsvoll…	+	+	-	+	+	-	+/-	+/-	-	-	+
Viele Grüße…	-	-	+	-	-	+	+	+	+/-	+	-
Es umarmt und küsst dich…	-	+	+	-	-	+	+	-	+	+	-

4. Hallo! Hi! Moin! Grüß Gott! Servus! Ciao! Guten Morgen! Guten Tag! Mahlzeit! Guten Abend! Entschuldigen Sie bitte…! He, Sie da! Liebling!
Bis später! Tschüß! Auf Wiedersehen! Bye-bye! Bis bald!

146: 1.

	man kann darauf sitzen	vier Beine	Rücken-lehne	bietet Platz für eine Person	Armlehnen	gepolstert
Stuhl	+	+	+	–	+/–	+/–
Sessel	+	+/–	+	–	+/–	+
Hocker	+	+/–	–	–	–	+/–
Sofa	+	+/–	+	+	+/–	+
Schaukelstuhl	+	–	+	–	+/–	+/–
Sitzkissen	+	–	–	+	–	+

2. Sessel: bequem
Schaukelstuhl: Kufen
3. Weg: unbefestigt, häufig für Fußgänger und Fahrräder, seltener für Autos
Straße: befestigt / gepflastert oder geteert, von Autos befahren
Allee: von Bäumen gesäumt
Pfad: schmal, unbefahrbar, in der Natur, nur zu Fuß nutzbar
Gasse: zwischen Häusern, in der Stadt
Autobahn: mindestens vierspurig, für Kraftfahrzeuge mit hoher Geschwindigkeit

147: 2. Er hat sich geirrt. Zum Lügen fehlt die Absicht des Sprechers.
3. ‹willentlich/absichtsvoll›
4. Wenn ein Verschweigen den Partner bewusst an der Wahrheit vorbeiführt, ja.
5. Lügen auftischen, aufschneiden, einen Bären aufbinden, Seemannsgarn spinnen, erdichten, Ausreden haben, verhehlen, die Wahrheit verdrehen ...
6. a) geringfügig: flunkern, schwindeln, beschönigen ...; stark: verzerren, blauen Dunst vormachen, an der Nase herumführen ...
b) zu verurteilen: verdrehen, verzerren, täuschen ...; verzeihlich: flunkern, beschönigen ...
c) Modifikation: verdrehen, verzerren, von der Wahrheit abweichen ...; Erfindung: erfinden, simulieren, erdichten, blauen Dunst vormachen ...

148: 1. *gut:* ausgezeichnet, fabelhaft, spitze, grandios, phänomenal, hervorragend, super ...
schlecht: ungenügend, mangelhaft, minderwertig ...
2. außerordentlich, beispielhaft, bestens, brillant, erstklassig, exzellent, famos, herrlich, lobenswert, tadellos, prima, überdurchschnittlich, blendend, erlesen, hochwertig, unübertroffen, nachahmenswert, makellos, himmlisch, kostbar, einwandfrei ...
3. noch akzeptabel – überdurchschnittlich – einwandfrei – tadellos – hochwertig – lobenswert – nachahmenswert – prima – blendend – erlesen – himmlisch – unübertroffen
4. abscheulich, blamabel, dilettantisch, fehlerhaft, jämmerlich, miserabel, misslungen, stümperhaft, billig, tadelnswert, unbefriedigend, ungenügend, mies, schwach, hundsmiserabel, verächtlich ...
5. steigerungsfähig – fehlerhaft – tadelnswert – unterdurchschnittlich – unbefriedigend – schwach – ungenügend – misslungen – blamabel – stümperhaft – verächtlich – jämmerlich – mies – hundsmiserabel

149: 1. selbstgerecht, blasiert, angeberisch, großspurig, prahlerisch, selbstherrlich ...
2. a) ‹selbstbewusst› + ‹abwertend gemeint›: wichtigtuerisch, aufgeblasen, affig, eitel, affektiert, hochfahrend, eingebildet, dünkelhaft, hoffärtig, selbstgefällig, eigenwillig, eigensinnig, unverschämt, anmaßend, aufgebläht
b) ‹selbstbewusst› + ‹auf andere herabblickend› + ‹abwertend gemeint›: hochnäsig, hochmütig, überheblich, gönnerhaft, herablassend, verächtlich, arrogant, süffisant, vom hohen Ross herab
c) ‹selbstbewusst› + ‹andere ablehnend› + ‹abwertend gemeint›: unfreundlich, feindlich, abweisend, feindselig, höhnisch
3. selbstbewusst, selbstsicher, von sich überzeugt, mit sich zufrieden, hochgemut, anspruchsvoll
4. demutsvoll, klein und hässlich, unterwürfig, einfach, anspruchslos, schlicht, zurückhaltend, schüchtern, unauffällig, scheu, ohne Selbstvertrauen

150: 1. Zwischen den Extremen Unlust ⟷ Lust sowie Erregung ⟷ Ruhe sind Achsen zu denken, mit graduellen Abstufungen für zu- bzw. abnehmende Lust und Ruhe. In diesem Kräftefeld sind die Wörter im Oval angeordnet:
müde befindet sich nahe bei *Ruhe* und *Unlust.*
3. unwillig – verstimmt – gereizt – enttäuscht – erzürnt – erbittert – wutentbrannt
4. Beherrschung: sich im Zaum halten, die Fäuste ballen, sich zusammenreißen, mit den Zähnen knirschen, sich zurückhalten, seinen Ärger hinunterschlucken
Nichtbeherrschung: mit der Faust auf den Tisch schlagen, in die Luft gehen, vor Wut schnauben, rasen, nicht an sich halten, explodieren, toben, außer sich geraten, aus der Haut fahren, fuchsteufelswild werden
5. Gefühlsausbrüche sind auffälliger und in ihrer Erscheinungsweise vielfältiger (was zu mehr Versprachlichung führt) als die Selbstbeherrschung.

151: 2. a) verblüfft/verwundert, b) verwirrt/betroffen, c) bestürzt, d) erstaunt/überrascht, e) perplex, f) verwirrt
3. a) unerwartet, b) Emotion, c) Emotion, d) unerwartet, e) Unfähigkeit zu handeln, f) kaum zu glauben

152: 1. Es kann nach Stilschichten unterschieden werden (verhüllend/verharmlosend: heimgehen, beseitigen gegenüber grob/anklagend: verrecken, umbringen) sowie nach Mittel des Tötens (vergiften, guillotinieren, erdrosseln, keulen) und nach Art und Weise des Tötens (erschlagen, erwürgen, aufhängen ...).
2. Das Merkmal *qualvoll* taucht nur zweimal auf, obwohl es häufiger in den Wortbedeutungen enthalten ist, z. B. bei *verbrennen.*
Verbluten kann nicht mit *verhungern, verdursten* und *ersticken* in eine Reihe gestellt werden, da Blut nicht ständig zu sich genommen wird wie beispielsweise Nahrung und Sauerstoff.
3. töten – sterben, ertränken – ertrinken, setzen – sitzen, legen – liegen,
saugen – säugen, dringen – drängen, tränken – trinken, biegen – beugen, fällen – fallen ...

153: 1. a) Brief, b) gehen, c) Hochschule, d) nachher, e) Ross, f) legen, g) feuerrot, h) Zwang, i) rasen, j) bäuerisch
2. a) A wird in B eingefädelt/hineingelegt; b) ein Vorgang, aber von zwei Perspektiven aus betrachtet; c) A und B sind sich in ihren Bedeutungen ähnlich; d) Gegensatzbeziehung; e) Teil-Ganzes-Beziehung; f) A bewirkt B; g) A ist Steigerung von B; h) A ist Grundlage von B; i) Gegensatzbeziehung; j) A ist negativ bewertete Variante von B

154: 1. In den drei Sprachen wird der Vorgang, dass jemand viel raucht, mit attributiv verwendeten Adjektiven zum Ausdruck gebracht, die sich in ihren Grundbedeutungen unterscheiden: stark – schwer – groß.
2. Man versteht den Inhalt der Formulierungen, sie sind im Deutschen in dieser Form aber nicht gebräuchlich.
3. starke Leistung, starker Wille, starker Drang, starker Mann, starker Trieb ...
4. schweres Vergehen, schweren Herzens, schwerer Fehler ...; großer Gedanke, großer Schritt, große Hitze, großer Fehler, die großen Ferien, große Worte, große Lust ...; tiefer Winter, tiefes Mittelalter, tiefe Trauer ...; hohes Alter, hohes Ansehen, hohe Geldstrafe, hohe Kunst, hohe Meinung, hoher Norden, hohe Position, hohe See ...
5. große Angst, hohe Auszeichnung, starker Tee
6. dickes Portemonnaie, starkes Make-up, starkes Verb, schwerer Fehler, stark befahrene Straße, ein hoher Preis

155: 1. ein Rudel Wölfe, ein Schwarm Fliegen/Fische, eine Rotte Schweine, eine Schar Sperlinge, eine Herde Kühe/Elefanten, ein Haufen Würmer, ein Sprung Rehe, ein Zug Kraniche, eine Kette Wildgänse, eine Meute Hunde

2. ein Blatt Papier, eine Prise Salz, ein Klumpen Lehm, ein Stück Kuchen, ein Klecks Sahne, ein Tupfer Farbe/Rouge, eine Stange Zimt, eine Zehe Knoblauch, eine Schicht Staub, ein Flöckchen Butter, ein Bund Petersilie, ein Tropfen Wasser, eine Scheibe Brot

156: b) eine Erkenntnis gewinnen, c) eine Begründung abgeben/liefern, d) einen Eid ablegen, e) eine Verabredung treffen, f) eine Begrüßung vornehmen, g) eine Versammlung einberufen/durchführen/leiten, h) ein Treffen vereinbaren/arrangieren, i) ein Wiedersehen herbeiführen, j) eine Ermahnung aussprechen, k) Erkundigungen einholen, l) eine Versicherung abgeben, m) einen Vergleich vornehmen, n) Abschied nehmen, o) einen Plan schmieden, p) eine Ausrede finden, q) einen Verlust erleiden/beklagen, r) einen Gewinn erzielen, s) Einkäufe erledigen, t) Berechnungen vornehmen, u) ein Verzeichnis anlegen, v) eine Anweisung geben, w) eine Interpretation vornehmen, x) eine Forderung aufstellen, y) eine Anklage erheben, z) eine Untersuchung in die Wege leiten, aa) einen Lehrgang besuchen, bb) eine Veränderung vornehmen, cc) einen Bericht erstatten

157: 1. Die Pointe liegt darin, dass etwas ja wohl nicht zugleich rot, blau und grün sein kann. „Grün“ steht aber nicht für die Farbe der Blaubeeren, sondern für ihren noch „unreifen“ Zustand.
2. a) frisches, saftiges Gras; „grün“ bezeichnet die Farbe und steht gleichzeitig für „frisch“; b) der Tag der Eheschließung; „grün“ steht für den Anfang der Ehe (im Unterschied zu späteren Ehejubiläen: silberne, goldene Hochzeit); c) bräunlich-gelbe Schmierseife; ein unfertiges Zwischenprodukt der Seifenherstellung; d) Schnittbohnen, die unausgereiften Samen zusammen mit ihren fleischigen Hülsen, e) eine Partei, die sich unter anderem für den Umweltschutz einsetzt; „grün“ steht hier für die Nähe zur lebendigen Natur; f) eine Ehefrau, die den ganzen Tag alleine im Haus in ländlicher Umgebung (im „Grünen“) verbringt, während der Mann arbeiten geht; g) unbehandelter, roher Fisch; h) ein unreifer, junger Mann (ein Grünschnabel); i) wenn eine Entscheidung am „Grünen Tisch“ gefallen ist, bedeutet es, dass sich die Praxistauglichkeit noch erweisen muss; j) die linke Seite neben einer Person; k) Regenwald; l) Ampelschaltung, bei der man ohne anzuhalten mehrere Kreuzungen überqueren kann; m) ein Park in einer Großstadt; n) eine unbefestigte und unbewachte Grenze oder Demarkationslinie zwischen zwei Staaten; o) frisch geschlagenes Holz
3. b), c), d) g), h), o)

158: 1. Waagerecht: 2. Ebbe, 3. gewinnen, 6. Vater, 8. kalt, 12. Arbeitgeber, 13. mieten, 15. lebendig; Senkrecht: Freundschaft, 4. bevorzugen, 5. stabil, 7. frei, 9. Arzt, 10. geben, 11. unter, 14. hell.
2. Es werden entweder Gegensätze beschrieben, bei denen es nur diese beiden Möglichkeiten gibt und nichts Drittes (tot – lebendig), Gegensätze, bei denen man zwischen den beiden Wörtern noch Abstufungen feststellen kann (heiß – kalt, dunkel – hell), und Gegensätze, die eher ein korrespondierendes „Gegenüber“ darstellen (Mutter – Vater, Ebbe – Flut, Arzt – Patient, benachteiligen – bevorzugen).

159: 1. a) heiß ⟷ kalt, jung ⟷ alt, groß ⟷ klein, hübsch ⟷ hässlich
b) tot ⟷ lebendig, geöffnet ⟷ geschlossen, weiblich ⟷ männlich, gleich ⟷ verschieden
c) Vorgesetzter ⟷ Untergebener, geben ⟷ erhalten, kaufen ⟷ verkaufen
2. a) dick ⟷ dünn, sauber ⟷ schmutzig, schmal ⟷ breit, nass ⟷ trocken, laut ⟷ leise, dumm ⟷ schlau ...
b) ledig ⟷ verheiratet, Himmel ⟷ Hölle, Krieg ⟷ Frieden, Vokal ⟷ Konsonant, ...
c) Mieter ⟷ Vermieter, geben ⟷ bekommen, erben ⟷ vererben, Mutter ⟷ Kind, Arzt ⟷ Patient, ...
3. a) konträr b) kontradiktorisch c) konvers

160: 1

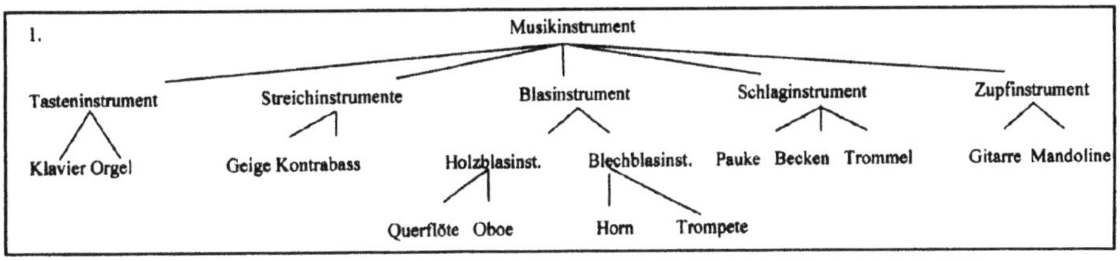

2. *Blockflöte* ist ein Nebenbegriff zu *Querflöte* und *Cello* ist ein Nebenbegriff zu *Geige* und *Kontrabas. Flügel* ist ein Unterbegriff von *Klavier.*

161 und **162:** 1. **1** Kopf, **2** Kehle, **3** Arm, **4** Knie, **5** Zeh, **6** Bauch, **7** Augen, **8** Unterarm, **9** Hand
2. Sie bezeichnen das Ganze und die dazugehörigen Teile. Eine Hierarchie ergibt sich dadurch, dass das Ganze jeweils seinen Teilen übergeordnet ist. Die Hierarchie setzt sich in Stufen fort, sodass ein Teil eines Ganzen gleichzeitig das Ganze für andere Teile sein kann.
3. *Brust* ist ein Wort mit zwei Bedeutungen. Zum einen bezeichnet es den Busen, zum anderen den Bereich des Körpers zwischen Hals und Bauch.
4. Nacken: Teil des Halses; Ohrläppchen: Teil des Ohres; Wimper: Teil des Auges; Wade: Teil des Unterschenkels
5. Knöchel, Augapfel, Braue, Nasenflügel, ...
6. a) Fuß → Pfote/Tatze, Hand → Pfote/Tatze, Handgelenk → Fußgelenk, Arm → Vorderbein, Nagel → Kralle
b) Schnauze, Schnurrbarthaare, Schwanz, Krallen
c) Sohle, Hacke, Spann, Finger, Daumen, Handfläche, Handrücken, Fingernagel, Fingerkuppe, Fingerglied, Fingerknöchel, Fingerspitze

163: 1. recht → richten → Gericht → gerichtlich
Adjektiv → Verb → Nomen → Adjektiv

	Präfix:	Suffix:
	ge-	-lich

2. und 4. Die in Aufgabe 2 eingefügten Wörter sind in fetten Kästen zu finden, die in Aufgabe 4 eingefügten Wörter in gestrichelten Kästen.

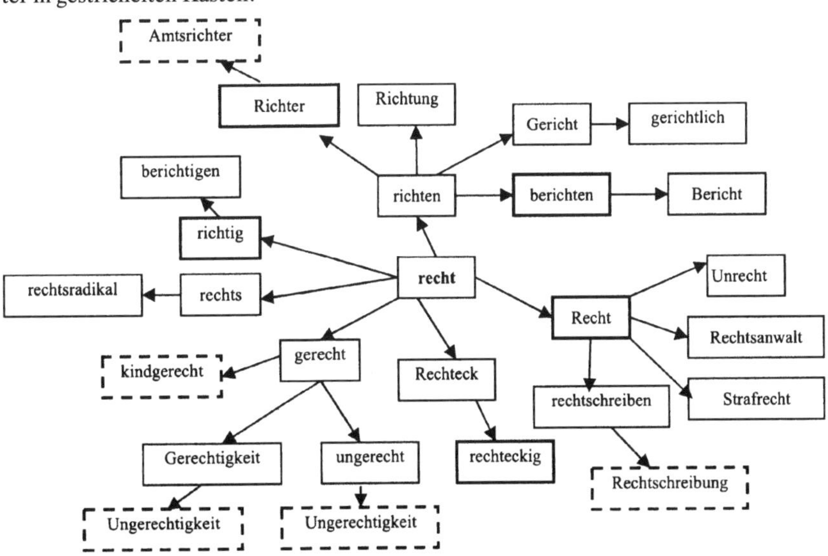

3. *Rechteckig* ist ein Adjektiv, das mit Hilfe des Suffixes *-ig* von dem Nomen *Rechteck* abgeleitet wird. *Recht* ist ein Substantiv, das von *recht* abgeleitet wird. Außerdem muss es in der Entwicklung vor anderen Wortbildungen entstanden sein, die es wiederum als Wortbestandteil aufweisen (*Unrecht*, etc.). *Berichten* muss zwischen *richten* und *Bericht* stehen, da es von *richten* abgeleitet wird durch Verwendung des Präfixes *be-* und das Substantiv *Bericht* wiederum von *berichten* abgeleitet wird. *Richtig* muss vor *berichtigen* entstanden sein, als Ableitung von *recht,* sowohl mit Umlaut als mit dem Suffix *-ig*. Das Substantiv *Richter* wird mit *-er* von dem Verb *richten* abgeleitet.
4. *Ungerechtigkeit* lässt sich entweder als Ableitung von *ungerecht* mit Hilfe des Suffixes *-keit* interpretieren oder als Präfixbildung zu *Gerechtigkeit* mit dem Negationspräfix *un-*.
5. Weitere Wörter, die man in die Skizze einfügen kann, sind: *Berichtigung* und *Aufsatzberichtigung, richtungsweisend,* viele Komposita mit dem Wort *Gericht* wie zum Beispiel *Gerichtstag, Gerichtstermin, Gerichtssaal Gerichtsgebäude.* Nach dem Muster von *kindgerecht* lassen sich mit *gerecht* weitere Wörter bilden: *artgerecht, frauengerecht, behindertengerecht, blindengerecht* usw. Auch lassen sich weitere Komposita mit *Recht* finden wie zum Beispiel *Zivilrecht, Rechtssache, Rechtsmittel, Rechtsspruch* oder auch „Wortungetüme" wie zum Beispiel *Rechtsanwaltsgehilfinnenarbeitsbedingungen..*

164: 2. Sieche = Seuche; Kränkelei, Krankenanstalt, Krankenbericht, Krankenbesuch, Krankenblatt, Krankenakte, Krankenfahrstuhl, Krankengeschichte, Krankengymnastik, krankenhausreif, Krankenpfleger, Krankenschein, krankfeiern, kranklachen, krankmachen, krankschreiben, fußkrank
3. Der Jäger meint ein angeschossenes, aber geflüchtetes Reh.
4. Man meint: Er ist beleidigt. Es gibt daneben auch den Ausdruck „beleidigte Leberwurst".
5. Er hat nicht den geringsten Zweifel; seine Sicherheit ist nicht beeinträchtigt, nicht geschwächt.
6. ‹Schwäche› des Körpers, des Geists oder des Gemützustands einer Person weicht ab vom Normalüblichen, vom Standard, vom Gesunden.
7. Wenn jemand „gekränkt" ist, sind seine Gefühle verletzt worden, also nicht mehr in einem „starken" Zustand.
8. Erhalten in: Wassersucht, Fettsucht, Gelbsucht, Schwindsucht, Sehnsucht.
Nicht erhalten, sondern durch ‹süchtig nach etwas› ersetzt in: Alkoholsucht, Opiumsucht, Nikotinsucht, Ruhmsucht.

D 165: 1. c)
2. Krankenversicherung: eine Versicherung, die bei Erkrankung des Versicherten Arzt- und Krankenhauskosten übernimmt; Landstreicher: ein (freiwillig) Obdachloser, der ziellos von Ort zu Ort zieht; Frauenhaus: ein Haus, in das sich Frauen zum Schutz vor Gewalt zurückziehen können;
Klimakatastrophe: durch Treibhausgase, die bei Verbrennung entstehen, hervorgerufene Erderwärmung und Klimaveränderung, die für Natur und Menschen negative Auswirkungen hat;
Tagebuch: ein Buch, in das man einträgt, was man am Tag gemacht hat und wie man über die Erlebnisse denkt
3. a) Einkaufsbummel, b) Ladenschlussgesetz, c) Straßenverkehrsordnung, d) Gerichtsvollzieher, e) Gewissenskonflikt

166: 1. WM: Initialwort, bestehend aus den Initialen, den Anfangsbuchstaben der beiden Wörter, aus denen sich das Kompositum „Weltmeisterschaft" zusammensetzt; Uni: ein Kopfwort, besteht aus dem ersten Teil des Wortes „Universität"; Kripo: die jeweils ersten Silben der beiden Wörter, aus denen sich das Kompositum „Kriminalpolizei" zusammensetzt; Ufo: ein Initialwort bestehend aus den jeweils ersten Buchstaben der Wörter „Unidentified Flying Object", es wird (im Unterschied zu WM) nicht buchstabiert, sondern lautiert; Bus: Endwort, der letzte Teil des Wortes „Omnibus"; S.: Abkürzung, der erste Buchstabe des Wortes „Seite" wird geschrieben und mit einem Punkt als Abkürzungszeichen versehen; Abkürzungen werden nur gekürzt geschrieben, gesprochen wie die Langform.

3. VIP: very important person; UNO: United Nations Organization; WC: water closet; SMS: Short Message Service; UNESCO: United Nations Educational, Scientific and Cultural Organization; CD-ROM: compact disc, read only memory (Nurlesespeicher); BBC: British Broadcasting Corporation; www: World Wide Web
4. a) OPEC: Organisation Erdöl exportierender Länder; b) NATO: westliches Verteidigungsbündnis; c) AIDS: Erkrankung, die zu schweren Störungen im Abwehrsystem des Körpers führt und meist tödlich verläuft; d) PDF: Dateiformat, das in erster Linie zur Darstellung von Texten verwendet wird; e) URL: Standard für die Adressierung einer Website im World Wide Web; Internetadresse

167: 3. Die Buchstaben werden nicht einzeln genannt, sondern die entsprechenden Laute werden verbunden als ein Wort gesprochen.
4. Doktor, Nummer, Band: werden immer als Vollwort gesprochen, nur verkürzt geschrieben und dann in der Regel mit einem Punkt versehen.
5. Im zweiten Satz ist ein Auto der Marke BMW gemeint, natürlich nicht das Werk.
Vgl. BAföG = Bundesausbildungsförderungsgesetz. Aber: „Ich bekomme Bafög". (= Stipendium)

168: 1. Es sind Antonyme/Gegensatz-Begriffe.
2. *Heim* ‹Wohnung, Zuhause›, ‹öffentliche Einrichtung, die der Unterbringung eines bestimmten Personenkreises dient (Patienten, Waisen)›, ‹Gebäude, in dem ein Heim untergebracht ist›, ‹Haus für Veranstaltungen›; *heimlich* ‹einheimisch›, ‹vertraulich, geheim, verborgen›; *unheimlich* ‹ein bestimmtes Gefühl der Angst, des Grauens hervorrufend›, ‹sehr viel› Bsp.: (*unheimliche Angst*), intensivierend ‹sehr, überaus›
4. Der Autor experimentiert/spielt mit den unterschiedlichen Bedeutungen der Wörter.
5. Was man zuhause in vertrauter Umgebung macht, bleibt Außenstehenden weitgehend verborgen (*heimlich*). Umgekehrt kann das Nicht-Vertraute, das Fremde außerhalb des engen eigenen Lebensraumes leicht ängstliche Gefühle auslösen (*unheimlich*).
7. richtig, sehr, restlos, total, furchtbar, unglaublich, irre, wahnsinnig
8. gehörig verprügelt/gehörige Portion, ordentlich aufgeräumt/ordentlicher Schluck, sagenhaft günstig, verflucht teuer, traumhaft schön, tierisch schwer, unaussprechlich glücklich, rasend schnell, tödlich langweilig, verflixt schnell, verdammt hungrig
9. Teilweise wird ein anzustrebender Idealzustand verallgemeinert (*was sich gehört*, was der *Ordnung* entspricht), teilweise in einer Idealwelt (*traumhaft, sagenhaft*), teilweise wird mit Kraftausdrücken gesteigert (*verflucht, verdammt, verflixt*).

169: 1. a) Die Nomen sind mit dem Suffix -el abgeleitet von den Verben binden, ziehen, henken, werfen, greifen, heben, schlagen, klingen, biegen, fliegen, stechen, decken, sitzen, schließen, gürten, sitzen. b) Bündel, Hebel, Flügel, Stachel, Deckel, Sessel, Schlüssel. c) Sie bezeichnen jeweils ein Hilfsmittel, eine bestimmte Tätigkeit auszuführen.
2. Die Verben sind jeweils von Adjektiven abgeleitet. Sie bezeichnen den Prozess, den Personen oder Gegenstände durchlaufen, um den Zustand zu erreichen, den das Adjektiv beschreibt (reifen = reif werden).
3. Diese von Adjektiven abgeleiteten Verben bezeichnen die Tätigkeit/Handlung, die zu dem durch das Adjektiv bezeichneten Zustand führt (weiten = weiter machen).

170: 1. In der ersten Gruppe wird durch das Verb ausgedrückt, dass mit etwas ausgestattet, etwas hinzugefügt wird. In der zweiten Gruppe wird etwas entfernt oder weggenommen.

hinzufügen	**entfernen**
salzen	ausmisten
verglasen	entehren
beflaggen	entlasten
vergolden	demaskieren
einölen	enthaupten
bepflanzen	entgiften
loben	entkorken
verwunden	schuppen
belasten	köpfen
ausfüttern	häuten
versiegeln	
umgarnen	
beschützen	
verminen	

3. Die Türscharniere müssen geölt werden. / Die Mutter ölt ihre Kinder ein, bevor sie an den Strand gehen. ‹Öl hinzufügen› – ‹mit Öl einreiben›
Die Türen zum Direktorenzimmer sind gepolstert. / Die Schneiderin polstert den Mantel aus. ‹mit Polster versehen› – ‹etwas innen mit Polster ausstatten›
Ich bemäntele meine Fehler nicht. / Der Elektriker ummantelt das Kabel. ‹beschönigen, als harmlos hinstellen› – ‹mit Mantel umschließen›
4. einkleiden – entkleiden; einspannen – ausspannen; einfetten – entfetten;
verriegeln – entriegeln; versiegeln – entsiegeln; beschuldigen – entschuldigen;
verkuppeln – entkuppeln; vererben – enterben; verspannen – entspannen; ...

171: 1. a) Vertikale, b) Untergang, c) Misswahl, d) Entertainer, e) Zugunglück
2. Es ist nicht mit dem Präfix der anderen Wörter gebildet.
3. a) ver-, b) ab-, c) er-, d) zer-
4. c (erwürgen), d (zerknüllen), a (verheißen), b (abwiegen)
5. an-, aus-, ab-, ein-, ver-

172: 1. Balken, Stange, Flügel, Feder, Feld, Mauer, Wasser, Stuhl, Ast, Busch, Darm, Horn, Stein, Wolke, Trank, Stern
2. Es gehören mindestens drei zu einem Kollektiv. „Gebrüder" meint mindestens drei Brüder (denn zur Bezeichnung von zwei Personen genügt die schlichte Pluralform „Brüder"). Daher ist es eigentlich falsch, die beiden Brüder Grimm als „Gebrüder" zu bezeichnen; sie sind die „Brüder Grimm".
3. gut: Gebirge, Gebrüder, Gebälk, Gestänge, Gefieder, Gestühl, Geäst, Gebüsch
schlecht: Geflügel, Gefilde, Gemäuer, Gewässer, Gebüsch, Gedärm, Gehörn, Gestein, Gewölk, Getränk, Gestirn
„Gewitter, Geländer, Genick, Gesinde, Geweih" sind alte Kollektivbildungen, bei denen heute nur noch schwer erkennbar ist, von welchen Substantiven sie abgeleitet sind: *Wetter*; untergegangenes Wort *Lander* = Lattenzaun; *Nacken*; untergegangenes Wort *Sint* = Weg, Reise; Gesinde = Reisegefährten, dann auch Dienerschaft; untergegangenes Wort *Wi(a)* = Ast/Zweig; Geweih ursprünglich = Geäst, dann metaphorisch für verzweigte Knochenauswüchse auf dem Kopf von Reh und Hirsch
4. a) Gezänk, Gekreisch, Gezeter, Gezappel, Gerede, Gerenne, Geplauder, Gepolter, Gelache, Geschrei(e), Geschnupper, Gespött, Gepfeife, Geschnatter, Gesang, Gelage
b) Gebläse, Getriebe, Gehör, Geschoss
c) Gestank: Zustand als Ergebnis eines Vorgangs; Gefühl: Zustand; Geschmack: Eigenschaft/Fähigkeit

173: 1. Der Erlös des Basars wird einem wohltätigem Zweck zugute kommen.
Nach langer Krankheit war der Tod eine Erlösung für ihn.
Seitdem die Firma ihre Produktpalette umgestellt hat, macht sie wieder mehr Umsatz.
Die Umsetzung des Planes verlief reibungslos.

Die Eltern verbieten ihrem Kind zu rauchen.
Ich verbitte mir sämtliche Kritik.
2. Die Wörter *Erlös, Umsatz* und *verbieten* sind in diesen Zusammenhängen falsch gewählt worden. Sie wurden mit *Erlösung, Umsetzung* und *verbitten* verwechselt.
3. Trunk, Versuch, Befinden, Aufstand, Umziehen, Verdammung, Bürgerschaft, Bindungen, Grabung, Windung
4. Ladung: das, was (auf-)geladen wurde; Lade: Schublade; Last: etwas von größerem Gewicht, das getragen wird;
Schneide: scharf geschliffene Kante eines Werkzeugs zum Schneiden; Schnitt: das Schneiden/Mähen; Schnitte: abgeschnittene Scheibe (Brot); Schneid: Mut;
Grabung: das Graben; Grube: flächenförmige Vertiefung im Boden; Gruft: ausgemauertes Grab; Grab: Stätte, an der ein Verstorbener begraben liegt
Bindung: Gefühle der Zusammengehörigkeit/Gebundensein, Binde: langer schmaler Stoffstreifen, der als Verband dient, Band: Stoffstreifen zum Zusammenhalten
Bund: Zusammenschluss von Personen/Mächten zu einem Bündnis
Brechung: Richtungsänderung einer Welle, Brache: brachliegendes Feld; Bruch: das Auseinanderbrechen
Fahrt: das Fahren von A nach B; Fuhre: Wagenladung/Fahrt, bei der etwas transportiert wird

174: 1. zehntägigen, 2. vierzehntäglich, 3. fremdsprachig, 4.fremdsprachliche, 5. anscheinend, 6. scheinbar, 7. das gleiche, 8. demselben, 9. erschrocken, 10, erschreckt, 11. der Bezug, 12. die Beziehung, 13. Bestehen, 14. Bestand, 15. fettig, 16. fette, 17. wie, 18. als, 19. offen, 20. auf, 21. erleuchtet, 22. beleuchtete, 23. hinunter, 24, herunter, 25. darein, 26. darin, 27. erkennbar, 28. erkenntlich

175: 1. gebürtiger, 2. geboren, 3.geistige, 4. geistlicher, 5. Gläubigen, 6. Gläubiger, 7. halbjährlich, 8. halbjährige, 9. herum, 10. umher, 11. kindlichem, 12. kindisches, 13. gelehrt, 14. gelernt, 15. Euro, 16. Euros, 17. psychisch, 18. psychologisch, 19. regelmäßig, 20. regelgemäß, 21. unvergessliches, 22. unvergessen, 23. verständlich, 24. verständiger, 25. verwirrt, 26. verworrene, 27. zeitig, 28. zeitliche

176: 1. Die Regierungspartei könnte mit diesem Plakat versuchen, Offenheit und Modernität zu zeigen – sie könnte also die übertragene Bedeutung der Redewendung vertreten. Die Oppositionspartei hingegen könnte damit ihr Bestreben zum Ausdruck bringen, die Regierung abzulösen. Ihren Zielen entspräche also die wörtliche Bedeutung.
2. Tante Berta neckt den kleinen Franz gerne. In der Schlägerei wurde er nicht so stark verletzt. Er hat lediglich ein blaues Auge. Der Dieb ist vor Gericht noch einmal glimpflich davongekommen. Das Essen bezahlst du. Das kannst du dir zuschreiben. Sie verschluckt sich oft. Sie missversteht oft Äußerungen anderer. Meinst du wirklich, dass die sich alle bei der Demo auf die Straße setzen? Meinst du wirklich, dass die morgen alle entlassen werden?

177: 1. a) das Unterste zu oberst kehren
b) über etwas nachdenken
c) fest entschlossen sein
d) jemanden in kränkender Weise schroff behandeln
e) überheblich, übermütig werden
f) sich mit vielen Dingen zugleich gedanklich beschäftigen müssen
2. Zuerst haben wir viel die Köpfe zusammengesteckt. Dann haben wir uns lange den Kopf zerbrochen. Wir wollten nämlich nicht den Kopf verlieren und schon gar nicht den Kopf hängen lassen. Wir werden jedenfalls für alles, was wir getan haben, den Kopf hinhalten, auch wenn man uns deshalb den Kopf wäscht.

178: 1. Die Redewendungen haben folgende Bedeutungen: jemanden kontrollieren; etwas nicht ernst genug nehmen; sich Gedanken über etwas machen; jemanden köpfen; entmutigt sein; gut zuhören; stinken; jemanden täuschen; aufgrund der Beschaffenheit seiner Füße und Beine gut vorankommen; jemanden unvorbereitet, in einer ungünstigen Situation treffen; sich untätig verhalten; etwas auf Umwegen erfahren.
Folgende Redewendungen stützen sich auf die Bedeutung des unterstrichenen Wortes: jmdm. über die Schulter gucken – jmdn. einen Kopf kürzer machen – die Ohren aufmachen – die Nase beleidigen – gut zu Fuß sein – die Hände in den Schoß legen.
2. Die metaphorische, bildhafte Verwendung weist in einigen Fällen noch auf den situativen Ursprung hin: Auf der Schulter trägt man Lasten; wenn man etwas auf die leichte Schulter nimmt, schätzt man die Last gering ein. Mit dem Kopf denken wir; wenn wir ihn uns zerbrechen, denken wir angestrengt nach. Wer bildlich die Ohren aufmacht, ist in der Lage zu hören. Die Nase ist das Organ, mit dem der Mensch riecht; wer die hier personifizierte Nase beleidigt, führt ihr unangenehme Gerüche zu. Wer gut zu Fuß ist, kommt gut und schnell auf seinen Füßen voran. Wenn man die Hände in den Schoß legt, ist man untätig. Die Hand ist oft ein Metonym für den Besitzer. Erhält man Sachen aus zweiter Hand, so hatten sie bereits einen Besitzer, d. h. sie gelangen auf Umwegen zu einem. Erfährt man Nachrichten aus zweiter Hand, so gelangen diese auch auf Umwegen zu einem.
3. Die Bedeutungen der Redewendungen *die Ohren hängen lassen* und *jmdm. auf der Nase herumtanzen* lassen keinen direkten Zusammenhang mehr zu der Bedeutung der Wörter Ohren und Nase erkennen. Sie lassen sich aber wie folgt erklären: *Die Ohren hängen lassen* ist in Analogie zu *die Ohren steif halten* zu erklären. Das Bild wird aus der Tierwelt übernommen, denn ein Tier, das die Ohren spitzt, ist aufmerksam, angespannt und in der Lage zu reagieren. Lässt man jedoch die Ohren hängen, so ist man resigniert und unaufmerksam. Es gibt mehrere Redewendungen, die das Bild der Nase einer Person aufgreifen, mit der ein anderer macht, was er will, z. B. *jemanden an der Nase herumführen.* Diese ist von den Tierfängern und -bändigern hergeleitet, die die Tiere mit einem Ring an ihrer empfindlichen Nase führen können. Hierbei wird also die Überlegenheit aufgezeigt, die jemand gegenüber einem anderen inne hat.
4. Jemandem sind die Hände gebunden: In den anderen Redewendungen hat Hand bzw. Hände die Bedeutung ‹Besitz›, hier hat Hände die Bedeutung ‹Möglichkeit zum Handeln›. Den Kopf über Wasser halten: Hier ist der Körperteil gemeint. In den anderen Redewendungen hat Kopf die Bedeutung ‹Gedächtnis, Gedanke, Erinnerung›. Jüngere Beine haben: Die anderen drei Redewendungen stützen sich auf das Bild des auf den Beinen stehenden Menschen, das für Selbstständigkeit, geistige und finanzielle Stärke steht und einen Zustand darstellt, den es zu erreichen gilt.

179: 1. Die Körperteile haben große Bedeutung für den Menschen, da sie Mittel der Sinneswahrnehmung, des Handelns, Fühlens, Denkens sind. Ihre Funktionen sind sehr bekannt und anschaulich; sie sind deshalb als Bildspender für weniger anschauliche Vorgänge geeignet.
2. Einige Beispiele:
– unveränderbare Redewendungen: sich um Kopf und Kragen reden, das Auge beleidigen, nicht von der Hand zu weisen sein, in festen Händen sein, seine Hände in Unschuld waschen, auf großem Fuße leben, Gewehr bei Fuß stehen
– leicht veränderbare Redewendungen: durch Ersetzen: *einen Blick* riskieren, *beide* Hände ins Feuer legen, um jmds. Hand *bitten*, jmdm. auf *die Füße* treten; durch Hinzufügen: jmdm. *schnell* über den Kopf wachsen, seinen Kopf *gewaltsam* durchsetzen, jmdm. ein *stechender* Dorn im Auge sein; Weglassen von Wörtern ist hier nicht möglich.
3. Z. B. *von der Hand in den Mund leben*: alles, was man in die Hand bekommt, sofort aufessen/verbrauchen → man besitzt keine Vorräte/Reserven, ist arm.
4. Es entsteht aufgrund einer Ähnlichkeitsbeziehung (tertium comparationis) zwischen einem bildspendenden Bereich (z. B. ein Auge schließen, sodass man nicht mehr so gut sieht) und einem bildempfangenden Bereich (z. B. ein Vergehen milde beurteilen und nachsichtig behandeln) durch Übertragung in den

abstrakten Sinnbereich (man nimmt das Vergehen nicht so genau zur Kenntnis: *ein Auge zudrücken*) ein bildlicher, anschaulicher Ausdruck für Handlungen, Abstraktes, Ereignisse, Eigenschaften: Der Kopf als Sitz des Verstandes; das Auge als Mittel der Wahrnehmung; die Hände als Werkzeuge menschlichen Handelns.

180: 1. über das eigene Verhalten nachdenken; sich nicht beherrschen oder sein Äußeres nicht mehr pflegen; verloren gehen, zunichte gemacht werden; jmdn. sehr berühren; zugrunde gehen; [vor jmdm.] Angst haben und seine Grundsätze aufgeben, sich [jmdm.] unterwerfen; jmds. Denken dauernd beschäftigen; maßlos übertrieben, unerhört sein; skrupellos vorgehen; sich prostituieren; jmdm. widerstreben; entzweigehen, verloren gehen; Entscheidendes kann erreicht werden; fortschrittlich sein; vernichtet, ruiniert werden; [von Uhren] ungenau gehen; auseinanderfallen; sich mit etwas im Geist beschäftigen; jmdn. sexuell belästigen; aus dem Gleichgewicht geraten, seine Form verlieren; sterben oder entzweigehen [und weggeworfen werden]; aufbrausen, wütend werden
2. Alle Wendungen bezeichnen eine Form der Bewegung, jedoch oft verbunden mit Domänenwechsel, z. B. im Raum *unter die Haut gehen*, in der Zeit *nach dem Mond gehen*, jedoch mit weiteren, unterschiedlichen Merkmalen verknüpft: z. B. *in sich gehen, nicht aus den Kopf gehen* ‹Bewegung, geistig›, *in die Brüche gehen* ‹Bewegung, Zustand›.
3. ‹sich räumlich auf Beinen fortbewegen›, ‹sich mit dem Ablauf der Zeit bewegen›, ‹sich geistig bewegen›, ‹sich ausdehnen, passen›, ‹sich an ein Ziel begeben›, ‹sich in sich selbst bewegen›. Am meisten entfernt hat sich wohl die ins Geistige übertragene Bedeutung: *in sich gehen*, aber auch die Bedeutung ‹sich auf eine Entscheidung zubewegen› in *um die Wurst gehen*.

181: 1.

a	<der Fortbewegung dienendes Versetzen eines Fußes>	Bei dem Tanz beginnt man mit einem *Schritt* nach vorn.
b	<Abschnitt einer Tätigkeit/Reihenfolge>	Der nächste *Schritt* besteht aus dem Würzen des Bratens.
c	<Maßeinheit/Länge>	Die Hundehütte soll zwei *Schritt* breit werden.

2.

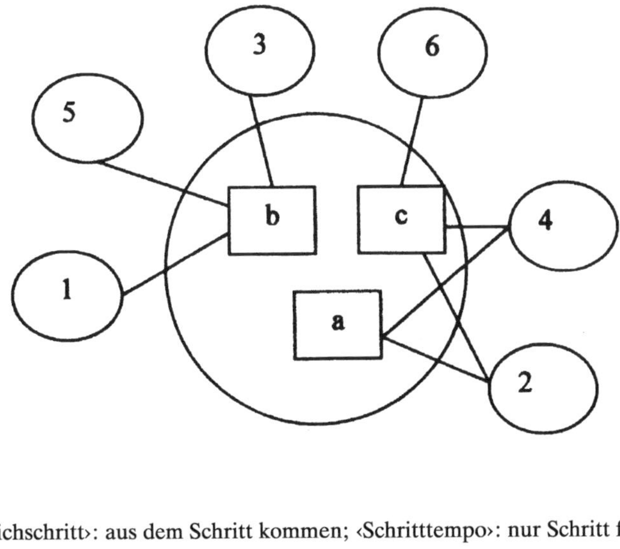

3. ‹Gleichschritt›: aus dem Schritt kommen; ‹Schritttempo›: nur Schritt fahren können; einen Schritt zu weit gehen; den zweiten Schritt vor dem ersten tun …

182: 1. Die Sätze erscheinen widersinnig, weil

- eine mehrdeutige Zusammensetzung (mit einem ihrer Bestandteile) einem anderen Wort des Satzes inhaltlich widerspricht (Stehkragen – sitzen),
- eine wörtlich genommene Redewendung mit der Bedeutung des Handlungsträgers unvereinbar ist: Vegetarier – Wurst; Rohköstler – kochen; Dicker – dünn; Ketzer – Gebet, Eskimofrau – Palme, klagen – Anwalt

2. *auf die Palme bringen*: Man treibt jmdn. auf einen schwer zu besteigenden Baum bzw. in einen Zustand der Wut hinein (Vergleichspunkt: das „Hochgehen").
4. „Das Alter geht vor", ...; „Alter schützt vor Torheit nicht", ...; „Umsonst ist nur der Tod", ...; „Aller Anfang ist schwer", ...; „Alles mit Maß", ...; „Zeit ist Geld", ...; „Scherben bringen Glück", ...
5. Ein Sprichwort wird einer Person in den Mund gelegt („sagte"), die es mit komischer Wirkung auf seine wörtliche Bedeutung zurückführt.
6. vom Regen in die Traufe kommen; ins Gras beißen; Lügen haben kurze Beine.

183: 1. ‹kräftig›, ‹hoch, überhöht›, ‹fett›, ‹heftig›
2. *verdienen* 1.‹tatsächlich als Arbeitslohn erhalten›, 2. ‹als Gegenleistung eigentlich beanspruchen können›; *einschlagen* 1. ‹durch Schlagen zertrümmern›, 2. ‹in Papier einwickeln›
umsonst ‹ohne Bezahlung›, ‹ohne die erwartete Wirkung›
3. *Trank* ‹zum Trinken bestimmte Flüssigkeit in einem Trinkgefäß›
Trunk ‹Vorgang/Handlung des Trinkens›
4. *Getränk* bezeichnet wie *Trank* die Flüssigkeit, *Umtrunk* wie *Trunk* das (gemeinsame) Trinken.
5. *Trunken* und *betrunken* sind in Bezug auf den Genuss alkoholischer Getränke bedeutungsgleich. Darüber hinaus kann *trunken* auch die Bedeutung haben ‹in einen Rausch versetzt oder einen entsprechenden Gemütszustand erkennen lassend›, z. B. *Trunken vor Liebe wies er alle Einwände zurück.*
6. Trunksucht, austrinken, tränken, ertränken, Trunkenbold, schlaftrunken, Viehtränke ...

184: 1. Das Kind geht von der Bedeutung ‹erscheinen, gebracht werden/passiv› aus, die Mutter jedoch von der Bedeutung ‹selbstständig (auf eigenen Beinen) erscheinen/aktiv›.
2. erscheinen (3), ereignen (4), werden geholt (5), sich voran bewegen (6), folgen (7), aufgenommen werden (8), versetzt werden (9), auf dem Weg durchfahren (10), gebracht werden (11), auf einem bestimmten Weg wohin gelangen (12), eingeliefert werden (13), hervorgebracht werden (14), abstammen von (15), ordnungsgemäß an einen bestimmten Platz gestellt werden (16).

3. Viele haben das Bedeutungsmerkmal ‹Bewegung› beibehalten (2, 3, 5, 6, 7, 9, 10, 11, 12, 13, 14), jedoch ohne die Merkmale ‹auf Beinen› und ‹zu jemand hin› oder ‹auf ein Ziel zu›. Dahingegen lässt sich bei vielen das zusätzliche Merkmal ‹passiv/bewegt werden› finden (5, 7, 8, 9, 11, 13, 15, 16), bei anderen das Merkmal ‹wohin gelangen› (2, 3, 7, 8, 9, 12, 13, 16).

185:

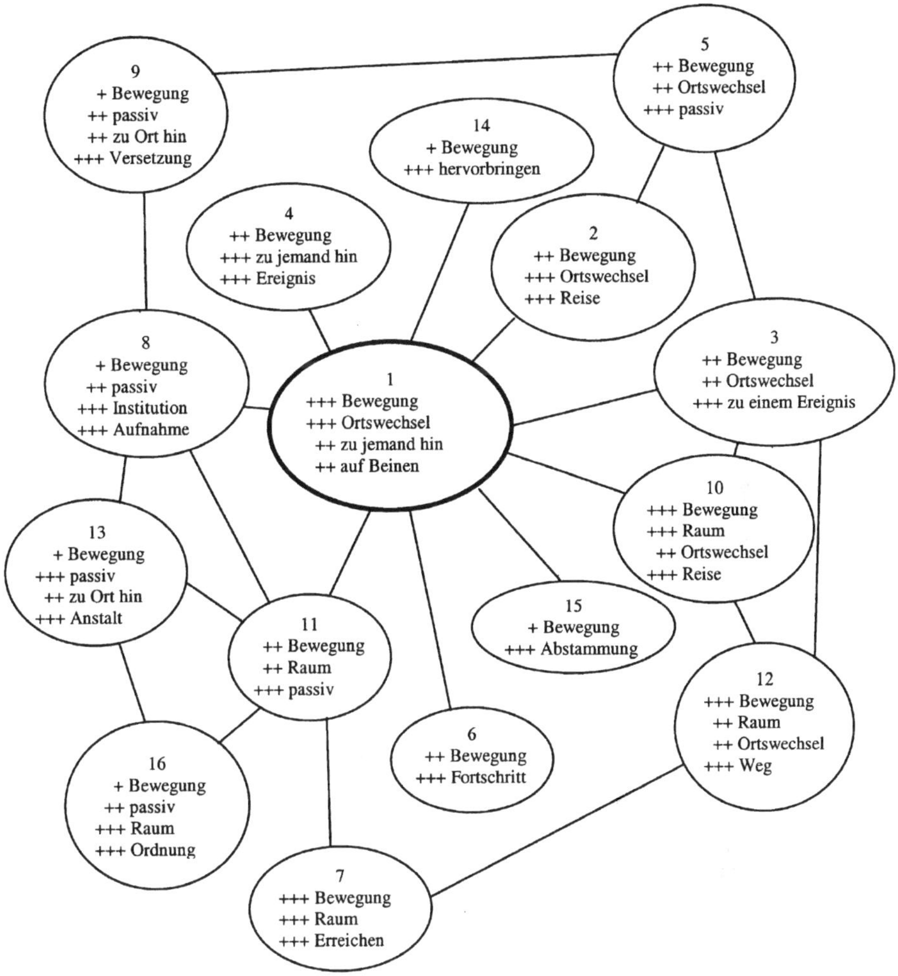

186: 1. Die Verwendung in Satz 1 ist die Kernbedeutung: ‹besitzen, sein eigen nennen›.

2. Satz 1 bezieht sich auf Besitz im materiellen Sinne, in Satz 2 auf Personen, die einem angehörig, zugehörig sind, aber kein Besitz, über den man verfügen kann.

3. vorhanden sein/eintreffen (3), mögen (4), verfügen über (5), als Eigenschaft besitzen (6), stattfinden (7), empfinden/verspüren (8), vorhanden sein (9), erfassen/gefangen nehmen (10), von etw. ergriffen sein (11), ein bestimmter Sachverhalt ereignet sich (12) und (13), der Zustand, in dem sich etwas befindet (14) und (15), müssen (16), erkrankt sein in einem bestimmten Bereich (17), vererbt bekommen (18)

4. ‹etwas im weitesten Sinne als Teil der eigenen Personen (als ihr „zugehörig“) und des eigenen Handelns ansehen, über etw. verfügen›

5. Nahe stehend: 2, 6, 10, 17, 18. Entfernt: 4,7, 11,16.

187:

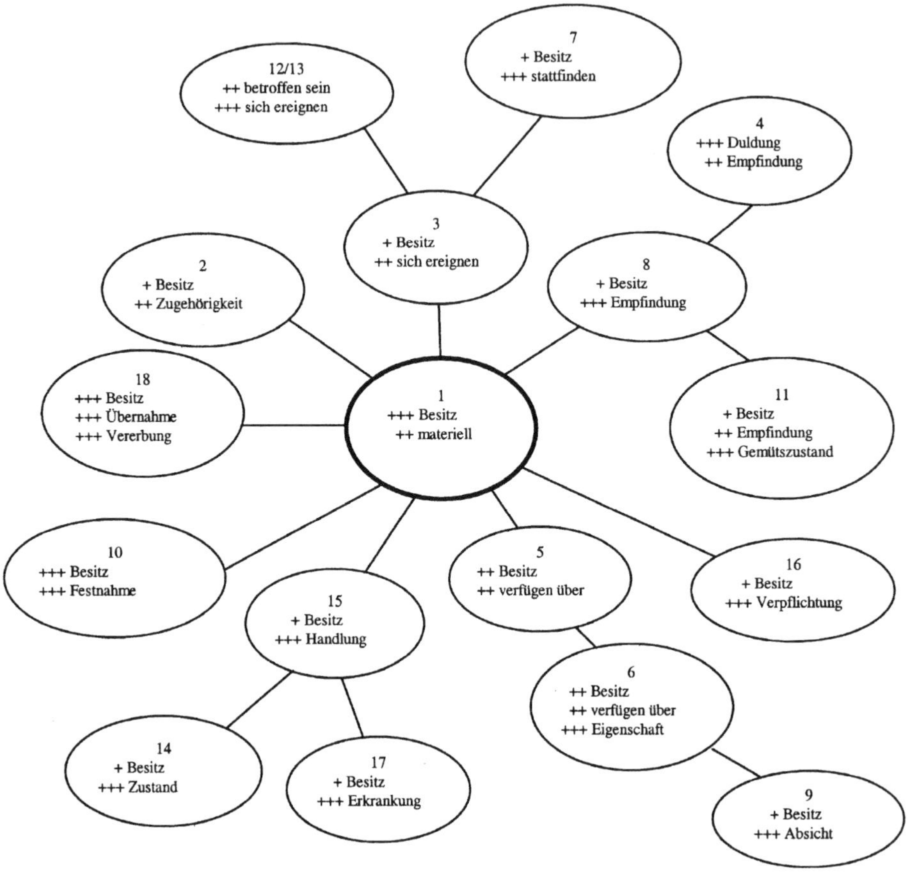

188: 1. Weg; Korridor; Art und Weise zu gehen; einzelnes Gericht in der Speisefolge eines Menüs; Stufe der Übersetzung des Getriebes an Fahrzeugen; Ablauf, Verlauf, den etw. nimmt; die ununterbrochene Bewegung einer Maschine; Durchführung, Verlauf; von einem Erz oder Mineral ausgefüllte Ader oder Spalte im Gestein; sich so entwickeln, so verlaufen, wie es zu erwarten ist

2. *sein erster Gang ..., sein Gang war schwankend wie ...* ‹Fortbewegung auf Beinen im Raum›, *in vollem Gange sein, ... seinen Gang gehen, der Gang der Verhandlung* ‹Fortbewegung in der Zeit›, *ein schmaler Gang* ‹begehbarer Raum›

Alle haben etwas mit ‹Bewegung› zu tun.

3. Als von *gehen* abgeleitetes Substantiv bedeutet das Wort *Gang* zunächst ‹Fortbewegung auf Beinen im Raum›.

4. Es spiegeln sich in den komplexen Wörtern die verschiedenen Bedeutungen des einfachen Wortes *Gang* aus Aufgabe 1.

5. Partielle Synonymie: Auch bei *Lauf* dominiert die Bedeutung ‹(schnelle) Fortbewegung im Raum›, mit Übertragung in die Domänen Zeit und Geistiges, aber auch Räumlichkeit, durch die sich etwas hindurchbewegt, und schließlich Instrument des Laufens (beim Hasen).

189: 1. Reihenfolge: 7; 8; 1; 4; 2; 5; 9; 3; 6

2. Die Bedeutungen 2; 3; 4; 6; 8 setzen die Existenz von genau zwei Teilen/Oberflächen voraus.

2; 3; 4; 5; 8 setzen Gegenstände voraus, wohingegen 1; 6; 7 und 9 einem Domänenwechsel unterliegen. Allen gemeinsam ist die Eigenschaft von Erscheinungen, in unterschiedlicher Weise betrachtet werden zu können.
3. ‹auf ein Blatt Papier geschriebener/ gedruckter Text oder Abbildung›, ‹zu einem Buch zusammengebundene Papierblätter›, ‹eine der beiden bedruckten oder durchnummerierten Flächen eines Blattes›
4. Breitseite (eines Schiffes): 2, Seitenwind: 7, Titelseite: 4, beseitigen: 7, Rückseite: 2 oder 8, Abseits: ‹bestimmter Raum›, Seitensprung: 7, dreiseitig: 2, diesseits: ‹Teil eines Raumes›

190: 1. Im ersten Satz hat *Kopf* die Bedeutung ‹Körperteil des Menschen, zu dem u. a. das Gesicht und das Gehirn gehören›. Im zweiten Satz hat *Kopf* die Bedeutung ‹Führer einer Gruppe›. Im dritten Satz hat *Kopf* die Bedeutung ‹Einzelperson innerhalb einer größeren Menge von Menschen›.
2. 2) *Kopf* steht hier für eine Person in einer bestimmten Rolle. 3) *Kopf* steht hier für den gesamten Menschen, der Mitglied einer Gesamtheit ist.
3 und 4. 2, 6, 7; *Tasse*: Der bildspendende Bereich ist die Tasse, die einen trüben Inhalt hat. Bildempfangender Bereich ist das Gemüt eines Menschen. *Bauer*: Der bildspendende Bereich ist die Gesellschaftshierarchie, in der der Bauer einen niedrigen Rang hat und eine geringe Rolle spielt. Der bildempfangende Bereich ist das Schachspiel. Der Bauer im Schachspiel hat eine ähnlich geringe Relevanz wie der Bauer in der Gesellschaft. *Eisen*: Bildspendender Bereich ist der überflüssig gewordene noch existierende Schrott, der bildempfangende Bereich ist der alte Mensch, der ohne Aufgabe und deshalb von geringem Wert ist. Bildspendend ist also immer ein sehr anschaulicher, gut vorstellbarer Lebensbereich, bildempfangend ein eher unanschaulicher, abstrakter Bereich.
5. 3, 4, 8: *Tasse:* Die Tasse steht für ihren Inhalt. *Bauer*: Der Bauer steht für die nahrungsmittelerzeugende Landwirtschaft. *Eisen*: Eisen steht für die Waffe, die aus dem Material Eisen besteht.

191: 1. a) Prozess/Handlung, b) Person/Personengruppe, c) Örtlichkeit/Gebäude, d) Zeitraum
2. Die älteste Bedeutung bezeichnet den Prozess/die Handlung des Wachens.
3. Die Regierung des Tyrannen war schier unerträglich.
Die Regierung ist zurückgetreten.
Regierung und Parlament sind von einer Bannmeile umgeben.
Unter der Regierung Schröder wurde der Atomausstieg beschlossen.
Jeder Staat braucht eine Regierung.
4. Der Autor steht für seine Werke.
Das Jahrhundert steht für die Menschen der Zeit.
Das Gebäude steht für die darin Handelnden.
Das Gefäß steht für seinen Inhalt.

192: 1. und 2. Man könnte das Bedeutungsmerkmal ‹auf ein Ziel zu› vielleicht auch weglassen, eventuell auch das Merkmal ‹Fortbewegung› aufteilen in ‹Bewegung› und ‹von einem Ort zu einem anderen Ort›.
3. Das Bedeutungsmerkmal ‹Bewegung› ist als einziges in fast allen anderen Bedeutungen vorhanden (Ausnahme: 10), wenn auch fast überall in abgeschwächter Form (verblasst); Ausnahmen mit stärkerem Hervortreten: 24 und 25. Der Ortswechsel verändert sich insofern, als er verblasst (21) oder nur die Richtung der Bewegung wichtig ist (‹vom Ort fort› (2) bzw. ‹zum Ort hin›(3,15)).
4. Das Bedeutungsmerkmal ‹auf Beinen› geht gänzlich verloren. Dafür kommen andere hinzu: 22 ‹Raum› und ‹Größe›, 4 ‹Besitz› und ‹verzehren›, 17 und 26 ‹geistig›.
5. 17 und 26: Wechsel der Bewegung von der Domäne Raum zur Bewegung in der Domäne Geist; 5, 6, 8, 10,16: Wechsel von der Bewegung im Raum zur Bewegung in der Zeit.
6. 4 und 21

193: 1.

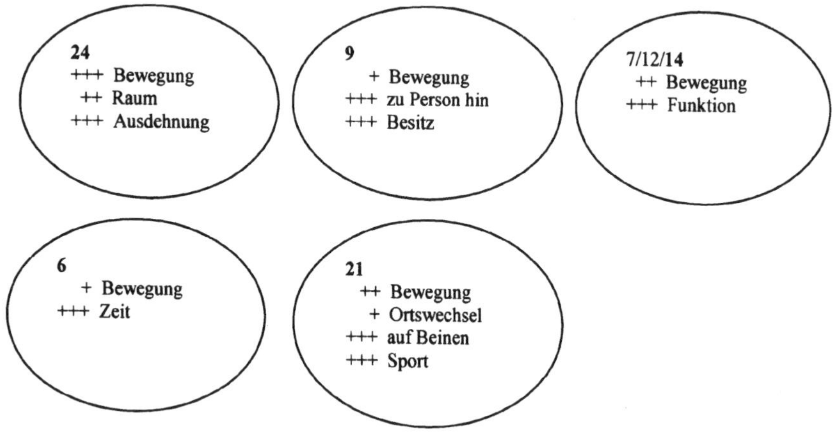

2. Die Lesarten des Verbs gehen strahlenförmig von der zentralen Kernbedeutung aus, in alle Richtungen, sind aber durch gemeinsame Bedeutungsmerkmale auch untereinander verbunden, z. B. 5, 6, 8, 10, 13, 16 durch ‹Zeit›.

3. Man könnte (mit Ausnahme von 10) wegen des gemeinsamen Merkmals ‹Bewegung› alle Lesarten auch noch unmittelbar mit der Kernbedeutung verbinden, nicht nur mittelbar.

194:

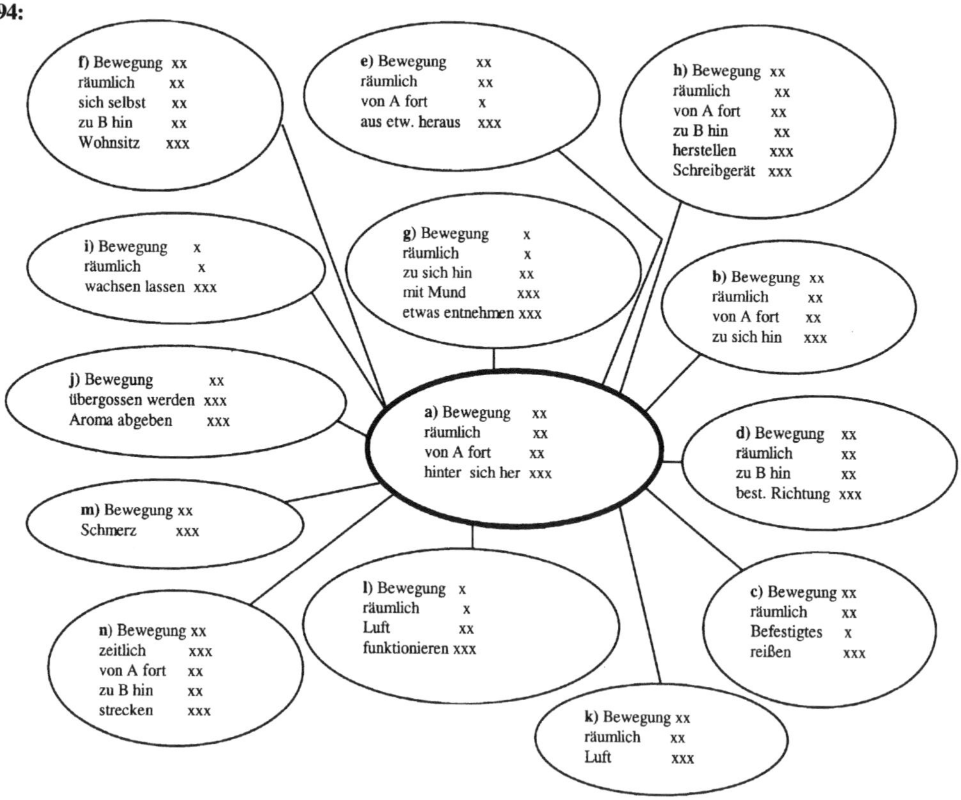

195: 1. Vermutlich Spatz, Meise, Rotkehlchen, Amsel, …
2. Das Rotkehlchen als typisches (bestes) Exemplar eines Vogels befindet sich in der Mitte konzentrischer Kreise, drumherum in zunehmendem Abstand weniger typische Vögel. Als „schlechteste“ Exemplare sind Pinguin und Strauß ganz an den Rand der Graphik geraten.
5. Beide können nicht fliegen; der Pinguin lebt Fischen vergleichbar weitgehend im Wasser; der Strauß setzt sich schon durch seine Größe und als ausgesprochenes Lauftier von den typischen Vögeln ab.

196: 1. Apfel, Banane, Spargel, Erdbeere, Himbeere, Orange, Mandarine, Zitrone, Weintraube, Kohlrabi, Blumenkohl, Bohne, Erbse, Kopfsalat, Eisbergsalat, Champignon, Aubergine, Petersilie, Walnuss, Haselnuss, Feige, Dattel, Granatapfel, Stachelbeere, Brombeere, Rettich, Kresse, Rote Bete, Grünkohl, Wirsingkohl, Rosenkohl, Steckrübe, Holunderbeere, Quitte, Weißkohl, Rotkohl, Sanddorn, Preiselbeere, Heidelbeere, Blaubeere, Schwarzwurzel, Spinat
2. Obst und Gemüse
3. Fast alle Menschen werden die „Kirsche“ als „Obst“ bezeichnen; bei der Erdnuss werden dagegen viele zögern. Der Erdnuss fehlen einige Eigenschaften, die man als typisch für „Obst“ ansieht: ‹süß›, ‹saftig›, ‹Frucht eines Baumes oder Strauches› …
4. Obst: Apfel; Gemüse: Erbse/Bohne/Möhre
5. In beiden Fällen, besonders bei Rhabarber, gibt es große Unsicherheit und von Person zu Person verschiedene Zuordnungen. Rhabarber ist deswegen wohl das Gegenstück zu einem Prototyp, nämlich ein sehr schlechtes Exemplar eines Gemüses (wird nämlich wie Obst süß als Nachspeise serviert) oder ein sehr schlechtes Exemplar Obst (Blattstängel statt Frucht). Weitere problematische Fälle: Kürbis, Zitrone, Petersilie.
6. Gemüse wird in der Regel gekocht, Obst kann man ungekocht verzehren. Obst ist die Keimzelle von Pflanzen und entsteht aus der Blüte, das Gemüse geht aus anderen Pflanzenteilen hervor (Ausnahme: Tomaten und Zucchini). Mit Ausnahmen gilt auch, dass Obst die Früchte mehrjähriger Pflanzen sind, Gemüse die essbaren Pflanzenteile einjähriger Pflanzen.

197: 1. Gebräuchlich: echt, abgeilen …
Ungebräuchlich: Müslimensch …

198: Keine Lösungshinweise

199: 1. *Negativ, Untiefe* und *grundsätzlich* haben in den Fachsprachen der Medizin, des Segelsports, der Rechtssprache eine andere, speziellere Bedeutung als in der Standardsprache. Und zwar bezeichnen sie genau das Gegenteil: negativ^1 = den Verdacht einer Krankheit nicht bestätigend, verneinend; negativ^2 = ungünstig; Untiefe^1 = flaches Gewässer, Untiefe^2 = unergründlich tiefes Gewässer; grundsätzlich^1 = im Grundsatz, aber Ausnahmen zulassend, grundsätzlich^2 = immer, ohne Ausnahmen
2. Rechtssprache: Befangenheit, Beistand, anzeigen, Klage, Sache, Streit, Vergleich
Sprache der Medizin: bösartig, abhorchen, Notdurft, Gefäß, Rückfall, Abstrich, positiv
Sportsprache: Aufsteiger, Klasse (Segeln), Pfosten, Satz, führen, antreten, köpfen
Computersprache: herunterfahren, Fenster, löschen, Satz, Schnittstelle, Treiber, abstürzen
Sprache der Politik: links, Klasse, Hammelsprung, Schläfer, führen, Wende
Befangenheit ‹Verlegenheit›, ‹parteiisch sein, Voreingenommenheit›; *Beistand* ‹Hilfe/Unterstützung›, ‹Rechtshelfer›; *links* ‹auf der linken Seite›, ‹Zugehörigkeit zu einer linksgerichteten Partei oder Sympathie zu dieser›; *Satz* ‹sprachliche Einheit›, ‹Spielabschnitt›; *Vergleich* ‹vergleichende Betrachtung›, ‹Einigung in einem Rechtsstreit durch gegenseitiges Nachgeben der streitenden Personen› ; *köpfen* ‹jmdm. den Kopf abschlagen›, einen Ball mit dem Kopf stoßen›; *Wende* ‹einschneidende Veränderung›, ‹der große politische Umbruch des Jahres 1989 in der DDR›

200: 1. Die bezeichneten Handlungen und Erscheinungen sollen positiver erscheinen, als sie tatsächlich sind.
2. Gnadentod: Euthanasie, Tötung angeblich lebensunwerten Lebens (Geisteskranke, Behinderte) im Nationalsozialismus
etwas mitgehen lassen: etwas stehlen
Seniorenresidenz: Altersheim
frischen Schnee kaufen: sich Kokain oder Heroin kaufen
vollschlank sein: sehr dick sein
ethnische Säuberung: Vertreibung oder Vernichtung ethnischer Minderheiten durch die Mehrheit in einem Bürgerkrieg (z.B. auf dem Balkan)
4. Diätenanpassung: Erhöhung der Gehälter der Parlamentarier
ausländerfrei: eine Gegend, in der keine Ausländer wohnen (vertrieben durch Rechtsradikale)
Wohlstandsmüll: Bezeichnung für Menschen, die nicht willens oder nicht in der Lage sind zu arbeiten
intelligentes Waffensystem: Waffen, die Menschen töten, aber an Gebäuden und Geräten keinen Schaden anrichten
sozialverträgliches Frühableben: Sterbehilfe durch Ärzte, bei der die Rentenversicherungen vor langen Rentenzahlungen bewahrt werden

201: 1. Schwäbisch
2. Die Mundart wird vor allem gesprochen (ist nicht so sehr durch das Schriftliche geprägt wie die Standardsprache) und ist dabei spontan, emotional und voller Bilder und Vergleiche.
3. a) pieschen, Pupu machen, Aa machen, groß und klein machen, Haufen machen, ...
b) urinieren, exkrementieren, Wasser lassen ...
c) für kleine Königstiger müssen, für kleine Mädchen müssen, seine Notdurft verrichten ...
d) scheißen, pissen, ...
4. a) wo der Kaiser zu Fuß hingeht, stilles Örtchen, Bedürfnisanstalt, ...
b) WC, Klo, Lokus, Abort, Latrine ...
c) Scheißhaus
5. Englisch: 'do your number two' = Kindersprache für koten
'do your number one' = Kindersprache für urinieren
'the smallest room' = humoristisch für Toilette
Französich: 'faire pipi' = Kindersprache für urinieren
'faire ses besoins' = seine Notdurft verrichten
'le petit coin' = humoristisch für Toilette
6.a) Allerwertester, die vier Buchstaben, verlängerter Rücken ...
b) Hintern, Gesäß, Popo, Podex ...
c) Arsch, Mors ...

202: 1. News, Gossip, Stars, Comeback, Reunion, Backstreet's back, Charity, Autoimmunkrankheit, Lupus, performten, Foundation, Show, Reunion, Realiy-Show
2. Aus dem Englischen bzw. dem amerikanischen Englisch; man nennt sie Anglizismen oder Angloamerikanismen.
3. Besonders im „Show-Business", aber auch in der Werbung und vielfach unter Jugendlichen überhaupt gilt es als „chic", sich englischer Fachausdrücke zu bedienen, auch wenn es deutsche Entsprechungen gibt. Man gibt sich den Anschein eines „Insiders", der sich gut auskennt, und man demonstriert scheinbar die eigene Aufgeschlossenheit gegenüber allem Neuen und Modernen.

203: 1. a) ideale, b) ideelle, c) reelle, d) realen, e) rational, f) rationell
2. a) Er benimmt sich komisch, vielleicht ist er psychisch krank. – Ich denke auch, dass sein Verhalten psychologisch zu erklären ist. b) Die Schüler sollen die Lösung auch graphisch darstellen. – Das graphologische Gutachten beweist, dass er nicht der Schreiber dieses Textes sein kann. c) Ich studiere an der technischen Hochschule. – Die technologische Entwicklung schreitet immer schneller voran.
3. Die Suffixe *-al/-isch* stehen für die Bedeutung ‹in Bezug auf ...›, z. B. *formal* ‹in Bezug auf die Form›, während *-ell* mehr zu einer qualitativen Aussage tendiert, z. B. *formell* ‹die Form übermäßig betonend›, und *-logisch* sich auf die Lehre/Wissenschaft von etwas bezieht.

204: 1. überhaupt, doch, wohl, ruhig, denn, nur, mal, ja, doch, bloß
2. vielleicht, wohl, überhaupt, irgendwie, ja, bloß, etwa, einfach, schließlich, einmal, immerhin, eigentlich, ja, mal, allerdings, halt
3. a) Vorwurf, Erinnerung, b) Vermutung, Hoffnung, c) Unsicherheit, d) Erstaunen, e) Verstärkung, f) Vermutung, g) Vorwurf, h) Verzweiflung, i) Ermutigung, j) Verstärkung, Überzeugung

Literaturhinweise

Aitchison, Jean: Words in the Mind. An Introduction to the Mental Lexicon. Oxford: Blackwell 1987 (Deutsche Übersetzung: Wörter im Kopf: Eine Einführung in das mentale Lexikon. Tübingen: Niemeyer 1997)

Anderson, Lorin W. (Hrsg.): Perspectives on School Learning. Selected Writings of John B. Carroll. Hillsdale: Erlbaum 1985

Augst, Gerhard (Hrsg.): Spracherwerb von 6–16. Düsseldorf: Schwann 1997

Becker, Susanne (2005): In eigener Sprache. In: Deutsch. Unterrichtspraxis für die Klassen 5–10 (2005), Heft 4, 4–5

Carroll, John B.: Development of Native Language Skills Beyond the Early Years. In: Reed, Carroll E. (Hrsg.): The Learning of Language. New York: Meredith 1971, 97–156

Carter, Ronald: Vocabulary. Applied Linguistic Perspectives. London: Allen & Unwin 1987

Clark, Eve V.: The Lexicon in Acquisition. Cambridge: Cambridge University Press 1993

Clark, Eve V.: Later Lexical Development and Word Formation. In: Fletcher, Paul/MacWhinney, Brian (Hrsg.): The Handbook of Child Language. Oxford,Cambridge: Blackwell 1995, 393–412

Clark, Eve V.: First Language Acquisition. Cambridge: Cambridge University Press 2003

Coseriu, E.: Lexikalische Solidaritäten. In: Poetica 1 (1967), 293–303

Dietrich, Rainer: Psycholinguistik. Stuttgart, Weimar: Metzler 2002

DUW = DUDEN. Deutsches Universalwörterbuch. 4., neu bearbeitete und erweiterte Auflage. Hrsg. v. der Dudenredaktion. Mannheim u. a.: Dudenverlag 2001

Eisenberg, Peter/Linke, Angelika: Wörter. In: Praxis Deutsch 139 (1996), 20–30

Engelkamp, Johannes: Mentales Lexikon: Struktur und Zugriff. In: Harras, Gisela (Hrsg.): Die Ordnung der Wörter. Berlin, New York: de Gruyter 1995, 99–119

Fleischer, Wolfgang/Barz, Irmhild: Wortbildung der deutschen Gegenwartssprache. Tübingen: Niemeyer 1992

Hatch, Evelyn/Brown, Cheryl: Vocabulary, Semantics, and Language Education. Cambridge: Cambridge University Press 1995

Heusinger, Siegfried: Die Lexik der deutschen Gegenwartssprache. Eine Einführung. München: Fink 2004

Jescheniak, Jörg D.: Sprachproduktion. Der Zugriff auf das lexikale Gedächtnis beim Sprechen. Göttingen: Hogrefe 2002

Kauschke, Christina: Der Erwerb des frühkindlichen Lexikons: eine empirische Studie zur Entwicklung des Wortschatzes im Deutschen. Tübingen: Narr 2000

Kliewer, Hans-Jürgen/Pohl, Inge (Hrsg.): Lexikon Deutschdidaktik. 2 Bde. Baltmannsweiler: Schneider Hohengehren 2006

Lee, David: Cognitive Linguistics. An Introduction. Oxford: Oxford University Press 2001

Lutzeier, Peter Rolf: Lexikologie. Ein Arbeitsbuch. Tübingen: Stauffenburg 1995a

Lutzeier, Peter Rolf: Lexikalische Felder – was sie waren, was sie sind und was sie sein könnten. In: Harras, Gisela (Hrsg.): Die Ordnung der Wörter. Berlin,New York: de Gruyter 1995b, 4–29

Mangasser-Wahl, Martina (Hrsg.): Prototypentheorie in der Linguistik. Anwendungsbeispiele, Methodenreflexion, Perspektiven. Tübingen: Stauffenburg 2000

Müller, Bernd-Dietrich: Wortschatzarbeit und Bedeutungsvermittlung. Berlin u. a.: Langenscheidt 1994

Nation, Ian Stephen Paul: Learning Vocabulary in Another Language. Cambridge: Cambridge University Press 2001

Pohl, Inge/Ulrich, Winfried (Hrsg.)(2011): Wortschatzarbeit. (= Deutschunterricht in Theorie und Praxis, hrsg. v. Winfried Ulrich, Bd. 7) Baltmannsweiler: Schneider Hohengehren

Römer, Christine/Matzke, Brigitte: Lexikologie des Deutschen. Eine Einführung. Tübingen: Narr 2005

Rothweiler, Monika/Meibauer, Jörg (Hrsg.): Das Lexikon im Spracherwerb. Tübingen: Francke 1999

Rothweiler, Monika: Das Lexikon im Spracherwerb. Ein Überblick. In: Rothweiler/Meibauer 1999, 9–31 (zitiert als Rothweiler 1999a)

Rothweiler, Monika: Neue Ergebnisse zum fast mapping bei sprachnormalen und sprachentwicklungsgestörten Kindern. In: Rothweiler/Meibauer 1999, 252–277 (zitiert als Rothweiler 1999b)

Schippan, Thea: Lexikologie der deutschen Gegenwartssprache. Tübingen: Niemeyer 1992 und später

Szagun, Gisela: Sprachentwicklung beim Kind. Ein Lehrbuch. Weinheim: Beltz, vollst. überarbeitete Neuauflage 2006

Ulrich, Winfried: Linguistik für den Deutschunterricht. Aachen-Hahn: Hahner Verlagsgesellschaft, 6. Auflage 1995

Ulrich, Winfried: Didaktik der deutschen Sprache: Ein Arbeits- und Studienbuch in drei Bänden. Texte,Materialien, Reflexionen. 3 Bde. Stuttgart: Klett 2001; fotomechanischer Nachdruck Herne: Schäfer 2007

Ulrich, Winfried: Sagwörter produzieren. In: Deutschunterricht 66 (2013), Heft 1, 8–13

WdG: Wörterbuch der deutschen Gegenwartssprache. Hg. v. Ruth Klappenbach und Wolfgang Steinitz. Berlin: Akademie-Verlag 1978